故宫博物院九十二华诞哥窑学术研讨会论文集

故宫博物院陶瓷研究所　编

故宫出版社

在"故宫博物院哥窑学术研讨会"上的致辞

娄玮　故宫博物院副院长

尊敬的各位代表、各位领导、各位来宾、女士们、先生们：

大家上午好！

值此深秋时节，我们在这里欢聚一堂，隆重庆祝故宫博物院陶瓷研究所举办的"故宫博物院哥窑学术研讨会"开幕。这是一项很有意义的学术盛事。我谨代表故宫博物院对本次会议的顺利召开表示衷心祝贺！向莅临本次会议的各位代表、各位来宾致以最热烈的欢迎和最诚挚的谢意！

众所周知，在"五大名窑"中，由于烧造传世哥窑瓷器的窑址至今尚未被发现，致使学术界对哥窑有诸多说法。传世哥窑瓷器一般胎色较深，釉色有青灰、粉青、米黄等，釉层凝厚如脂，釉面润泽如酥，而且基本都开有大小、深浅不一的裂纹，俗称"金丝铁线"。器物除碗、盘、洗等以外，其他多为仿商周青铜礼器造型，如鼎式炉、簋式炉、贯耳瓶等，给人以古朴典雅之美感。自20世纪50年代以来，在对一些古代墓葬、窖藏和瓷窑遗址开展的考古发掘中，出土了一些灰青釉带开片的瓷器，为进一步厘清哥窑相关问题提供了重要参考。

故宫博物院的古陶瓷研究人员一直关注哥窑学术研究的进展。2005年10月10日，在庆祝故宫博物院八十华诞的大喜日子里，故宫博物院对外宣告成立了古陶瓷研究中心（2015年更名为"陶瓷研究所"）。陶瓷研究所成立的目的，是为了更有效地发挥故宫博物院在人才和藏品方面的优势、加强自然科学研究力量，并借助国内外研究中国古陶瓷的著名专家、学者的力量，积极开展对中国陶瓷发展史上一些重大学术问题的研究。继2010年、

2012 年、2013 年、2015 年分别成功开展对官窑、定窑、钧窑、汝窑学术研究并取得丰硕成果后，2016 年和 2017 年又把哥窑列为主要研究课题。

为举办此次学术研讨会，故宫博物院陶瓷研究所的工作人员做了大量筹备工作。2017 年 6 月，器物部主任、陶瓷研究所所长吕成龙带队赴浙江杭州、龙泉等地进行实地调研、考察。年逾九十的古陶瓷研究专家耿宝昌先生带领研究小组对本院藏传世哥窑和仿哥窑瓷器进行了重新梳理、鉴定。陶瓷研究所下设的古陶瓷检测研究实验室还对 43 件本院藏传世哥窑、官窑和仿哥窑瓷器进行了无损检测。在此基础上，从故宫博物院藏品中遴选出传世哥窑以及后世仿哥窑瓷器共 113 件，辅以从浙江省文物考古研究所、杭州市文物考古研究所、上海博物馆、龙泉青瓷博物馆、山东博物馆、首都博物馆等 6 家文博单位商借的 57 件（套）完整器和瓷片标本，举办“金丝铁线——故宫博物院哥窑瓷器展”、出版《哥瓷雅集——故宫博物院珍藏及出土哥窑瓷器荟萃》、召开“故宫博物院哥窑学术研讨会”。在此，我谨代表故宫博物院向以上慷慨借与故宫博物院展品的 6 家文博单位表示衷心感谢！向为本次展览和学术研究活动付出心血的所有工作人员道一声：你们辛苦了！

故宫博物院举办此次哥窑学术研究活动，旨在利用故宫博物院在藏品、人才方面的优势和影响力，为大家搭建一个深入研究哥窑的学术平台。与会的各位专家学者在该研究领域都有很深造诣，希望大家充分利用我院提供的本次机会，在接下来的学术研讨活动中，畅所欲言，各抒己见，共同分享各自的研究所得。

相信本次会议一定会取得丰硕成果，也必将成为中国古陶瓷研究中的一项盛事而被载入史册。

最后预祝研讨会取得圆满成功！

祝各位代表、各位来宾身体健康！万事如意！

谢谢！

2017 年 11 月 14 日上午 10：50，红墙酒店

目 录

漫谈哥窑

耿宝昌　故宫博物院

内容提要：哥窑是宋代五大名窑之一，它与汝、官、定、钧窑齐名，是为宫廷烧造御用瓷器的官窑，其产品历来珍贵。现收藏于两岸故宫博物院的哥窑瓷器，多为历代宫廷旧藏，加上其他流散于海内外的传世品，也只有300件左右。本文探讨了浙江“龙泉哥窑”及宋代哥窑瓷器的特征，而哥窑的具体窑址位置，至今尚有分歧。

关键词：哥窑　龙泉哥窑　北宋官窑

哥窑是宋代五大名窑之一，它与汝、官、定、钧窑齐名，是为宫廷烧造御用瓷器的官窑，其产品历来珍贵。明代《宣德鼎彝谱》即有“内库所藏柴、汝、官、哥、均（钧）、定”的记载，清代乾隆皇帝更将哥窑瓷器视为珍品。现收藏于两岸故宫博物院的哥窑瓷器，多为历代宫廷旧藏，加上其他流散于海内外的传世品，也只有300件左右。

传世“宋哥窑”与“北宋官窑”一样，迄今未发现确切的窑址，既没在《天工开物》记载的地区——浙江龙泉觅到遗址和残片，也不见于宋皇室陵寝的随葬品中（宋陵多早被盗，故历史上有无，不详。此类情况与汝、官窑瓷器相同），故至今还难以从考古角度寻找科学的佐证材料。

浙江“龙泉哥窑”

1956年以来，考古工作者曾对龙泉窑系的主要窑址进行过多次科学发掘，清理了大窑、溪口、金村等处窑址，发现黑胎、白胎龙泉青瓷。黑胎青瓷之胎体极薄，所施青釉较厚，釉面莹润明亮，粉青、灰青色釉面均有大小不等的细碎片纹，亦发现有厚胎厚釉之器。

历史上称此类青瓷为龙泉仿官，也见于文献记载，但从未称之为哥窑，因为它与宫廷旧藏的宋代哥瓷器风格不同。有的学者因文献中有“章生一在琉田主烧青瓷，而曰哥窑”的说法，将其定为哥窑；有的则又将其定为仿官窑或就是官窑。依此而论，窑址发掘品也就出现了“官”“哥”不分也难分的现象。有的文献，如《遵生八笺》亦从此说。显然，将其定为官窑或哥窑都不合适，而传世宋代哥窑也有官、哥不分的情况，当更有新说。

上海硅酸盐研究所对传世宋代哥窑瓷片的化验结果是，其化学成分与龙泉窑址出土的瓷片显然不同。此后，对龙泉窑青瓷系的其他窑址也进行了发掘，发现有类似的开片纹青瓷，于是又出现了它有可能或就是宋代哥窑的新论点。

哥窑遗址之谜至今尚未解开，研究者各执一说，似乎都有道理。学术问题的讨论应允许“百家争鸣”，集思广益才能使研究工作不断深入。

宋哥窑瓷器的独特风采

宋代哥窑瓷器具有鲜明的时代特征，笔者仔细观察过，其琢器造型多以仿青铜器为本，古拙、质朴、浑厚。胎质坚致，可分为灰、油灰、黑、赭诸色。其中胎质粗松者叩之声音沙哑，胎呈土黄色，似欠火力。釉质凝厚如同堆脂，色泽有粉青、灰青、油灰、月白、灰黄、深浅米黄等多种。釉面均开有不同角度的冰裂状片纹，色浅黄者如金丝，色黑者宛若铁线，两者相互交错如织，故名“金丝铁线”。釉中蕴含的气泡密集，显微镜下如同聚沫攒珠，凝腻的釉面则光泽莹润，油润如酥。器口沿多尖锐窄小，故厚釉难以留存而映出胎骨黑色，此一现象传统上称为“紫口”。垂釉多在口边稍下处形成略为高突的环形带，是为哥窑器之一绝，除宋代“官窑”作品外，后世各窑口作品及历代仿宋代哥窑瓷器均无此特殊现象。宋代哥窑瓷器底足工艺分为施釉裹足支钉烧和露胎圈足两种，多数器足因呈黑色而被称之“铁足”。支烧者钉痕小若芝麻粒，此为宋代瓷器之共同特征。支钉数量方面，较小的器物，如盘、碗等，以三五个为多见，略大器物如洗等，则达六七个。鼎、炉的器里也多留有数量不等的支钉痕，系叠套烧所致，宋代以后无这一烧法。露胎圈足者，足背平齐或略圆。修足干净利落，手抓不起。其盘、碗器形多在晚唐五代至宋初时最为风行，如花口器、尤其是葵口折腰器最为典型，见于越窑、汝窑、官窑、定窑和耀州窑瓷器。八方杯造型见于钧窑瓷器，贯耳瓶、壶、鼎、炉、洗等也为宋初所盛行，与上述诸窑产品一样精致。可见，“宋代哥窑”瓷器系一定历史时期的产物。

故宫博物院收藏的宋代哥窑瓷器有 60 件左右，其中多为宫廷旧藏，少数来自社会流散，计有盘口弦纹瓶（原系私人收藏，1940 年征集自扬州）、锥把瓶、贯耳瓶（分椭圆、八方和扁方三种）、投壶式小瓶、戟耳炉、鼎、盘、碗、洗等。台北故宫博物院亦藏有原宫廷遗留的各种造型哥窑瓷器 190 余件（其中有的断代或许有误）。

1992 年初，香港佳士得拍卖行曾拍卖 1 件宋代哥窑八方贯耳瓶（传世品），预先曾到日本等地展览，在历史上一直被认为是稀世珍品。拍卖前，港埠收藏家区百龄先生曾陪同笔者前往观赏，确是一件难得的珍品，与故宫博物院和首都博物馆藏品类似。但因这次拍卖会众说纷纭，致使其只拍卖到千万元港币。

清代乾隆皇帝好古成癖，对历代古器都进行过鉴别欣赏，诸如书画、碑帖、陶瓷、玉石等精品无不留有其鉴赏痕迹，书写或镌刻御制诗句，瓷器中尤以汝、官、哥窑瓷器为多，有的还刻有甲、乙、丙、丁等字，揣度这些珍品的优劣。有的器物还附带有明代收藏家项子京（元汴）字样的紫檀嵌金器座，清宫秘藏 5 幅宫廷画师所绘构图相似的弘历鉴古图，画面中都有类似传世宋代哥窑及官窑瓶、炉、盘等，可见这些瓷器在乾隆时期已经十分珍贵。乾隆皇帝御制诗中亦有专门评论哥窑与仿哥窑瓷器的诗句。

早在两个多世纪以前，乾隆皇帝就曾认识到这些器物具有早年遗物的特征，这也从一个侧面反映出所谓传世宋代哥窑瓷器绝非是元、明时期产物。我们期望，随着考古工作的不断深入开展，能够发现哥窑遗址，那时才能完全拨开所谓“宋代哥窑”的迷雾。

试论哥窑几个问题

吕成龙　故宫博物院

内容提要：哥窑堪称中国陶瓷史上最著名的瓷窑之一，也是存在最多悬而未决问题的瓷窑之一，历来受人关注。长期以来，学术界在诸如对历代文献有关哥窑记载的理解，何谓哥窑，典型传世哥窑瓷器产于何处、烧造于何时，哥窑是宫廷所设官窑还是民窑，哥窑与官窑有何关系，以及对各地出土类似哥窑器物的看法等均有不同观点。笔者不揣冒昧，在前人研究的基础上，结合自己30多年从事古陶瓷研究的心得，借此次故宫博物院陶瓷研究所开展哥窑课题研究之机会，对上述问题谈些自己的看法，期望对促进哥窑研究能有所裨益。笔者认为，研究哥窑必须首先弄清“传世哥窑”、由“哥哥洞窑”到“哥哥窑”再到“哥窑”逐步简化而来的“哥窑”“哥（官）窑型”“龙泉哥窑”等四个概念，否则，讨论将失去意义，问题亦将变得更加复杂。通过对传世哥窑瓷器标本和完整器进行无损检测，认为典型传世哥窑瓷器的产地当在杭州凤凰山一带。关于典型传世哥窑瓷器烧造的年代，认为需要借助考古资料的不断增多，特别是窑址的发现，将传统鉴定方法与科学技术手段相结合进行研究，方能最终解决。在目前缺乏过硬证据的情况下，根据其造型和工艺特点，还是将其烧造年代定为南宋为宜。

关键词：哥窑　传世哥窑　哥（官）窑型　龙泉哥窑

“哥窑”是中国古陶瓷界长期研究的重要课题之一。由于在宋代文献中找不到任何有关它的记载，元、明两代文献记载或语焉不详，或不尽可信，加之迄今为止尚未发现烧造典型传世哥窑瓷器的窑址，墓葬和窖藏中也不见有典型传世哥窑瓷器出土，致使有关哥窑的一些问题至今未得到解决。

长期以来，学术界在诸如哥窑的概念，传世哥窑瓷器的烧造时代、窑址所在地、生产性质，哥窑与官窑的关系，对历代文献有关哥窑记载的理解，以及对各地出土类似哥窑器物的看法等，均有不同观点。

借此故宫博物院陶瓷研究所开展哥窑课题研究的机会，笔者不揣冒昧，在前人研究的基础上，结合自己30多年在故宫博物院从事古陶瓷研究的心得，对有关哥窑的几个问题谈些自己的看法。不妥之处，敬请方家赐正。

一　关于“哥窑”的概念

笔者认为，谈论哥窑瓷器，首先必须弄清四个概念。一是“传世哥窑”；二是元末明初文献记载的“哥哥洞窑”“哥哥窑”“哥窑”；三是哥（官）窑型；四是龙泉哥窑。否则，讨论将失去意义，问题亦将变得更加复杂。比如，有时人们将“龙泉哥窑”瓷器与“传世哥窑”瓷器对比研究时，承认二者有区别，但在具体讨论“传世哥窑”瓷器的时代和产地时，往往又将二者混为一谈。再如，有学者未上手观摩过真正的传世哥窑瓷器，遂将中华人民共和国成立以来一些元代或明初窑址、墓葬、遗址、沉船等出土或出水的“哥窑型”或“官窑型”瓷器与“传世哥窑”瓷器混为一谈，并依此来判断传世哥窑瓷器的年代，这样得出的结论肯定不会正确。因此，为了弄清这四个概念，我们有必要先检索一下有关哥窑的文献记载。

有关哥窑的文献记载，最早见于元代孔克齐《静斋至正直记》一书。该书卷四“窑器不足珍”条载：“尝议旧定器、官窑等物，皆不足为珍玩，盖予真有所见也。在家时，表兄沈子成自余干州归，携至旧御土窑器径尺肉碟二个，云是三十年前所造者，其质与色绝类定器之中等者，博古者往往不能辨。乙未冬在杭州时，市哥哥洞窑器者一香鼎，质细虽新，其色莹润如旧造，识者犹疑之。会荆溪王德翁亦云：‘近日哥哥窑绝类古官窑，不可不细辨也。’今在庆元见一寻常青器菜盆，质虽粗，其色亦如旧窑，不过街市所货下等低物，使其质更加以细腻，兼以岁久，则乱真矣！予然后知定器、官窑之不足为珍玩也。所可珍者，真是美玉为然。记此为后人玩物之戒。至正癸卯冬记。”[1] 这里的“乙未”即至正十五年（1355年）。孔克齐认为定窑和官窑瓷器算不上值得珍视的古玩，所可珍视的是天然美玉。这当然是作者的一种偏见。

成书于明代洪武二十一年（1388年）曹昭撰《格古要论》（卷下“古窑器论”之“哥窑”条）载：“旧哥窑，色青，浓淡不一，亦有铁足紫口，色好者类董窑。今亦少有成群队者。元末新烧者，土脉粗燥，色亦不好。”[2]

而《新增格古要论》已将“哥窑”改为“哥哥窑”，该书卷七“古窑器论”之“哥哥窑”条载：“旧哥哥窑出。色青，浓淡不一，亦有铁足紫口，色好者类董窑，今亦少有。成群队者是元末新烧，土脉粗燥，色亦不好。”[3]

约成书于17世纪初[4]的《宣德鼎彝谱》（卷一）载：“……内库所藏柴、汝、官、哥、均、定各窑器皿，款式典雅者，写图进呈……其柴、汝、官、哥、均、定中，亦选得二十有九种。”[5]

现今所见最早记述龙泉哥窑之文献是成书于明代嘉靖十八年（1539年）之前陆深（1477～1544年）撰《春风堂随笔》。书中曰：“哥窑，浅白断纹，号百圾碎。宋时有章生一、生二兄弟，皆处州人，主龙泉之琉田窑。生二所陶青器，纯粹如美玉，为世所贵，即官窑之类；生一所陶者色淡，故名哥窑。”[6]

明代嘉靖四十年（1561年）《浙江通志》（卷八“地理志”第一之八“处州”）记载了关于“哥窑”与“弟窑”的传说，即：“处州……龙泉九姑山在县治北，说者谓有龙首之象。宋治平初建最高亭于山之西……县南七十里曰琉华山，高出境内诸山，山巅宽平，有长湖深不可测。相传旧有古刹，龙兴云雨，没而为湖。山下即琉田，居民多以陶为业。相传旧有章生一、章生二兄弟二人，未详何时人，主琉田窑造青器，粹美冠绝当世。兄曰哥窑，弟曰生二窑，价高而征课遂厚。自后，器之出于琉田者，已粗陋利微，而课额不减，民甚

---

1 《静斋至正直记》，南京图书馆藏《粤雅堂丛书》本。一般认为该书是元代孔齐撰。但据尤德艳女士考证，该书作者为孔克齐，字肃夫，号行素（居士）、静斋、阙里外史。参见尤德艳《〈静斋至正直记〉作者考述》，《中国典籍与文化》2003年第3期。

2 （明）曹昭撰：《格古要论》，辑入《景印文渊阁四库全书》第871册，台北商务印书馆，1985年。

3 （明）曹昭撰，舒敏、王佐增补：《新增格古要论》，辑入续修四库全书编纂委员会编《续修四库全书》第1185册，上海古籍出版社，2003年。据辽宁图书馆藏明刻本影印。

4 以往人们均认为该书系宣德四年吕震等人奉敕编撰，后来不断有学者对此提出质疑。近年有学者考证该书约成书于17世纪初。见陆鹏亮：《宣炉辩疑》，《文物》2008年第7期。

5 《宣德鼎彝谱》，辑入《景印文渊阁四库全书》第840册，台北商务印书馆，1985年。

6 （明）陆深：《春风堂随笔》，辑入《丛书集成新编》第87册，台北新文丰出版公司，1986年。

病焉。然则为工者，亦何贵于精也。山相近有岭，曰大梅岭、曰小梅岭。”[1]

刊刻于明代嘉靖四十五年（1566年）郎瑛撰《七修续稿》（“二窑”条）曰：“哥窑与龙泉窑皆出处州龙泉县。南宋时有章生一、生二弟兄各主一窑，生一所陶者为哥窑，以兄故也；生二所陶为龙泉，以地名也。其色皆青，浓淡不一；其足皆铁色，亦浓淡不一。旧闻紫足，今少见焉。惟土脉细薄、油（釉）水纯粹者最贵。哥窑则多断纹，号曰百圾破。龙泉窑，至今温、处人称为‘章窑’，闻国初先正章溢乃其裔云。”[2]

明代高濂撰《遵生八笺》曰：“官窑品格大率与哥窑相同，色取粉青为上，淡白次之，油灰色，色之下也。纹取冰裂鳝血为上，梅花片、墨纹次之，细碎纹，纹之下也。”又曰：“可见所谓官者，烧于宋修内司中，为官家造也，窑在杭之凤凰山下，其土紫，故足色若铁，时云‘紫口铁足’。紫口乃器口上仰，釉水流下，比周身较浅，故口微露紫痕，此何足贵？惟尚铁足，以他处之土或不及此。哥窑烧于私家，取土俱在此地。官窑质之隐纹如蟹爪，哥窑质之隐纹如鱼子，但汁料不及官料佳耳。”[3]

对于上述元末明初文献记载之“哥哥洞窑”“哥哥窑”“哥窑”，汪庆正先生在《官、哥两窑若干问题的探索》[4]一文中推测“哥哥窑”是“哥哥洞窑”的简称，而“哥窑”则是“哥哥窑”的简称。然而，关键是这里的“哥窑”瓷器究竟是否指传世哥窑瓷器？实质上，对传世哥窑瓷器产生颇多争议，即缘于对这个问题的不同看法。

笔者认为，《静斋至正直记》和《格古要论》所说的“哥哥洞窑”“哥哥窑”“哥窑”是一回事儿，而明代晚期文献所说处州龙泉县“哥窑”又是一回事儿。前者的窑址应在杭州，成书于明代洪武二十一年（1388年）曹昭《格古要论》虽将其分为“旧哥窑”和“元末新烧”哥窑，但并未指出“旧哥窑”旧到何时，即究竟是指元代中期、元代初期抑或宋代（不管是哪种哥窑瓷器，从其特征看，均不可能比宋代还早）。20世纪30年代以前，某些学者即把文献记载的“哥窑”说成是“传世哥窑”，但1956年以后，浙江省文物管理委员会在对龙泉县的大窑、金村、竹口、溪口等几处窑址进行调查和重点发掘时，在大窑等五处窑址中，发现了釉面有开片纹的黑胎青瓷标本，绝大部分为生活用器，如碗、盘、盏、杯、壶、

1 《浙江通志》，（明）嘉靖四十年（1561年）刊本。辑入《天一阁藏明代地方志选刊续编》第24册“嘉靖浙江通志（上）”，上海书店，1990年。

2 （明）郎瑛：《七修续稿》，辑入续修四库全书编辑委员会编《续修四库全书》第1123册，上海古籍出版社，2003年。据北京图书馆藏明刻本影印。

3 （明）高濂：《遵生八笺》，辑入《景印文渊阁四库全书》第871册，台北商务印书馆，1985年。

4 汪庆正：《官、哥两窑若干问题的探索》，《中国考古学会第三次年会论文集》，文物出版社，1981年。

图 1-1　南宋　哥窑米黄釉盘（故宫博物院藏）

图 1-2　南宋　哥窑米黄釉盘（外底）

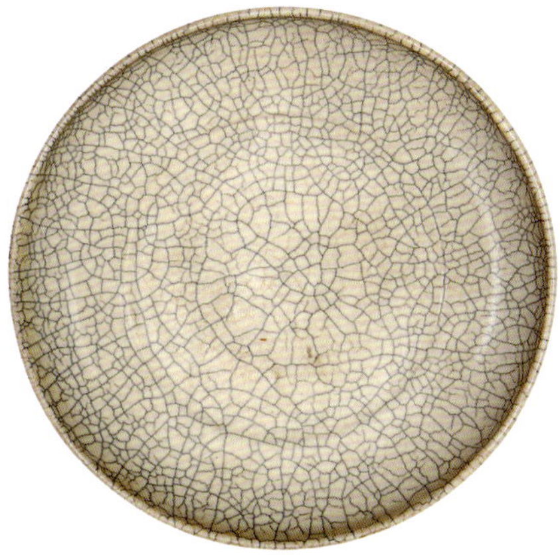

图 1-3　南宋　哥窑米黄釉盘（俯视）

盆、洗、瓶、觚、盂、盒、灯和炉等。并认为这些标本的特征与《七修续稿》所说哥窑瓷器黑胎、青釉且有紫口铁足和釉面有断纹开片等特征相同，从而断定龙泉窑黑胎青瓷应当是明代晚期文献所记载之处州龙泉县“哥窑”产品无疑。认为将人们一直称为哥窑的宫中传世品（传世哥窑）说成是龙泉哥窑产品则有很大疑问[1]。也就是说，考古工作者对龙泉窑遗址进行的考古发掘证明，传世哥窑瓷器不是龙泉窑所烧造。

需要指出的是，现在人们谈论“哥窑瓷器”，如无特别声明，一般系指历代宫廷流传下来的典型的、被认为是宋代的“传世哥窑瓷器”（图 1），这已约定俗成。对于龙泉窑烧造的黑胎青釉带开片的瓷器，一般称之为“龙泉哥窑瓷器”（图 2）。而对于元末明初墓葬、窖藏、遗址、沉船等出土或出水（现在还应加上经研究从传世哥窑瓷器中分离出来的个别器物）的青釉开片瓷器，一般称之为“哥窑型瓷器”或“官窑型瓷器”（图 3）。以前由于考古资料限制，有人曾认为这类瓷器与典型传世哥窑瓷器一样，后来发现不一样。现在应将这类瓷器分离出来。特别是杭州市凤凰山麓老虎洞窑址发掘以后，人们普遍认为这类瓷器是元末明初老虎洞窑产品。鉴于这类青瓷外观特征既像官窑青瓷亦像哥窑青瓷，因此，

1　朱伯谦、王士伦：《浙江省龙泉青瓷窑址调查发掘的主要收获》，《文物》1963 年第 1 期。

人们有时称其为“官窑型”青瓷,有时称其为“哥窑型”青瓷。上述《静斋至正直记》和《格古要论》将之认定为“哥窑”产品。从制作工艺、外观效果和科学检测结果看，典型传世哥窑瓷器、哥窑型或官窑型瓷器、龙泉哥窑瓷器是三种不同的釉面均有开片的青瓷，不可混为一谈。

图 2　南宋　龙泉哥窑青釉盘
（浙江省博物馆藏）

图 3-1　元末明初　官窑型青釉六瓣葵口盘
（1970 年南京市中央门外张家洼明代洪武四年汪兴祖墓出土，故宫博物院藏）

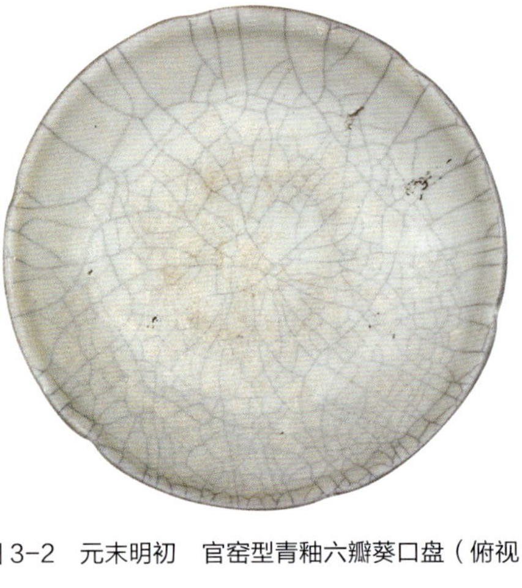

图 3-2　元末明初　官窑型青釉六瓣葵口盘（俯视）

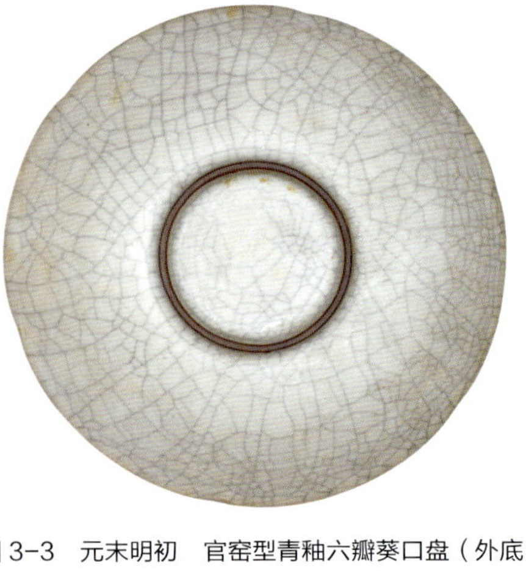

图 3-3　元末明初　官窑型青釉六瓣葵口盘（外底）

二　传世哥窑瓷器与龙泉哥窑瓷器、哥（官）窑型瓷器的主要区别

龙泉市小梅镇大窑村枫洞岩、查田镇溪口村瓦窑垟和小梅镇中心小学瓦窑路等处窑址（图 4 至图 6）出土的黑胎青瓷（亦称“龙泉哥窑”青瓷，即明代晚期文献所称的“哥窑”青瓷）（图 7 至图 9）与典型传世哥窑瓷器和哥（官）窑型瓷器不是同一种青瓷。虽然三者同属于青瓷范畴，而且釉面都有细碎片纹，但肉眼可以看出三者存在以下主要区别。

（一）胎釉厚薄和胎质方面。三者釉层虽都较厚，但典型传世哥窑瓷器一般胎体厚薄不一、胎质细腻；龙泉哥窑青瓷虽胎体厚薄也不一，但胎体瓷化程度更高；而哥（官）窑型瓷器胎体一般较厚，胎体瓷化程度较差，一般都处于略生烧状态，胎体略欠致密，轻轻叩击，声音沙哑。

（二）胎色方面。典型传世哥窑瓷器一般都为完整器（但多有小的磕缺），很难见到其真实的胎色。虽然有一部分器物圈足之足端露胎，但此处所露胎体之表面，多有一层很薄的浓淡不一的黄褐色弱氧化层（图 10），因此，此处所反映的不是真实胎色。从个别典型传世哥窑瓷器残器或器物口沿、底足磕缺处以及目前私人收藏的典型传世哥窑瓷器残片标本可以明显看出，传世哥窑瓷器的真实胎色一般都是灰黑、铁黑或黄褐色（图 11）。孙瀛洲先生曾谈到所见传世哥窑瓷器胎色不一，有“沉香色、浅白色、杏黄色、深灰色、黑色等”多种，并认为“因土非一种，故色也不一”[1]。其实，孙老所观察的基本都是传世哥窑瓷器

图 4　考古发掘揭露的龙泉市小梅镇大窑村枫洞岩龙窑遗址（2017 年 6 月 6 日吕成龙摄）

图 5　考古发掘揭露的龙泉市查田镇溪口村龙窑遗址（2011 年 11 月 17 日吕成龙摄）

图 6　考古发掘揭露的龙泉市小梅镇中心小学瓦窑路龙窑遗址（2017 年 6 月 6 日吕成龙摄）

1　孙瀛洲：《谈哥汝二窑》，《故宫博物院院刊》1958 年第 1 期。

图 7　龙泉市查田镇溪口村瓦窑垟窑址出土南宋黑胎青瓷碗残片（吕成龙摄）

图 8　龙泉市小梅镇大窑村枫洞岩窑址出土南宋黑胎青瓷洗残件（吕成龙摄）

图 9　龙泉市小梅镇中心小学瓦窑路窑址出土南宋黑胎青瓷瓶残件（吕成龙摄）

图 10-1　南宋　哥窑灰青釉八方杯（故宫博物院藏）

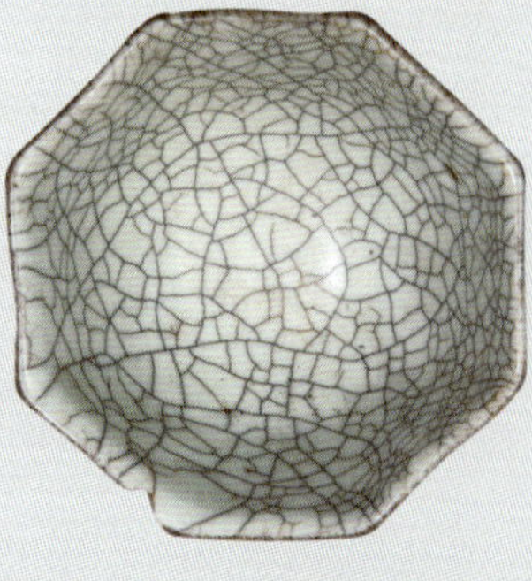

图 10-2　南宋　哥窑灰青釉八方杯（俯视）

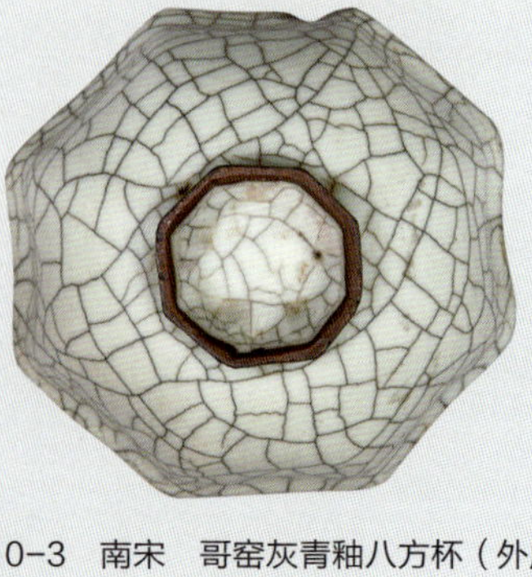

图 10-3　南宋　哥窑灰青釉八方杯（外底）

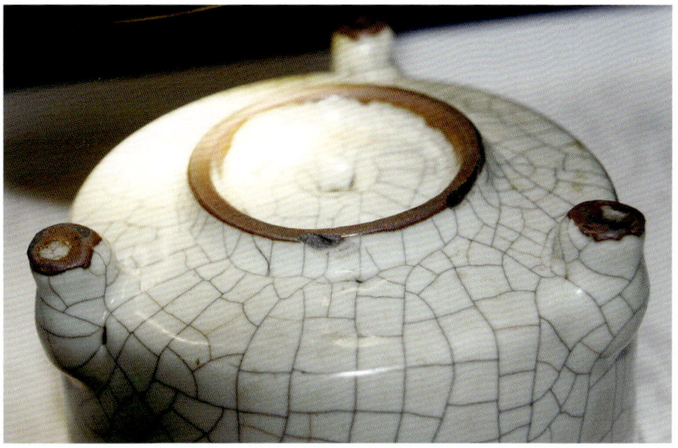

图 11　故宫博物院藏典型传世南宋哥窑三足筒式炉圈足呈黄褐色，但磕缺处露出真正的胎色呈灰黑色

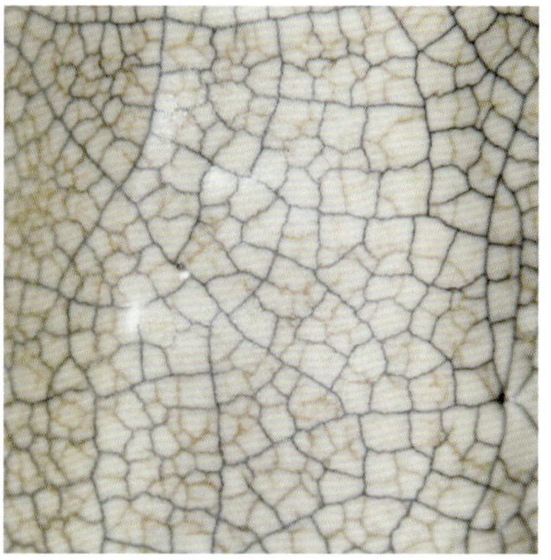

图 12　故宫博物院藏典型传世南宋哥窑米黄釉贯耳八方壶釉面所开“金丝铁线”纹

底足所反映的胎体表面颜色，不是真实胎色。孙老认为传世哥窑瓷器胎体表面颜色不一是因为使用了不同的胎土所致，对此笔者不敢苟同。其实所用胎土都一样，胎色不一是因在窑内烧成时摆放的位置不同，致使其感受到的温度、气氛不一样和烧成后期弱氧化程度不同所致。而对于龙泉哥窑青瓷，从圈足底端露胎处和器身磕缺处以及瓷片标本断面处观察，则基本都是灰黑或铁黑色，究其原因，当为龙泉哥窑瓷器与典型传世哥窑瓷器分别采用不同的烧成制度有关。哥（官）窑型瓷器胎色一般为灰黑或黄褐色。

（三）釉色和釉质方面。典型传世哥窑瓷器之釉大都呈灰青色，少数呈炒米黄色或粉青色。釉层大都不透明，釉面常见细微褶皱，耿宝昌先生形容其为“粥皮”，可谓既形象又贴切。釉面“光泽像人脸上的微汗,润泽如酥”[1]。而龙泉哥窑青瓷则一般釉色粉青或灰青，釉层透明，釉面玻璃质感较强。因釉层透明度好，致使有的器物在灰黑或铁黑胎的映衬下，呈黑青色。哥（官）窑型瓷器釉色一般呈灰白或灰青色，釉层透明度差，釉面不够光亮，发半木光。

（四）釉面开片方面。典型传世哥窑瓷器釉面一般均开有不规则的大、小不一的片纹，且大、小片纹的颜色也不同。小片纹一般呈土黄色，俗称“金丝”，大片纹一般呈灰黑色，俗称“铁线”，二者合起来即所谓“金丝铁线”（图 12）。片纹颜色系刻意着色而成，据现代仿烧传世哥窑瓷器的人员介绍，所用染色剂为天然植物染料，染后必须回炉低温（不超

1　孙瀛洲：《谈哥汝二窑》,《故宫博物院院刊》1958 年第 1 期。

图 13-1　龙泉市小梅窑青釉钵残片，外部釉面开有类似哈密瓜表面的网状断纹（吕成龙摄）

图 13-2　龙泉市小梅窑青釉钵残片，内部釉面开有类似哈密瓜表面的网状断纹（吕成龙摄）

图 14　哈密瓜表面的网状纹（吕成龙摄）

过 500℃）焙烧，需反复多次。由于典型传世哥窑瓷器出窑后釉面在不断开裂，因此，有些裂纹颜色系因年久使用、不断被人揩拭、渗入灰尘所致。而龙泉哥窑青瓷釉面虽也都有开片，但片纹均为自然天成，非人工刻意染色而成。片纹颜色一般为冰裂纹或凸起的白纹。凸起的白纹即文献记载的“白色断纹”（图 13），极似哈密瓜皮表面网纹（图 14）。哥（官）窑型瓷器釉面一般只有一种灰黑色片纹，且片纹较大。

（五）在形成“紫口”方面。典型传世哥窑瓷器由于胎色不一，且釉在高温熔融状态下黏度大、流动性小，致使“紫口”或有或无或不明显；而龙泉哥窑瓷器胎色灰黑或铁黑，釉层虽厚但透明度强，釉在高温熔融状态下黏度小、流动性也大，因而一般均能形成“紫口”。哥（官）窑型瓷器一般也能形成“紫口”。

（六）在形成“铁足”方面。典型传世哥窑瓷器因以“裹足支烧”者居多，所以露出“铁足”者少；而龙泉哥窑瓷器多采用垫饼垫烧，烧成后足端必定会露出灰黑色或铁黑色胎，所以多呈现所谓的“铁足”。哥（官）窑型瓷器一般采用垫饼垫烧，也能形成“铁足”。

因此，文献记载的“紫口铁足”应为龙泉哥窑瓷器的主要特征，这也是典型传世哥窑瓷器与龙泉哥窑瓷器的最主要区别之一。

当然，可能有极少数龙泉哥窑瓷器或龙泉窑仿传世哥窑瓷器因酷似传世哥窑瓷器而被列入传世哥窑瓷器中，但我们绝不能依此认为传世哥窑瓷器系龙泉窑所烧造。

如今，传世哥窑瓷器大都收藏在北京故宫博物院、台北故宫博物院（图 15）、上海博物馆（图 16）、英国伦敦大维德基金会（图 17）、瑞士日内瓦鲍氏东方艺术馆（图 18）等，

图 15　南宋　哥窑灰青釉鱼耳炉
（台北故宫博物院藏）

图 17　南宋　哥窑青釉葵花式洗
（英国伦敦大维德基金会藏）

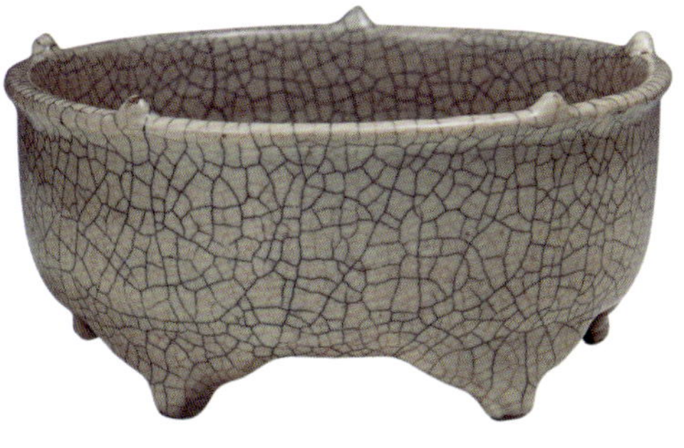

图 16　南宋　哥窑米黄釉五足洗
（上海博物馆藏）

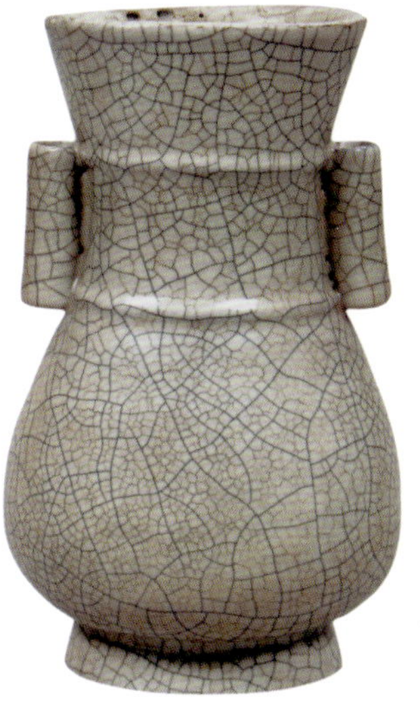

图 18　南宋　哥窑青釉贯耳壶
（瑞士日内瓦鲍氏东方艺术馆藏）

其他博物馆如天津博物馆（图 19）、山东博物馆（图 20）、河北师范大学博物馆（图 21）、南京市博物馆（图 22）或私人手中（图 23）也有零星收藏。其造型以仿夏、商、周三代青铜器为主，常见的有三足双耳鼎式炉、双耳簋式炉、双耳乳足炉、胆式瓶、贯耳瓶、八方穿带瓶、弦纹盘口瓶等，也有盘、碗、洗、罐之类。釉色多呈灰青色，少数呈米黄色或淡米黄色。釉质温润，釉面泛酥油光，如人脸之微汗，即所谓“润泽如酥”（图 24）。釉面均开有不规则的细碎片纹，而且片纹一般均弯曲不直。片纹有大、小之别，大片纹呈铁黑色，小片纹呈土黄色，故有“金丝铁线”（图 25）之称。

传世哥窑瓷器釉面所产生的片纹，本属于烧造工艺上的一种缺陷，系因胎、釉膨胀系数不一致所造成。若胎、釉膨胀系数一致，二者就结合紧密，釉面也就不会出现裂纹。但当胎的膨胀系数比釉的膨胀系数小到一定程度时，釉就会在烧成后期的冷却过程中产生开裂。由于这种开裂打破了单一釉面给人视觉带来的单调感，使釉面产生大小、疏密的块面分割，自然天成，具有韵律美，故给人一种崭新的艺术享受。

传世哥窑瓷器多采用裹足支烧，少数采用垫饼垫烧。垫烧者有细窄的圈足，圈足底边爽利，但圈足宽窄往往不一。圈足内亦施釉，釉面亦有裂纹。

传世哥窑瓷器的另一特点是釉面多有缩釉，缩釉坑大小不一（图 26），尤其是在器物的转折处，经常出现长条形缩釉（图 27）。

故宫博物院收藏的穿带瓶、胆式瓶（图 28）、直颈弦纹瓶、投壶式贯耳瓶（图 29）、鱼耳簋式炉（图 30）、葵花式洗（图 31）、菊花式盘（图 32）等均为传世哥窑瓷器中的典型器。但随着考古资料的增多，我们也应实事求是地重新审视传世哥窑瓷器，如其中被定为宋代的双耳鼎式炉（图 33），腹中部凸起一道弦纹，其造型风格与 1976 年从韩国新安海底元代沉船打捞出水的双耳三足炉一致[1]（图 34），应为元代杭州老虎洞窑产品。再如 1970 年南京市区北郊中央门外张家洼明初功臣汪兴祖墓[2]出土的灰青釉葵口盘（图 35），共出土 11 件，大小不一，当时都定为宋代哥窑产品，杭州老虎洞窑址发掘后，可以肯定其为该窑元代产品，属于官窑型或哥窑型青瓷。

1　韩国国立中央博物馆：《新安海底文物》，三和出版社，1977 年；冯先铭：《南朝鲜新安沉船及瓷器问题探讨》，《故宫博物院院刊》1985 年第 3 期。

2　南京市博物馆：《南京明汪兴祖墓清理简报》，《考古》1972 年第 4 期。

图 19　南宋　哥窑青釉盘（天津博物馆藏）

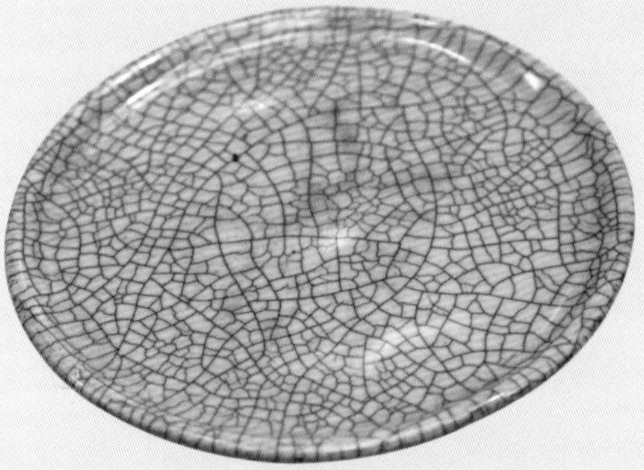

图 20-1　南宋　哥窑灰青釉浅盘（俯视）
（山东博物馆藏）

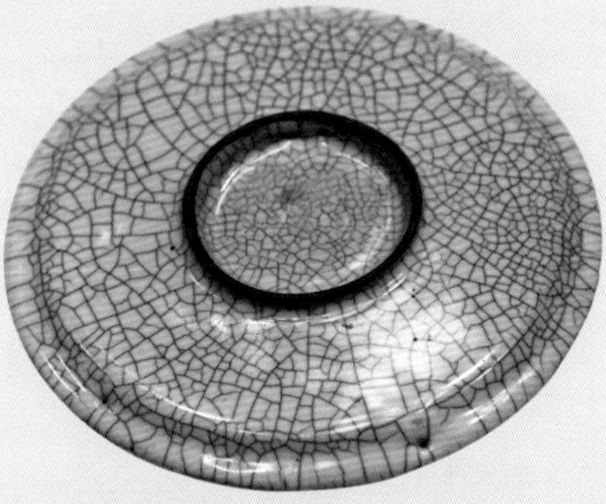

图 20-2　南宋　哥窑灰青釉浅盘（外底）
（山东博物馆藏）

图 21-1　南宋　哥窑灰青釉小罐
（河北师范大学博物馆藏）

图 21-2　南宋　哥窑灰青釉小罐（外底）
（河北师范大学博物馆藏）

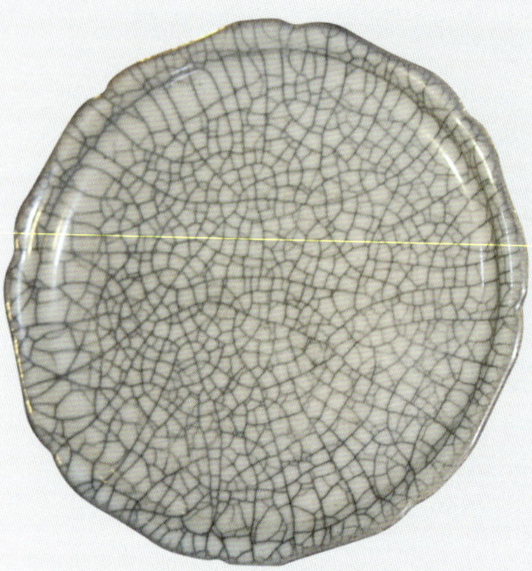

图 22-1　南宋　哥窑灰青釉八瓣葵口折沿浅盘（南京市博物馆藏）

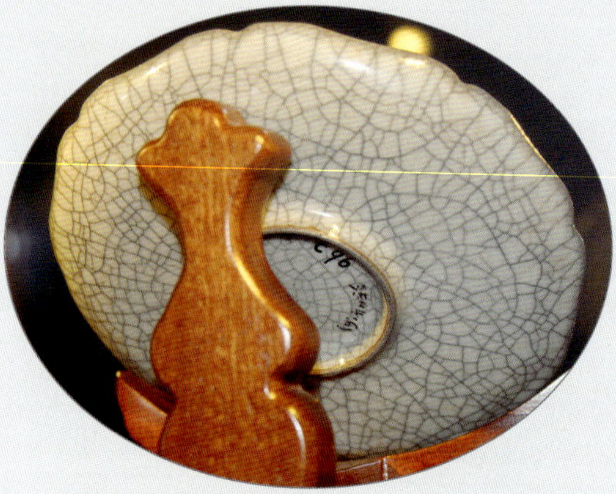

图 22-2　南宋　哥窑灰青釉八瓣葵口折沿浅盘（外底）

图 23-1　南宋　哥窑灰青釉三足八瓣葵花式洗　（私人藏）

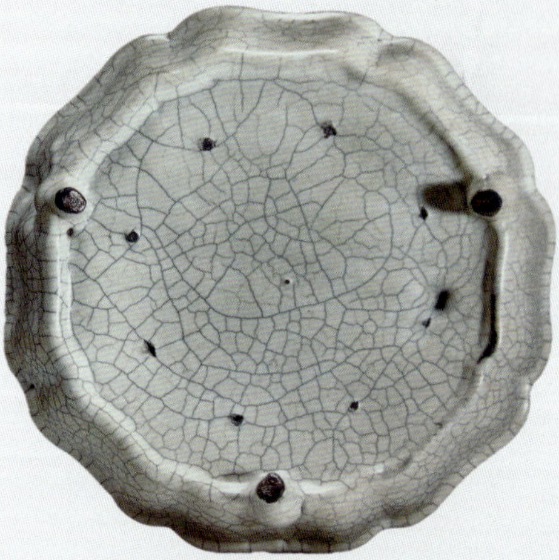

图 23-2　南宋　哥窑灰青釉三足八瓣葵花式洗（外底）

图 24　南宋哥窑米黄釉葵口碗外壁釉面的油腻感（故宫博物院藏）

图 25　南宋　哥窑米色釉胆式瓶
（故宫博物院藏）

图 26　故宫博物院藏南宋哥窑青釉葵花式洗外壁上的缩釉点

图 27-1　南宋　哥窑灰青釉葵花式洗
（故宫博物院藏）

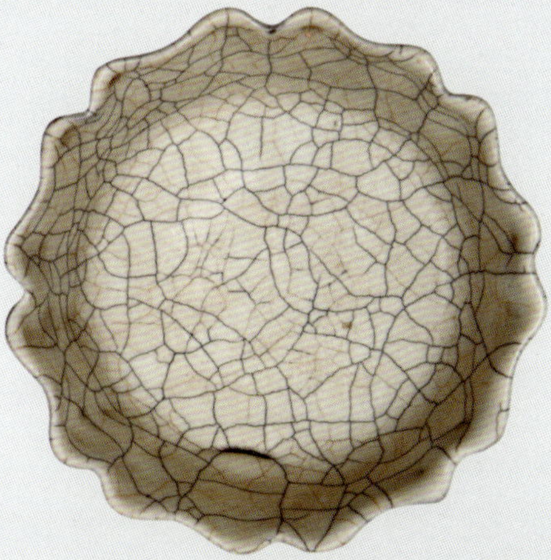

图 27-2　南宋　哥窑灰青釉葵花式洗（俯视）

图 27-3　南宋　哥窑灰青釉葵花式洗（外底）

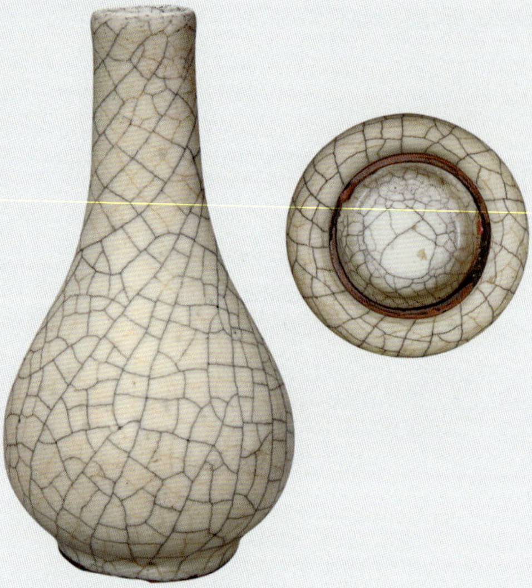

图 28　南宋　哥窑米黄釉胆式瓶
（故宫博物院藏）

图 29　南宋　哥窑米黄釉投壶式贯耳瓶
（故宫博物院藏）

图 30-1　南宋　哥窑灰青釉鱼耳簋式炉（故宫博物院藏）

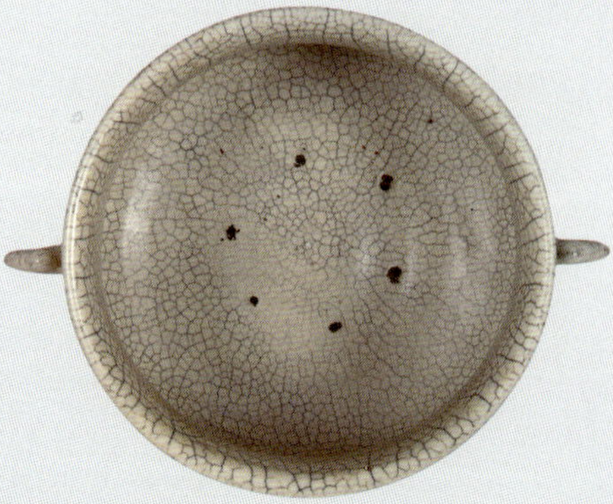

图 30-2　南宋　哥窑灰青釉鱼耳簋式炉（俯视）

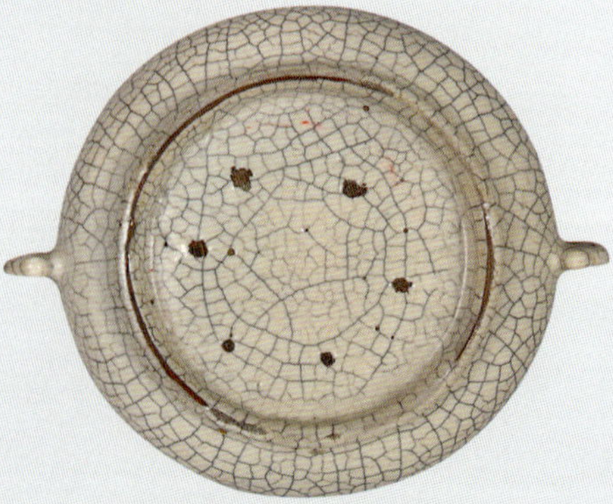

图 30-3　南宋　哥窑灰青釉鱼耳簋式炉（外底）

图 31-1　南宋　哥窑灰青釉葵花式洗（故宫博物院藏）

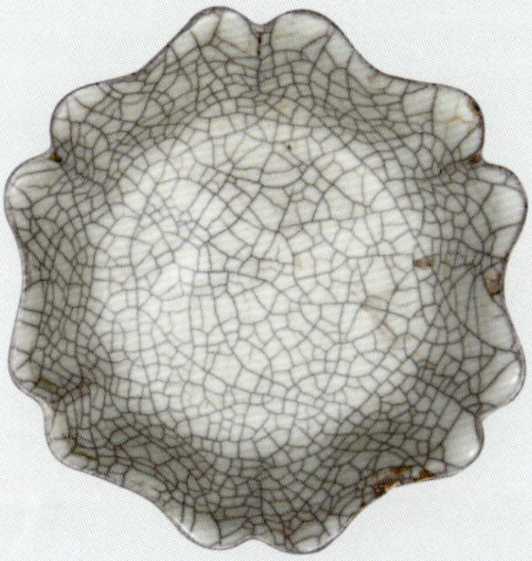

图 31-2　南宋　哥窑灰青釉葵花式洗（俯视）

图 31-3　南宋　哥窑灰青釉葵花式洗（外底）

图 32-1　南宋　哥窑灰青釉菊花式盘（故宫博物院藏）

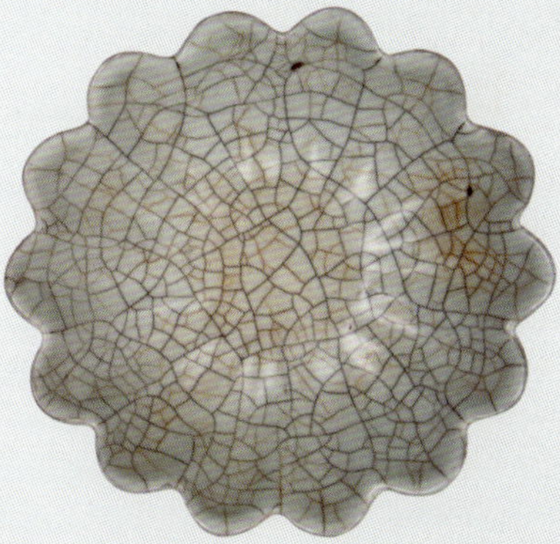

图 32-2　南宋　哥窑灰青釉菊花式盘（俯视）

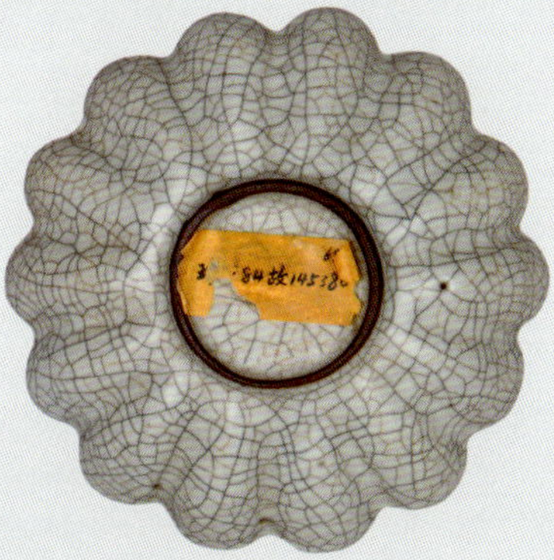

图 32-3　南宋　哥窑灰青釉菊花式盘（外底）

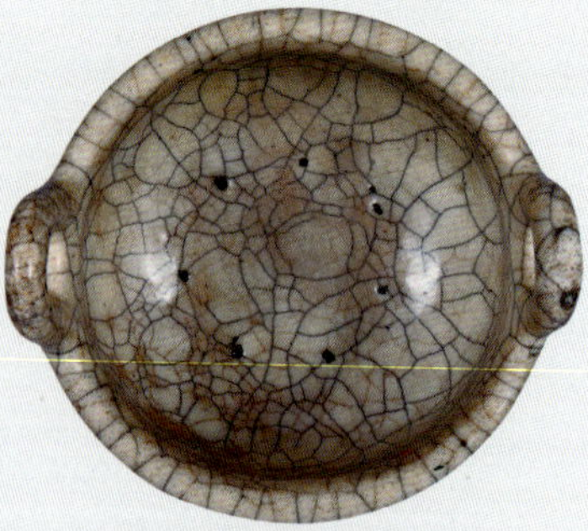

图 33-2　元　老虎洞窑米黄釉双耳鼎式炉（俯视）

图 33-1　元　老虎洞窑米黄釉双耳鼎式炉（故宫博物院藏）

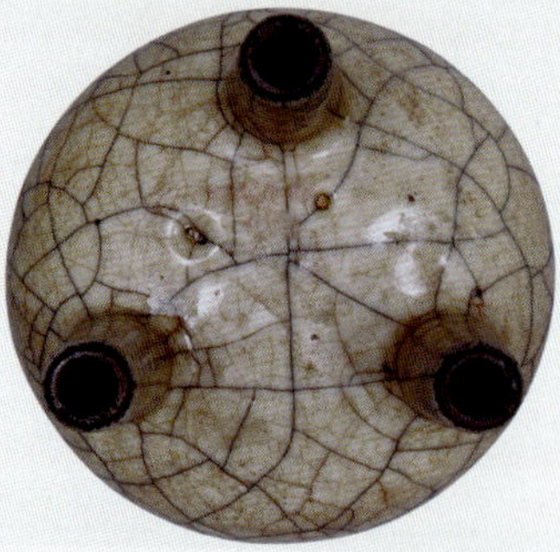

图 33-3　元　老虎洞窑米黄釉双耳鼎式炉（外底）

图 34　元　老虎洞窑灰青釉双耳三足鼎式炉（1976 年韩国新安海底沉船打捞出水）

图 35　元　老虎洞窑灰青釉六瓣葵口盘两件（1970 年南京中央门外张家洼明洪武四年汪兴祖墓出土，南京市博物馆藏）

三　关于传世哥窑瓷器的产地

迄今为止，传世哥窑瓷器的窑址尚未被发现，有几种推测。

（一）有学者认为“（江西）吉安有可能烧哥窑器物”[1]。这是受清代唐秉钧《文房肆考图说》、蓝浦《景德镇陶录》[2]、程哲《窑器说》[3]等书记载而得出的结论。这些书记述“吉州窑”时均谈到南宋或南宋末“有碎器亦佳”或“更佳”，而且当时被错误地称为“哥窑”。如蓝浦撰《景德镇陶录》（卷六“镇仿古窑考”之“碎器窑”）云：“南宋时所烧造者。本吉安之庐邑永和镇另一种窑，土粗坚，体厚质重，亦具米色、粉青样。用滑石配釉，走纹如块碎，以低墨土赭搽薰既成之器，然后揩净，遂隐含红、黑纹痕，冰碎可观。亦有碎纹素地加青花者。唐氏〈肆考〉云，吉州宋末有碎器亦佳，今世俗讹呼‘哥窑’，其实假哥窑。虽有碎纹，不同鱼子，且不能得铁足，若铁足，则不能有声，惟仍呼碎器为称。”由此可知，蓝浦认为判断真假哥窑瓷器的标准是釉面裂纹是否像鱼子表面纹路，以及是否有“紫口铁足”特征。

（二）有学者认为“修内司官窑实为‘传世哥窑’，而通常所言之‘哥窑’应属民窑，与修内司官窑无关。鉴于官窑多建于都城附近，因此修内司官窑的窑址，将来很可能在临安（今杭州市）附近发现”[4]。

（三）有学者认为“传世哥窑很可能是宋以后景德镇所烧造的”[5]。

（四）有学者认为传世哥窑瓷器有可能是龙泉窑所烧造。认为近年在浙江龙泉南区窑址中发现的黑胎青瓷产品，“其面貌与之前（在龙泉地区）所发现的黑胎青瓷差别较大，而与传世哥窑非常接近”[6]。

（五）北方说。北方说是一种较新的观点，认为“传世哥窑烧造地点最大的可能在河南与北宋官窑瓷一起生产”[7]。

应当指出，典型传世哥窑瓷器完整器至今几乎未见有出土，这与北宋汝窑和南宋官窑瓷

1　中国硅酸盐学会主编:《中国陶瓷史》（第六章“宋、辽、金的陶瓷”第五节“汝窑、哥窑与官窑”之“2.哥窑”），文物出版社，1982年。

2　（清）唐秉钧:《文房肆考图说》（卷之三“古窑器考”之“吉州窑”），乾隆四十一年（1776年）刊本;（清）蓝浦:《景德镇陶录》（卷六“镇仿古窑考”），辑入桑行之编《说陶》，上海科技教育出版社，1993年。

3　（清）程哲:《窑器说》，辑入桑行之编《说陶》，上海科技教育出版社，1993年。

4　李辉柄:《宋代官窑瓷器》，紫禁城出版社，1992年。

5　周仁、张福康:《关于传世哥窑烧造地点的初步研究》，《文物》1964年第6期。

6　郑建明、林毅:《长兴石泉明墓出土“传世哥窑”型器物及相关问题略论》，《文物》2015年第7期。

7　郭演仪:《哥窑瓷器初探》，《中国陶瓷》1998年第5期。

图 36　北京元大都遗址出土哥窑型瓷片（首都博物馆藏）

图 37　元　老虎洞窑灰青釉鱼耳簋式炉（1953 年上海市青浦区重固镇高家台元代任氏家族墓出土，上海市文物管理委员会藏）

器情况一样，应是由其官窑性质所决定。即这种瓷器系由南宋宫廷置办的窑场所烧造，烧成后直接进入宫廷供皇室使用，皇帝可以用来赏赐大臣。但不准用于随葬，也不许流入民间。

至于一些元代遗址、墓葬和沉船中，陆续出土、出水的一些青釉开片瓷器，应属于“官窑型”或“哥窑型”器物。

如 20 世纪六七十年代北京市元大都遗址出土的哥（官）窑型瓷器残片[1]（图 36）。

1952 年上海青浦县元代任氏墓群出土 4 件灰青釉悬胆式瓶、两件灰青釉贯耳瓶、1 件灰青釉双耳鬲式炉、1 件灰青釉鱼耳簋式炉（图 37）等。胎色均为酱紫色[2]。

1970 年，南京市博物馆在清理南京市区北郊中央门外明初洪武四年（1371 年）东胜侯汪兴祖（1338 ～ 1371 年）墓葬时，出土了 11 件造型相同、尺寸可分为大、中、小三种类型的“哥（官）窑型盘”，其特征为葵瓣口，施青灰色釉。大盘 3 件，口径 16.1 ～ 16.4 厘米；中盘 1 件，口径 15.3 厘米；小盘 7 件，口径 13.5 ～ 14 厘米[3]。

1975 年江苏省镇江市溧水人民银行工地元代窖藏出土哥窑型长颈瓶两件（图 38）、鸟食罐 1 件、鬲式炉 1 件[4]。

1　张宁：《记元大都出土文物》，《考古》1972 年第 6 期。

2　沈令昕、许勇翔：《上海市青浦县元代任氏墓葬记述》，《文物》1982 年第 7 期。

3　南京市博物馆：《南京明汪兴祖墓清理简报》，《考古》1972 年第 4 期。

4　高茂松：《江苏溧水永阳镇元代窖藏出土的瓷器与初步认识》，《东南文化》2011 年第 2 期；张柏主编：《中国出土瓷器全集 7：江苏上海》，科学出版社，2008 年；杨正宏、肖梦龙、刘丽文主编：《镇江出土陶瓷器》，文物出版社，2010 年。

图 38　元　老虎洞窑灰青釉瓶（两件）
（1975 年江苏省溧水县人民银行大楼工地元代窖藏出土，溧水县博物馆藏）

图 39　元　老虎洞窑灰青釉双耳三足香炉
（1976 年韩国新安海底沉船打捞出水）

图 40-1　元　老虎洞窑米黄釉盘（俯视）
（1977 年安徽省安庆市出土）

图 40-2　元　老虎洞窑米黄釉盘（外底）

1976 年韩国新安海底沉船也发现两件哥窑型冲耳三足香炉，其中一件炉三足呈乳钉形（图 39），另一件炉三足呈圆柱形。两件炉腹部均有一道凸起的弦纹[1]。

1977 年安徽省安庆市元代窖藏出土 5 件哥窑型瓷器，分别为米黄釉盘 1 件（图 40）、米黄釉花口盏 1 件、淡青釉花口盏 1 件、米黄釉屈卮 1 件（图 41）、淡青釉盏 1 件[2]。

2012 年浙江省长兴县明代墓葬出土米黄釉哥窑型贯耳瓶 1 件（图 42）、三足炉 1 件[3]。

1　韩国国立中央博物馆：《新安海底文物》，三和出版社，1977 年；冯先铭：《南朝鲜新安沉船及瓷器问题探讨》，《故宫博物院院刊》1985 年第 3 期。

2　胡悦谦：《安庆市出土的几件瓷器》，《文物》1986 年第 6 期。

3　浙江省文物考古研究所、长兴县文物保护管理所：《浙江长兴石泉明墓发掘简报》，《文物》2015 年第 7 期。

郑建明、林毅先生认为这两件瓷器属于“传世哥窑”型[1]。笔者对此观点不敢苟同，因为从胎、釉和釉面开片特征看，还应属于元末明初哥窑型产品。

以往人们对这些出土的“哥窑型”瓷器有不同的看法。李辉柄先生认为这些器物绝非传世哥窑瓷器，是元末所烧的哥窑器，是仿官哥窑器，即“龙泉哥窑”器，亦即元代孔齐《静斋至正直记》所说的“近日哥哥窑绝类古官窑”中的“哥哥窑”器。其时代均属元代，在器物造型及胎、釉特征上与“传世哥窑”器迥然有别[2]。朱伯谦先生则认为这些器物与传世哥窑瓷器是同一种东西，并依此来推断传世哥窑瓷器的年代，认为传世“哥窑瓷不是宋代，而是元代或明代烧制的”[3]。

因受各方面条件限制，对传世哥窑瓷器进行科学分析和检测这项工作做得很不够。20世纪60年代，上海硅酸盐研究所曾对故宫博物院提供的一件所谓“传世哥窑”瓷器标本进行过化验分析。

这是一件口部被整齐截掉的哥窑灰青釉洗残器，因传世哥窑瓷器异常珍贵，所以此件残洗被一分为二，一半被拨交给上海硅酸盐研究所做检测用，另一半被拨交给景德镇陶瓷馆收藏（图43）。

2011年6月11日，笔者与耿宝昌先生、陈华莎老师利用应邀赴景德镇参加“督陶官文化与景德镇研讨会”的机会，到景德镇陶瓷馆将我院1960年前后拨给该馆（系孙瀛洲先生1940年购自天和斋孙华峰）的半个传世宋代哥窑灰青釉洗（另半个交给上海硅酸盐研究所做测试，未再拿回）借回。

回院后，交由我院陶瓷研究所检测研究实验室进行无损检测。检测工作结束后，利用2011年8月11日赴景德镇出差的机会，归还了这半个洗。测试后的研究结果如下。

由于传世哥窑遗址目前尚未被发现，也就没有窑址标本的元素分析数据，因此，只好将这件哥窑灰青釉洗的胎、釉元素分析数据，与我们在2010年测试的故宫博物院藏58件宋代官窑粉青釉瓷和明、清景德镇御窑仿宋代官窑（釉）瓷的元素数据进行对比分析，以初步判断哥窑灰青釉洗的胎、釉元素与上述不同地区样品胎、釉元素的差别，下面分别做一简单介绍。

关于釉的元素分析情况。对釉的主、次量元素含量及铷（Rb）、锶（Sr）等微量元素

1　郑建明、林毅：《长兴石泉明墓出土“传世哥窑”型器物及相关问题略论》，《文物》2015年第7期。
2　李辉柄：《宋代官窑瓷器》，紫禁城出版社，1992年。
3　朱伯谦：《龙泉青瓷简史》，《揽翠集——朱伯谦陶瓷考古文集》，科学出版社，2009年。

图 41　元代　老虎洞窑米黄釉屈卮
（1977 年安徽省安庆市出土）

图 42　元代　老虎洞窑米黄釉贯耳瓶
（2012 年浙江省长兴县明代墓葬出土）

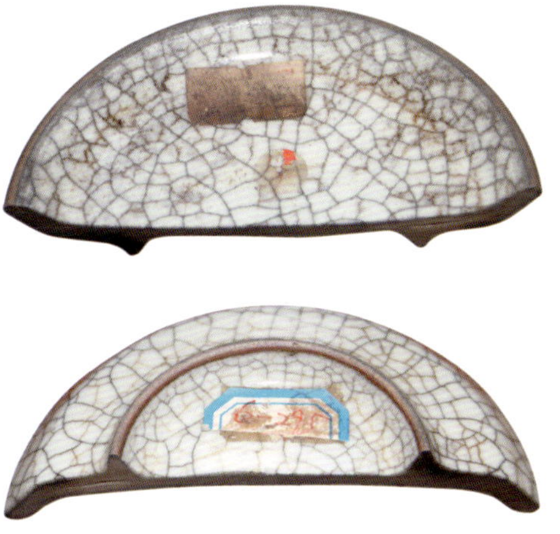

图 43　南宋　哥窑灰青釉洗
（故宫博物院拨交景德镇陶瓷馆藏）

含量采用因子分析进行数据处理，以观察釉的成分差异，得出的结论是，哥窑灰青釉洗釉的元素组成与河南地区、江西景德镇地区有一定差异，而与浙江杭州地区样品的元素组成较为接近。

关于胎的元素分析情况。对哥窑灰青釉洗和宋代官窑粉青釉瓷胎体的主、次量元素含量和铷（Rb）、锶（Sr）等微量元素含量采用因子分析法进行数据处理，以观察胎体成分的差异。得出的结论是，哥窑灰青釉洗的胎体与龙泉地区样品胎体的元素组成有较明显差别，而与杭州地区样品胎体的元素组成较为接近。

关于釉内气泡特征。对半个哥窑灰青釉洗釉内气泡特征进行观察，发现与大部分宋代官窑粉青釉瓷比较而言，其釉内气泡小且密集。这是由于哥窑灰青釉洗的釉中 K_2O 含量较高（5.36%），致使釉在高温熔融状态下黏度较大，釉内气泡也就相对较小且密集。

另外，对半个哥窑灰青釉洗釉的玻璃态 Si-O 结构弯曲、拉伸振动拉曼光谱也进行过测量，但由于仪器进行过维修，因此，需对图谱进行校正，方能给出原料、烧成温度等相关信息，并与对宋代官窑粉青釉瓷釉的测量结果进行对比。

此外，利用拉曼光谱仪对半个哥窑灰青釉洗断面胎、釉结合处进行分析，发现了钠长石的峰，说明其胎、釉结合处有钠长石存在。

对半个哥窑灰青釉洗釉的反射光也进行了检测，发现其主波长为610纳米，比大部分宋代官窑粉青釉瓷釉的反射光主波长值大。因此，其釉色较宋代官窑粉青釉瓷而言，绿色调偏弱，黄色调偏强，釉的透明度值较高，故视觉上釉色偏白。

用扫描电镜对半个哥窑灰青釉洗釉面开片纹路"金丝铁线"进行观察，并用电镜能谱对"金丝铁线"部位和釉部位进行元素分析，以对比两者元素组成差别。发现"金丝铁线"部位硫（S）的含量增加，铁（Fe）的含量也略有增加。用拉曼光谱仪对"金丝铁线"部位进行分析，图谱解析显示，"金丝铁线"上可能有含碳（C）的物质存在。"金丝铁线"问题仍有待进一步研究。

总之，通过对这半个哥窑灰青釉洗的胎、釉元素进行科学测试，发现其胎、釉元素组成相对于景德镇、河南、浙江龙泉地区的样品而言，与杭州地区的南宋官窑粉青釉瓷胎、釉的元素组成更为接近。但由于只测试了一个样品，故当时认为需要测试更多样品，以进一步弄清其类群关系[1]。

后来，故宫博物院陶瓷研究所还从几位私人收藏家手中借来几片出土的传世哥窑瓷器标本进行无损测试，尤其是路杰先生收藏的圆明园出土的传世哥窑青釉盘残片（图44），外底錾刻有乾隆皇帝御制诗，仅残留有几个字和落款。经查，这首诗名曰"咏哥窑盘子"。诗曰:"色暗纹彰质未轻,哥窑因此得称名。雅如法护僧弥矣,生一居然畏后生。"句后署"乾隆乙未御题"钤"太卦"方形闲章。"乾隆乙未"即乾隆四十年，1775年。测试的结果是，这几片传世哥窑瓷片标本胎、釉的元素组成，均与浙江杭州地区南宋官窑粉青釉瓷的胎、釉元素组成较为接近。而故宫博物院陶瓷研究所为开展此次哥窑瓷器研究，从故宫博物院藏传世哥窑瓷器和明、清景德镇窑仿哥窑（釉）瓷器中选取原定为宋代哥窑瓷器38件和明代宣德朝、明代成化朝、清代康熙朝、清代雍正朝、清代乾隆朝仿哥釉瓷各1件，逐件分别作能量色散型X-射线荧光分析和实体显微结构分析（图45、图46）。其中汪兴祖墓出土的灰青釉葵口盘（见图3）和原定为宋代哥窑的米黄釉双耳鼎式炉（见图33），目前从目鉴来看与典型传世哥窑瓷器不同，检测结果也印证了目鉴意见。总体检测分析结果表明，典型传世哥窑瓷器与哥（官）窑型瓷器和明、清景德镇仿哥釉瓷器无论在化学组成还是显微结构方面，都既有联系又有不同。

1　段鸿莺、吕成龙等：《传世哥窑器物的无损科技分析》（待刊稿）。

图 44　南宋　哥窑灰青釉盘残片（北京市圆明园出土，私人藏）

图 45　能量色散型 X- 射线荧光分析

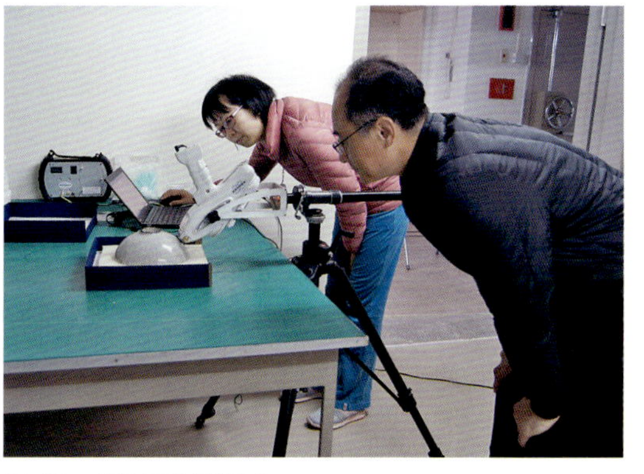

图 46　实体显微镜测试

四　关于传世哥窑瓷器的烧造年代

有学者认为属于宋代；有学者认为属于元代；有学者认为属于元代也有可能早到南宋后期，但大都应在元代早期和中期；有学者认为不会早于元末；也有学者认为是元、明时期。

有学者从文献、工艺条件、文化因素三个方面考证，认为传世哥窑瓷器“基本特色的形成，及其中最精美部分的生产，应是在宋代，而不应是在元代”[1]。

郭演仪先生通过对传世哥窑瓷器以及与之相关的青瓷胎、釉成分对比分析，并结合河南、浙江和景德镇地区有关原料的特点进行探讨，认为：“传世哥窑（瓷器）烧造地点最

1　赵宏：《哥窑瓷器时代考》，《景德镇陶瓷》1999 年第 1 期。

大的可能是在河南与北宋官窑瓷一起生产。南宋迁到杭州后，承袭了北宋官窑的制瓷工艺，引进了河南地区的部分关键原料黏土和长石到杭州，继续了瓷器的生产，烧制了南宋官窑瓷和传世哥窑瓷……龙泉哥窑瓷胎、釉成分与南宋官窑的十分接近，证实了它是仿官窑瓷，而非属哥窑瓷。从瓷胎的钛含量和釉的钙钠含量对比亦说明传世哥窑并非景德镇烧造。”[1]

认为传世哥窑瓷器的烧造年代不早于元末，是对哥哥洞窑的晚期遗物及哥窑之名的演变情况进行分析所得出的结论[2]。

认为传世哥窑瓷器烧造年代是元代的理由是，在宋人的文献里没有发现有关哥窑的记载，最早提到“哥哥洞窑”“哥哥窑”的文献是元代孔齐（应为“孔克齐”，笔者注）撰《静斋至正直记》。还认为“由于哥窑是模仿宋代官窑的，而且达到了‘绝类’的程度。因此，在哥窑瓷器中就是出现一些宋代的器形，也就不足为奇了，问题在于我们不能依此而把哥窑的时代断定为宋”。在进行一番考证后认为：“总之，从文献资料、器物的时代特征和大量的考古资料，都表明哥窑的创设年代是元，而不是宋。”[3]

认为传世哥窑瓷器烧造年代为元、明时期的理由是：“宋代并无哥窑之说，哥窑之名源于元代的哥哥洞窑，到明早期，‘哥哥窑’被简称为哥窑。由元末的‘绝类古官窑’可知，哥窑出现之初是仿官窑的，之后才形成自己的特色。哥窑的时代应为元明时期。”[4]

李刚先生则认为：“据现有的考古资料分析，哥窑瓷器的年代约为元代晚期至明早期。”[5]

总之，关于传世哥窑瓷器烧造的年代问题，目前尚无法完全解决。这主要是因为：一、传世哥窑瓷器的窑址至今尚未被发现；二、传世哥窑瓷器本身没有带纪年者；三、传世哥窑瓷器不见于墓葬出土；四、热释光测年代技术尚不过关。另外，传世哥窑瓷器完整器不可能允许取样测试。因此，长期以来，人们只是采用类型学的方法，认为传世哥窑瓷器中像鱼耳炉、胆式瓶、贯耳瓶、八方小杯、菊花式盘、贯耳壶等，均造型隽秀轻巧，具有宋代瓷器风格，遂将传世哥窑瓷器年代整体定为宋代。但必须指出的是，开始时，人们并未完全按照类型学进行分类，而主要考虑到其釉面开片特点。随着文物考古事业的发展，出土文物资料不断增多，人们发现传世哥窑瓷器中有个别作品的造型、釉质、釉面开片特征

1 郭演仪：《哥窑瓷器初探》，《中国陶瓷》1998 年第 5 期。

2 李刚：《内窑、续窑和哥哥洞窑辨识》，《东方博物》2007 年第 2 期。

3 朱伯谦：《龙泉青瓷简史》，《揽翠集——朱伯谦陶瓷考古文集》，科学出版社，2009 年。

4 牟宝蕾：《哥窑问题的几点思考》，《文物春秋》2015 年第 4 期。

5 李刚：《“宋代五大名窑”的是与非》，《古瓷笔诠》，中国书店，2016 年。

等与杭州凤凰山麓老虎洞窑元代地层和其他一些元代墓葬、窖藏、遗址、沉船等出土或出水的灰青釉开片瓷的特征相似。如上述故宫博物院收藏的灰青釉双耳三足鼎式炉即曾经被定为传世宋代哥窑产品，后来发现其与 1976 年从韩国新安海底沉船打捞出水的一件双耳三足鼎式炉的造型、胎、釉等风格一致，因此，又将其年代改为元代。还有上述洪武四年汪兴祖墓出土的 11 件葵口盘，出土时也被定为宋代官窑或哥窑产品，后来发现其与杭州凤凰山麓老虎洞窑元代地层出土瓷片标本特征相同，因此，学者们基本认同其为元末明初老虎洞窑产品。另有上述上海青浦县任氏墓出土的灰青釉鱼耳簋式炉，也曾被认为与故宫博物院收藏的传世哥窑鱼耳簋式炉相同，其实在装饰、釉面质感和开片方面都不相同，最主要的是任氏墓出土者颈部有一道凸起的弦纹，而故宫博物院藏品颈部没有凸起的弦纹。

鉴于上述原因，典型传世哥窑瓷器烧造年代的解决不可能一蹴而就，需要随着考古资料的不断增多，特别是期待窑址的发现，将传统鉴定方法与科学技术手段相结合进行研究，方能最终解决。目前，笔者同意将典型传世哥窑瓷器的年代定为南宋。

以上结合前人研究成果，对“哥窑”的概念、传世哥窑瓷器与哥（官）窑型瓷器龙泉哥窑瓷器的主要区别、传世哥窑瓷器的烧造年代等进行了论述。强调研究哥窑瓷器首先必须弄清四个概念，其次要认清传世哥窑瓷器与哥（官）窑型瓷器及龙泉哥窑瓷器是三种不同的青瓷，不可混为一谈。最后就是关于典型传世哥窑瓷器的烧造年代，认为在目前无法完全解决的情况下，根据其造型和工艺特点，还是将其定为南宋为宜。

关于宋代传世哥窑的探讨

叶佩兰　故宫博物院

内容提要：宋代五大名窑之一的哥窑，几十年来由于没有发现它的准确窑址，在其称谓、断代等方面均有不少疑问。清室善后委员会时期，即对该类瓷器进行了整理。几十年来根据不断出现的新资料，相关研究文章也层出不穷。本文主要结合文献、有关专家发表的论文和考古发掘成果，对传世哥窑与修内司窑、元代哥哥窑与杭州老虎洞窑之间的关系，浅谈一点个人看法。

关键词：传世哥窑　修内司窑　老虎洞窑　哥哥窑

宋代五大名窑之一的哥窑，几十年来由于没有发现它的准确窑址，在其称谓、断代等方面均有不少疑问。20 世纪 80 年代我院冯先铭先生、李辉柄先生曾撰文发表过他们的观点，笔者同意李辉柄先生的观点，即认为故宫博物院旧藏的宋代哥窑（现在又有“传世哥窑”之称）很可能就是宋代修内司官窑。1994 年笔者在编写《元代瓷器》一书时，又重温了冯、李两位先生的撰文，结合文献分析，在《元代瓷器》一书中列出了“元代哥哥窑”一节。近来受哥窑研讨会的邀请，笔者又翻阅了许多专家学者有关哥窑及老虎洞窑的论文，对自身有很大启发。本文主要结合文献、有关专家发表的论文和考古发掘成果，浅谈一点个人看法。

一 故宫博物院旧藏传世哥窑整理的历史简况

故宫博物院自1925年成立以后，清室善后委员会因院长的变更曾两次对宫中文物进行清点、造册，至抗日战争爆发而中断。在前两次宫中清点文物的点查报告中，有关宋代名窑的名称为汝、官、哥、定、钧等。民国时期景德镇陶务监督郭葆昌先生是一位收藏家，也是鉴赏家，对古陶瓷鉴定颇有研究，曾任故宫博物院瓷器专门委员会委员，与原中国历史博物馆专家傅振伦先生等人参与馆藏瓷器的整理与鉴定，并共同参加了1936年赴英国伦敦“中国艺术国际展览会”的筹备工作，对我院的参展文物进行了细致的鉴定和挑选，据此还出版有伦敦艺展图录。20世纪50年代故宫陶瓷专家重新参阅伦敦艺展图录时发现了一些问题，如在宋代名窑部分，图录中将宋代官、哥窑器分别定类为“官窑”“修内司窑”“郊坛下官窑”。在当时尚未经过考古发掘发现窑址的情况下，前辈专家学者仅依据古文献记载便将宋代官窑器分为“修内司窑”“郊坛下窑”，这种研究精神是非常可贵的。再如艺展图录中有相同的两件传世哥窑器，在当时一件定为哥窑，另一件则定为官窑。孙瀛洲先生亦提出了“1989年台北故宫宋官窑展图录在器物的时代断定上也较为混乱”，有许多清仿器也被列为宋代，后来朱伯谦先生曾予以校正。以上事例说明，清宫旧藏器在文物南迁前所断定的年代有许多是不准确的。1943年，我院著名陶瓷专家陈万里先生曾对伦敦艺展图录中的宋官窑瓷器重新断代、定名，提出质疑并发表《故宫一部分古瓷鉴定之商榷》一文，指出一些宋官窑的定名还没有绝对的依据。

20世纪50年代故宫博物院又一次对院藏文物进行大整理和定级划分，这时笔者已来到院工作，在陈万里、孙瀛洲、冯先铭三位专家的带领下参加了院藏古陶瓷的鉴定制档工作。那时笔者是初学者，在专家的指导下边工作边学习。初学时所查阅的主要典籍是《陶雅》《饮流斋说瓷》《格古要论》等，在头脑记忆中对宋代五大名窑汝、官、哥、定、钧和章生一、章生二哥哥窑和弟弟窑的印象都极为深刻。当时由于没有考古发掘的新资料比对，在鉴定划级过程中，主要根据老先生们的经验重新审查断代，对几大名窑的定名较为慎重，并没有划出修内司官窑。直到今天，故宫博物院的总账、分类账，只有汝、官、哥、定、钧的定名。近几十年来，随着考古发掘不断有新发现、新成果涌现，笔者认为对故宫旧藏五大名窑的定名及年代应进行深入研究。

二　认为宋代章生一、章生二兄弟所主哥窑、弟窑造青器的记载可信

至21世纪，无论是对古文献的研究，还是对考古发掘成果的研究，以及科学仪器的测定，都比过去更加深入和透彻。关于哥窑问题的研究，首先要从古文献中谈及哥窑的文章着手，对“哥窑”的称谓要有一个统一的认识，即元末明初文献中所提到的哥哥洞窑、哥哥窑与旧哥哥窑的问题。元至正二十三年（1363年）孔齐《静斋至正直记·窑器不足珍》一节里，从文字内容看，有两个人对话谈论鉴定古瓷器的事情。一人说：“哥哥洞窑……其色莹润如旧造”，另一人说：“哥哥窑绝类古官窑”，二人相互交谈有时多一字或少一字也是常有之事，“哥哥洞窑”“哥哥窑”应指的是同一个窑口，哥哥洞窑、哥哥窑也应是哥窑元代时的称谓。通过二人对话可了解到哥哥窑是仿烧古官窑的窑口，并且仿得非常好，“绝类古官器”。

成书于明洪武二十一年（1388年）的曹昭《新增格古要论》“古窑器论·哥哥窑”一文中指出“旧哥哥窑出。色青，浓淡不一，亦有铁足紫口……成群队者是元末新烧”。此文据元至正末年仅一二十年，文中“旧哥哥窑”指的是宋哥窑，并指出哥窑的特点，还提出了“元末新烧”的问题。至明早期《宣德鼎彝谱》（卷一）的撰文已开始有了哥窑的记载，明以后的撰文便都是“哥窑”了。明嘉靖四十年（1561年）《浙江通志》卷八与嘉靖四十五年（1566年）郎瑛《七修类稿》这两本文献仅相差五年，结合分析会发现两本文献的作者对哥窑已有了深入的研究，将哥窑的烧造时间、窑址地点、器物特点都做了具体说明。需要指出的是《浙江通志》中关于章氏兄弟传说的记载：

> （龙泉）县南七十里曰琉华山……山下即琉田，居民多以陶为业。相传旧有章生一、章生二兄弟二人，未详何时人，主琉田窑造青器，粹美冠绝当世，兄曰哥窑，弟曰生二窑。

明代陆深所撰《春风堂随笔》也记载：

> 哥窑，浅白断纹，号百圾碎。宋时有章生一、生二兄弟，皆处州人，主龙泉之琉田窑。生二所陶青器，纯粹如美玉，为世所贵，即官窑之类；生一所陶者色淡，故名哥窑。

两种文献的说法大致相近，但如何给“兄”和“弟”两个窑口定名却是个问题。窑口一般都是以所在地名来命名，但两窑都属龙泉，就不能都统称为龙泉窑，将章氏兄弟二人以长幼区分窑口，将兄章生一烧窑称为哥窑、弟章生二烧窑称为弟窑（后以地名命名为龙泉窑）也是符合情理的，所以明中期文献相传章氏兄弟各主一窑烧青瓷的说法也是可信的，且哥窑应是宋代重要的民间瓷窑之一。

再从考古发掘成果来看。1956 年至 1961 年，原浙江省文物管理委员会对龙泉青瓷窑址进行了多次较全面的调查，在大窑、金村、竹口、溪口以及东部的梧桐口到武溪一带发现了古代龙泉窑窑址二百多处。通过对龙泉的大窑、金村和丽水的宝定等窑址的发掘，获得场房、砖池、住宅、窑室等建筑资料和大量的瓷器标本。在众多瓷片标本中有一类黑色胎体、施釉较薄、釉面呈玻璃状质感的标本，开有大小纹片，釉色以粉青或灰青为主。这类黑胎青瓷与《七修类稿》等文献中关于哥窑黑胎、紫口铁足、青色釉、有开片的特征大体相近，据此朱伯谦先生认为这类瓷器即是明清文献中所描述的哥窑。后来朱伯谦先生又修正了这一观点，认为应是“龙泉仿官”（对此现在仍有不同的观点）。笔者认为这两种观点其实是一回事儿，“龙泉仿官”也就是“龙泉的哥窑仿官”。所以大窑（即文献中的琉田）应是龙泉哥窑（简称哥窑）的产地。因此晚明文献相传宋时章氏兄弟在琉田，即今天龙泉县大窑、金村一带造青器的情况是可信的。

三　传世哥窑应是修内司官窑

“传世哥窑”这一名称实指的是北京故宫博物院和台北故宫博物院所收藏的宋代哥窑瓷器，是清宫旧藏，有少量器物流散在民间或为其他博物馆所藏。现在由于人们对哥窑产生疑问，甚至不承认有哥窑，于是就将清宫旧藏哥窑器称为传世哥窑。清宫旧藏哥窑器是与汝窑器、官窑器有同等地位的宋代名窑瓷器，在过去的历史条件下，前辈们结合元末明初的文献从清宫旧藏的宋官窑器甄别出哥窑和修内司窑，还是很有见地的。

宋代文献中涉及宋官窑的史料只有两笔。其一是元末明初学者陶宗仪撰《南村辍耕录》中所收宋叶寘《坦斋笔衡》，另一是同为陶宗仪撰《说郛》中所收宋顾文荐《负暄杂录》。两书所载略同，但有小异。据《南村辍耕录》卷二十九引《坦斋笔衡》“窑器”条云：

> 政和间，京师自置窑烧造，名曰“官窑”。中兴渡江，有邵成章提举后苑，号“邵

局”，袭故京遗制，置窑于修内司，造青器，名“内窑”。澄泥为范，极其精致，油色莹澈，为世所珍。后郊坛下别立新窑，比旧窑大不侔矣。

从以上文献内容分析，一般认为：文献说明了宋代前后存在有位于汴京的“北宋官窑”和位于临安的“南宋官窑”，而南宋官窑又分为“修内司官窑”和“郊坛下官窑”两处,这就是目前学术界较为主流的“宋代官窑三分法”。以上几十字文献对宋代官窑的地点、沿革、年代、设置原因等问题都做了较为明确的说明。杭州乌龟山宋代窑址经考古发掘后证实为南宋郊坛下官窑，它是在修内司官窑之后又选址烧造的一个新官窑，和旧官窑（即修内司窑）相比不大一样。而修内司官窑是什么样的特点，据明代曹昭《格古要论》记载：

官窑器，宋修内司烧者，土脉细润，色青带粉红，浓淡不一，有蟹爪纹，紫口铁足，色好者与汝窑相类。

据此不难发现修内司官窑的特点在清宫旧藏的哥窑器中都有表现，不得不使人联想到清宫旧藏的哥窑瓷器应是南宋修内司官窑，这与 20 世纪 60 年代浙江龙泉大窑、金村、溪口等地发现的龙泉哥窑瓷器的特点是不一样的。龙泉哥窑为民窑,与官窑器是截然不同的。清宫旧藏的哥窑器过去的定名不准确，现在所谓“传世哥窑器”应是南宋修内司官窑器。

四　哥哥窑绝类古官窑

据元至正二十三年（1363 年）孔齐《静斋至正直记·窑器不足珍》一文记载：

乙未冬在杭州时，市哥哥洞窑者一香鼎，质细虽新，其色莹润如旧造，识者犹疑之。会荆溪王德翁亦云：“近日哥哥窑绝类古官窑，不可不细辨也。”今在庆元见一寻常青器菜盆，质虽粗，其色亦如旧窑……

南宋灭亡之后，南宋官窑的烧造随即终止，但龙泉民窑窑场可能继续仿制烧造南宋官窑,无论是造型和风格都达到了“绝类”的程度,“不可不细辨”。明初曹昭《格古要论》指出：“（哥窑）成群队者，是元末新烧，土脉粗燥，色亦不好。”1952 年上海元代任氏墓葬群、

1970 年南京汪兴祖墓、1975 年江苏溧水元代窖藏、1977 年安徽安庆元代窖藏、1998 年安徽繁昌元代窖藏等均出土了传世哥窑型的瓷器，有的还是成批出土。以上大部分器物曾于 1992 年在上海召开的哥窑专题研讨会上展出，经过仔细观赏，它们与传世哥窑虽然非常相似，但仍有一定差别。这些类似传世哥窑型器，结合文献和考古资料分析，应是元代哥哥窑的产品，或是元代龙泉哥哥窑仿制的古官器。

1952 年元代任氏墓群中出土的类似传世哥窑瓷器，现收藏于上海博物馆，其中包括胆式瓶 4 件、投壶式瓶 2 件、双耳炉 2 件。综观它们的主要特征，器表皆施青釉或青灰色釉，釉面光亮，开细小纹片，有紫口铁足。故宫博物院所收藏的传世哥窑（应是宋修内司官窑）瓷器中也有相同器形，但仔细鉴赏对比后，可发现元墓出土器与故宫博物院传世品有一定的区别（图 1 至图 6）。传世品静穆优美，元墓出土器虽然古朴端庄，但没有传世品的那种风韵和质感。再结合墓葬情况分析，墓主人生于元世祖至元二十二年（1285 年），卒于至正八年（1348 年），墓中所出土的瓷器有 20 余件，除哥哥窑外还有元代“枢府”铭卵白釉瓷器、元代青白釉瓷器等，由此说明这 6 件类似传世哥窑的瓷器也应是元代产品，即元代哥哥窑或称老虎洞窑仿制的古官器。

1970 年南京汪兴祖墓出土的 11 件类似传世哥窑瓷器（现收藏于南京市博物馆），其中分拨给故宫博物院两件，一件为口径 16.1 厘米的六瓣葵口盘，小圈足，呈灰青釉，开大小不一的细碎纹片；另一件为口径 15.6 厘米的六瓣葵口盘，折腰，裹足支烧，足内有六支钉痕（图 7、图 8）。这两种类型的盘在故宫旧藏的传世品中有多件，二者比较起来非常相似，但墓中出土器胎体厚重，纹片较大，圈足修坯没有传世品工艺精细，裹足支烧的足边比传世品要宽且足边不见胎色，紫口铁足特征不突出，圈足足边的深度也较传世品浅，釉面暗淡不匀净。总的感觉传世品敦厚庄重，出土器体轻质朴，符合元末《静斋至正直记》“哥哥窑绝类古官窑，不可不细辨也”的说法，也符合明初《格古要论》“成群队者，是元末新烧”的说法，所以汪兴祖墓出土的葵口盘应是元代哥哥窑产品。汪兴祖本人生于元惠宗至元四年（1338 年），卒于明洪武四年（1371 年），追随朱元璋南征北战，立有战功，其墓中还出土有元青花高足碗，从侧面也反映了出土的 11 件类似传世哥窑器应是元末新烧的哥哥窑瓷器（不排除故宫旧藏的传世哥窑中有元代器物）。

1976 年韩国新安海底发现的元代沉船中，有一件仿官釉三足鼎（残）和一件仿官釉鬲式炉，现藏于韩国国立中央博物馆（图 9、图 10）。这两件器物经有关专家学者研究后，均认为是元代仿官窑器。故宫博物院收藏有一件米黄色哥釉双耳三足炉（图 11），从造

图 1　元　哥哥窑青釉贯耳长颈瓶
（上海青浦县元代任氏墓出土，上海博物馆藏）

图 2　宋　传世哥窑米色釉贯耳长颈瓶
（故宫博物院藏）

图 3　元　哥哥窑青釉胆式瓶
（上海青浦县元代任氏墓出土，上海博物馆藏）

图 4　宋　传世哥窑青釉胆式瓶
（故宫博物院藏）

图 5　元　哥哥窑青釉双耳炉
（上海青浦县元代任氏墓出土，上海博物馆藏）

图 6　宋　传世哥窑青灰釉双耳炉
（故宫博物院藏）

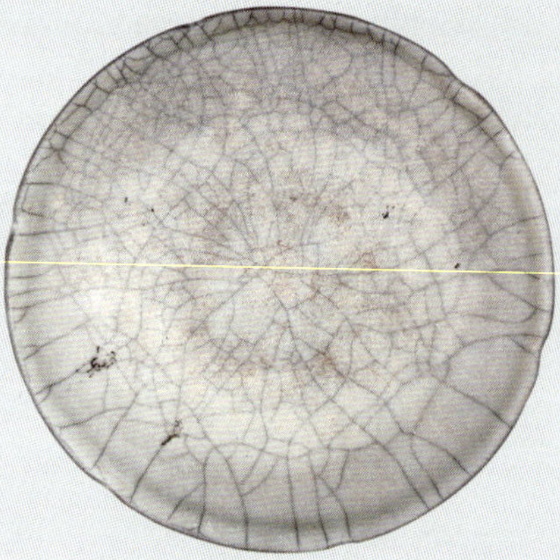

图 7　元　哥哥窑青釉葵口盘
（南京明汪兴祖墓出土，南京市博物馆转拨故宫博物院收藏）

型上看，与沉船中的鼎、炉相同，其通体施米黄釉，釉色较光亮，开黄黑色纹片，釉面多处有缩釉现象，釉面不纯净且有黑色渣点浮于釉中，三柱式足中空，足内还有釉斑，具有元代产品的特点，从工艺制作水平上看比较粗糙，纹片开裂甚重，符合“元末新烧，土脉粗燥，色亦不好”之说，说明我院所藏宋代传世哥窑器中有元代作品。

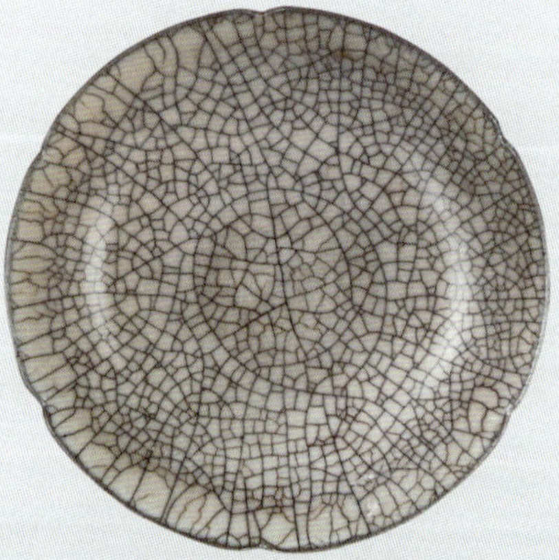

图 8　宋　传世哥窑米色釉葵口盘
（故宫博物院藏）

图 9　元　仿官窑青釉三足鼎（残）
（韩国国立中央博物馆藏）

图 10　元　仿官窑青釉鬲式炉
（韩国国立中央博物馆藏）

图 11　元　哥哥窑仿官窑双耳三足炉
（故宫博物院藏）

1997 年安徽省安庆市发现一处元代窖藏，共有 7 件元代瓷器出土，现藏于安徽博物院，其中 2 件元青花器、5 件仿古官器，仿古官器分别为灰青釉带把杯（图 12）、米黄色釉花口盏、青釉盘（图 13）和两件青釉花口碗。这 5 件器物的共同特点是胎质坚硬厚实，淡青色釉或青黄色釉厚如堆脂，开大纹片，紫口铁足，都具有元代的工艺特征。1998 年安徽省繁昌县新港街道也发现一处元代窖藏，出土 1 件元青花孔雀牡丹纹大盖罐、15 件元青花高足碗和两件青釉六方贯耳瓶（图 14），现藏于安徽博物院。其中六方贯耳瓶通体施青灰色釉，釉面开细小纹片，六方形底足露胎处为铁锈色，形成“铁足”。整体观感厚实、古朴、端庄，具有元代工艺风格，与故宫旧藏的一件传世哥窑贯耳瓶（图 15）比对时，笔者认为我院的这件器物有可能为元代产品。

图 12　元　仿官釉带柄杯
（1977 年安庆市双井街 89 号元代窖藏出土，
安徽博物院藏）

图 13　元　仿官釉盘
（1977 年安庆市双井街 89 号元代窖藏出土，
安徽博物院藏）

图 14　元　仿官釉六方贯耳瓶（一对）
（1988 年安徽省繁昌县新港街道，安徽博物院藏）

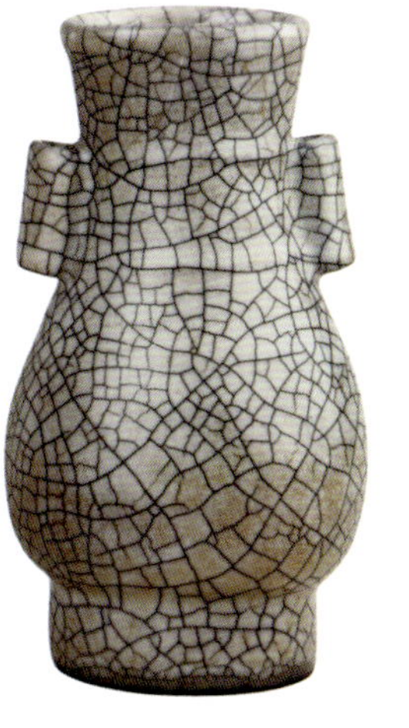

图 15　宋　传世哥窑八方贯耳瓶
（故宫博物院藏）

以上两例安徽元代窖藏出土的器物，根据实物特征，应是哥哥窑仿南宋哥窑瓷器，符合元人所述："近日哥哥窑绝类古官窑，不可不细辨也。"

总之，元墓、元代窖藏及元代沉船中的出土器物与传世品相比，器表虽然相似，但仔细观察还是有一定的差别。这些类似传世的官、哥窑瓷器，都是元代仿制的古官器，如胆式瓶、贯耳瓶、鱼耳炉、鼎、葵口盘等，都反映了元代制瓷工艺的特点。除了仿宋代修内司官窑（即传世哥窑）外，此时也仿南宋官窑，都能达到绝类的程度，《静斋至正直记》和《格古要论》都是可信的文献记载。

五　杭州老虎洞窑与修内司官窑

1998 年，杭州凤凰山附近发现了老虎洞窑，经过考古学家及学者们结合文献资料精确研究，从窑址的地理位置、窑炉结构、烧造工艺、制瓷工艺以及残次品的处理等方面对胎、釉、器形加以深入研究，还对出土的残片进行化学分析、显微结构分析，证实了老虎洞窑就是古文献中记载的修内司官窑，这一结论已成为业内诸多专家、学者们的共识。

许多专家还有依据地对传世哥窑进行了研究，综合起来多数专家的看法是认为老虎洞窑元代地层的出土器中，有胎较厚、米黄色釉、开细碎纹片、满釉支烧的器物，与传世哥窑的特征相似或相近，因此推断老虎洞窑元代地层产品就是传世哥窑的产品。但是故宫旧藏"传世哥窑"（应是修内司窑）瓷器虽然与老虎洞窑元代地层出土物相近，可在形制、釉质以及工艺时代的神韵还是有很大差别。从老虎洞窑的发掘品看都是仿古官器，仿汝、仿官、仿钧、仿龙泉等（图 16 至图 22），在故宫博物院旧藏器中有个别元代产品是有可能的。南宋郊坛下官窑、清凉寺汝窑、禹县钧窑等窑址出土的残器或残片都能与故宫旧藏的官窑瓷器相对上，可见专为宫廷烧制的官窑瓷器都有专门的窑坊。结合窑址出土的标本，解决宫廷传世品的问题不能相似或相近。因此老虎洞窑不是传世哥窑的产地，传世哥窑应是修内司官窑，修内司官窑在凤凰山一带，不一定只有老虎洞一处，还有待于新的考古发掘。

六　元代老虎洞窑是元代哥哥窑

关于老虎洞窑元代地层出土窑具上的元国书——八思巴文（图 23），经照那斯图先生的研究、译释，是由两个八思巴文字组成，第一个字为姓，译成汉字为"章"或"张"。

图 16　元　老虎洞窑仿汝窑纸槌瓶（残）

图 17　元　老虎洞窑仿钧窑花盆（残）

图 18　元　老虎洞窑仿汝窑弦纹樽（残）

图 19　元　老虎洞窑仿官窑鼎式炉（残）

图 20　元　老虎洞窑仿官窑青釉洗（残）

图 21　元　老虎洞窑仿龙泉窑鬲式炉（残）

图 22　元　老虎洞窑青釉碗（残）

图 23　元　老虎洞窑八思巴文圆饼状支钉

这一资料很重要，是章氏家族至元代仍从事瓷业生产的重要依据。王光尧先生对古代官窑制度很有研究，他结合老虎洞窑元代遗址出土的八思巴文“章（或张）”记铭文的材料，再结合元代的官匠制度分析，章生一应是元代中晚期的人，中后期章生一被括为官匠主持于老虎洞窑。笔者认为章氏家族到了元代仍从事窑业，从大量精美的元代龙泉窑瓷器遗存到现在，也可反映出章氏家族从事窑业生产的状况。由章氏家族主持的元代老虎洞窑不是传世哥窑（应为修内司官窑）瓷器的产地，应是元代哥哥窑的产地。哥哥窑绝类古官器，从元代老虎洞窑出土的残器来看，有仿官窑大洗、仿钧窑花盆、仿汝窑樽式炉、仿官窑花口碗、仿龙泉窑鬲式炉、仿汝窑盘等，由此可看出哥哥窑绝类古官器的程度。20 世纪七八十年代以来发掘的元代墓葬和窖藏中也出土了不少哥哥窑的仿古官器，如前文中提到的上海任氏墓出土的仿修内司窑的胆式瓶、投壶式瓶、双耳炉，南京汪兴祖墓出土的仿官、哥釉花口盘，还有安徽安庆、繁昌窖藏出土的仿官釉葵口碗、仿官釉贯耳瓶等，都具有元代工艺特征。综合以上分析，元代老虎洞窑不是传世哥窑（修内司官窑）的产地，很有可能是元代哥哥窑或哥哥洞窑的民窑产地。

参考书目

1. 陈万里 :《故宫一部分古瓷鉴定之商榷》,《陈万里陶瓷考古文集》，紫禁城出版社，1997 年。

2. 孙瀛洲 :《谈哥汝二窑》,《孙瀛洲陶瓷研究与鉴定》，紫禁城出版社，2008 年。

3. 冯先铭 :《“哥窑”问题质疑》《哥窑》《汝窑》《官窑》,《冯先铭古陶瓷论文集》，紫禁城出版社，1987 年。

4. 李辉柄 :《宋代官窑瓷器》，紫禁城出版社，1992 年。

5. 朱伯谦 :《龙泉青瓷简史》《釉质肥润 珍世瑰宝——南宋官窑》《龙泉大窑古瓷窑址发掘报告》《谈南宋官窑》,《朱伯谦论文集》，紫禁城出版社，1990 年。

6. 陆明华 :《哥窑文献汇编》，上海博物馆建馆四十周年哥窑瓷器学术座谈会，1992 年 10 月。

7. 秦大树、杜正贤主编 :《南宋官窑与哥窑——杭州南宋官窑老虎洞窑址国际学术研讨会论文集》，浙江大学出版社，2004 年。

8. 杜正贤主编 :《杭州老虎洞窑址瓷器精选》，文物出版社，2002 年。

9. 安徽省博物馆编 :《元瓷之珍》，文物出版社，2009 年。

10. 李辉柄主编 :《两宋瓷器（下）》,《故宫博物院藏文物珍品大系》，上海科学技术出版社，2003 年。

11. 叶佩兰 :《元代哥哥窑》,《元代瓷器》第三章第三节，九洲图书出版社，1998 年。

12. 沈令昕、许勇翔 :《上海青浦县元代任氏墓葬记述》,《文物》1982 年第 7 期。

13. 南京市博物馆 :《南京明汪兴祖墓清理简报》,《考古》1972 年第 4 期。

关于哥窑产地的综合研究

陈克伦　上海博物馆

内容提要:关于哥窑瓷器的产地历来众说纷纭、莫衷一是。文章梳理了历代文献记载，认为“杭州说”时代最早，“龙泉说”不仅时代晚，而且始于民间传说，以后经一步步演绎而成。历年考古出土被认为是“哥窑”的瓷器不多,其特征与“传世哥窑”有所区别。“传世哥窑”瓷器主要收藏在两岸故宫博物院与上海博物馆，文章考察了三地的收藏，总结了“传世哥窑”的基本特征。关于窑址出土情况，与“哥窑”相关的主要是杭州老虎洞窑址和龙泉溪口、大窑的黑胎青瓷窑址。对老虎洞窑址出土标本和龙泉瓦窑垟窑址出土标本进行比较，发现从外观上看，杭州老虎洞窑址出土的标本与“传世哥窑”更为接近；用科学方法对两地出土的标本及上海博物馆收藏的10件“传世哥窑”釉面的化学成分进行分析，结果表明,无论是常量元素还是微量元素,“传世哥窑”与杭州老虎洞窑址的标本非常接近，而与龙泉窑黑胎青瓷有距离。

关键词：哥窑　杭州老虎洞　龙泉瓦窑垟　故宫博物院　上海博物馆

一　关于哥窑瓷器产地的讨论

"哥窑"，指的是一类胎色赭黑、厚釉、釉色灰青或米黄、釉面有细碎染色开片的瓷器。作为宋代五大名窑[1]中的"哥窑"一直处在学术界的讨论热点之中，从元代以来的文献直至今日的研究报告，对其时代和产地都众说纷纭、莫衷一是。长期以来，哥窑瓷器基本不见于考古发现，以宫廷收藏为主，因此又被称为"传世哥窑"。以后，随着窑址考古和其他考古资料的不断发现，关于什么是哥窑以及其产地也提出了不同的看法。

1992 年 10 月，上海博物馆召开"哥窑瓷器学术座谈会"，来自中国北京、江苏、浙江、上海、香港、台湾以及美国、英国、日本等地的专家学者参加了会议，这是第一次系统讨论哥窑问题的学术会议[2]。关于哥窑的产地，会议代表提出了杭州、龙泉和北方（或景德镇）三种观点，前两种观点主要依据元代以来的不同文献的记载以及对文献的不同解读；而"北方说"则依据中国科学院上海硅酸盐研究所对 20 世纪 60 年代故宫博物院提供的一片"传世哥窑"瓷器标本的胎釉成分测试数据。在会上，故宫博物院耿宝昌先生提出这件碗底是孙瀛洲先生 1940 年在北京的一家古董铺买的，1956 年随同其他文物一起捐给了故宫，并非清宫旧藏，不能代表真正的传世哥窑瓷器，因此这个数据不能作为判断哥窑产地的依据。

随着各地相关考古资料的不断发现，现在可以根据文献记载、考古资料及利用科学检测手段，对哥窑产地进行综合性的讨论。

二　什么是"哥窑"

什么是哥窑？哥窑曾经被文献列为"五大名窑"之一，历史上对其特点的描述都源自宫廷收藏。由于其为历代朝廷先后嬗藏，因此又被称为"传世哥窑"。这类哥窑大多为宫廷旧藏，加上流散于海内外各地的，总数"只有360件左右"[3]。讨论的基础就是这类哥窑瓷器，考古出土的器物和标本都要与其进行比较，以确定是否属于"传世哥窑"。

1　见（明）吕震等《宣德鼎彝谱》，传成书于宣德三年，后被证明是成书于明代后期的"伪书"。其关于"宋代五大名窑"的论述无疑在明代就有。

2　陈克伦：《关于哥窑瓷器的讨论》，《文物》1994 年第 3 期。

3　耿宝昌："序言"，故宫博物院编《哥瓷雅集——故宫博物院珍藏及出土哥窑瓷器荟萃》，故宫出版社，2017 年。

三　文献记载

1. 杭州说

最早有“哥窑”相关的文献记载见于元代孔齐的《静斋至正直记》：“乙未冬（至正十五年，1355 年）在杭州时，市哥哥洞窑器者一香鼎，质细虽新，其色莹润如旧造，识者犹疑之。会荆溪王德翁亦云，近日哥哥窑绝类古官窑，不可不细辨也。”[1]

嘉万时杭州人高濂的《遵生八笺》在谈“官窑”时有如下记载：“官窑品格，大率与哥窑相同……窑在凤凰山下……哥窑烧于私家，取土俱在此地……”[2] 从后两句文字分析，似乎哥窑的烧造地点在杭州。

在明代洪武二十一年（1388 年）曹昭的《格古要论》中哥窑和龙泉窑是分别叙述的，其中关于哥窑的论述是：“旧哥窑色青，浓淡不一，亦有紫口铁足，色好者类董窑，今亦少有成群队者。元末新烧者土脉粗燥，色亦不好。”关于龙泉窑的记载是：“古龙泉窑在今浙江处州府龙泉县，今曰处器、青器、古青器。”[3] 虽然没有论及“旧哥窑”产于何地，但是排除了产于龙泉的可能性。

2. 龙泉说

比《格古要论》晚了一个半世纪的陆深《春雨堂随笔》（嘉靖十八年，1539 年）曰：“哥窑浅白断纹，号百圾碎……宋时有章生一、生二兄弟，皆处州人，主龙泉之琉田窑。生二所陶青器，纯粹如美玉，为世所贵，即官窑之类。生一所陶者色淡，故名哥窑。”[4] 这是有关章生一生二兄弟烧瓷的最早材料。

《浙江通志》（明嘉靖四十年，1561 年）书中提到“处州……县南七十里曰琉华山……”，“山下即琉田，居民多以陶为业。相传旧有章生一、生二兄弟二人，未详何时人，主琉田窑造青器，粹美冠绝当世，兄曰哥窑，弟曰生二窑……”[5] 但是书中注明此说得自传闻，不知章生一和章生二为“何时人”。

嘉靖四十五年（1566 年）刊刻的《七修类稿续稿》一书进一步说：“哥窑与龙泉窑皆

1　（元）孔齐《静斋至正直记（卷四）》，《续修四库全书》第 1166 册，上海古籍出版社，1995 年。
2　见《文渊阁四库全书》第 871 册，上海古籍出版社，2003 年。
3　见《文渊阁四库全书》第 871 册，上海古籍出版社，2003 年。
4　见《丛书集成初编》第 2906 册，商务印书馆，1935 年。
5　见《天一阁藏明代地方志选刊续编》第 24 册《浙江通志（上）》，上海书店，1990 年。

出处州龙泉县，南宋时有章生一、生二兄弟各主一窑，生一所陶者为哥窑，以兄故也；生二所陶者为龙泉，以地名也。其色皆青，浓淡不一，其足皆铁色，亦浓淡不一。旧闻紫足，今少见焉，惟土脉细薄，油（釉）水纯粹者最贵。哥窑则多断纹，号曰百圾破。”[1]《七修类稿续稿》距《浙江通志》成书仅相隔五年，对“相传旧有章生一生二兄弟，二人未详何时人”的问题具体肯定为南宋时人，并说“生一所陶者为哥窑，以兄故也，生二所陶者为龙泉，以地名也”。这是我们见到的肯定章生一生二兄弟为南宋时人的最早材料。

明嘉靖以后对哥窑弟窑的进一步演绎，大都来源于此。

明代陆容刊刻于嘉靖年间（或曰成书于弘治七年，1494 年）的《菽园杂记》一书对龙泉窑记录得比较详细，是研究龙泉窑的重要参考书。书中提到：“青瓷初出于刘田，去县六十里，次则有金村窑，与刘田相去五里余，外则白雁、梧桐、安仁、安福、绿遶等处皆有之，然泥油精细，模范端巧，俱不如刘田。泥则取于窑之近地，其他处皆不及，油则取诸山中，蓄木叶烧炼成灰，并白石末澄取细者合而为油。大率取泥贵细，合油贵精。匠作先以钧运成器，或模范成型，候泥干则蘸油涂饰，用泥筒盛之，寘诸窑内，端正排定，以柴篠日夜烧变，候火色红焰无烟，即以泥封闭火门，火气绝而后启。凡绿豆色莹净无瑕者为上，生菜色者次之，然上等价高，皆转货他处，县官未尝见也。”[2] 这段记载从龙泉窑的分布、原料出处、制作工艺、装窑方法直到烧窑，描述得极其细微，对于“哥窑”无只字提及。基于上述情况，宋时龙泉窑章生一、生二兄弟各主一窑的说法，从文献记录的资料看，开始是得自传闻，以后又进一步演绎而逐步形成。

四　考古出土

历年出土被认为是“哥窑”的瓷器不多，主要有以下几例：

1.1977 年安徽安庆元代窖藏，碗（图 1）、盘、葵口盏（图 2）、把杯，皆黑胎灰青釉[3]。

2.1975 年江苏省溧水县永阳镇元代窖藏出土青釉开片长颈瓶 2 件（图 3），赭黑胎，

1　见《七修类稿续稿》，上海书店出版社，2009 年。

2　嘉靖本，卷十四，见于《历代笔记小说大观·明代笔记小说第 175》，上海古籍出版社，2015 年。

3　胡悦谦：《安庆市出土的几件瓷器》，《文物》1986 年第 6 期。

图 1　碗（安徽安庆元代窖藏出土）

图 2　葵口盏（安徽安庆元代窖藏出土）

图 3　长颈瓶（江苏溧水元代窖藏出土）

图 4　深腹碗（安徽六安陈家河三口塘出土）

灰青釉或粉青釉，釉质肥润，表面有缩釉点[1]。

3.1987 年安徽六安陈家河三口塘出土碗（图 4），圆口、深腹、圈足较高，青釉开片，黑胎灰青釉[2]。

4.1976 年在韩国新安郡海底发现沉船，打捞出水的瓷器中包括一件灰青釉开片三足炉[3]（图 5），有研究者称其为“老虎洞窑青瓷鬲式炉”[4]。

5.1970 年 10 月南京明洪武四年（1371 年）汪兴祖墓出土葵口盘（图 6）11 件，黑胎、灰青釉[5]。

从上述情况看，考古出土的“哥窑瓷器”均为元代或明代初年窖藏或墓葬出土，多为

1　高茂松 :《江苏溧水永阳镇元代窖藏出土的瓷器与初步认识》,《东南文化》2011 年第 2 期。

2　《中国出土瓷器全集 · 安徽卷》图 184，科学出版社，2008 年。

3　《新安海底遗物（资料篇Ⅲ）》,《韩国文化公报》，文化财管理局，1985 年。

4　见沈琼华主编 :《大元帆影——韩国新安沉船出水文物精华》第 76 页，文物出版社，2012 年。

5　南京市博物馆 :《南京明汪兴祖墓清理简报》,《考古》1972 年第 4 期。

图 5　三足炉（韩国新安海底沉船出水）

图 6　葵口盘（江苏南京汪兴祖墓出土）

黑胎、灰青釉，与“传世哥窑”的特征还是有类似之处。汪兴祖墓出土的青釉盘被认为是元代“哥哥窑”或“哥哥洞窑”的产品。

五　传世哥窑瓷器

我们考察收藏传世哥窑最主要的三处博物馆：北京故宫博物院、台北故宫博物院和上海博物馆。

1. 故宫博物院

传世哥窑收藏故宫博物院已经公开发表的有 58 件，器形包括胆瓶 2 件（图 7）、贯耳瓶 7 件（图 8）、弦纹瓶 1 件（图 9）、小罐 1 件、鱼耳炉 3 件（图 10）、双耳炉 2 件、三足炉 3 件（图 11）、花盆 1 件、葵口洗 5 件（图 12）、菱口洗 1 件、圆口洗 1 件、葵口碗 7 件、八方碗 2 件、圆口碗 2 件（图 13）、葵口盘 15 件（图 14）、葵花盘 1 件、菊瓣盘 1 件、圆口盘 3 件（图 15）。均为赭黑色胎；釉色主要是灰青色，米黄色较少；釉面开片以一色开片多见，也有“金丝铁线”者[1]。

1　故宫博物院图片选自《故宫博物院藏文物珍品大系：两宋瓷器（下）》，上海科学技术出版社、商务印书馆（香港），2002 年。

图 7　胆瓶（故宫博物院藏）

图 8　贯耳瓶（故宫博物院藏）

图 9　弦纹瓶 （故宫博物院藏）

图 10　鱼耳炉（故宫博物院藏）

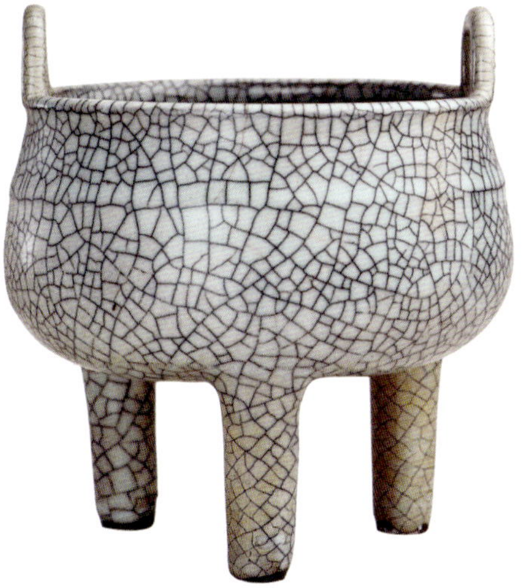

图 11　三足炉（故宫博物院藏）

图 12　葵口洗（故宫博物院藏）

图 13　圆口碗（故宫博物院藏）

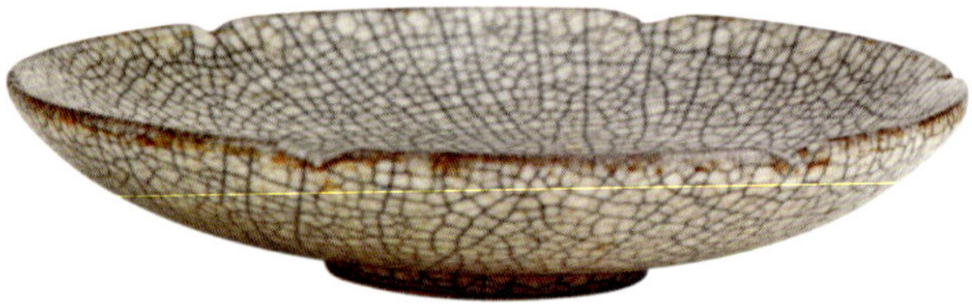

图 14　葵口盘（故宫博物院藏）

2. 台北故宫博物院

据了解，台北故宫收藏的传世哥窑瓷器约有 150 件，从已经发表的资料看，器形有胆瓶（图 16）、贯耳瓶、鱼耳炉（图 17）、三足炉（图 18）、高足碗（图 19）、单把杯、葵口盏、盘、葵口盘、花口盘、葵花盘（图 20）、菊瓣盘（图 21）、碗、葵口碗（图 22）、碟、洗、葵口洗（图 23）、花盆（图 24）、渣斗式尊等，以碗、盘、碟最多。胎色赭黑；釉灰青色和米黄色；釉面开片有一色开片和“金丝铁线”者[1]。

3. 上海博物馆

上海博物馆收藏的传世哥窑瓷器有 15 件，分别是五足洗 1 件（图 25）、葵花盘 1 件（图 26）、葵口盘 4 件（图 27）、圆口盘 2 件（图 28）、葵口碗 1 件（图 29）、贯耳瓶 3 件（图 30）、葵口洗 1 件（图 31）、海棠式洗 1 件和莲瓣洗 1 件。均为赭黑色胎；釉色主要是灰青色，米黄色较少；釉面开片有一色开片，也有“金丝铁线”。

六　窑址考古资料

1. 杭州老虎洞窑址

1998 年 5 月至 2001 年 3 月，杭州市文物考古研究所对杭州凤凰山老虎洞窑址进行了两次较大规模的考古发掘。揭露了该窑址的全部文化层，实际发掘面积约 2300 平方米，发掘 5×5 探方 86 个。两次发掘都有重大收获。据发掘者报告，“老虎洞窑第二层出土的瓷片量多、品种丰富，窑具上有八思巴文。出土的器物同传世哥窑十分相似……我们初步

1　台北故宫博物院图片选自《贵似晨星——清宫传世 12 至 14 世纪青瓷特展》，台北故宫博物院，2016 年。

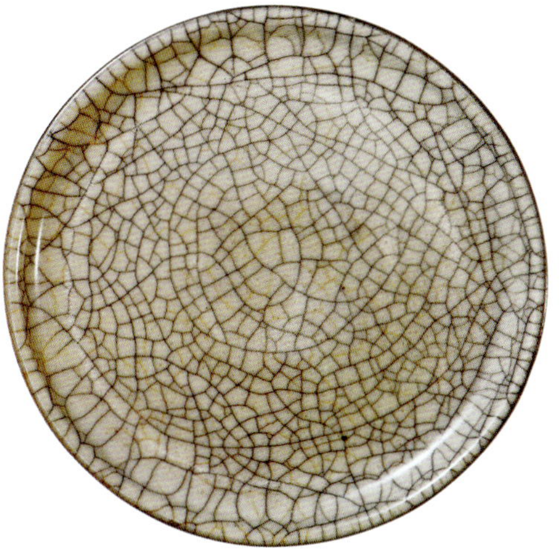

图 15　圆口盘（故宫博物院藏）

图 16　胆瓶（台北故宫博物院藏）

图 17　鱼耳炉（台北故宫博物院藏）

图 18　三足炉（台北故宫博物院藏）

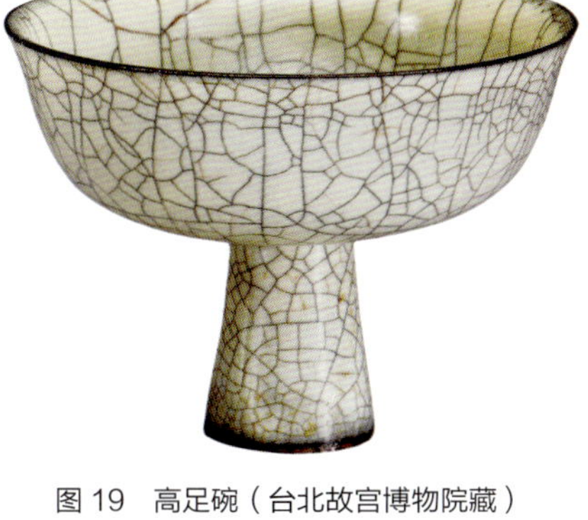

图 19　高足碗（台北故宫博物院藏）

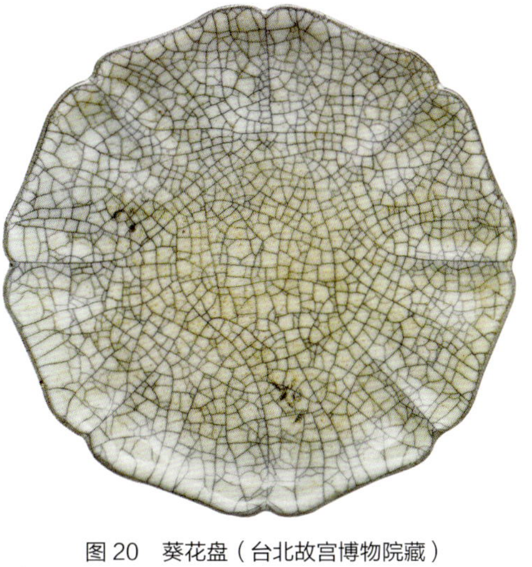

图 20　葵花盘（台北故宫博物院藏）

图 21　菊瓣盘（台北故宫博物院藏）

图 22　葵口碗（台北故宫博物院藏）

图 23　葵口洗（台北故宫博物院藏）

图 24　花盆（台北故宫博物院藏）

图 25　五足洗（上海博物馆藏）

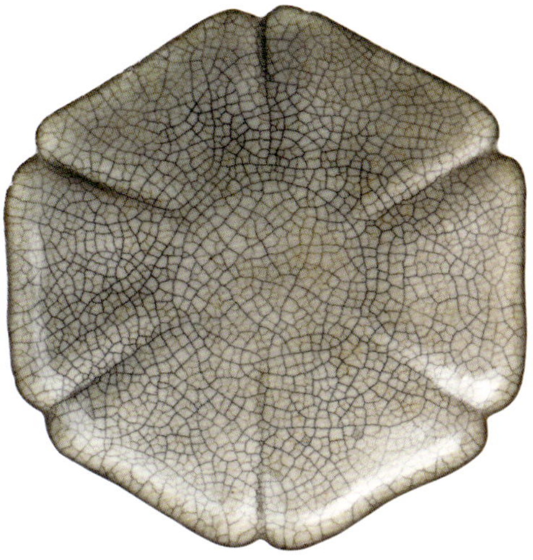

图 26　葵花盘（上海博物馆藏）

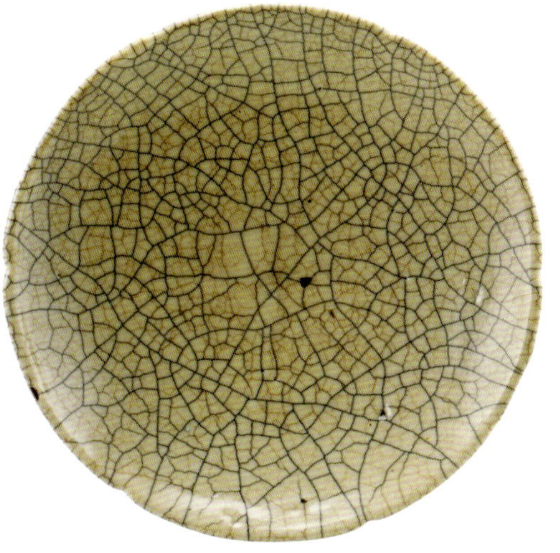

图 27　葵口盘（上海博物馆藏）

图 28　圆口盘（上海博物馆藏）

图 29　葵口碗（上海博物馆藏）

图 30　贯耳瓶（上海博物馆藏）

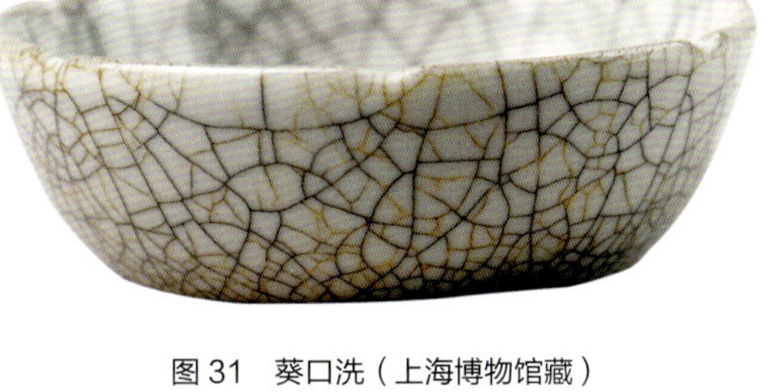

图 31　葵口洗（上海博物馆藏）

图 32 葵口洗标本（杭州老虎洞窑址出土）

认为这一层的产品是哥窑产品”[1]。在窑址 T50 中发现的一件标本与传世哥窑葵口洗（见图 23）的造型几乎完全一样（图 32）。

2.龙泉溪口、大窑窑址

浙江省文物考古研究所经过几年的考古调查与发掘工作，初步查明龙泉生产黑胎青瓷的窑址除溪口、大窑地区外，还有几乎纯烧黑胎产品的瓦窑垟窑址。这是一个全新的地点，生产包括尊、觚、簋等在内的礼器类产品，清理了包括窑炉、灰坑在内的重要遗迹。无论是溪口还是小梅等地的产品，其基本特征为：时代基本集中在宋代，黑胎、紫口铁足、胎骨厚薄不一；青色釉，釉色深浅不一，开片纹，片纹亦大小不一，粉青釉器物数量较少，质量明显更佳。虽然还不见报告发布，但是在 2012 年举行的学术研讨会上，不少学者认为龙泉黑胎青瓷应该就是哥窑[2]。

七 外观比较

将杭州老虎洞窑址出土标本（图 33）和龙泉瓦窑垟窑址出土黑胎青瓷标本（图 34）进行比较，发现如下差别：1. 两者均为黑胎厚釉青瓷，釉面均有开片；2. 尽管二者都属于厚釉，但是杭州老虎洞标本的釉更为乳浊，基本不透明，而龙泉瓦窑垟标本的釉还有少许

---

1 杭州市文物考古研究所：《杭州老虎洞南宋官窑址》，《文物》2002 年第 10 期。

2 《范昕“‘哥窑’谜团正被解开——‘2012 龙泉黑胎青瓷与哥窑论证会’得出结论：文献记载的哥窑在龙泉”》，《文汇报》2012 年 11 月 18 日。

图 33　杭州老虎洞窑址元代地层出土标本

图 34　龙泉瓦窑垟窑址出土标本

透明度；3. 釉色，杭州老虎洞主要是灰青色，釉色较浅，有的接近月白色，还有少量米黄色，龙泉瓦窑垟几乎都是灰青色，釉色总体比老虎洞深；4. 从标本的断面看，杭州老虎洞的断面比较整齐，而龙泉瓦窑垟标本的断面多见分层，呈“犬牙交错”状。

从以上特点看，杭州老虎洞窑址的标本与传世哥窑更为接近。

八　科学测试

最近，上海博物馆运用 BRUKER 公司的 Tracer5i 手持式荧光能谱仪，在非真空状态下对馆藏的 10 件传世哥窑瓷器和由杭州市文物考古研究所提供的杭州老虎洞窑址元代地层 1999 年出土的 7 件标本及由浙江省博物馆提供的 6 件标本用同样的方法进行测试，取得了可用于比较的数据。

对所有完整瓷器及标本的釉层元素分析均采用对同一件器物不同位置的 2 ~ 3 个釉面点进行数据采集，结果表明，仪器重复性较好，釉面均匀，数据稳定。

1. 23 件样品共同点是釉中主量熔剂 K_2O/CaO（钾 / 钙）比值较高,因此容易形成厚釉。

2. 通过比较老虎洞窑和龙泉窑瓦窑垟瓷片标本发现，二者较为明显的不同是老虎洞窑标本釉中 MnO（锰）含量要显著高于龙泉窑青瓷标本，前者 MnO（锰）含量范围为 0.55% ~ 0.86%，后者 MnO（锰）含量范围为 0.13% ~ 0.28%；前者 K_2O（钾）含量较后者高，而 CaO（钙）含量较后者低，数据反映出二者釉料配方的差异。

3. 从 10 件馆藏哥窑瓷器的主量元素定性分析基本无差异。

4. 从 23 件瓷器（或瓷片）的釉面主量元素因子分析图（图 35）可以看出，样品分布于两个区域，馆藏传世哥窑瓷器与老虎洞窑瓷片为一类，龙泉（黑胎）瓷片为第二类。

5. 研究表明，瓷器的微量元素可以表现产地特征，老虎洞窑标本的釉中 Rb（铷）含量范围在 85ppm ~ 155ppm 之间，均值为 120ppm；Sr（锶）含量范围在 170ppm ~ 263ppm 之间，均值为 219ppm。而龙泉窑标本釉中 Rb（铷）含量范围 193ppm ~ 269ppm，均值为 228ppm；Sr（锶）含量范围在 397ppm ~ 599ppm 之间，均值为 464ppm。二者相比,老虎洞窑标本釉中 Rb（铷）和 Sr（锶）含量均比龙泉窑标本釉中含量低很多,Zr（锆）含量均值老虎洞窑标本为 43ppm、龙泉瓦窑垟标本为 65.83ppm，虽然二者接近，但前者也要低一些。而 10 件传世哥窑瓷器的釉从微量数据看,Rb/Sr（铷 / 锶）在 0.55 ~ 0.99 之间，釉中 Zr 的含量大部分在 30ppm ~ 50ppm 之间，均值为 49.25ppm。反映出这 10 件哥窑瓷

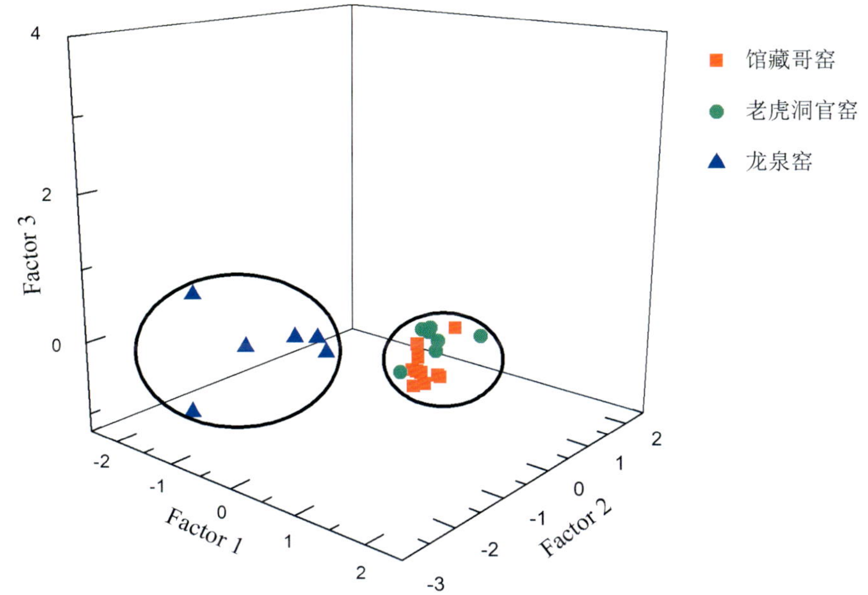

图 35　馆藏传世哥窑瓷器与杭州老虎洞、龙泉瓦窑垟瓷片标本釉面主量元素因子分析图

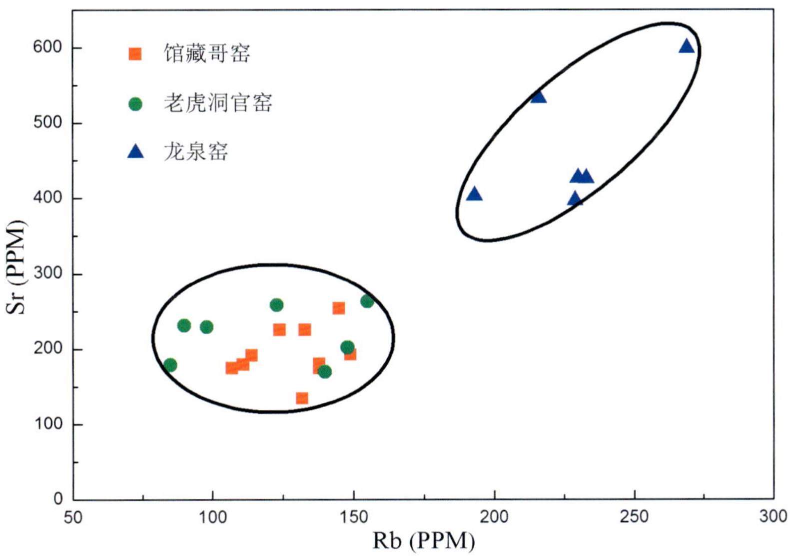

图 36　馆藏传世哥窑瓷器与杭州老虎洞、龙泉瓦窑垟瓷片标本釉面微量元素（Rb，Sr）分布图

器釉的成分与老虎洞窑标本釉的微量成分更为接近，而与龙泉窑青瓷标本存在差异。

6. 从 23 件瓷器（或瓷片）的釉面微量元素因子分析图（图 36）可以看出，与瓷釉主量元素的因子分析也相吻合。

通过瓷釉主量元素与微量元素分析，结果表明：馆藏传世哥窑瓷器的产地是杭州老虎洞地区而并非龙泉地区。这个结论与故宫博物院检测的结果应该一致。故宫博物院收藏有南京明初汪兴祖墓出土的“哥窑青瓷盘”，检测结果表明应产于杭州。

结论

以上通过对与哥窑相关的文献记载、考古资料、传世实物、窑址标本与传世实物的外观及釉面的科学检测等综合研究，证明传世哥窑的产地应该在杭州，传世哥窑瓷器与老虎洞窑元代地层出土的瓷片标本无论其外观还是釉的化学组成均类似，而与龙泉黑胎瓷器无涉。至于龙泉大窑、溪口发现的黑胎带开片的青瓷是过去有较多学者认为的“龙泉仿官”，还是近来学者认为就是“龙泉哥窑”，有待于今后进一步的研究。

致谢：

感谢杭州市文物考古研究所、浙江省博物馆提供标本；

感谢上海博物馆文物保护科技中心熊樱菲、龚玉武、吴婧玮帮助进行科学测试。

“哥窑”的正名及其相关问题

李辉柄　故宫博物院

内容提要：关于哥窑的研究长期以来是陶瓷研究中一个悬而未决的疑难课题。虽然它名列五大名窑之中，但究竟什么是“哥窑”？长期以来一直众说纷纭。本文力图通过文献的爬梳，并与考古材料相结合，以求弄清究竟何谓“哥窑”，以及它的具体时代等问题。

关键词：哥窑　龙泉哥窑　修内司窑

“哥窑”是陶瓷研究中一个聚讼纷纭、悬而未决的疑难课题。虽然它名列宋代“五大名窑”之中，但究竟什么是“哥窑”，长期以来一直未能搞清。之所以如此，自然是有诸多原因的。为了能够对“哥窑”问题进行卓有成效的讨论，首先有必要为哥窑正名，即何谓“哥窑”，否则名不正则言不顺。

一　文献记载中的哥窑是“龙泉哥窑”

“哥窑”一词在宋代文献中尚未见到，元《静斋至正直记》一书始出现“哥哥洞窑”与“哥哥窑”之名，并云“乙未冬在杭州时，市哥哥洞窑器者一香鼎，质细虽新，其色莹润如旧造，识者犹疑之”。又曰“近日哥哥窑，绝类古官窑”。

在《新增格古要论》中，亦有“哥哥窑”的记载：“哥哥窑，旧哥哥窑出。色青，浓淡不一，亦有铁足紫口，色好者类董窑，今也少有。成群队者是元末新烧，土脉粗糙，色亦不好。”《宣德鼎彝谱》中始出现单一“哥”字（哥窑）。云：“……内库收藏柴、汝、官、哥、均（钧）、定各窑器皿，款式典雅者，写图进呈……其柴、汝、官、哥、均（钧）、定中，并选得二十有九种。”

《遵生八笺》曰“官窑品格大率与哥窑相同”，又曰“所谓官者，烧于宋修内司中，为官家造也……哥窑烧于私家，取土俱在此处”。

《博物要览》云“官窑品格大率与哥窑相同”。又有“官窑者烧于宋修内司中，为官家造也”等语。

以上为元至清各代文献有关“哥窑”的记载。据《官、哥两窑若干问题的探索》一文分析，“哥哥窑”是“哥哥洞窑”的简称，“哥窑”又是“哥哥窑”的简称[1]。因此，有关“哥窑”的记载至少始于元代。然而这些文献所记载的“哥窑”究竟是何所指呢？在陶瓷研究中却所持各异。

元《静斋至正直记》云：“近日哥哥窑绝类古官窑，不可不细辨也。”尽管未提及“哥哥窑”的产地何在，但强调它绝类“古官窑”。无疑，这为我们进一步探讨何谓“哥哥窑”提供了重要而宝贵的线索。“近”与“古”明确了两者所属的时代，“官窑”无疑指的是元代以前的郊坛官窑，故提醒人们要留心鉴别。这里，我们不禁要探讨，“哥哥窑”究竟是何所指？又有什么窑可与郊坛官窑“绝类”呢？

考古工作者通过对郊坛官窑与“龙泉哥窑”遗址的发掘证明：“黑胎青瓷与南宋中晚期郊坛下官窑的薄胎厚釉制品十分相似……尤其是那种胎质较松，体较轻，釉呈粉青色的瓷器真是一模一样。难以区别。”[2]

科学工作者通过对郊坛下官窑遗址出土的标本与龙泉大窑遗址出土的黑胎青瓷进行化学测试，结果证实两者确有相似之处：“黑胎龙泉窑有人认为是仿官窑的制品，它的胎骨成分很接近北窑（指郊坛官窑），而与一般龙泉窑差别较大，可见仿官窑的说法是有所根据的。”[3]

由此可见，《静斋至正直记》中的“哥哥窑”即指“龙泉哥窑”。

明初《格古要论》中有关瓷器的记载，是分修内司官窑、哥哥窑与龙泉窑记述的，“哥哥窑”条下提及“哥哥窑，旧哥哥窑出”与“元末新烧”等语，其中的“新”“旧”哥窑

1 汪庆正：《官、哥两窑若干问题的探索》，《中国考古学会第三次年会论文集》，文物出版社，1981年。
2 朱伯谦：《朱伯谦论文集》，紫禁城出版社，1990年。
3 周仁、李家治：《中国历代名窑陶瓷工艺的初步科学总结》，《考古学报》1960年第1期。

应属同一窑。“新”与“旧”只是相对其时代先后而言的。“哥哥窑”是明人沿用元人的称谓，所以《格古要论》中的“哥哥窑”即指“龙泉哥窑”。至于“色青、浓淡不一，亦有铁足紫口、色好者类董窑”，这些特征尤与“龙泉哥窑”瓷器相符。虽然《格古要论》对宫中传世品，也提到“色青带粉红、浓淡不一，有蟹爪纹，紫口铁足，色好者与汝窑相类”等特征，但其中的紫口铁足则为“龙泉哥窑”的主要特征。特别是“色好者类董窑”一语，就更加明确了哥哥窑的内涵所指。

《宣德鼎彝谱》中的柴、汝、官、哥、钧、定中的“官窑”，应包括修内司官窑与郊坛下官窑两种，因两者皆属官窑性质，这与南宋《坦斋笔衡》和明初《格古要论》的记载是一致的。“哥”即“哥窑”，也当指“龙泉哥窑”，因为“龙泉哥窑”是受到宫廷青睐的南方青瓷窑，有如北方的定窑，曾大量烧制贡瓷。尽管它们不是“官窑”，但也非寻常民窑可比。所以，内库才收藏有“哥”“定”瓷器，并被列入《宣德鼎彝谱》中。

《五杂俎》云：“柴窑之外，定、汝、官、哥皆宋器也。”这种提法，显然源于《宣德鼎彝谱》。而《谱》中的“哥窑”即“龙泉哥窑”，《五杂俎》中“哥窑”当然也为“龙泉哥窑”。正因为如此，所以才有“流传至今惟哥窑稍易得，盖质重耐藏”之说。“稍易得”也好，“质重耐藏”也好，明显指的“龙泉哥窑”，因为宫中传世品是“官窑”，既不易得，也难言质重耐藏。

《遵生八笺》的“官窑品格大率与哥窑相同”一语，其中的“官窑”与“哥窑”何所指呢？作者在下文已经做出明确的回答：“所谓官者，烧于宋修内司中，为官家造也……哥窑烧于私家。”这里不言而喻，“哥窑”当指“龙泉哥窑”。虽然二者“大率相同”，却明确指出其“官”“民”之别。

明人陆深在《春风堂随笔》中云：“生一所陶者色淡，故名哥窑。”寥寥数语，不仅说明“哥窑”为“龙泉哥窑”，还说明其为私家所营。另外，在《燕闲清赏笺》《博物要览》等文献中也有类似的记载，进一步阐明了修内司为官家造，哥窑烧于私家。《浙江通志》与《七修类稿续稿》尚有如下记载：“哥窑与龙泉窑皆出处州龙泉县。南宋时，有章生一、生二兄弟，各主一窑。生一所陶者为哥窑，以兄故也；生二所陶者为龙泉，以地名也。其色皆青，浓淡不一，其足皆铁色，亦浓淡不一。旧闻紫足，今少见焉。惟土脉细薄、釉色纯粹者最贵，哥窑则多断文，号曰百圾碎。”有关这些的文献记载，往往被一些学者视为妄谈，不足为据。诚然，这两条记载颇有些文学色彩，但其所记载的内容与龙泉窑的发掘实况是相符的，这就不能不称之为“实录”了。因此，“在龙泉窑中确实存在着两种不同的产品，其瓷器的质量和制作的时代又与古籍所载的大致相符……因此龙泉有哥、弟窑为多数人所接受"[1]。所以就得出如下结论:"相传章生一在龙泉琉田主一窑,所产瓷器为黑胎,紫口铁足,青色釉,有开片。这些特征与大窑、溪口窑址出土的黑胎青瓷相吻合,黑胎青瓷应当是哥窑的产品无疑。"这是完全正确的。

考古材料是印证文献记载准确与否的重要依据,龙泉大窑、溪口等地的发掘有力地证实了有关文献的可靠性。对文献材料,一般来讲,后人对前人的记载做了一些修正和补充,是合乎历史发展的。《浙江通志》《七修类稿续稿》的可靠性如何,不能以它是否与前人的记载完全一致为标准,而应看到它的内容是否与考古资料相吻合,所以,《浙江通志》《七修类稿续稿》两部文献,尽管较之明初的《格古要论》在内容上的确有些敷衍,但不能因此武断地认为它是根据前人的传闻演绎而来,可靠性不大。同时,在《格古要论》的"龙泉窑"条中,虽然未详"弟弟窑"之事,但确有"哥哥窑"记载不误。而否定大窑的黑胎青瓷是"哥窑"的学者,也正是利用了《格古要论》中的"有黑土者谓之乌泥窑"一句来进行论证的。既然如此,那么,《格古要论》中的有关"哥哥窑"的记载,又怎能全盘否定呢?因此说,"哥哥窑"不仅存在,而且窑址就在龙泉。

还有一点需要指出,就是《静斋至正直记》中的"哥哥窑绝类古官窑"与《遵生八笺》中的"官窑品格大率与哥窑相同"两条记载,都把哥窑与官窑进行比较。元人用"绝类"说明郊坛下官窑与"哥窑"非常相像,所以"不可不细辨也";明人用"大率",表明修内司官窑与"哥窑"大体相同。也可看出两书所指的"哥窑",即是"龙泉哥窑"。这两条记载尽管出于不同作者和不同时代,但都描述得非常准确而有分寸,可谓言简意赅,恰到好处。然而,有些学者却常常忽略这一重要问题,认为古人有"官""哥"不分的说法,这实属一种误解。

综上可知,元至清各代文献所提及的"哥窑"均指"龙泉哥窑",与宫中传世品无关。

二 "传世哥窑"是修内司官窑

文献中记载的"哥窑",考古工作者在龙泉窑的发掘中已经得到了证实,为了使之与宫中所谓的"传世哥窑"相区别,故正其名曰"龙泉哥窑"。

---

1 朱伯谦:《朱伯谦论文集》,紫禁城出版社,1990年。

1956年，龙泉窑遗址发掘后，证实了文献记载的“哥窑”即烧于此，而宫中传世品不是“哥窑”。这一结论是考古发掘所得。那么宫中传世品究竟属何窑呢？《中国的瓷器》一书，根据《关于“哥窑”问题的探讨》做过颇有卓见的分析：“它是属于官窑，是宋代官办瓷窑之一。从现在所常见的造型看，有三足炉、鱼耳炉、双耳乳足炉、觯式瓶、胆式瓶及折腰盘等。炉、瓶、盘类均属宫廷用瓷式样，与汝窑等官窑的造型有共同特征，而与民间用瓷有很大区别。再说传世哥窑器物大都收藏于宫中，即使民间见到一二件，也是由宫中流传出去的。就是在考古发掘中，也很难在窑址或墓葬中找到。那么，这个官办瓷窑在哪里呢？从文献记载与现在收藏的传世哥窑的器物印证，它与修内司官窑是比较接近的。然而，由于修内司官窑遗址未能发现，于是对其存在与否有两种见解：第一种，根据文献记载，认为南宋官窑有修司窑与郊坛下窑两处；第二种，根据发掘，认为南宋官窑窑址只有凤凰山南麓郊坛左右一个地带，别无所谓修内司窑址的存在。笔者在《宋代官窑瓷器之研究》一文中，已根据文献指出南宋建都临安前后将近二十年间，特别是建都后宫中用瓷以及置建郊坛、祭典用瓷的情况。当时“袭故京遗制”，置官窑烧制瓷器。那么，这个官窑又是何所指呢？自然应是文献所载的“修内司官窑”。如果说其窑在历史上是存在的，那么宫中就必定收有其产品——修内司窑瓷器，犹如北宋的官汝窑、官钧窑以及南宋郊坛下官窑一样。如果说，南宋官窑只有郊坛一处而别无修内司存在，则宫中传世品中就不会有修内司官窑瓷器。因此，这是考察修内司官窑在历史上存在与否的一个至关重要的问题。宫中所藏的官汝窑、官钧窑以及南宋郊坛下官窑产品，因窑址的发现而得到印证。其中修内司官窑情况不同，一方面是由于人们把它与哥窑混淆起来，又加上其窑址未被发现而争论不休。但特别值得提及的有如下三点。

1. 在宫中收藏的官窑瓷器中，除了北宋的汝窑器、钧窑器、南宋郊坛下官窑之外，还有一种冒名为“传世哥窑”器实为修内司官窑器，四者同属官窑瓷器，它们均经过历代政权的更迭历经沧桑而保存至今。

2. “传世哥窑”瓷器的特征，与文献记载的修内司官窑瓷器的特征完全吻合，南宋人的《笔衡》与《杂录》中：“中兴渡江，有邵成章提举后苑，号邵局，袭故京遗制，置窑于修内司，造青器，名曰内窑，澄泥为范，极其精致，油色莹彻，为世所珍。后郊坛下别立新窑，比旧窑大不侔矣。”这段文字重点叙述了有关修内司窑的建立及其产品的特征。明初曹昭《格古要论》云：“官窑器，宋修内司烧者，土脉细润，色青带粉红，浓淡不一，有蟹爪纹，紫口铁足，色好者与汝窑相类，有黑土者谓之乌泥窑，伪者皆龙泉所烧者，无纹路。”又进而叙述了修内司官窑瓷器的特征。明高濂沿用曹昭之说，对修内司官窑器又做了具体描述。他认为修内司窑与哥窑是“大率相同”，言外之意，绝非等同。并把修内司官窑器的釉色分为三等：“粉青为上，淡白次之，油灰色下也。”又曰：“纹片分为冰裂、鳝血为上，梅花片墨纹次之，细碎纹，纹之下也。”然而有些学者却对高濂的具体描绘产生误解，如《中国陶瓷史》云：“按照高濂的说法，官窑与哥窑一样，无法区分，因此他只能把两窑并列在一起。”其实高濂这一段话主语是官窑，讲的完全是修内司官窑器的特征，至于什么是哥窑，文中并未提及，只用“大率相同”一词与之相比较而言。紧接着，《中国陶瓷史》又云：“但就目前传世的官窑和哥窑瓷器而言，应当说大体是可以分的，不可分的只占其中的一小部分。”很明显，作者在这里对什么是哥窑并没有弄清楚，又把高濂所说的修内司“官窑”当成了收藏于北京故宫博物院和台北故宫博物院的所谓“五大名窑”之中的“官窑”了。其实，高濂所指的“官窑”是修内司官窑，而所指哥窑为文献中的“哥窑”，即所谓的“龙泉哥窑”。

3. 修内司官窑的窑址未能发现，这是与其官窑性质相关的。但龙泉窑的发掘证明，其出土物与“传世哥窑”不同，从而说明“传世哥窑”不是龙泉所烧。所以，有充分理由断定，它不是哥窑，而是文献所记载的修内司官窑。修内司官窑瓷器也同汝窑、钧窑、官窑瓷器一样，在大量宋代墓葬中不见出土，均证明其同属官窑性质。它与“哥窑”的情况相反，在宫中未见哥窑的收藏，其窑址也已发现，墓葬发掘中尽管出土不多，但在全国各地如北京、上海、南京、浙江、安徽等省市陆续都有发现，而韩国新安海底沉船中也发现两件“类似官窑型”的器物。可见，这些出土的所谓“官窑型”瓷器与宫中传世官窑器是不同的。

综上所述，修内司官窑的存在是历史事实。它的产品即是宫中珍藏的所谓“传世哥窑”瓷器。然而，有的学者承认修内司官窑的存在，但又不承认它的宫中传世品，这岂不是说有修内司官窑而无产品？宫中有所谓“传世哥窑”瓷器，但又无窑址相对应？顺理成章而言，既然在历史上有修内司官窑的确切记载，那么宫中就必定有其传世品的收藏，如同北宋的汝窑、钧窑，南宋的郊坛官窑一样，这是一个问题的两个方面。正如有的学者一见器物上有“官”字，就认为是官窑器，而没有考察宫中收藏的真正官窑瓷器是从不带“官”字的。这一点往往被一些学者所忽略。可以肯定，尽管目前修内司官窑遗址尚未发现，但这是由其“官窑”性质决定的，而不能因此否定其存在。由此证明，实物与文献记载印证完全符合。可见，文献记载的真实性。传世哥窑实为修内司窑，而通常所言之哥窑应属民窑，与修内司窑无关。

鉴于官窑多建于都城附近，因此，修内司窑的窑址，将来很可能在临安（今杭州市）附近发现。当然，这只是一种推测，姑且提出以供研究。

三　修内司窑与龙泉哥窑的区别

传世哥窑实为修内司窑，它与龙泉哥窑是不同的两个窑。龙泉哥窑是考古工作根据文献记载，在龙泉等地发掘出来的民窑遗址，为了与宫中传世哥窑加以区别而名以龙泉哥窑。二者无论在建窑性质上还是在产品特征上均有很大区别。然而，过去由于诸多原因，将它们混淆起来。其实龙泉哥窑就是寻常说的哥窑，修内司窑的标准器即传世哥窑器。何以如此说呢？龙泉哥窑与修内司窑瓷器有何不同呢？

首先是两窑性质不同，龙泉哥窑属民窑，修内司窑属官窑。其次是两窑烧制瓷器风格尽管其基本特征有些相似之处，如黑胎、釉青、开纹片、紫口、铁足等。然而，只要稍加留心就会发现二者各具特征。一般讲修内司窑器胎骨较厚，釉较薄；龙泉哥窑器胎薄而釉厚。修内司窑器胎色不一，有沉香色、浅白色、杏黄色、深灰色、黑色等多种；龙泉哥窑器则以黑胎为主。修内司窑器釉不透明，釉面光泽如面容之微汗，润泽如酥；龙泉哥窑器釉透明，玻璃光泽感较强。在开纹片上，修内司窑器出于典雅，有意作为瓷器一种装饰艺术，一般均着色；龙泉哥窑器不是着意装饰，因而，一般不着色。所谓的“紫口”“铁足”，两者也不一样，修内司窑由于胎色不一，釉的流动性也小，“紫口”或有或无；龙泉哥窑胎色黑，釉层厚而透明度强，流动性也大，因而，一般均有“紫口”。在烧造上，修内司窑因裹足支烧者居多，所以，铁足者也少；龙泉哥窑均采用垫饼垫烧，圈足底端无釉，烧成后露黑胎，所以，均有“铁足”。因此，文献记载之“紫口”“铁足”应为龙泉哥窑主要特征，此为两窑根本区别所在。当然，有极少数龙泉哥窑或者属龙泉仿官的作品，因酷似修内司窑器，在窑口鉴别上的误鉴，被列入了修内司窑，但绝不能以此证明部分修内司窑器出于龙泉窑。因此，龙泉窑出土的器物是哥窑的产品（即龙泉哥窑），而不是修内司窑所烧。

四　关于“哥窑”时代

“传世哥窑”是修内司官窑，“哥窑”则是“龙泉哥窑”。从性质上看，前者属“官窑”，后者属“民窑”。既然这个问题已经澄清，那么其时代问题也就迎刃而解了。据文献记载，修内司官窑的建立要早于郊坛下官窑。发掘资料表明，郊坛下官窑兴建于南宋绍兴十三年（1143 年）以后的绍兴年间。龙泉大窑、溪口等窑烧制的黑胎青瓷即“哥窑”，是受到郊坛官窑的影响而发展起来的，或者就是为了满足朝廷及达官贵族们的用瓷而烧制的瓷器。因而，“哥窑”的时代，大致定于南宋后期至元末之际是比较合适的。这一结论不仅与文献记载相符，而且也与龙泉窑的发掘以及墓葬出土物相一致。

传世哥窑研究的回顾与反思

陆明华　上海博物馆

内容提要：关于传世哥窑及其瓷器产品的问题，学界已探讨了几十年，相关学术研讨和专家学者的许多研究论文，对之有着深入的讨论，也解决了一些问题，但其中有的问题，似乎并没有研究透彻，学术观点至今依然存在分歧。基于此，本文对传世哥窑的烧造年代、与修内司窑及龙泉哥窑的关系、器身开片、生产性质及地位等问题，进行了重新的梳理与思考。

关键词：传世哥窑　龙泉哥窑　开片　任氏墓

关于传世哥窑及其瓷器产品的问题，学界已探讨了几十年，相关学术研讨和专家学者的许多研究论文，对之有着深入的讨论，也解决了一些问题，但其中有的问题，似乎并没有研究透彻，学术观点至今依然存在分歧。笔者对传世哥窑瓷器的问题，已在 2000 年、2004 年、2011 年、2012 年和 2017 年发表的多篇论文中有不同程度的涉及，有的还是专文研究。因此，可以说，该说的话都已说了，该讨论的也讨论了，接下来再说可能就是多余的了。近期，静思下来觉得，研究哥窑问题，还是需要进一步回顾历史，尊重客观事实，自己过去有些认识是否正确也需要进行反思。2017 年，故宫博物院推出了一个哥窑瓷器展，展示出其收藏的雄厚实力，稍后的 2018 年初还举办了一个哥窑瓷器学术研讨会，笔者因健康原因无法参加会议，现应故宫博物院哥窑学术研讨会论文集主编者的盛情邀约，补撰此文。

一　传世哥窑的烧造年代

从近年的研究情况看，长期以来被列为宋代五大名窑之一的哥窑产品，对其烧造年代的认定有延后的倾向，有的研究明确把传世哥窑产品年代定为元代，这中间的主要原因究竟是什么？

从整体看，这种趋势的出现，与这些年来对老虎洞窑元代地层出土与传世哥窑瓷器相似的产品有很大关系。1996 年发现的杭州老虎洞官窑，在后面的发掘过程中除了出土大量与汝窑瓷风格相似的官窑青瓷外，还出土了一些类似传世哥窑开片的米黄釉和灰青釉瓷片标本。有的专家认为，这些标本就是所谓的传世哥窑产品，因此，老虎洞官窑也是烧造传世哥窑的窑场。也有的认为，这种器物是仿哥窑产品。由于这些标本被明确出土于老虎洞官窑元代地层，从地层来划分器物年代，理当属于元代烧造，我们没有理由怀疑。

除了明确为元代的出土地层占主导地位外，还有一个进一步肯定传世哥窑瓷是元代老虎洞窑产品的原因，这个原因，与我们对瓷器标本的化学成分分析的定性有关。我们的科学工作者，已不止一次对老虎洞官窑和传世哥窑产品进行科学测定，在对其年代的测定中，多认定传世哥窑瓷器和老虎洞窑元代标本属于石灰碱釉配方。较长时间以来，学界认同了关于宋代青瓷（包括南宋官窑瓷）使用石灰釉配方，元代使用石灰碱釉配方的区分标准。石灰釉配方的使用，笼统称是在元代以前，因此，老虎洞官窑出土具有传世哥窑风格的瓷器标本和同样使用石灰碱釉的传世哥窑瓷器，理所当然被认为是元代烧造。

前些年杭州南宋老虎洞窑发掘品整理过程中，发现了一个青釉荡箍，上面刻有标明“修内司”的文字，科学测试结果也是因为荡箍表面的青釉属石灰釉配方，因此被进一步确定为南宋时期烧造。测试者对 30 多片老虎洞窑瓷片标本进行了测定，“由于南宋时釉的配方为石灰釉配方，而元代层釉料配方发生改变，转变为石灰碱釉配方”，测定结果“荡箍的釉为典型的石灰釉”。在对胎体分析中可见“荡箍残片的胎体成分都和南宋层的青瓷片聚在一起，而和元代瓷片相差较远，再次说明这件荡箍的确为南宋时代的产物”[1]。而本来就是老虎洞窑元代地层的标本，因为含有石灰碱釉，被明确为元代产品是理所当然的。

可以说，关于荡箍采用石灰釉和实物本身所存在的“修内司”铭款，证明此物为南宋

1　崔剑峰、吴小红、唐俊杰：《杭州老虎洞窑址出土“修内司窑”铭款荡箍的化学成分分析》，《文物》2009 年第 12 期。

时期烧造是完全正确的。

但是，这个荡箍，出现在元代地层中间，还是有点耐人寻味的。

这件刻有文字的荡箍出土于老虎洞窑址第 2 层即元代层，上有“修内司窑置庚子年□□□□□匠师造记”等 17 个文字。研究者根据沿面所刻“修内司窑置庚子年”，认定为南宋时期遗物。按南宋有两个庚子年，一为孝宗淳熙七年（1180 年），一为理宗嘉熙四年（1240 年），有关专家推断为淳熙七年所制，通过这一件荡箍，进一步肯定了南宋修内司官窑的存在[1]。笔者支持这一推断，此荡箍应为南宋修内司官窑物证，老虎洞窑是明确的修内司官窑。至于是淳熙七年（1180 年）还是嘉熙四年（1240 年），尚有探讨的余地。其间要注意的是，嘉熙四年距 1279 年南宋灭亡不到 40 年的时间，距 1271 年元朝立国更是只有 30 多年。南宋有两个庚子年，元代只有一个庚子年即元成宗大德四年（1300 年），再往后推 60 年是明永乐十八年（1420 年）。因此，后面两个干支纪年均不可能，因为只有南宋有官方的修内司机构和修内司官窑。如这个庚子是淳熙七年（1180 年），似乎顺理成章，这与过去推论的修内司官窑烧造时间较为接近，而嘉熙四年（1240 年）已近南宋晚期，看似不可能，但同样属于南宋时期，为什么荡箍一定是烧成于淳熙七年而不是这一个嘉熙四年呢？这还是值得思考的。不过，荡箍为南宋物品，应是可以确认的。

南宋的荡箍出土于元代地层，似乎有点孤单的感觉，周围都是元代的器物标本，这意味着什么呢？或许有几种可能，第一种是元代工匠找到了南宋的荡箍，借鉴参考或使用；第二种是地层已被扰乱；第三种是这一地层产品有朝代的延续性。但研究显示，荡箍未经使用[2]。地层扰乱的可能性似乎也不存在，诸多器物标本证明这是明确的元代地层，尤其是出土有八思巴文的支钉。至于这一地层产品是否有朝代的延续性，笔者认为还是可以讨论的。

科学测试已证明，荡箍使用的是石灰釉，而这一元代地层的器物标本都是石灰碱釉。这涉及一个釉料配方使用的时间界限问题。

笔者在这里要提出的是，如何看待南宋时期釉料为石灰釉配方、元代釉料为石灰碱釉配方的界限？对这个界限的划分，还是需要深入讨论的。从中国陶瓷史角度来看，宋代以前使用石灰釉，元代使用石灰碱釉的概念是正确的，这样的区分是适用的，有关专家给我们从大概念上指明了一个方向。当然，这样的概念在具体划分时是否可以完全参照还需看

1　唐俊杰：《关于修内司窑的几个问题》，《文物》2008 年第 12 期。

2　唐俊杰：《关于修内司窑的几个问题》，《文物》2008 年第 12 期。

具体情况，这样划分界限，在那些必须十分细致明确的问题上，还需要谨慎，因为这涉及对一些瓷器烧造年代的明确判断。到底肯定是南宋末以前完全使用石灰釉，还是宋代的早期、中期或晚期在使用？如果可以明确肯定宋代都用石灰釉，元代全部使用石灰碱釉，那么，对官窑、哥窑产品甚至大量窑口的产品年代划分，都彻底解决了。反之，依然是一种模糊的概念。

事实上，这种认识只是一种大致的划分标准，没有哪一个权威机构或人士说，石灰釉和石灰碱釉的区分界限一定是南宋末和元代初。因此，用石灰碱釉烧造的可能属于传世哥窑的产品是否一定就是元代产品，实际上目前还是不能作为一锤定音的肯定依据，只能作为大致的参考。

因此，我认为杭州老虎洞官窑元代地层出土的类似传世哥窑的标本年代，需要进一步研究。我不指望能够通过研究使这一地层的出土物年代得到提前，但希望学界对这一问题能够引起重视。

另外，元代孔齐《静斋至正直记》关于哥哥窑和哥哥洞窑瓷香鼎等记载和韩国新安海底沉船打捞的一件哥窑型香炉也可能会带来一些影响，文献中至正年间的哥哥洞窑香鼎推测应是元代的产品，而新安沉船打捞的哥窑风格香炉，则完全可以理解是元代烧造，因为，新安海底沉船产品以打捞木质铭牌所书的至治三年（1323 年）为基本界限[1]。虽然有人解释沉船部分器物是宋代的古玩瓷器，但没有明确的证据。因此，新安沉船那件米黄釉开片香炉的年代，被认定为元代烧造是可以理解的。这些例子为传世哥窑元代说起到了推波助澜的作用。

故宫博物院有一件与新安海底沉船开片香炉造型、釉色等风格基本一致的产品，被认定为元代产品。在被测试的 31 件传世哥窑瓷器中，有一件洗是唯一在成分上与其他器物不一致的，因此，被排除在传世哥窑器以外。其余器物成分相似，符合传世哥窑的特征[2]。但 30 件瓷器中，唯独这一件香炉被定为元代老虎洞窑产品，其余的都被定为南宋时代产品[3]。研究者列出产品年代为元代，还是比较客观的。从中可见，韩国新安沉船的开片香炉，

1　韩国文化公报部、文化财管理局编：《新安海底遗物》，1983 年。

2　段鸿莺、韩倩、吕成龙、雷勇、史宁昌：《故宫藏传世哥窑及相关窑址瓷片的关联》，上海硅酸盐研究所编《18’古陶瓷科学技术国际讨论会论文集》，2018 年。

3　吕成龙：《试论哥窑的几个问题》，《哥窑雅集——故宫博物院珍藏及出土哥窑瓷器荟萃》，故宫出版社，2017 年。

对我们的研究产生的影响较大。

笔者从支持传世哥窑宋代说到承认传世哥窑是元代烧造的观点，经历了一个较长的认识过程，上述事例也给予我们启示，因此，自己明确在论文中表达了支持，因为科学测试的结果还是不能盲目反对。从另一个角度说，传世哥窑是元代烧造，无伤大雅，也不会影响这批产品的经济、文化、艺术价值和它们的名贵程度。

不过，现在还是有传世哥窑是宋代说的观点存在，我们的一些博物馆、美术馆和其他行业，还没有习惯把传世哥窑产品从宋代改为元代，这是可以理解的。说实在的，我这次在补撰此文过程中，脑海里也曾冒出这样的问题：传世哥窑真是元代烧造的吗？当然在查看了老虎洞官窑相关研究书籍、文章和科学测试报告结果后，觉得还是难以改变这样的认识。在考古发掘中，地层是第一位的，而科学测试是帮助考古发掘的重要手段，应特别予以重视。不过，任何事物都是相对的，都有两面性，如石灰釉和石灰碱釉使用时间的划分，是按朝代划分的，石灰釉明确是宋代以前使用，石灰碱釉明确是元代使用，这基本上没有问题。但是，这种使用情况，可能与朝代的更迭还是有些不同，宋朝灭亡了就是元朝，但瓷器的烧造，釉料配方的改变不是一朝一夕的事，很可能需要一定的实践过程才能改变。传世哥窑产品的釉料是否如此，不得而知，因此，需要我们去进一步认识。

二　传世哥窑与修内司官窑

在过去，传世哥窑与南宋修内司官窑，似乎一直被看作是两个没有多大关系的瓷窑，前者有着一批精美的传世制品存在，而后者是一个有文献记载但未发现实地的窑址，因为浙江杭州只有一个郊坛下官窑，未发现有第二座官窑窑址。对修内司官窑的产品风格，只是判断一定是那种有大小开片的青釉产品，也就是北京、台北故宫博物院和国内外一些大博物馆收藏的确定为北宋和南宋的官窑瓷器。

不过，在20世纪90年代前期，有专家提出，传世哥窑就是修内司官窑，哥窑则是龙泉哥窑，前者是官窑，后者属于民窑[1]。因此，传世哥窑与南宋修内司官窑可以画等号，也即是说传世哥窑与南宋修内司官窑的产品，是同一种器物。这一观点，出现在杭州老虎洞官窑发现以前。当然，这一观点，在当时很少有人接受，一无窑址参考，二无实物比较，

1　李辉柄：《哥窑的正名及其有关问题》，《故宫博物院院刊》1994年第1期。

两者似乎有较大的距离。而且在当时，杭州老虎洞官窑遗址尚未发现，当地其他的相关标本也很少发现，不少问题处于模糊阶段。1996 年，杭州老虎洞官窑被发现了，国内的部分专家，把注意力集中在南宋官窑方面，随着考古发掘的推进和研究的深入，老虎洞官窑的面貌逐渐开始清晰。随着时间的推移，传世哥窑就是修内司官窑的论点也逐渐被人淡忘。不过，近期又有人提及此事，认为 20 世纪 90 年代专家提出的两者画等号的观点已被事实证明是正确的。

笔者认为，当时关于传世哥窑与修内司官窑画等号的观点是不可取的，因为研究者把它与杭州郊区一个不知道地点的区域联系在一起，这很难说明问题。传世哥窑是否与修内司官窑画等号，首要的问题是承认哪一处窑场是修内司官窑，这是至关重要的。因为，如果没有明确的修内司官窑，传世哥窑是无法归类的。记得在杭州老虎洞官窑发现以后的第一次考古论证会上，只有少数人明确认为这就是南宋的修内司官窑 [1]。

由于观点不统一，没有达成共识，因此，会议未能取得圆满的结果。当然在 2001 年的第二次论证会上，出现了绝大多数专家学者比较一致确认的结果，老虎洞窑就是南宋修内司官窑 [2]。从此老虎洞官窑被国内外大多数专家学者认同。

杭州老虎洞官窑出土了那些与传世哥窑器风格十分相似的标本以后，传世哥窑就是老虎洞官窑烧造产品的观点出现了。比较有说服力的是中科院上海硅酸盐研究所李家治先生等所公布的测试报告中，展示出一件传世哥窑标本与老虎洞官窑的产品成分十分相似，传世哥窑有可能为老虎洞官窑产品 [3]。后来的老虎洞窑窑址出土物整理中，发现了不少与传世哥窑瓷器相似的标本。此后，一部分专家相信，传世哥窑是老虎洞官窑的产物，笔者也开始相信这一结论应该是正确的。

如果传世哥窑瓷器真的能与老虎洞官窑画等号，而老虎洞官窑就是修内司官窑的话，确实印证了以前有专家提出的传世哥窑就是修内司官窑的推论了。但由于 20 世纪 90 年代传世哥窑瓷就是修内司官窑瓷的观点建立在“杭州老虎洞官窑不是南宋修内司官窑”这样的基础之上 [4]，因此，传世哥窑就是修内司官窑的认识，还是停留于一定的历史阶段。而且

1　1999 年，在杭州市考古研究所举办的第一次老虎洞窑专家论证会上，只有 3 人明确在发言中持有这种观点，一位是当时主持老虎洞窑发掘的杭州市文物考古研究所杜正贤所长，还有二人是上海博物馆的汪庆正副馆长和笔者。

2 《杭州老虎洞窑址：南宋修内司官窑》，《中国文物报》2001 年 6 月 13 日。

3　李家治编著：《简论官哥二窑》，科学出版社，2007 年。

4　李辉柄：《杭州老虎洞官窑不是南宋修内司官窑》，《中国文物报》1999 年 7 月 14 日。

可以说，今天即使大家都持有老虎洞窑就是修内司官窑，而这一修内司官窑就是传世哥窑的观点，持有“杭州老虎洞官窑不是南宋修内司官窑”观点的专家可能还是不会同意的。不过，有一点十分明确，当时有这样的观点，说明对官窑和传世哥窑的研究还是有较深刻认识的，至少已把传世哥窑的窑址明确在杭州地区了。

那么，杭州老虎洞官窑是否就是传世哥窑的窑址？这一点看起来似乎已经明朗，无论从文献还是考古发现，都有证据出现，但目前还是可以采用“产地在杭州”的认识作为基本结论。因为，无论从明代高濂《遵生八笺》的记载，还是老虎洞窑址的出土物进行比较研究和科学测试的结果看，虽不能十分明确地画等号，但各项研究的结果都已十分接近，因此，传世哥窑在杭州的情况已十分明确，现在需要的是更加明确合理的研究成果和科学数据来予以确定，尤其是在烧造年代方面，还需要深入研究。现在发现的杭州老虎洞元代地层，到底是真正的传世哥窑地层，还是仿烧传世哥窑的地层？杭州市考古研究所以往的结论是：宋代没有哥窑，哥窑产品事实上是元代仿烧南宋修内司官窑的产品。当时的定性依据是，这一地层中出土了模印有八思巴文的支钉，为其提供了依据，因此，这一层的年代没有问题。事实上，已明确为老虎洞窑的元代地层是比较复杂的，既有元代的八思巴文支钉，又有后来发现镌刻有南宋修内司窑文字的荡箍。因此，明确定性的难度显然不低，有些方面，还是需要我们进一步思考。

三　传世哥窑瓷的开片

哥窑瓷产品上均有开片，没有这一特征，就不成其为哥窑器。传世哥窑的开片有金丝铁线和单一色开片两种。过去我们曾以开片大者为官窑，开片细小者为哥窑来指导初学者，既不科学也不能说明问题，但说明凡哥窑产品都是细开片。当然，在传世哥窑产品中，金丝铁线历来是研究者最重视的产品特征之一。

长期以来，金丝铁线产品是传世哥窑中的上等器物，但传世哥窑中的黑、褐单一色细开片器物中，也有不少高质量的产品，只不过金丝铁线的黄黑两色纵横交错特色更加受人喜爱。

关于金丝铁线出现的原因，目前的认识也并不统一，或谓以人工着色，或谓是一种物理现象。以前，笔者相信金丝铁线的出现是人工着色造成，因为没有证据表明是烧造中自然形成的。着色过程也被认为已经人工实验证实，因此，比较相信这样的状况是存在的。

后来，在老虎洞窑址出土物中，见到了明显具有紫口铁足特征的标本，从中可见两种纹片交错的物理现象。从传世品看，2012 年上海博物馆测试的 2 件金丝铁线哥窑瓷器，没有发现有机物的痕迹。此次故宫博物院进行大批量传世哥窑器科学测定，笔者希望能看到对开片纹理进行测定的结果，但在他们公布的测试结果中没能看到对这一现象的解释。不过，2011 年，故宫博物院在对拨交给景德镇陶瓷馆的半件哥窑瓷残洗（另半件即是拨交给上海硅酸盐研究所测试的样本）的测试过程中，“用拉曼光谱仪对‘金丝铁线’部位进行分析，图谱解析显示，‘金丝铁线’上可能有含碳的物质存在”[1]。这是否显示，这件传世哥窑标本的金丝铁线，有人工着色的痕迹？

目前，传世哥窑中的金丝铁线产品，到底有无经过染色，依然无法明确判断。笔者相信，传世哥窑器物中的纹片可能有未经加工和人为加工两种。在传世哥窑瓷中，大多数开片都十分自然，但有的开片感觉似有人工痕迹。在当代，有些传世哥窑仿古产品确实是这样染色的，如几十年前，上海博物馆艺术品商店的仿哥窑贯耳瓶、洗等器物在江苏宜兴采用过黑色浸染。另外，有专家介绍，传世哥窑瓷的“片纹颜色系刻意着色而成，据现代仿烧传世哥窑瓷所用染色剂为天然植物染料，染后必须回炉低温（不超过 500 摄氏度）焙烧，需反复多次。由于典型传世哥窑瓷器出窑后釉面在不断开裂，因此有些裂纹颜色系因年久使用、不断被人揩拭、渗入灰尘所致”[2]。笔者相信这种解释有其合理之处，传世哥窑器也完全可能运用过这种染色手法。

除此以外，现在有一种倾向是，在那些已肯定为真品的官哥风格器物标本的认定中，金丝铁线是划分官窑和哥窑的标准，对于这种标准，有不同的看法。

金丝铁线是传世哥窑产品的特色，是最具品牌特征的产品，在传世哥窑产品中，这样的产品数量实际上很少。因此，我们认准的那种金丝铁线哥窑瓷器，就是那些最具典型性的重要产品。现在，南宋官窑的标本不断被发现，有些器物标本上，纹理确实接近金丝铁线。对这样的瓷器不仅要从现象上看，而且要看实质。我们不能把所有带金丝铁线特征的产品全部看成哥窑瓷，也不能存在只具有金丝铁线产品特征的器物才能看作哥窑瓷的认识。

不过，有一点十分明确，不管是金丝铁线风格的传世哥窑，还是单一开片的产品，必须具备那些我们通常所说的传世哥窑瓷器的特点，只具备某一两个类似哥窑特征的产品，

1 吕成龙：《开片粼粼说哥窑——试论有关哥窑的几个重要问题》，《紫禁城》2017 年第 12 期。
2 吕成龙：《开片粼粼说哥窑——试论有关哥窑的几个重要问题》，《紫禁城》2017 年第 12 期。

难以肯定是传世哥窑的产品，充其量只能说是哥窑类型瓷器。这方面，国内以前考古发掘的例子有不少，如北京的元大都遗址，安徽安庆、繁昌和江苏溧水窖藏，南京汪兴祖墓，浙江长兴明墓等出土的器物，都不是通常所说的传世哥窑产品，但都是属于哥窑类型的产品。

四　传世哥窑产品性质及其特殊地位

传世哥窑瓷器是一批历代皇家和文人阶层留下来的高端瓷器产品，明曹昭《格古要论》记载的哥窑、《宣德鼎彝谱》中的“内库所藏柴、汝、官、哥、均（钧）、定”之哥窑均指此。这个问题非常简单，产品主要是指明清皇家收藏和流散于上层社会的部分金丝铁线和有着细碎开片、被确定为哥窑的产品，包括现存于两岸故宫博物院、上海博物馆和英国大英博物馆（主体为大维德基金会托管品）及国内外一些其他机构的收藏品。当然，不是所有具备类似传世哥窑特征的瓷器产品，都是传世哥窑瓷器。

最早提出这种传世哥窑名称、确认属于传世哥窑产品的专家，其初衷是简单而明确的，对这种器物的范围也十分清楚。因此，传世哥窑是一个特殊概念，只有符合其器物特征的产品才能称为传世哥窑。

当然，在实际应用中，对这种传世哥窑器是不会冠以“传世”二字的，无论在全世界的公私博物馆、美术馆陈列展览还是拍卖会上，只要有这种产品，均会直呼其名曰“哥窑”。传世哥窑早已占领了哥窑的明确位置，哥窑是传世哥窑器的正式名称。不具备这些传世哥窑特征的器物，基本上称不上哥窑。不过在专业圈内人士对这种传世哥窑的特定含义，都是心领神会的，明白这样的器物就是所谓的传世哥窑器。

传世哥窑瓷器的产地问题，虽经有关专家的查找与考证，但现在还是在基本认定而并未完全解决的阶段。里面还有很多复杂的诸如烧造年代和是否仿烧其他窑场的产品等问题。因此，这一批曾经皇家和上层社会人士收藏的特殊器物，始终顶着一个没有实际方位或地名意义的名称。由于找不到它们的“出生地”，因此研究者只能找一个代名词，而传世哥窑之名，在几十年前被命名，以后约定俗成，是十分客观的，在当时来说也是具有实际意义的。就好比“原始青瓷”的命名一样，找不到更合适的名称，用一个“原始青瓷”来命名中国最初的瓷制品，这在一定历史阶段也是可以理解的。

五 龙泉哥窑与传世哥窑的关系

由于传世哥窑窑址未被发现，过去所说的宋代五大名窑唯一没有发现窑址的就是哥窑了。还有，由于传世哥窑窑址未被发现，因此，部分地区的窑场，被猜测成了传世哥窑的可能地区，如浙江杭州和龙泉、江西吉安和北方地区，后来基本上缩小到浙江杭州和龙泉两地。

在浙江省龙泉地区，先后发现了几个烧造与传世哥窑瓷器风格相似瓷器的窑场，有当地研究者认为，这些才是真正的哥窑产地，从瓷器风格联想到历史文献，文献中关于在处州烧瓷的哥窑，显然有据可查。章生一的哥窑和章生二的弟窑烧瓷之事，宁可信其有，虽然是历史传说，但有传说总比没有传说好。最重要的是，假如龙泉是烧造这种类似哥窑瓷器的最早产地，那么我们所说的传世哥窑瓷器是不是龙泉烧造的产品？如果我们现在的研究和科学测试，能够肯定所谓传世哥窑是龙泉瓦窑路、小梅或当地其他窑场烧造的产品，能保持在胎釉、成分和制作工艺等方面的一致，那么，这一问题就不成其为问题了，传世哥窑就是历史上的哥窑，产地就在龙泉。但现在的问题是，根据上海博物馆以前及近期的两次测试和故宫博物院近期的一次科学测试，情况实际上已十分明朗。上博 2012 年第一次测试了两件金丝铁线传世哥窑器[1]；第二次 2017 年在馆藏 15 件传世哥窑器中选择了 10 件器物[2]；故宫博物院于 2017 年在院藏五六十件（公开发表的有 58 件）哥窑瓷器中选择了 31 件[3]，测定结果，上博 10 件器物与故宫博物院 31 件器物中的 30 件器物，均为明确的传世哥窑器，同时测试的浙江杭州考古研究所、元大都遗址及其他地区出土的类似瓷器，它们的产地均可证明在浙江杭州，与龙泉窑产品没有关系。

可想而知，传世哥窑与龙泉窑黑胎青瓷和当地生产的其他开片青瓷产品不是同一类型的器物，它们之间存在着较大的差异，而与杭州老虎洞官窑窑址出土标本大致吻合，因此，传世哥窑与龙泉哥窑器之间没有直接的传承关系。

现在，有学者把已发现的龙泉哥窑瓷烧造时间定为南宋早期，因此，龙泉窑是理所当

---

1 报告载于陆明华《官窑相关问题再议》，吕成龙、王光尧主编《故宫博物院宋代官窑及官窑制度国际学术研讨会论文集》，故宫出版社，2012 年。

2 陈克伦：《传世哥窑产地问题综合研究》，《紫禁城》2017 年第 12 期。

3 段鸿莺、韩倩、吕成龙、雷勇、史宁昌：《故宫藏传世哥窑及相关窑址瓷片的关联研究》，上海硅酸盐研究所编《18' 古陶瓷科学技术国际讨论会论文集》，2018 年。

然的哥窑始烧产品。笔者同意龙泉窑是文献所指哥窑产地的观点，但对其时代早至南宋早期持保留态度。同时，对传世哥窑产地的认识，依然支持几次科学测试的结果，也认同明代文献关于哥窑在杭州的记载。

可以说，哥窑问题的复杂性是由很多方面造成的，既有传世哥窑产品的存在，又有龙泉哥窑的传说和龙泉小梅瓦窑路和溪口瓦窑垟那样的窑场和产品。既有明代文献中所说的六大名窑中的哥窑，又有元代的哥哥窑和哥哥洞窑，还有明清两代明确的仿哥窑。

在这中间，目前最需要厘清的问题是传世哥窑与龙泉哥窑的关系。笔者认为，传世哥窑与龙泉哥窑虽在产品工艺和化学成分等方面有明显差异，但这两个窑场及其烧造产品的诸多问题，由于特殊的历史原因使之紧紧联系在一起。传世哥窑问题没有解决，就意味着龙泉哥窑只能被称为龙泉哥窑而不是纯粹的哥窑。也即是说，我们可以相信龙泉是哥窑的产地，但要彻底解决这一问题，就必须解决早前长期“占位”的传世哥窑问题。

另外，笔者曾在相关论文中提到或可为传世哥窑瓷器改名的想法，这实际上是一种无奈的想法。因为现在要为龙泉当地烧造的哥窑风格瓷器正名的呼声较高，他们认为只有当地的产品才配得上哥窑的名称。但实际上，虽然龙泉的哥窑产品特征和文献记述的传闻均客观存在，但关键是，龙泉哥窑的名声受益于在历史上有很大影响的传世哥窑。现在如果把传世哥窑称为仿哥窑，是一件相当奇怪也是不切实际的事。即使在彻底搞清楚传世哥窑和龙泉等地哥窑产品的情况下，一定更改传世哥窑之名的话，那也不是改成仿哥窑而应该改一个配得上这一批名品身价的名称。现在我觉得，传世哥窑还是一个很好的名称，它有着一种特殊的含义，代表着这些器物的流传和名声，代表着一种历史的记忆。

六　关于任氏墓出土官窑青瓷

对于上海青浦任氏墓出土官窑青瓷，笔者曾在相关论文中提到[1]，近几年来，这些器物，受到不少人士的关注，诸多收藏机构也纷纷予以借展和进行研究。此次故宫博物院的哥窑瓷器展中，也特意借展了上海博物馆所藏上海青浦重固任氏墓群出土的官窑青瓷香炉，用以对照传世哥窑和哥窑风格的出土瓷器产品。

任氏墓的出土瓷器中，4 件官窑风格开片青釉瓷早已调拨中国国家博物馆和南京博物

1　陆明华：《元代任氏家族及其墓葬出土瓷器》，《上海市民考古手册》，北京大学出版社，2014 年。

院。还有4件开片青釉香炉和贯耳瓶、长颈瓶保存于上海博物馆，这8件风格相同的器物与传世哥窑器有着明显的区别，也与上述各地出土的哥窑风格产品有着明显的区别，属于典型的官窑类型瓷器。这几件器物，一直被上海博物馆确定为南宋官窑产品，没有定过是哥窑或哥窑类型产品。因为从其产品釉色和开片等特征看，均符合南宋官窑瓷器的特征，与传世哥窑几乎没有相似之处。所以，定为官窑产品是适当的。

任氏家族墓中最有名的人物是元代画家任仁发，但这些出土器物来自任明墓。任明墓志载，任明，字彦古，号云山。后来过继于姑家，遂改姓于陈氏。生于元世祖至元二十三年（1286年），卒于元惠宗至正十一年（1351年），享年58岁。据明弘治《上海志》记述，陈明，“字彦古，仕至中议大夫同知、赣州路总管府事，寻授嘉议大夫扬州路总管。致仕，赐爵颍川郡侯”[1]。以任明的官衔和地位，拥有如此贵重的物品，是很合理的。当然，对这些官窑瓷的窑场和烧造年代，有不同的看法。在最初，由于南宋官窑窑址没有发现，这些1952年就已出土的瓷器被定为南宋官窑十分正常。但由于其中的一件灰青釉鱼耳炉被认为与故宫博物院所藏传世哥窑鱼耳炉形制等方面相似，因而国内有专家认为可能是传世哥窑产品。随着20世纪80年代杭州南宋郊坛下官窑和20世纪90年代老虎洞官窑遗址的发掘，许多问题得到了解决。任氏墓出土瓷器，与郊坛下官窑和老虎洞官窑的产品特征均有共同之处。任氏墓出土贯耳瓶与老虎洞窑灰青釉贯耳瓶残器尤其相似。

当然，在烧造年代方面，有专家学者认为，任氏墓官窑瓷器的烧造年代是元代，这十分正常，产品特征也颇为相符，而任氏墓恰恰也是元代墓葬。因此这些器物烧造于元代也是十分可能的。当然，目前，对老虎洞官窑的烧造年代问题，分歧依然存在，所以，在对具体产品的年代方面，也存在着不少不同观点，因此对任氏墓出土部分瓷器的烧造年代，仍需进行深入研究。

1 （明弘治）《上海志》卷八，人品志，弘治刻本。

“官”“哥”再论

任世龙　浙江省文物考古研究所

内容提要：自原始瓷开始，中国瓷器即以铁元素为着色剂的高温色釉为特征，东汉以后表现为青瓷的独盛，至唐代开始步入全新的历史阶段。而以越窑为代表的浙江青瓷诸地域类型，是自成区系的一大瓷业系统。经过近年来不断的考古发掘及新资料的出土，笔者对浙江地区诸窑场的关系问题，也产生了一些新的见解。

关键词：官窑　黑胎青瓷　龙泉窑　考古发掘

引言

从瓷器的前身——原始瓷开其端，中国瓷器即以铁元素为着色剂的高温色釉为特征，东汉以后表现为青瓷的独盛，至唐代开始步入全新的历史阶段。

以越窑为代表的浙江青瓷诸地域类型，是自成区系的一大瓷业系统。在30年前，我们曾在《“官”“哥”简论》一文中，以中国瓷业生产的物质基础条件和历代制瓷工艺技术发展为根本着眼点，把瓷业发展的自身逻辑过程放置到封建社会不同历史时期的政治、经济与文化背景中加以考察，并且以争议纷纭的“官”“哥”及其相互联结关系，作为竖向脉络考察浙江青瓷历史发展的一个纲要，发表过我们的某些理念和观点。其主要论断是：

浙江青瓷历来以单一瓷石原料为胎，至唐代瓷器制品社会地位的提高，主要是其制作工艺技术取得长足进步的结果；唐代出现的地方贡瓷制度，从唐末至五代刻“官”或“新官”款瓷品，直到北宋时代的贡瓷均属地方贡物。北宋“政宣间”出现宫廷直接垄断的“官窑”，唯其此类性质的瓷业窑场方可称之为“官窑”；官窑的出现，导致以烧造艺术陈设用瓷为主的分支系统的发生：龙泉黑胎青瓷是南宋官窑的派生现象，而“传世哥窑”可能是适应古玩市场之需的“仿制品”。该三类瓷器制品，当是有别于日常生活用瓷生产的另类瓷业系统[1]。

（一）

1985年杭州郊坛下官窑考古发掘，明确区分出“厚胎薄釉”和“薄胎厚釉”两大阶段的产品类型。这种产品特征变异现象，本来是人们依据宋人记载，指的是“修内司官窑”与后郊坛下别立之“新窑”的特征比较。说修内司官窑“袭故京遗制”“澄泥为范，极其精致，油色莹彻，为世所珍”，并与郊坛下窑的器物大不相类。恰在此时，沙孟海老先生《南宋官窑修内司窑址问题的商榷》一文，在《考古与文物》1985年第6期刊出，肯定“南宋官窑只此郊坛下一处，别无所谓修内司窑的存在”[2]。随后该考古发掘项目领队也发文，指出“文献中传说‘后郊坛下别立新窑’‘比旧窑大不侔已’，完全不合史实”，“南宋官窑只有乌龟山一处”[3]。前后两相呼应，在中国古陶瓷研究领域引起了极大震动，否定修内司官窑的思潮汹涌，席卷而来。于是，宋代官窑的发展途径被描述成“北宋官窑”—“龙泉‘内窑’”—“南宋官窑”[4]，而古代文献中记载的修内司窑被搬迁到了距南宋临安城千里之遥的龙泉山区，南宋官窑也成了“龙泉内窑”的承嗣后裔！

一切“道”“理”、规律、秩序、法度，都必须寓于现实物质事物之中，而不能离开这些具体事物去探求。被传疑七百余年的“修内司官窑”，竟然在一片喧闹声中露出了峥嵘！不知是否考古发掘中存在的某些先天不足或失误，也许是瓷学界长期的认识歧异，新一轮的争议在新的历史条件下延续。

有的学者认为：老虎洞窑址“T25DA层和T56①层两件碗底用紫金水写着‘官窑’二字，24个瓷片坑出土物口、底部的增色涂料”，“这种专用措施非但不见于郊坛下官窑，即使在龙泉溪口瓦窑垟那种黑胎仿官产品也没有出现过，但却成为元、明、清及现代仿官或仿

1 牟永抗、任世龙：《“官”“哥”简论》，《湖南考古辑刊》第三期，岳麓出版社，1986年。
2 沙孟海：《南宋官窑修内司窑址问题的商榷》，《考古与文物》1985年第6期。
3 朱伯谦：《谈南宋官窑》，《中国古代陶瓷研究》创刊号，紫禁城出版社，1987年。
4 阮平尔：《南宋官窑工艺承嗣三题》，《中国古代青瓷专辑》，《江西文物》1991年第4期。

哥产品的标志性特征”[1]。该论深意显然是以此否认修内司官窑的真实存在。

有的学者认为：“哥窑瓷器生产的上限，可以从老虎洞窑址的材料中寻找答案。杭州老虎洞南宋官窑址第三层出土材料显示该地是哥窑瓷器产地，因该层出土有八思巴文‘章’（或‘张’）姓紫金土支钉，可定该层为元代晚期层。第一层所出为典型的南宋官窑器，该窑址作为南宋修内司官窑瓷器的生产窑场。”“第二层没有或缺乏足资证明时间的直接证据，但从考古地层学出发，我们定该层为南宋末至元代早期则更合理，该层所出某些器物的釉色也介于一、三层之间，属官哥不分或可官可哥的模糊类产品。可见哥窑瓷器在该窑场的萌芽最早也只能在老虎洞窑场第二层所代表的时间即南宋末年到元代早期之间，典型哥窑器的出现和烧制成功自然更晚于此的第三文化层代表的元代晚期。”[2]该文作者此后再进一步明确表示“老虎洞窑址南宋中晚期至元代初年地层所出的釉色偏青、品质较高的瓷器，也和我们所说的‘具有金丝铁线的特征并呈青色的标准哥窑器’相近，再加上元代层还出土有‘官窑’铭的材料”，判定“元朝建立后因宋修内司旧地设官府窑场继续烧造”，“元代设在杭州老虎洞的官府窑场正是传世哥窑瓷器的产地”[3]。

有的学者声言“笔者一直关注该窑址的发掘全过程，并未发现有与‘传世哥窑’相类的遗物出土”。相反地强调“该窑址中出土的大量瓷片，基本上与龙泉黑胎青瓷相类，特别值得引起重视的是在南宋层出土的白胎青瓷，不论是釉色还是胎色，或是器形及装烧方式，都与龙泉大窑烧制的粉青釉‘弟窑’相同”。“从外观上看，杭州老虎洞二层、三层、四层出土的青瓷，釉多粉青、灰青、蜡黄等色，而不是典型的炒米黄色，纹片没有一点人工着色的迹象，更无金丝铁线的特征，显然与宫中所藏的‘传世哥窑’不同。故笔者认为，此窑场绝非‘传世哥窑’之产地”[4]。

难道所有这些历史叙事都不含有任何真凭实据和有效的考证过程，只是一团向壁虚构的梦呓？把若干研究作品中考据不足的局部缺失夸张成一幅整体坍塌的可笑图景，这种做法的片面性实在也不足取法。破解怪圈的关键就在于公开真相，让事实说话。用真相破解误读！

《关于杭州老虎洞南宋官窑址性质的探讨》一文，是老虎洞窑址考古发掘的主力成员

1　牟永抗：《南宋官窑的发现和研究续议》，《牟永抗考古学文集》，科学出版社，2009年。
2　王光尧：《杭州老虎洞瓷窑遗址对研究哥窑的启示》，《故宫博物院院刊》2002年第5期。
3　王光尧：《从考古新材料看章氏与哥窑》，《故宫博物院院刊》2004年第5期。
4　周少华：《“哥窑”研究的反思与拙见》，《中国古陶瓷研究·龙泉窑研究》，故宫出版社，2011年。

所写，该文明确指出：

“尤其需要说明的是，在上下层之间的部分地势低洼处，夹杂着一层厚薄不一的沙层，最厚处可达2米多。”发掘者解释该底层的生成原因“系山水自然冲刷而成，表明上下层之间有一个明显的间隙层”[1]。依据他的相关论述，其下层堆积“发现龙窑、素烧炉、淘漂池、房址等一大批制瓷遗迹，瓷片主要出自二十四个瓷片堆积坑”。这就是考古发掘所揭示出来的文献记载中的南宋修内司官窑！

陶瓷窑址考古发掘的首要任务，就是明确区别这种多层堆积的叠压关系，揭示各地层相对早晚。通过对不同地层出土遗物内涵和器物形态变化发展序列及其阶段性的分析，使考古遗存成为具有特殊研究价值的实物史料。老虎洞窑址实际上存在着南宋和元的两处窑场遗址的先后叠压，而不是某一个从南宋延续到元代的窑场连续体。瓷窑遗址属于古代制瓷手工业的生产遗存，由于我国传统的瓷业生产对于窑场建筑大体相同的要求，常常在同一地域范围内形成若干不同时期的遗存堆积。每一件古代的瓷器，都是某一特定历史时期的社会产物，要求我们古陶瓷考古研究必须从堆积层位关系出发，并接受考古地层的实践检验！

（二）

杭州乌龟山窑址和老虎洞窑址的两大考古发现，使文献记载中的两处南宋官窑获得了考古学的有力支撑，成为文献记载与实物遗存相吻合的历史现实。但是，由于该两处遗存的保存状况不够理想，甚至也可能局限于历史条件，该两项考古发掘并未能极大限度提取其蕴含的历史信息，从而留给学界极大的研究空间和研究难度。这不但是两处南宋官窑址本身及其相互间的关联，而且直接关系到龙泉窑的黑胎厚釉和白胎厚釉，以及文献记载中的“哥窑”和深藏宫中的“传世哥窑”诸研究课题。

近些年来，宋人庄季裕《鸡肋编》中关于龙泉窑“宣和中，禁廷制样需索，益加工巧”一语，经常被人提及，企图借此说明北宋末年的龙泉窑已成为朝廷命烧的“贡窑”，而绝非《坦斋笔衡》所言“质颇粗厚”的状态。所谓“制样需索”，据相关研究，其对象是专指祭礼器而言，祭器以三代青铜礼器为祖型，其礼用瓷器有鼎式炉、鬲式炉、觚、钟等[2]。

1　唐俊杰:《关于杭州老虎洞南宋窑址性质的探讨》,《南宋官窑与哥窑论文集》，浙江大学出版社，2004年。

2　郑嘉励:《说“制样需索”》,《南宋官窑文集》，文物出版社，2004年。

迄今为止，浙江瓷窑址考古调查发掘所获，唯宋室南渡之初越窑“低岭头类型”瓷业遗存，因其实物与文献的双重印证而得到瓷学界的一致公认。如若一定要在龙泉窑业中寻觅，则具类似现象者只有瓦窑垟窑址群，目前所见有双耳炉、觚形器、五管灯、渣斗、鬲炉、花盆、扁壶等，约 29 种薄胎厚釉器类[1]。而且此类遗存的一个共同特征便是黑、白两类青瓷制品的同窑合烧、废品堆积混存。《龙泉溪口青瓷窑址调查记略》明确指出：“有一种说法认为这里就是文献中所指的哥窑；另一种则认为是仿官窑。”而朱伯谦等《浙江龙泉青瓷窑址调查发掘的主要收获》则“肯定黑胎青瓷应当是哥窑的产品无疑”[2]。正是由于对龙泉窑考古发现的认识歧异，引发了传世“宋哥窑”问题的长期纷争。

笔者在 1981 年中国考古学会第三次年会上，就龙泉窑的制品类型与考古分期，提出了“两路、三类、六期”的观点[3]。依据龙泉青瓷面貌特征的变化，其器物演变可以表述成如此的逻辑形态：“白胎、淡青釉、纤细划花”—“灰白胎、青绿釉、双面刻划花”—“厚胎、薄釉、器里单面刻划花”—“厚胎薄釉与薄胎厚釉共存，外壁单面刻花”—“厚胎厚釉、釉色葱绿、高档青瓷”—“胎质粗劣、坯体厚重、釉色灰绿”。而“薄胎厚釉”与“厚胎薄釉”两路共存，成为龙泉窑第四考古期别的最大特色。对于这一期别的历史年代的探讨，自然就成为龙泉窑考古研究中的重要课题。

龙泉窑大白岸窑址群中，在考古编号为“龙 BY24T2（六）”堆积层中，出土了“淳熙”刻铭之纪年残件[4]；在龙泉大窑则发现“薄胎厚釉”类型直接叠压在“厚胎薄釉”堆积层之上的典型层位关系；在龙泉金村窑址发掘中也曾发现宋代三叠层的堆积现象。其中“龙 BY24T2（六）”与之相应的“龙大 Y4—Y3”，它们形成的历史年代可以明确判定在南宋“淳熙”前后。在杭州郊坛下官窑发掘中，获得“己亥”铭刻的青釉平底钵 1 件[5]，《南宋官窑》报告推定为南宋孝宗淳熙六年（1189 年）。巧的是在龙泉山头窑发掘中，与“龙 BY24T2（六）”相应的堆积层器物中竟出土形制雷同之平底钵[6]。综合诸多考古堆积层位关系，龙泉窑“两路”共存或者说龙泉窑“薄胎厚釉”制品的发生期，恰好与郊坛下官窑第二阶

1　金祖明：《龙泉溪口青瓷窑址调查记略》，《考古》1962 年第 1 期。

2　朱伯谦等：《浙江龙泉青瓷窑址调查发掘的主要收获》，《文物》1963 年第 1 期。

3　任世龙：《龙泉青瓷的类型与分期试论》，《中国考古学会第三次年会论文集》，文物出版社，1981 年。

4　浙江省文物考古研究所：《龙泉东区窑址发掘报告》，文物出版社，2005 年。

5　中国社会科学院考古研究所、浙江省文物考古研究所、杭州市园林文物局：《南宋官窑》，中国大百科全书出版社，1996 年。

6　浙江省文物考古研究所：《龙泉东区窑址发掘报告》，文物出版社，2005 年。

段相对应。由此我们可以得到如下逻辑序列："低岭头类型"—"修内司官窑"—"郊坛下官窑"—"龙泉窑薄胎厚釉类型"。

龙泉窑素称民窑，是古陶瓷学界所称"宋代六大窑系"之一。它的黑胎骨作品，以"形制如官、紫口铁足、釉面开片"脍炙人口；白胎骨作品又以"粉青色釉、朱砂色底足、釉面无纹路"而为人称道。两种外观特征不同的制品大异其趣，各具风韵，各臻其妙，在中国瓷坛各领风骚。然而被惊呼为"巧夺天工"的类玉青瓷，既非龙泉窑产品之主流，更非龙泉窑制瓷工艺本身的历史一贯性表征。所以笔者在《试论》中，主张在龙泉青瓷厚胎薄釉与薄胎厚釉的区分上，使用"两路"一词。并指出"与其说'哥窑'是南宋官窑之伪，'弟窑'是龙泉窑，毋宁说厚胎薄釉刻划花是龙泉窑的传统产品，而黑胎、白胎两种厚釉青瓷均系龙泉所烧的'仿官'之作"。然而，两种仿官作品的历史遭遇却大不相同。黑胎作品由于其达到"绝类"之肖逼形态，也许[1]恰恰是过分刻意的临摹，而未曾在龙泉留下自己的道统继承者，没能形成某种遗存序列形态。白胎骨制品则完全是另一番历史景象：它不仅以自身的某种创造性品格而达到与南宋官窑的神似，更由于它与龙泉传统工艺技术的有机结合，不断地汲取民间工艺营养，终于在龙泉山乡培育出了新的青瓷品种——厚胎厚釉的元代龙泉青瓷，从而把本已被推向绝境、一味作"玉和天象"追求的理想，重又引向了现实的烟火凡尘。至此，龙泉窑完成了"厚胎薄釉"—"薄胎厚釉"—"厚胎厚釉"这样一个"正—反—合"的逻辑过程，最终成为中国陶瓷生产历史上最为壮观，也是内涵最为庞杂的最后一个青瓷窑系！这就是田野考古揭示出来的龙泉青瓷窑业的历史真面目！

梳理有关龙泉窑的文献记载，似乎可以发现这样的怪异现象：但凡属于宋代的文献，几乎无一处提及"哥窑"者；而明代后期出现的文献资料，则似乎怎么也离不开"章氏兄弟"的事迹描述。成书于明嘉靖十八年的《春风堂随笔》，据目前已知是最早出现"宋时有章生一生二兄弟"的文字记载，说是"皆处州人，主处州之龙泉窑"[2]。嘉靖四十年刊本《浙江通志》则只说"相传旧有"，且明言"未详何时人"[3]。再后此五年《七修类稿续稿》，却又明确说成"南宋时有章生一、生二兄弟，各主一窑"[4]。如此这般，缀连而成"宋时"—"相

1　任世龙：《龙泉青瓷的类型与分期试论》，《中国考古学会第三次年会论文集》，文物出版社，1981年。

2　（明）陆深：《春风堂随笔》，转引自《说郛》续二〇，涵芬楼本。

3　（明）《浙江通志》卷八，嘉靖四十年刊本。

4　（明）郎瑛：《七修类稿续稿》卷六，乾隆耕烟草堂本。

传旧有”—“南宋时”这样一条时间连线。难怪明末宋应星《天工开物》有“宋元时，龙泉琉华山下有章氏造窑，出款贵重，古董行所谓哥窑者即此”[1]的语句。曾经长期流传在古玩界的“乍浦龙泉”，经后来的考古发现证实，即现存之“孙坑窑”。“章氏兄弟”的传说，难不成正是“古董行所谓”！

行文至此，我想到《东南文化》1988年第一期上刊登的《论哥窑和弟窑》[2]。文中论道“嘉靖、雍正两省志和清代二县志中，关于哥窑和弟窑的一段记载，原出嘉靖四年的龙泉县志”，而该志“来源于当地民间传说”。接着花极大力气来做解释："早先当地人对哥弟窑存在时间理应是清楚的，既经久远，在口传的条件下首先迷失了准确时间，这合乎一般规律。非地方志文献的渊源比嘉靖县志早得多。按哥弟窑为上层社会所知必经产品的直接影响，并落于文人笔下形成文献，又有宫廷、官吏和鉴赏家们的收藏，当然不容易迷失具体年代。在文化落后的封建社会内，落后而闭塞的乡间与社会上层之间的隔膜与差异是不可低估的。”须知此公乃龙泉“哥窑”之坚定捍卫者，从20世纪60年代开始直到退休以后的漫长岁月里，曾对龙泉窑研究花费了许多的精力，我深感敬佩。其解说虽显得有些进退失据，但确已竭尽所能。再说此番言辩，又何尝不是“哥弟传说”之背景和底牌的和盘托底呢?

虽然笔者在《试论》中曾大胆地提出“龙泉所烧黑胎、白胎两种类型的厚釉作品，是否可能正好是南宋官窑‘例外’与‘正路’两类共烧的一种折射”[3]？但是《南宋官窑》考古发掘报告中，似未曾见到有“白胎”作品的文字。在杭州凤凰山一带虽有许多人采集到“白胎型”厚釉青瓷残片，但并无可靠的考古学依据能够证明它们是南宋官窑所烧。20世纪末叶，一位古瓷爱好者出版《南宋修内司官窑研究》[4]一书。作者自序云:1998年夏，地处凤凰山脚万松岭边上的杭州烟厂基建时，挖土挖出了大量的瓷片，此废土被倾倒在钱江三桥边，引起了杭城业余古瓷爱好者的蜂拥而至，抢救了不少碎片。“作为修内司窑的标本，引起了轰动。紧接着距离烟厂不远的万松岭南侧老虎洞发现了窑址，至此南宋杭州修内司官窑老虎洞窑址终于被发现了。”接着话锋一转，这位资深古瓷玩家言道："那么修内司窑的问题是否已全部解决了呢？答案是否定的，修内司窑的研究还任重而道远！

1 （明）宋应星：《天工开物》卷中《陶埏第七卷》，中华书局，1959年据崇祯十年初刻本影印。

2 张翔：《论哥窑和弟窑》，《东南文化》1988年第1期。

3 任世龙：《龙泉青瓷的类型与分期试论》，《中国考古学会第三次年会论文集》，文物出版社，1981年。

4 马亦超：《南宋修内司官窑研究》，中国美术学院出版社，2006年。

据我的研究，修内司窑除了老虎洞窑以外，还另有其窑。”《南宋修内司官窑研究》一书中介绍：自 20 世纪 60 年代就注意收集，这次出版的窑次品瓷片，主要地点就是在凤凰山周围和烟厂附近。所收集的产品大部分是土细、料细、功夫细，大部分无纹，其制作工艺胜过老虎洞窑和郊坛窑，因此不是民窑之作。该书特意公布许多粘连残次标本图片资料，足以证明确系在该区段烧造。尤其引起我强烈关注的是，作者“出这本书的目的就是为了要给灰胎、白胎及仿制其他窑的产品正名，并希望引起人们的重视，因为这是一份非常宝贵的文化遗产”。再联系到《“哥窑”研究的反思与拙见》[1]，“特别值得引起重视的是南宋层出土的白胎青瓷”一段文字曰：“不论是釉色还是胎色，或是器形及装烧方式，都与龙泉大窑烧制的粉青釉‘弟窑’相同。”因此，南宋修内司官窑中确实存在黑、白两种产品类型，龙泉的“哥窑”与“弟窑”，恰恰是南宋官窑这种烧造情形的折射。至此，我心中的块石总算落下，我并未凭空开炮！

（三）

《中国陶瓷史》“汝窑、哥窑与官窑”一节，曾留下这样的结语：

“元朝后期兴起了一股仿宋名窑的风气，入明以后几乎代代都有仿制……官哥两窑既有宋代的，又有元、明以后历代的仿制品，加上明后期以来的文献又误把仿品当真品予以概括描述，给辨别真伪无疑增加了不少困难。这只有依赖考古发掘的资料，才能澄清陶瓷史上的这类悬案。”[2]

耿宝昌先生《刍议宋官窑青瓷》披露：“历史上发现的官、哥窑传世品多系在皇室后裔与权贵之手。故宫博物院藏宋官窑圆洗来源于皇裔桂月汀，葵花式洗、温器等，常出自天津、上海、扬州、苏州及山东地区，也多系清皇后裔或为姻亲之家、官宦巨贾之门，包括故宫和上海等博物馆所藏均来源于此的。”并且慎重地指出：“北宋官窑与南宋官窑修内司、郊坛下的问题，虽有历史文献记载，有的可信，当然也可能有误。现今的发现也仅是其中之一二，能否再现，或全部予以肯定，如何依据科学头脑与实物考证判断也需留有余地，当然解决了历史问题最好。但历史毕竟是历史，有的多系推测，何者是南，何者是北，是一是二是三恐还需很长时间验证！”[3]可谓语重心长，令人深思。

1 周少华：《“哥窑”研究的反思与拙见》，《中国古陶瓷研究·龙泉窑研究》，故宫出版社，2011 年。

2 中国硅酸盐学会：《中国陶瓷史》，文物出版社，1982 年。

3 耿宝昌：《刍议宋官窑青瓷》，《南宋官窑文集》，文物出版社，2004 年。

从20世纪60年代直到今天，“官”“哥”的争论始终未有休止，也依然歧异纷纭。由于杭州老虎洞窑址的考古发现，因该窑址元代堆积层的明确揭示，又一次把“传世哥窑”的争论推向了一个新的高潮。课题自身是会随着时代及学术风气的变化而转移的，后人有权发现和提出属于自己的新问题，本不必老是跟在前人遗留下来的那些问题的屁股后面打转转。

考古发掘工作的关键问题是堆积层位关系的正确揭示，对遗迹现象的解读也必须严格遵循地层关系。而老虎洞窑址考古发掘迄今未发布正式的考古报告，外界在运用发掘资料时，似也表述各异，甚至有把堆积层位和考古分期的编序颠倒运用的。比如“第一层所出为典型的南宋官窑器”“第二层……我们定该层为南宋末至元代早期”“第三层……可定该层为元代晚期”——这显然是顺次和年代关系的颠倒。又比如对地层堆积内涵的分析，有的说“南宋中晚期至元代初年地层所出”“也和我们所说的‘具有金丝铁线的特征并呈青色的标准哥窑器相近’”；而持不同意见者说“杭州老虎洞二层、三层、四层出土的青瓷……不是典型的炒米黄色，纹片没有一点人工着色的迹象，更无金丝铁线的特征”。

该考古发掘项目领队在《杭州老虎洞窑址元代层的文化内涵》一文中表示：“老虎洞窑址元代层黑（灰）胎青瓷就是南宋灭亡后窑工仿烧南宋内窑的产品。”[1]这种元代层黑（灰）胎青瓷是仿“南宋内窑”的产品，而且言明是“南宋灭亡后”，两者在时间上严格断开，因而并未明言它的名称和性质。而《杭州老虎洞瓷窑遗址对研究官、哥窑的启示》则认为“介于一、三层所见之间，属官哥不分或可官可哥的模糊类产品”，“典型哥窑器的出现和烧制成功自然在更晚于此的第三文化层代表的元代晚期”[2]。但见《南宋郊坛下官窑与老虎洞官窑的比较研究》论断：“修内司官窑停烧的时间大约在13世纪初，而郊坛下官窑则一直烧造至南宋灭亡，两窑‘相安无事’数十年。”[3]说明自修内司官窑停烧到老虎洞元代堆积层的形成，其间相隔不短于大半个世纪，这就是那个“沙层”形成的年代跨度。

《从考古新材料看章氏与哥窑》论道：“老虎洞瓷窑址元代晚期地层中出土有哥釉瓷器和带有八思巴文‘章（或张）’姓紫金土窑具，此不仅能证明章生一造哥窑器的说法并不是无稽之谈，同时也说明该地层至少也是哥窑的生产窑口之一。”[4]老虎洞窑址上层堆积

1　杜正贤：《杭州老虎洞窑址元代层的文化内涵》，转引自周少华《“哥窑”研究的反思与拙见》。

2　王光尧：《杭州老虎洞瓷窑遗址对研究哥窑的启示》，《故宫博物院院刊》2002年第5期。

3　唐俊杰：《南宋郊坛下官窑与老虎洞官窑的比较研究》，《南宋官窑文集》，文物出版社，2004年。

4　王光尧：《从考古新材料看章氏与哥窑》，《故宫博物院院刊》2004年第5期。

为元代遗存，并且判定它为“哥窑”，目前似乎已有比较广泛的认同。但是仅凭刻有“章”姓的紫金土窑具即能证明章生一造哥窑器的说法“并不是无稽之谈”则似乎有些言之过早，或曰言过其实。窑具上的译音是“章”或者是“张”，这本身就明显地存在着“或然性”，而非绝对的唯一性和必然性，此其一。其二，“章氏业陶始自晚唐”，“南宋初年执业于慈溪上林湖”，乃至“老虎洞官窑场旧址出土的八思巴文‘章’或‘张’记材料是官府对官匠或主烧者章生一加强管理的明记”。这一连串“物证”之间，究竟存在怎样具体的关联或可能性？当采取了那些最能说明问题的部分来做加减乘除时，其中就难免有超越了“实证研究”的东西。

所谓真正的史学不只是记录事实、搜罗材料、排比现象，而在于探求规律。有史家言，史家“微茫秒息之际,有以独断于一心”,要有眼光做出独立判断。但正如耿宝昌先生所言：“现今的发现也仅是其中之一二，能否再现，或全部予以肯定，如何依据科学头脑与实物考证判断也需留有余地。”

哥窑瓷与官窑瓷的若干问题探讨

刘渤　天津文博院

内容提要：本文总结了出土哥窑瓷得到了一些学者的认同，同时发现出土简报和展览说明、图书定名也不尽相同，出现了“官、哥不分”的现象。又选择了数十件博物馆收藏和出土的哥窑葵口盘、哥窑葵口洗与官窑葵口盘、官窑龙纹洗等进行对比，并指出两者的相同点和不同点，力图把“官、哥不分”推向“官、哥可分”。笔者相信，随着考古发掘及研究工作的深入，这一问题有望解决。

关键词：哥窑　官窑　对比

哥窑和官窑都是宋代五大名窑之一，也是备受争议的两个窑。哥窑至今未发现窑址，其生产的时间，也有不同的说法，有宋代说、元代说、明代说等。特别是在宋代出土文物中没有找到与传世哥窑极为相似的器物。官窑中的北宋官窑亦未找到对应的窑址，有的专家根据出土文物说张公巷窑就是北宋官窑，但出土的器物与真正传世官窑还有一定差别。南宋的郊坛下官窑和修内司官窑先后出土了若干件官窑瓷器实物及窑具，得到大多数专家的认同。

哥窑在宋代文献中未见著录。元代孔克齐撰《静斋至正直记》提到哥哥洞窑和哥哥窑；明洪武二十一年（1388 年）曹昭《格古要论》卷下“古窑器说”也提到哥哥窑；明代吕震《宣德鼎彝谱》载：“宣德三年，内府收藏柴、汝、官、哥、均（钧）、定各窑器皿……”由于柴窑被传为五代所烧；故后世只列五大名窑，即汝、官、哥、钧、定。明嘉靖四十年（1561 年）《浙江通志》记载：“相传旧有章生一、生二兄弟二人，未详何时人，主琉田窑造青器，精美冠绝当世。兄曰哥窑，弟曰生二窑。”但哥窑至今窑址尚未发现。哥窑一直是考古学家、古陶瓷学家和收藏家重视、关注和研究的热门话题。哥窑瓷器非常珍贵，传世稀少，大多收藏在北京故宫博物院、台北故宫博物院、中国国家博物馆、上海博物馆和天津博物馆等大型博物馆内，加上国内外的传世品，约计也只有300件左右[1]。

一　出土哥窑瓷器在展出和出版时“官、哥不分”

近年来，一些学者在论文中明确了一些墓葬出土和窖藏出土瓷器为哥窑瓷器，如王光尧《从考古新材料看章氏与哥窑》[2]，牟宝蕾《哥窑问题的几点思考》[3]，郑建明、林毅《长兴石泉明墓出土“传世哥窑”型器物及相关问题略论》[4]等都明确将南京明汪兴祖墓、上海市青浦县元代任氏墓、安徽安庆元代窖藏等出土的瓷器定为哥窑瓷器，反映了他们对出土哥窑瓷器的共识。

发掘简报、展览说明和出版书籍的定名却不尽相同，如：

南京明汪兴祖墓出土哥窑瓷盘11件，从发掘简报看，清理的时间是1970年[5]，但是南京市博物馆展出的两件定名均是南宋官窑青灰釉瓷盘，并说明是南京中央门外张家洼汪兴祖墓出土。一件南宋哥窑葵口盘（图1），开大片；一件南宋哥窑葵口盘（图2），开小片。

上海市青浦县元代任氏墓出土了8件哥窑瓷器，当时简报认为是元代官窑瓷器。计有：官窑悬胆式瓶4件、官窑投壶式瓶2件、官窑双耳炉2件[6]。

1977年安庆窖藏出土哥窑瓷器5件，即米黄釉盘1件（图3）、米黄釉葵花口盏2件、淡青釉盏1件、米黄釉把杯1件，时代定为元代中晚期。现安徽博物院在陈列中将这些器物的年代定为元代，未注明窑口，但是《安徽省博物馆藏瓷》一书，则将它们定为南宋官窑瓷器[7]。

上述出土实物与展出实物和图书上文物的定名，充分反映了“官、哥不分”的实际情况。

1　耿宝昌：《宋代哥窑辨析——兼议历代仿哥窑》，《故宫博物院院刊》1995年第12期。

2　王光尧：《从考古新材料看章氏与哥窑》，《故宫博物院院刊》2004年第5期。

3　牟宝蕾：《哥窑问题的几点思考》，《文物春秋》2015年第4期。

4　郑建明、林毅：《长兴石泉明墓出土“传世哥窑”型器物及相关问题略论》，《文物》2015年第7期。

5　南京市博物馆：《南京明汪兴祖墓清理简报》，《考古》1972年第4期。

6　沈令昕、许勇翔：《上海市青浦县元代任氏墓葬记述》，《文物》1982年第7期。

7　安徽省博物馆编：《安徽省博物馆藏瓷》，文物出版社，2002年。

二　传世宋哥窑瓷器及仿品

传世哥窑以仿夏、商、周三代铜器造型为主，胎体较厚，胎质细腻，胎色呈黑、深灰、浅灰、土黄等。釉色有灰青、月白、深灰、青黄和米黄等。釉质肥润并有酥油光。釉面开裂不规则细碎纹片，纹片呈黑、黄二色，俗称“金丝铁线”。采用裹足支钉烧或圈足垫饼烧，后者细窄的圈足底边旋削平滑，底心施满釉。传世品多有缩釉小坑。

天津博物馆藏宋哥窑米黄釉盘（图 4），高 3.2 厘米、口径 18.6 厘米、足径 5.6 厘米。胎骨呈土黄色，通体施米黄色釉，釉润而失透，布满纵横交错、深浅不一的开片纹，“金

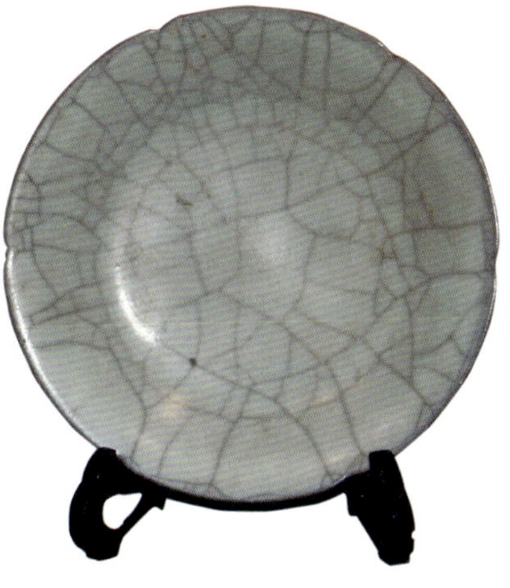

图 1　南宋　哥窑青灰釉葵口盘（南京市博物馆藏）

图 2　南宋　哥窑青灰釉葵口盘（南京市博物馆藏）

图 3　元　哥窑米黄釉盘（安庆窖藏出土）

图 4　宋　哥窑米黄釉盘（天津博物馆藏）

丝铁线”纹路清晰，仅圈足接地处露胎，釉质纯厚，不甚莹澈。釉内多有气泡，如珠隐现，故通称“聚沫攒珠”。盘内外缩釉点明显，是气泡破裂所致，为传世哥窑的典型器物。1959 年购于北京韵古斋。

天津博物馆藏宋哥窑乾隆御题诗文灰青釉葵口盘（图 5），高 2.7 厘米、口径 16 厘米、足径 5.8 厘米。此盘口为六瓣葵花瓣式，浅腹，小圈足，施粉青色釉，通体开冰裂纹。外底圈足内灰青釉上刻清代乾隆皇帝御题诗：“花分六出尺径围，古色穆然火色微。虽是难为兄所造，即今匹此亦应稀。”句后署“乾隆辛丑春御题”。钤“古香”“太璞”两枚方形闲章（图 6）。乾隆皇帝仅对其喜爱的名窑陶瓷精品题诗，然后由宫廷匠师摹刻在传世的名窑瓷器上，在宫中保存，这件器物即为内廷秘藏珍品。在《清高宗御制咏瓷诗》中收录了这首诗，诗名为《咏哥窑盘》。这种后刻乾隆皇帝御题诗的宋哥窑盘[1]，两岸故宫还藏有多件传世品。如台北故宫博物院收藏的南宋至元代哥窑青釉葵口盘上也刻有同样的乾隆皇帝御题诗，后刻乾隆乙未暮春御题，钤“古香”闲章，题诗比天津博物馆藏葵口盘早 6 年。

故宫博物院藏南宋至元代官窑青釉葵口碟两件，刻有“咏官窑碟子”御题诗：“铁足冰纹火气蠲，口分六出体规圆。较于瓶罍犹多见，华者脆知朴者坚。”句后署“乾隆丙申夏御题”，下面分钤“太璞”和“古香”“太璞”闲章。还有南宋至元代哥窑青釉葵口盘，御题：“处州精制擅章生，盘子曾供泛索盛。新法不看百圾破，那知得号有难兄。”句后署“乾隆丙申春御题”，钤“朗润”闲章。另有两件哥窑青釉葵口碟、盘，御题哥窑盘子二首：“宣成近代制犹精，遥以宋窑芗二生。笑把葵花百圾者，恰如烈士善循名。”句后署“乾隆庚戌夏御题”，下面分钤“太璞”“古香”闲章。

上述御题诗均刻在葵口盘、碟上，诗中也多次提到“六出”“章生”“难兄”“冰纹”“百圾”等官窑和哥窑瓷器特点的词。

故宫博物院藏宋代哥窑六出葵口盘（图 7），高 4.1 厘米、口径 20.2 厘米、足径 7.5 厘米。盘呈六瓣葵花式，浅腹，坦底。腹壁向里凸出 6 道棱线，圈足亦随腹壁起伏变化。通体施灰青色釉，釉面开细碎片纹。圈足露胎处呈黑褐色，俗称“铁足”。此盘造型优雅、大方，线条富于变化，为哥窑瓷器的代表作品。

中国国家博物馆藏有一件宋代哥窑葵口盘（图 8），高 3.5 厘米、口径 15.5 厘米、足径 4.8 厘米。六出葵花口，浅圆腹，圈足，足底无釉。釉面有细碎开片纹，通体施灰青釉。

1　冯先铭主编：《中国古陶瓷图典》第 399 页，图 480，文物出版社，2013 年。

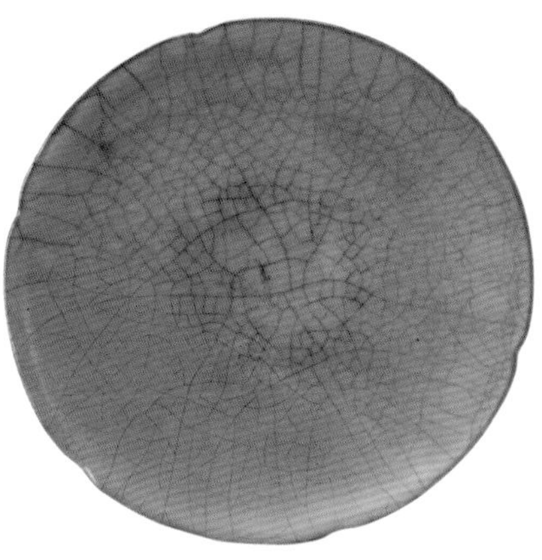

图 5　宋　哥窑乾隆御题诗文灰青釉葵口盘（俯视）（天津博物馆藏）

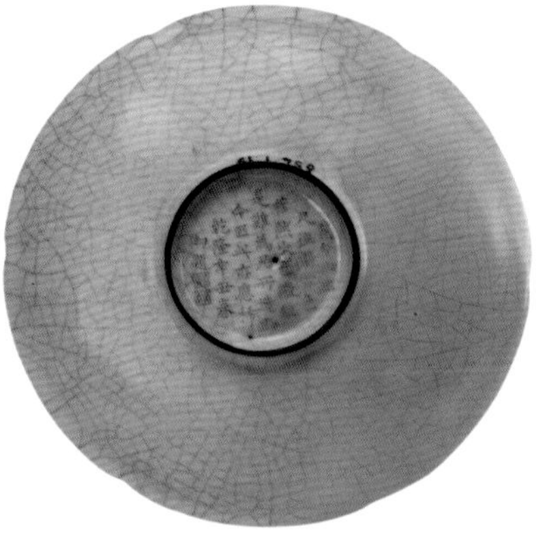

图 6　宋　哥窑乾隆御题诗文灰青釉葵口盘（外底）（天津博物馆藏）

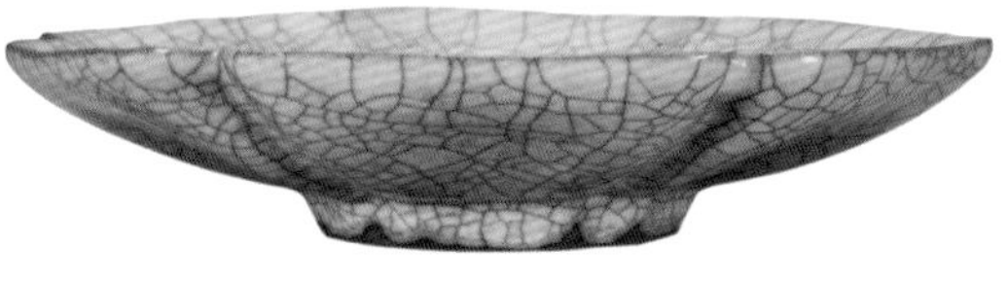

图 7　宋　哥窑灰青釉六出葵口盘（故宫博物院藏）

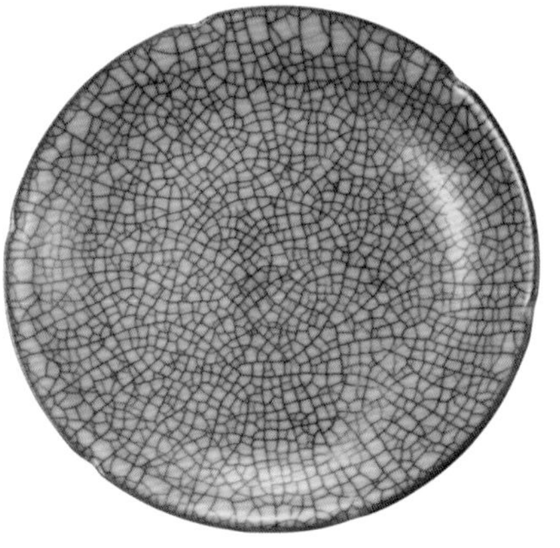

图 8　宋　哥窑灰青釉葵口盘（中国国家博物馆藏）

南京市博物馆展出馆藏精品的“玉堂佳器”厅还展出过两件宋代哥窑瓷盘，一件是宋代哥窑米黄釉八出葵口折沿盘（图 9），一件是宋代哥窑灰青釉六出葵口盘（图 10），其开片就像冬天里河面的冰裂纹，千变万化，独具古朴之趣，备受世人珍赏。展厅中标注是宋代哥窑青釉瓷盘。

上海博物馆展出两件南宋哥窑葵口盘，均是灰青釉六出葵瓣口。一件斜腹，平底，开大片（图 11）；一件浅弧形腹，平底，开小片（图 12）。还展出一件元代哥窑米黄釉六出葵口盘（图 13），浅弧形腹，开片中有“金丝铁线”。

故宫博物院藏宋代哥窑葵花式洗（图 14），高 3.5 厘米、口径 12 厘米、足径 8.8 厘米。洗呈葵花瓣式，洗心微向内凸起，外底有 6 个支烧钉痕。通体施灰青色釉，釉汁厚润，釉面满布开片，纹片大小相间有序。洗在中国古代生活中用途广泛，大件一般作盥洗用具，小件一般作文房用具或陈设品。其造型广口，折沿，宽唇，深腹，平底。汉至晋代流行在器物内底刻鱼纹，有铜、陶、青瓷等制品。宋代南北瓷窑普遍烧造，口多为直口或花口。此洗造型小巧玲珑，典雅可爱，是宋代哥窑瓷器中的精细之作。

故宫博物院藏宋代哥窑米黄釉葵花口洗（图 15），高 3.4 厘米、口径 11.8 厘米、足径 8.7 厘米。口微侈，有 10 个葵花瓣，深腹，广平底。外底裹釉支烧，有 6 个支钉痕。通体施米黄釉，釉面有密集的开片纹，大片的纹线呈铁黑色，小片的纹线呈金黄色，故有“金丝铁线”之称，是典型的宋代哥窑传世瓷器。

天津博物馆藏明代万历仿哥窑米黄釉葵花式笔洗（图 16），高 3.3 厘米、口径 12.7 厘米、足径 9.8 厘米。葵花式口，8 个大花瓣，深腹，平底微上拱，胎壁较厚。除外底部刮削成璧形底外，通体施米黄釉，有较大的开片纹，纹路发淡红色。米黄釉上有月白斑，釉质肥厚，釉面有酥油光。此洗是明代景德镇窑仿宋哥窑制品，1960 年 10 月购于北京韵古斋。

三　出土与传世官窑瓷器

官窑分为北宋官窑和南宋官窑。据载北宋徽宗大观、政和年间设窑于汴京（今河南开封），称汴京官窑，正式有了“官窑”的名称；宋高宗南迁，在都城临安（今浙江杭州）设官窑于修内司及郊坛下，称修内司官窑及郊坛下官窑。

北宋汴京官窑窑址至今没有找到，不曾获得标准器。文献记载：“汴京官窑色好者与汝窑相类。”

南宋官窑：一是郊坛下官窑，二是修内司官窑。前者在浙江省杭州市南郊乌龟山一带找到窑址。1930 年发现窑址，经过 20 世纪 50 年代和 80 年代两次考古发掘，出土了一批标本。南宋早期是薄胎薄釉，胎质细腻，胎色有黑褐、灰、深灰等，釉色有粉青、青灰、青黄、炒米黄等。釉有开片，满釉支钉装烧。南宋后期是薄胎厚釉，釉光莹润如玉石，釉面有横竖交织的片纹和层层叠翠的冰裂纹，采用圈足垫烧，足底露胎处呈黑褐或深灰色，形成“紫口铁足”特征。器形除盘、碗、碟、洗等常见品种之外，还有一些仿铜器和玉器的造型，出土有官窑簋式炉、官窑鸭形器、官窑铺首衔环纹花口壶等。后者修内司官窑在杭州老虎

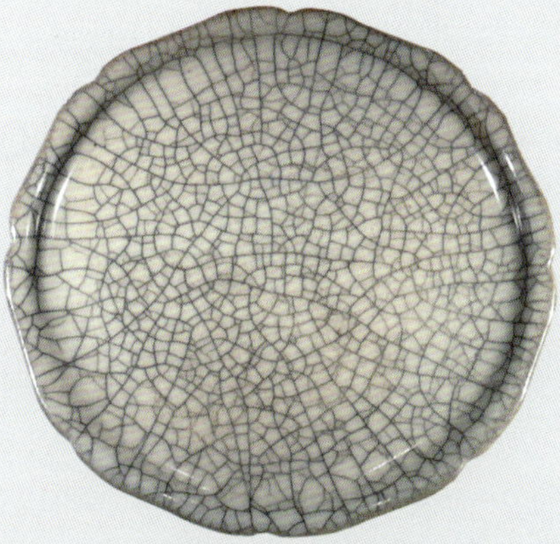

图 9　宋　哥窑米黄釉八出葵口折沿盘
（南京市博物馆藏）

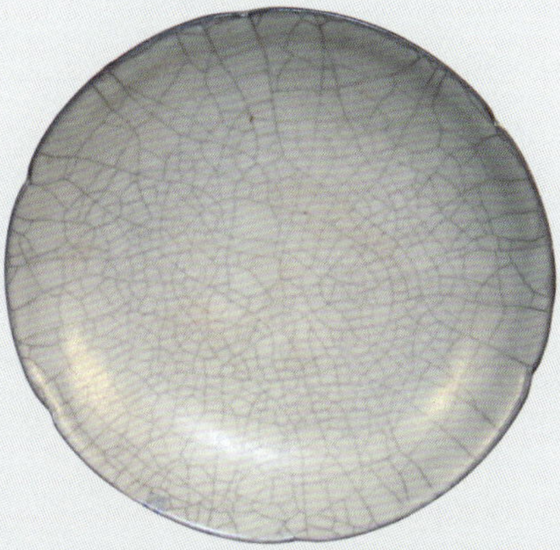

图 10　宋　哥窑灰青釉六出葵口盘
（南京市博物馆藏）

图 11　南宋　哥窑灰青釉葵口盘（上海博物馆藏）

图 12　南宋　哥窑灰青釉葵口盘（上海博物馆藏）

图 13　元　哥窑米黄釉葵口盘（上海博物馆藏）

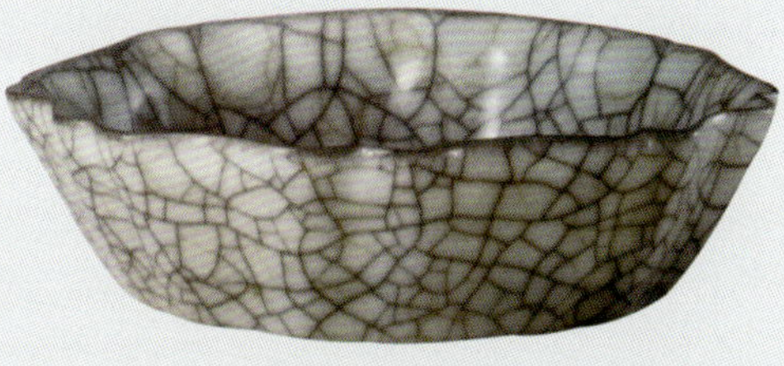

图 14　宋　哥窑灰青釉葵花式洗（故宫博物院藏）

洞找到窑址。老虎洞窑址位于杭州凤凰山麓万松岭南面，1996 年至 2001 年杭州市文物考古研究所进行了三次考古调查与发掘，全面完整地揭露了老虎洞窑址。出土了大量官窑瓷片、素烧坯及支烧窑具、匣钵等遗物，发现两座龙窑，还有素烧炉、澄泥池、采矿坑、釉料缸、作坊遗址等，被评为 2001 年度中国十大考古新发现。出土有官窑青釉盏托、官窑弦纹三足香炉、官窑青釉梅瓶、官窑青釉长颈瓶、官窑樽式炉、官窑花盆等。参加杭州老虎洞遗址考古发现专家论证会的绝大多数专家认为老虎洞窑就是文献记载的修内司官窑[1]。

故宫博物院藏有若干传世宋代官窑瓷器，其中有一件修内司官窑花口盘（图 17），此盘为裹足支钉烧，有 6 个支钉痕，外底刻有乾隆皇帝御题诗，诗名是《咏官窑碟子》。诗曰："挣钉犹是宋窑遗，冰裂纹存釉水滋。一例凤凰山下土，不经陶炼孰珍之？"宋代修内司官窑就在杭州凤凰山下。乾隆皇帝将这种花口盘称为碟子，同时诗中说出其产地是杭州凤凰山下的修内司官窑，其特点是冰裂纹。

故宫博物院藏宋官窑灰青釉葵口盘（图 18），六出葵花口，通体施灰青釉，开大片，与前述汪兴祖墓出土哥窑盘及上海博物馆藏南宋哥窑葵口盘非常相似，此盘定为官窑，真可谓"官、哥不分"。

天津博物馆藏宋官窑龙纹洗（图 19），高 5.6 厘米、口径 19.5 厘米、足径 12.3 厘米。这件官窑暗龙纹洗口部微侈，镶铜口，直壁，深腹，坦底，矮宽圈足。通体施灰青色釉，釉汁肥厚凝重，釉面布满纵横交错的开片纹。洗内底塑贴一条团龙，因釉层较厚，只有在强光照射下才能隐约显现，更增添了"神龙见首不见尾"的神秘之感。在清乾隆帝欣赏的《清陶瓷谱》中的《珍陶萃美》册中记载了一件宋汝窑蟠龙洗，而清宫旧藏中有一件南宋官窑青瓷印花龙纹洗可与之相对应。说明乾隆帝把宋汝窑和官窑龙纹洗也搞混了，有时官、汝不分。这件龙纹洗与天津博物馆藏的非常相像，均是直口，深腹，平底，内印、塑龙纹，釉面开大片，外底是大圈足。台北故宫博物院收藏的龙纹洗非常完美，龙纹更加清晰，尺寸相若，高 4.7 厘米，口径 18 厘米。天津博物馆收藏的龙纹洗较大，口部镶了铜釦，龙纹不太清晰。

天津博物馆藏宋官窑洗（图 20），高 3.5 厘米、口径 18.7 厘米、足径 11.8 厘米。口外卷，浅腹，直壁，大圈足。通体施月白釉，开纵横交错的纹片，口部由于釉汁的垂流而形成酱紫色，外圈足呈酱黑色，是"紫口铁足"特征。该洗为圈足支钉烧，外底有六个支钉

1　秦大树：《杭州老虎洞窑址考古发现专家论证会纪要》，《文物》2001 年第 8 期。

图 15　宋　哥窑米黄釉葵花口洗（故宫博物院藏）

图 16　明　仿哥窑米黄釉葵花式洗（天津博物馆藏）

图 17　宋　官窑乾隆御题诗文灰青釉花口盘（故宫博物院藏）

图 18　宋　官窑灰青釉葵口盘（故宫博物院藏）

图 19　南宋　官窑灰青釉龙纹洗（天津博物馆藏）

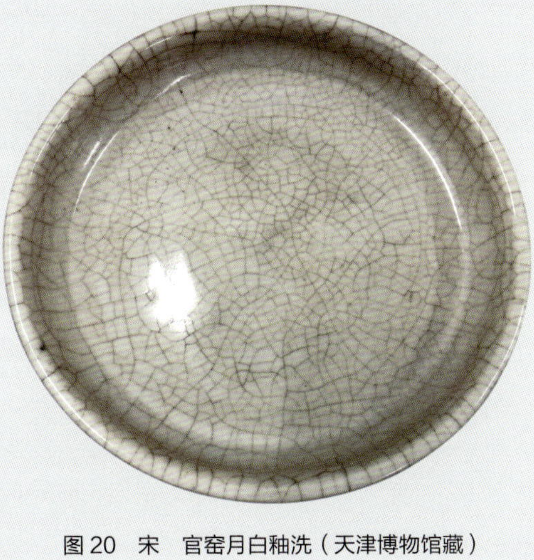

图 20　宋　官窑月白釉洗（天津博物馆藏）

痕，1959 年购于北京庆云堂，原是收藏家张子厚的藏品，庆云堂收购。此洗开片比较细碎，很容易划分到哥窑类的瓷器中。

小结

哥窑与官窑的共同特点是：哥窑至今没有找到窑址，北宋官窑至今也没找到窑址，两者均是宋代五大名窑，且均有传世品在博物馆收藏，均有乾隆皇帝的御题诗文镌刻在瓷器上。造型上，盘、碗、洗、炉等多雷同，特别是葵花口洗、葵花口盘。釉色上相近或相似，灰青釉、粉青釉、米黄釉等，瓷器釉面均有开片纹。

哥窑与官窑不同的特点是：哥窑开片有“金丝铁线”，官窑开片有大有小。哥窑没有宋代窑址出土器物作比对，只有元明的墓葬、窖藏出土文物作比对；官窑有南宋的郊坛下和修内司窑址出土器物作比对。随着新的考古成果的出现和研究的深入，“官、哥不分”的状况将有望得到彻底解决。

就瓷器表征浅谈哥窑与南宋官窑及黑胎龙泉的异同

舒佩琦　鸿禧美术馆

内容提要：目前，对于哥窑的定位仍存在各种不同的见解，不仅在断代上有宋、元之说，而且其生产的窑口也众说纷纭，无一定论。加上21世纪初在浙江地区的窑口发掘，出土的遗物对照所谓传世哥窑，仍旧产生不同的认知。适逢故宫博物院举办“金丝铁线——故宫博物院哥窑瓷器展”并召开“2017故宫博物院哥窑学术讨论会”，笔者有幸受邀参加，仅以馆藏与哥窑议题相关的资料包含龙泉溪口窑、杭州老虎洞窑出土标本及传世黑胎龙泉器物，就瓷器表征浅谈其异同。

关键词：传世哥窑　元代老虎洞窑　黑胎龙泉窑

长期以来围绕“哥窑”议题的争论，主要源自于对“传世哥窑”与“龙泉哥窑”有不同的认知与见解。20世纪末在浙江杭州凤凰山老虎洞窑址考古发掘出土了被定位为南宋的修内司官窑，以及属于元代地层出土带有八思巴文的瓷片与窑具[1]，同时由复原器物的造型及表征与所谓“传世哥窑”有许多相近之处，也因而有了哥窑为元代产品的说法。另外，近几年在龙泉地区的溪口村及小梅镇等宋代的窑址的考古发掘与调查中都发现了带有开片纹的黑胎青瓷，而且许多都是仿铜礼器造型，经过多位学者认定此处即文献所载的“宋龙

1　杜正贤：《杭州老虎洞窑址瓷器精选》，文物出版社，2002年。

泉哥窑”[1]。综合上述专家学者认定的“哥窑”有两种：一为杭州老虎洞元代地层出土的青瓷与“传世哥窑”较相近；一为龙泉地区宋代窑口出土的黑胎青瓷，才是古文献中所谓的“哥窑”。有鉴于此，以下将选用相关窑口出土的瓷片标本及完整件互为比对，分析其异同。

一　杭州老虎洞窑

老虎洞窑址自1996～2001年由杭州市文物考古队多次调查发掘[2]至今，经过大多数专家学者论证，认为即南宋的修内司官窑。而元代地层出土的标本由于与元代墓葬出土哥窑[3]及传世哥窑[4]有许多相似之处。因此，本篇提供的青瓷标本虽为现在的杭州卷烟厂出土，而当时此处是位于南宋皇城和宁门外靠近内司东库的选瓷地点，且附近还有方便运送瓷器的码头[5]。除了南宋时期的修内司及郊坛下官窑之外，也包含元代所生产类似“哥窑”的器物，但后者数量较少。这也印证唐俊杰先生在《南宋郊坛下官窑与老虎洞官窑的比较研究》一文中认为修内司及郊坛下两窑的置窑时间相差不远[6]，前者为绍兴二十四年（1154年），后者为绍兴三十一年（1161年）前后。而既是南宋官窑选瓷处，何以还有元代瓷片标本，笔者认为就如元人孔齐在《静斋至正直记》中对所谓哥哥洞窑（老虎洞窑）产品的描述及市售的情况，虽然“哥哥洞窑”是否等于“哥窑”还可有讨论空间，但在宋元明时期此区

1　（清）蓝浦撰、郑廷桂补辑：《景德镇陶录》卷六“镇仿古窑考哥窑条”；（清）梁同书：《古窑器考》“哥窑条”；赵汝珍：《古玩指南·瓷器》“哥窑条”；（明）曹昭撰、王佐补：《格古要论·古窑器论》“哥窑条”；黄裔编：《瓷史》“哥窑条”。

2　杭州市文物考古所等：《杭州老虎洞窑址考古获重要成果》，《中国文物报》1999年1月6日第1版；杜正贤、马东风：《杭州凤凰山老虎洞窑址考古取得重大成果》，《南方文物》2000年第4期；杜正贤《杭州老虎洞窑址：南宋修内司官窑》，《中国文物报》2001年6月13日第1版；杭州市文物考古所等：《杭州老虎洞南宋官窑址》，《文物》2002年第10期。

3　南京市博物馆：《南京江宁县明沐晟墓清理简报》，《考古》1960年第9期；南京市博物馆：《南京明汪兴祖墓清理报告》，《考古》1972年第4期；沈令昕、许勇翔：《上海市青浦县元代任氏墓葬记述》，《文物》1982年第7期；胡悦谦：《安庆市出土的几件瓷器》，《文物》1986年第6期；吴大林：《县博物馆收藏的国家一级文物》，江苏省溧水现政协文史委编《溧水古今》1994年11月；刘新权：《繁昌出土元代珍贵文物》，《中国文物报》2000年9月20日第1版。

4　见两岸故宫藏品。

5　舒佩琦：《续宋代官窑的迷思》，财团法人陈昌蔚文教基金会《陈昌蔚纪念论文集》第四辑，2009年。

6　唐俊杰：《南宋郊坛下官窑与老虎洞官窑的比较研究》，杭州南宋官窑博物馆《南宋官窑文集》第168—169页，文物出版社，2004年。

域仍为“官商驰骛，舳舻相衔，昼夜不绝的水门”[1]，会出现老虎洞元代地层的器物应可理解。为契合主题哥窑，以下整理了一些卷烟厂出土的老虎洞窑青瓷标本，并讨论如下。

（一）杭州卷烟厂出土老虎洞窑宋、元青瓷标本之比较

清代佚名《南窑笔记》哥窑条曰：“即名章窑，出杭州大观之后。章姓兄弟，处州人也，业陶，窃做于修内司，故釉色仿佛观窑，纹片粗硬，隐以墨漆，独成一宗……”[2]此段叙述将时间提前到了北宋晚期至南宋初期，处州人章氏兄弟在修内司业陶，釉色如观（官）窑。虽然是时间、人物及地点都令人产生时空交错及位移的困惑，却也透露出哥窑在杭州修内司制作的信息。但是否可与元人孔齐在杭州所见称为哥哥洞窑画上等号，而这等号又可否延伸至现在所谓的传世哥窑，则有待进一步多方考证。以下拣选包含老虎洞窑宋、元地层的瓷片，并以其表征观察其异同。

1a. 南宋 龙纹圆盖盒残件 8.7 厘米 × 5 厘米	1b. 元 折腹盏残件 6 厘米 × 4.7 厘米

1　舒佩琦：《续宋代官窑的迷思》，财团法人陈昌蔚文教基金会《陈昌蔚纪念论文集》第四辑，第 148—149 页，2009 年。

2　河南省文物考古研究所：《宝丰清凉寺汝窑》彩版 116，大象出版社，2008 年。

1a. 南宋 龙纹圆盖盒残件 8.7 厘米 × 5 厘米	1b. 元 折腹盏残片 6 厘米 × 4.7 厘米
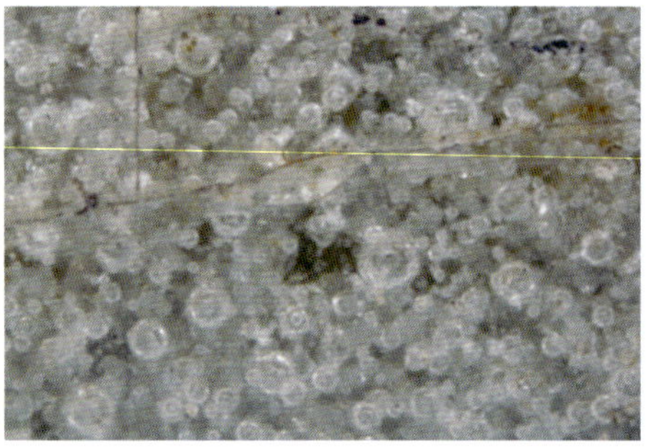	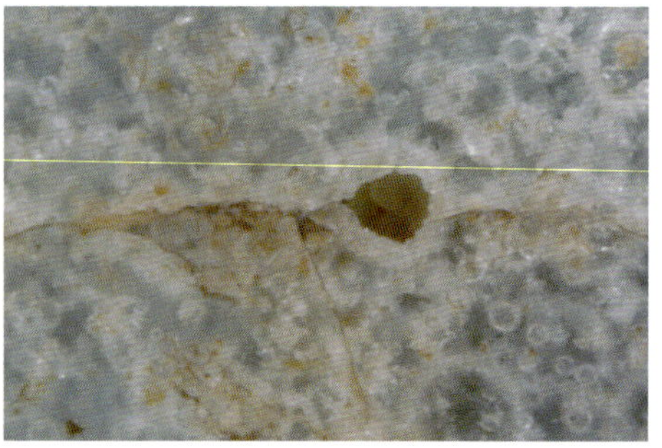

圆盖盒，釉层下隐隐透出印花龙纹，大开片纹内有褐色的土沁，可见釉层中密集的气泡有层次的分布及两次上釉的断面。此类盖面饰龙纹的盖盒汝窑也见出土，但为刻划龙纹。	本件外观与所谓传世哥窑瓷极为相似。盏身内外釉面布满红褐色不规则网状开片纹，烧成温度略低，釉层较为混浊，玻化程度较低，表面受沁也较严重，断面图可见铁黑色胎，上下釉层颇厚，气泡较小不甚清澈。

2a. 南宋 三足炉残件 高 15 厘米、直径 18 厘米	2b. 元 乳钉鬲式炉残件 8.5 厘米 × 6.5 厘米

2a. 南宋 三足炉残件 高 15 厘米、直径 18 厘米	2b. 元 乳钉鬲式炉残件 8.5 厘米 × 6.5 厘米
	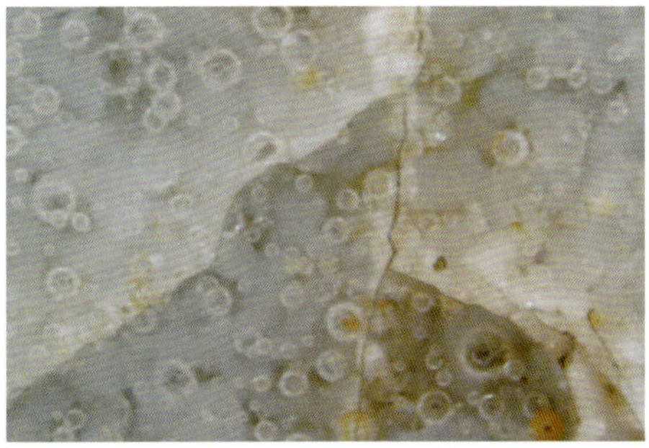

造型源自铜器，内外满釉，釉层中布满多层次如花瓣般的开片纹，气泡小且分布均匀，底部留有 2 枚支钉痕。此类奁式弦纹三足炉，大小有别，完整器藏故宫博物院。相同造型汝窑完整器则见大维德基金会藏品（现藏大英博物馆）。	炉身外壁下腹部有一圈突起的乳钉，乳白泛灰黄釉色，烧成温度略偏低，釉面红褐色不规则网格状开片，片纹走向与左图南宋弦纹炉颇为相似，气泡较清晰且尺寸较大，釉层也较薄。

3a. 南宋 花盆残件 高 15 厘米、直径 18 厘米	3b. 元 五足洗（炉）残件 6.4 厘米 × 3.6 厘米

3a. 南宋 花盆残件 高 15 厘米、直径 18 厘米	3b. 元 五足洗（炉）残件 6.4 厘米 × 3.6 厘米
	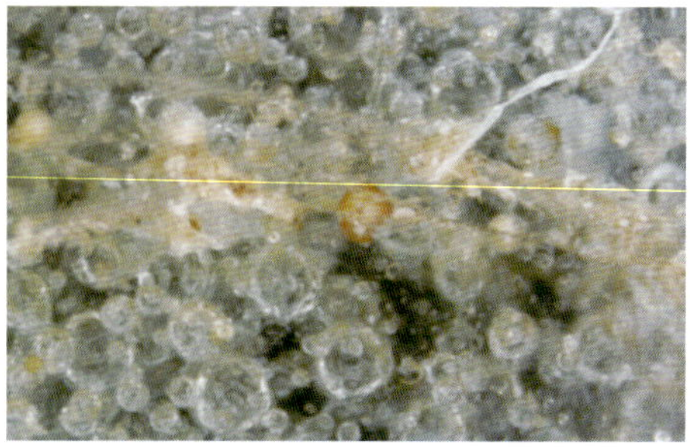

腹部上下各带有一道凹凸的水波纹敞口花盆，有大小不同的尺寸[1]。本件釉色粉青，内外壁皆有不规则片纹，片纹如凹槽呈深褐色。釉层中气泡密布，断面图中可见多次上釉的痕迹。	平底如意五足洗（炉），足底露胎呈铁褐色。内外壁釉色偏灰绿，网格状开片纹，气泡大小不一。断面图可见清晰的胎釉结合层。完整件藏大维德基金会及上海博物馆[2]。

4a. 南宋 出戟尊残件 10.3 厘米 × 7.6 厘米	4b. 元 出戟尊残件 8.5 厘米 × 6.3 厘米

1 杭州市文物考古所 :《杭州老虎洞窑址瓷器精选》第 74—75 页，文物出版社，2002 年。

2 陆明华 :《两宋官窑有关问题研究》，杭州南宋官窑博物馆《南宋官窑文集》，第 159 页，图 17、图 17，文物出版社，2004 年。

4a. 南宋 出戟尊残件 10.3 厘米 × 7.6 厘米	4b. 元 出戟尊残件 8.5 厘米 × 6.3 厘米
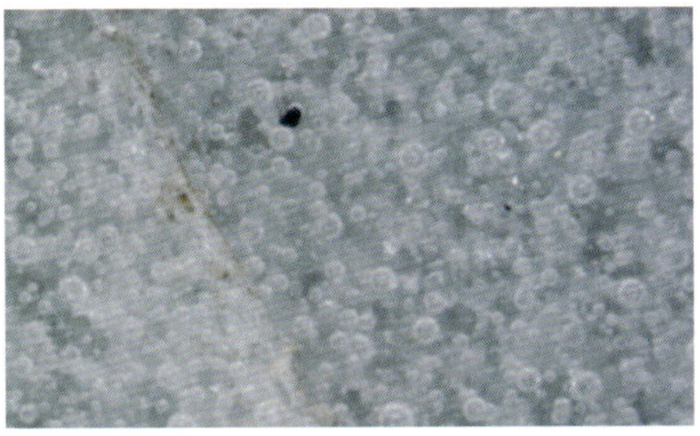	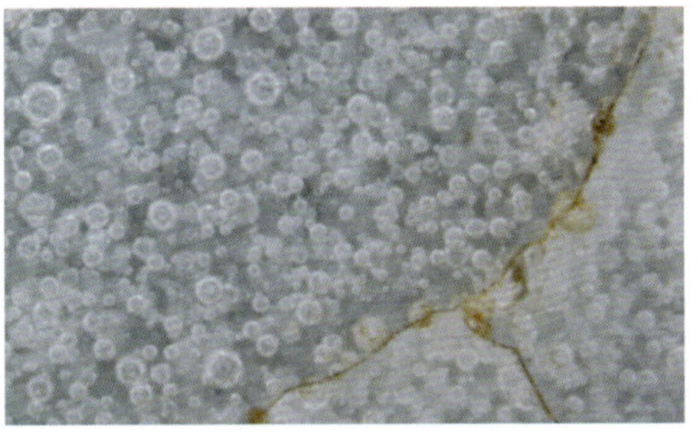

釉色绝美的出戟尊中段残件，网格状不规则大开片纹，呈现高低倾斜的界面，釉层中分布着绵密的气泡，放大图中的黑点为气泡逸出釉层后留下的隙孔（棕眼）。断面图可见多次上釉的釉层。完整件藏台北故宫博物院[1]。	长条片状出戟尊，造型与左图南宋尊不同。本件釉色为偏灰的青绿釉，釉层中网格状开片纹走向及气泡尺寸分布密度与南宋极为相近。断面图中也见多层次的上釉痕迹。

5a. 南宋 盏托残件 6.6 厘米 × 5 厘米	5b. 元 把杯残件 6.8 厘米 × 3.9 厘米

1 余佩瑾：《贵似晨星——清宫传世 12 至 14 世纪青瓷特展》第 76—77 页，台北故宫博物院，2016 年。

5a. 南宋 盏托残件 6.6 厘米 × 5 厘米	5b. 元 把杯残件 6.8 厘米 × 3.9 厘米
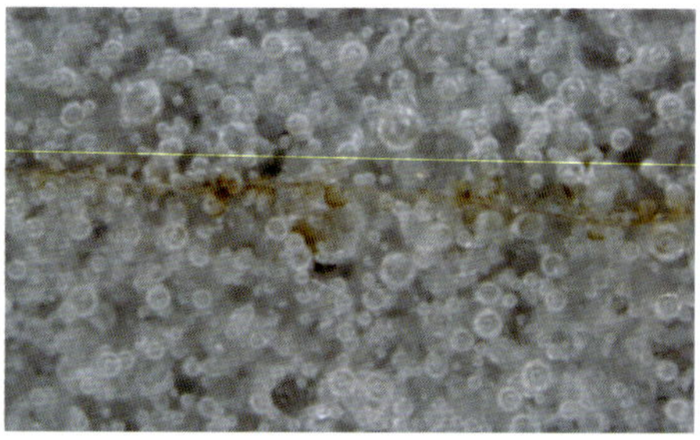	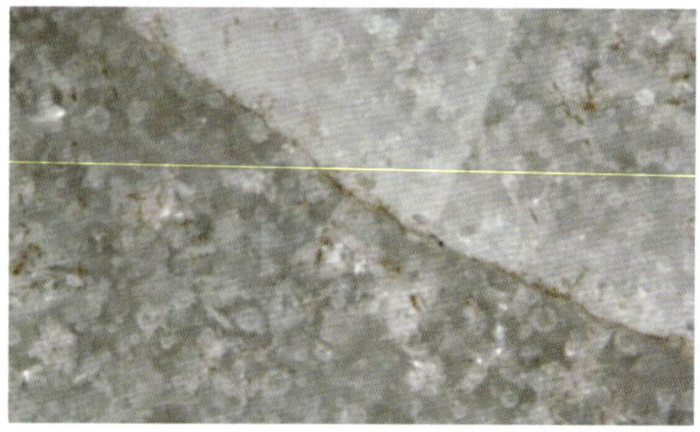

南宋时期此类型盏托出土数量颇多，承杯口径大小不等。此件釉色滋润略偏灰，不规则网格状片纹，沿着开片裂纹有黄褐色土沁，釉层中气泡繁密。断面图可见多次上釉的釉层。	单把杯，满釉，矮足一圈露铁褐色胎。釉色偏灰青，布满冰裂纹开片，气泡小而密集，高低倾斜的界面产生不同的折射光。断面图可见薄胎上下包覆着多次上釉的釉层。类似的完整器见台北故宫博物院藏及安徽安庆市窖藏出土[1]。

（二）龙泉溪口窑址出土瓷片标本与完整件之比较

2010 年冬至 2011 年夏，浙江省文物考古研究所和龙泉市博物馆曾对溪口窑址进行调查及发掘，在溪口村的瓦窑垟窑址未被扰动的地层中发现属于南宋时期的黑胎青瓷标本，同时考古队更在小梅镇的窑址中发现了 200 多件可复原的黑胎青瓷，由于此处窑址早在民国初期曾多次被当地居民捡拾或挖掘，并以官窑（郊坛下）为名大量销往国外，尤其是日本。因此不仅弥足珍贵，更让流传海内外的黑胎青瓷有了对应比较的标准，为宋代龙泉哥窑掀起热议。以下拣选馆藏龙泉黑胎青瓷标本及完整件，就器物表征观察如下并与杭州老虎洞窑元代地层标本互为比较。

1 余佩瑾：《贵似晨星——清宫传世 12 至 14 世纪青瓷特展》第 251—263 页，台北故宫博物院，2016 年；张浦生、邓禾颖：《浅析苏、沪、皖地区墓葬、窖藏出土的“官哥窑”器之产地》，杭州南宋官窑博物馆《南宋官窑文集》，第 219 页，图 9，文物出版社，2004 年。

（A）龙泉黑胎青瓷标本

（B）龙泉黑胎青瓷标本

（C）龙泉黑胎青瓷标本

（D）龙泉黑胎青瓷标本

（A）馆藏龙泉黑胎青瓷残件

1. 南宋 龙泉黑胎青瓷平底洗残件 高 4.5 厘米、复原口径约 13 厘米、足径 10.5 厘米

本件口沿略外卷，直壁，平底，矮圈足。全器满釉，内、外壁底部各有一圈积釉，足一圈露胎呈火石红色。烧成温度偏高，釉层全玻化，色泽青翠，布满网格状片纹。气泡繁密且尺寸较老虎洞窑瓷器釉内气泡大许多，同时也较清透，散布在周边如云雾般的微量物质，两者颇为相似。

2. 南宋 龙泉黑胎青瓷窝盘残件 高 4.6 厘米、复原口径约 12.5 厘米、足径 7 厘米

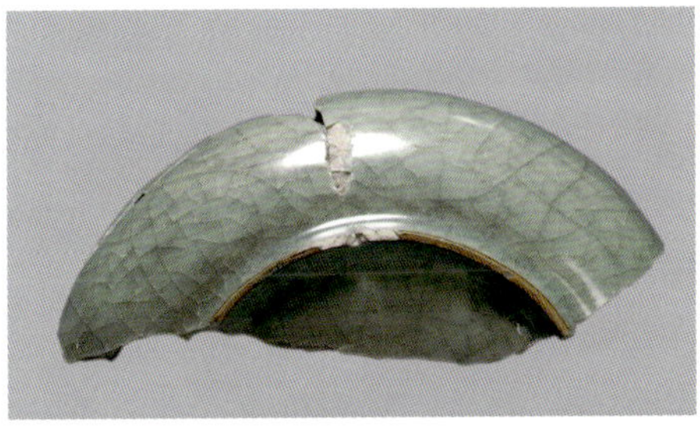

微敛口，弧壁，矮圈足。口及足一圈露胎呈深褐色。釉色偏灰青，不规则网格状片纹，片纹界面有高低倾斜，沿着裂纹有黄褐色土沁，釉层中气泡较小，分布不似老虎洞窑瓷器釉内气泡密集，釉质略为混浊。断面釉层可见两个层次的上釉痕迹。

3. 南宋 龙泉黑胎青瓷花口盏残件 高 5.4 厘米、复原口径约 11 厘米、足径 3.7 厘米

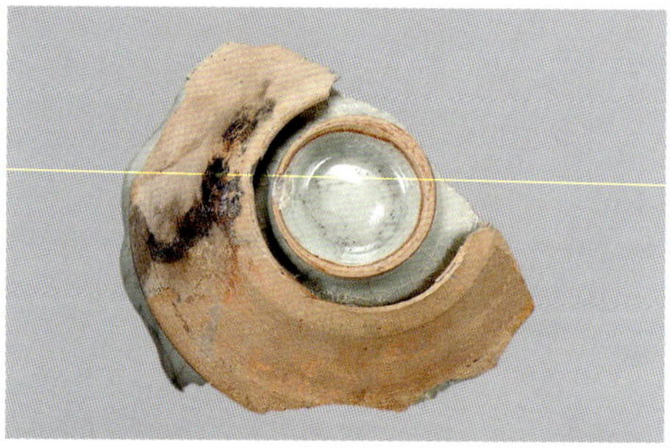

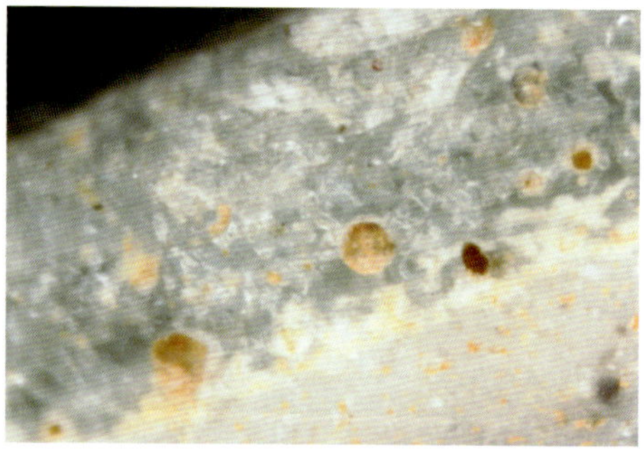

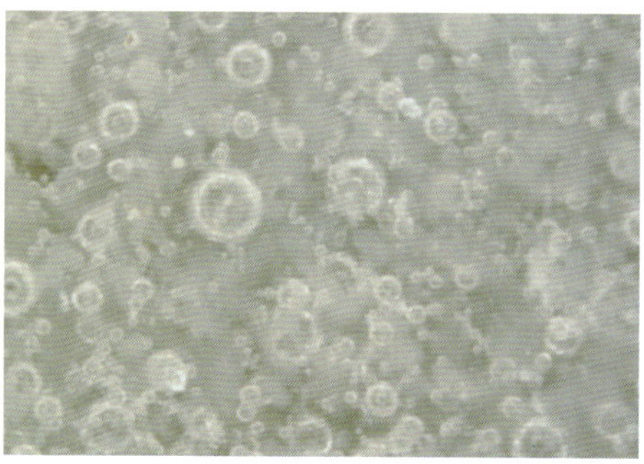
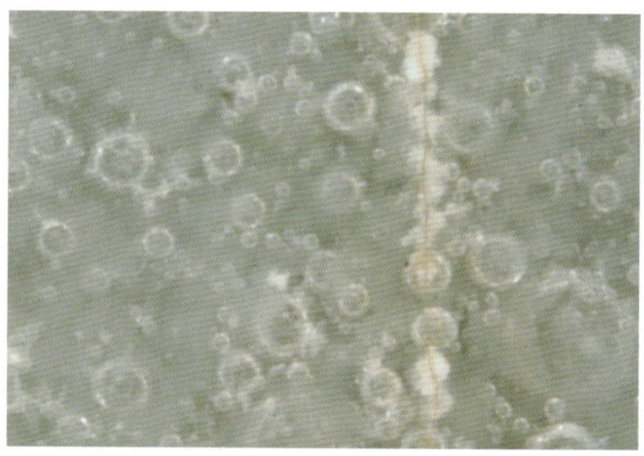

花口，杯壁起棱，小圈足，外底部有小乳突。全器满釉，釉面有网格状开片纹，沿着裂纹有黄褐色土沁，釉层中气泡繁密且尺寸大小不等，断面可见两次上釉的叠压痕。盏外壁粘附漏斗形垫烧片，足一圈露胎呈火石红。

4. 南宋 龙泉黑胎青瓷六方折沿盘残件 10.3 厘米 × 11 厘米

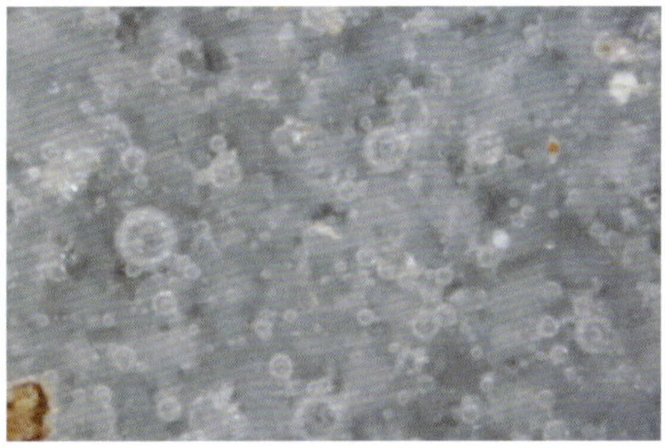

六方折沿盘，盘面与窑具粘合，矮足底一圈铁褐色露胎，外壁及底部满釉呈灰青绿色，釉面不规则开片，褐色片纹，釉层中气泡较凌乱，大小不一。断面可见铁褐色黑薄胎及多次上釉的釉层。

5. 南宋 龙泉黑胎青瓷弦纹瓶底部残件 12 厘米 × 6.6 厘米

5. 南宋 龙泉黑胎青瓷弦纹瓶底部残件 12 厘米×6.6 厘米

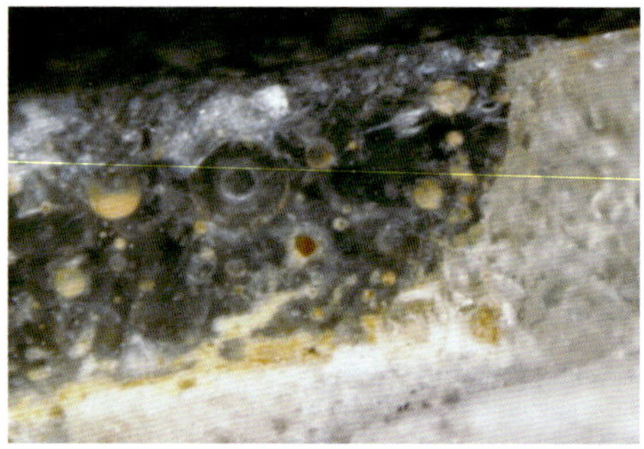

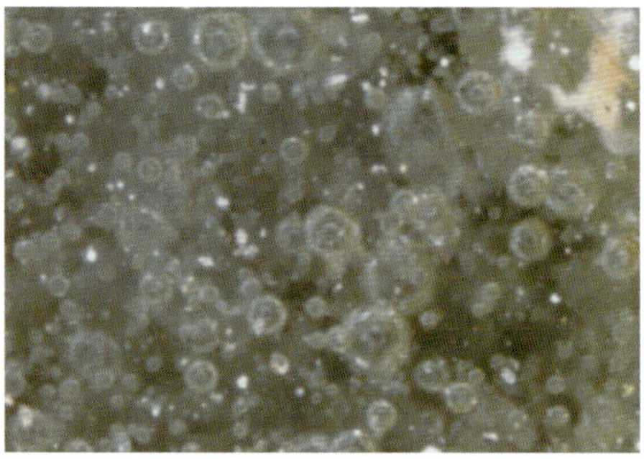

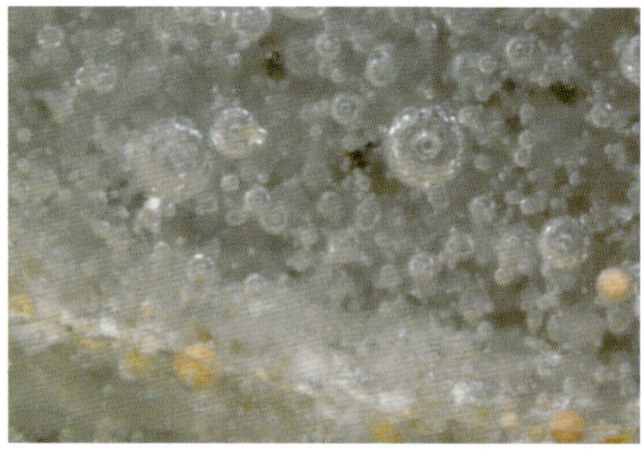

六方折沿盘，盘面与窑具粘合，矮足底一圈铁褐色露胎，外壁及底部满釉呈灰青绿色，釉面不规则开片，褐色片纹，釉层中气泡较凌乱大小不一。断面可见铁褐色黑薄胎及多次上釉的釉层。

6. 南宋 龙泉黑胎青瓷菱花式三足炉

6. 南宋 龙泉黑胎青瓷菱花式三足炉

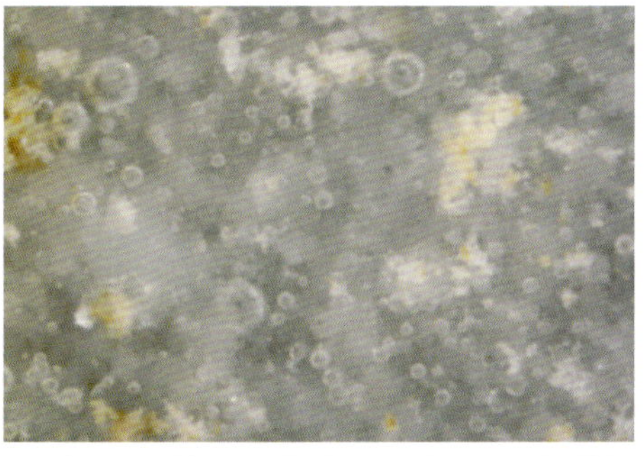

口沿及器身作六瓣菱花式造型。炉内底表面粘有落渣，接足处开有三个等距出气小圆孔。全器内外满釉，三足底露胎呈火石红，釉色淡青绿，布满浅褐色开片纹，气泡大小不一，由于釉层较薄，表面有许多受沁的黄斑。此类六瓣菱花形三足炉，有大小不同造型。本件口沿及器身略有变形，炉内也粘有落渣，但完整无修复，虽为窑剔，却也难得，浙江龙泉青瓷博物馆藏有相同修复件。

（B）馆藏龙泉溪口窑黑胎青瓷完整件

1. 南宋 龙泉黑胎青瓷贯耳瓶 高 17.3 厘米、口径 6 厘米 × 5 厘米

1. 南宋 龙泉黑胎青瓷贯耳瓶 高 17.3 厘米、口径 6 厘米 × 5 厘米

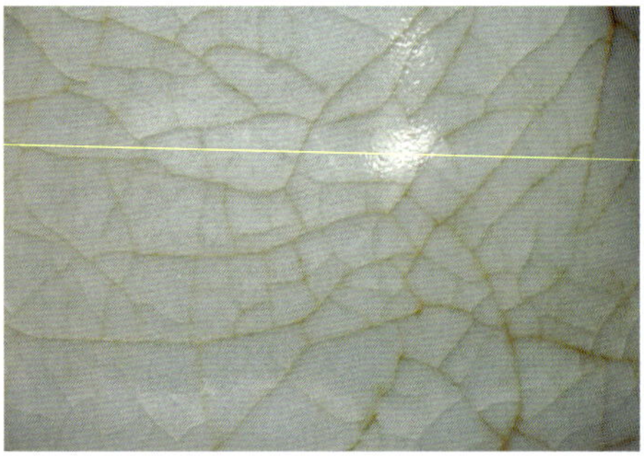

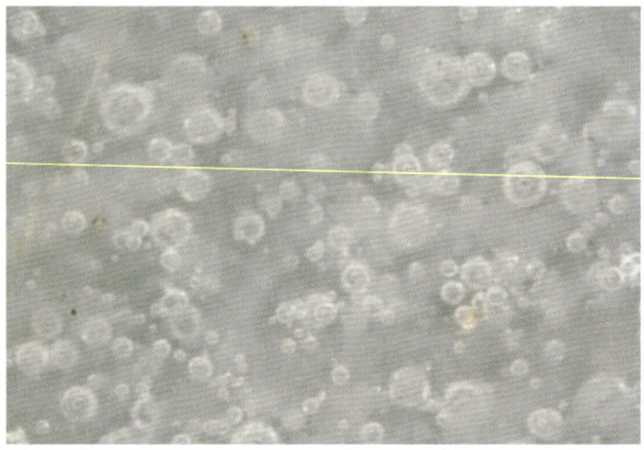

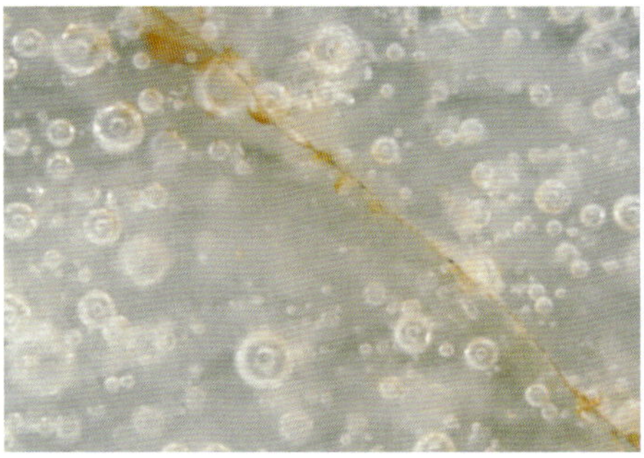

仿铜器的贯耳瓶是宋代官窑中常见的造型。器身以前后两片压模粘合成型，右侧有窑裂痕。全器内外满釉，委角方足一圈露胎呈火石红色。全器布满不规则开片，较深的片纹因土沁呈现褐色，在放大图中清晰可见，气泡密度较低不及官窑瓷器中的气泡，多为双圈光轮，大小不等，较大气泡周边粘附一些小气泡。

2. 南宋 龙泉黑胎青瓷三足水丞及滴管 高 8 厘米、腹径 7.4 厘米

<table>
<tr><td colspan="2">2. 南宋 龙泉黑胎青瓷三足水丞及滴管 高 8 厘米、腹径 7.4 厘米</td></tr>
<tr><td></td><td></td></tr>
<tr><td>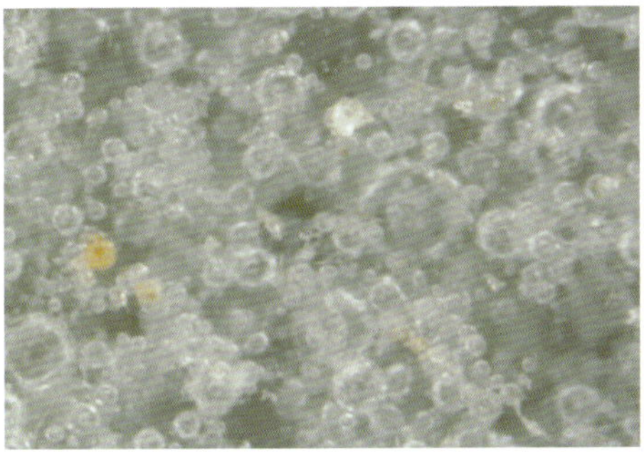</td><td></td></tr>
<tr><td colspan="2">此件为附有虹吸式滴管的三足水丞，数十年前按郊坛下官窑购自日本。小圆敛口，圆鼓腹，上腹一道凸起的弦纹，底部等距置简化的三兽足，足底露胎。全器满釉，口沿釉磨损有些许剥落，露黑褐色薄胎，胎质坚实，器身布满不规则细小开片，片纹呈黄褐色，气泡密布且大小不等。底部些许积釉，色泽翠绿。所附花口圆管形水滴仅口部施釉，非原件，为窑址出土。</td></tr>
</table>

（C）馆藏元代老虎洞窑青瓷标本与南宋龙泉溪口窑黑胎青瓷之比较

1a. 元 老虎洞窑贯耳瓶残件	1b. 南宋 龙泉青瓷小瓶残件 6.4 厘米 × 4.5 厘米

<table>
<tr><td>1a. 元 老虎洞窑贯耳瓶残件</td><td>1b. 南宋 龙泉青釉小瓶残件 6.4 厘米 × 4.5 厘米</td></tr>
<tr><td></td><td></td></tr>
<tr><td>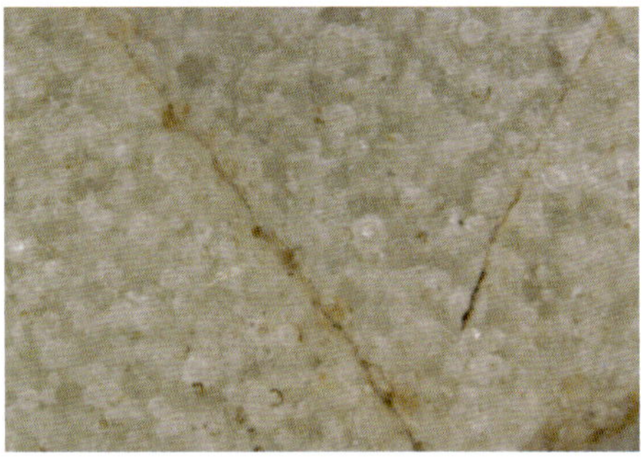</td><td>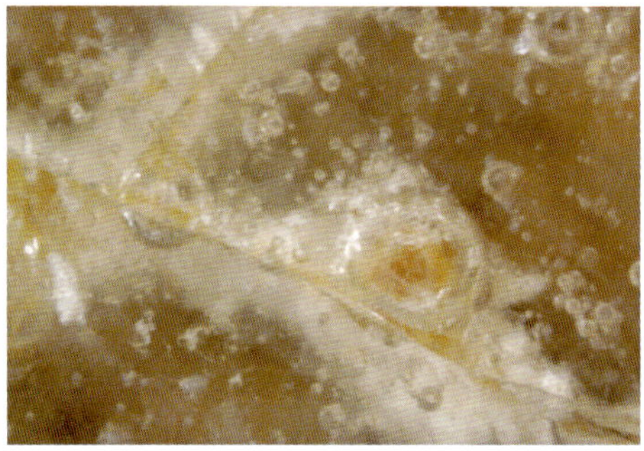</td></tr>
<tr><td></td><td></td></tr>
<tr><td>贯耳残件，烧成温度偏低，浅褐色釉，釉面满布多层次细碎冰裂纹开片，断纹略凹陷，玻化不足，气泡混浊不清澈，烧成温度偏低。</td><td>瓶身与颈部粘连，矮圈足，内外满釉，釉色浅黄绿，釉面布满细碎不规则开片，釉层较老虎洞窑瓷器的釉层薄，气泡稀疏，偶见大气泡。</td></tr>
</table>

<table>
<tr><td>2a. 元 老虎洞窑青瓷炉残件</td><td>2b. 南宋 溪口窑青瓷盏残件</td></tr>
<tr><td></td><td></td></tr>
</table>

2a. 元 老虎洞窑青瓷炉残件	2b. 南宋 溪口窑青瓷盏残件

	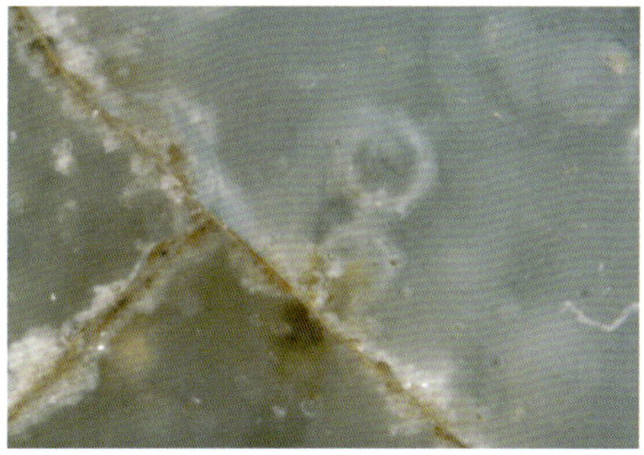

炉足残件，烧成温度偏高，釉面玻化呈青绿色泽，冰裂纹细碎开片，气泡繁密大小不一，釉面有许多大气泡升破表面还来不及填补的隙孔。断面图可见炉内底部的釉层为两次上釉。	釉色与左图炉足颇相近，釉面开片纹较大，片纹呈浅褐色，雾状釉层气泡不甚清晰尺寸也较大。相较而言釉层较薄，因此可见气泡不多。

小结

综观杭州老虎洞窑址南宋地层出土器物，作为提供朝廷御用的官窑瓷器，无论在造型、釉色各方面都远优于元代地层所出。众多的品类承续北宋汝窑，除了保有原来汝窑造型的同时又有创新，尤其最显著的有各式炉具及套盒等。而元代地层所出土不仅数量少，而且在相同的品类上器物的造型也显得较为粗糙笨拙；在釉色方面，南宋时期为追求如青玉般的温润质感，虽一反汝窑的松胎薄釉，采用紫金土为胎及多次上釉的方式，却也同样地成就了南宋官窑“澄泥为范，釉色粉青”的境界。相对的，元代器物虽也使用当地的紫金土，但釉料的配制与南宋官窑有一定差距，整体而言元代釉色偏暗灰青，虽然有些器物也多次上釉，但没有南宋官窑的温润质感，釉层中杂质较多，气泡的形状大小分布较凌乱，不如南宋官窑的规整。

而在浙江龙泉地区烧造的黑胎青瓷，虽然在造型上有不少仿南宋官窑的产品，但品类不多，釉色则多偏青绿或艾草绿，釉光较强，釉层较薄，气泡也较疏朗，数量少但尺寸较大也较清澈，开片纹色泽较浅而细碎，且呈长条网格状，与老虎洞窑的不规则网格不同。

以上表述对于何者是所谓真正的“哥窑”,究竟是文献中的南宋龙泉哥窑或是传世哥窑，虽然还是无定论，但由于日后越来越丰富的考古发现，相信经过多数出土的印证及认知上的统合，最终应可得到众人认可的哥窑。

“官、哥不分”再思考

陆鹏亮　纽约大都会艺术博物馆

内容提要：自20世纪初起，欧美学者、藏家即开始关心宋元陶瓷，随即困扰中国陶瓷界数百年的“官、哥不分”难题也旋踵而至，成为彼方的困惑，并随之产生了公私入藏官哥窑器定名的极大不确定性，从中也反映了欧美学界对中国陶瓷研究从依赖文献到结合考古材料、科学分析的发展进程。纽约大都会艺术博物馆所藏数件官哥窑器，均经欧美各家递藏，正是记录这一学术进程的实物材料，同时也启发对哥窑认定所依据的文献材料的再审思。笔者即希望在仔细梳理历史文献的基础上再思考哥窑的认定。

关键词：哥窑　官窑　文献

哥窑是中国古陶瓷学界公认的名窑，同时却也疑问重重。究竟烧制于何时、何地，均未有明确统一的答案。传世和出土的一些所谓“官哥窑系”的宋元青瓷，因没有明确的窑址出土标本可予比对，常常在窑口和断代上多有分歧。纽约大都会艺术博物馆藏有几件官哥窑器，在近百年的入藏过程中，其窑口和时代的断定也是屡有变化，反映了以往学界对此问题的认识变化。对这些器物一波三折的断定记录，颇能启发我们重新思考所谓“官、哥不分”的意义。如果结合目前所见其他馆藏和出土实物，以及传世文献，或许能提供一些认知哥窑的新角度。

一　大都会艺术博物馆藏“官哥窑”器三例

自20世纪初始，大都会艺术博物馆即开始着力收藏宋元陶瓷，不乏官哥窑器。其中有三件或许对我们认识哥窑颇有借鉴意义，分述如下。

1. 穿带瓶（馆藏号26.292.81），该器为美国著名藏家塞穆尔·彼得斯（Samuel Peters）旧藏，1926赠予博物馆。此瓶高34厘米、腹径21.6厘米。直颈、垂腹，青釉莹润肥美，间有疏朗开片，圈足两侧有穿带方孔，足内釉面略有起伏，足端露出黑褐色胎（图1）。

1914年3月，此瓶即在纽约日本协会主办的“中韩日陶瓷大展”中公开展出，被列为宋哥窑。该图录对于哥窑的定义，基本按照中国文献而来，认为是宋代龙泉章生一所烧，釉面开片细碎如鱼子，色青浓淡不一，紫口铁足[1]。1926年入藏大都会艺术博物馆后数十年里一直沿袭宋哥窑说，如沃伦·考克斯（Warren E.Cox）在其1944年所著陶瓷综述中，仍将此器作为宋哥窑代表，认为青釉不规则的开片可能即传统文献中所谓的“蟹爪纹”[2]。根据大都会馆藏的档案资料，有不少中外陶瓷界的专家学者曾经提看这瓶，出现了多种不同看法。1964年，伦敦大维德基金会的玛格丽特·麦德利（Margaret Medley）认为无法确知其年代；1966年，大都会艺术博物馆的研究员周方（Fang Chow）则将其改定为北宋官窑，但未具体举证其理由[3]；1972年，本馆的研究员苏珊娜·瓦伦斯坦（Suzanne Valenstein）则将其定为南宋官窑，沿用至今。

如果比对其他博物馆传世藏品和考古资料，我们可以发现杭州老虎洞窑址曾出土有一瓶，器形类似，但尺寸略小，高24厘米[4]（图2）。故宫博物院现藏有一件宋官窑粉青釉盘口瓶，为清宫旧藏，其釉面及圈足处理均较相似，可资比较[5]。由此而言，大都会藏瓶更

1　该展览集中在美国展示宋代陶瓷，激发了美国藏家从清代彩瓷到宋元瓷器的收藏兴趣转变。其中的中国瓷器鉴定者为霍浦荪（R. L. Hobson），即为大维德爵士编写藏品目录的大英博物馆研究员，实为代表了当时欧美中国陶瓷研究的权威。该器是该展览图录中收录的三件哥窑瓷器之一，其他两件被认为是官窑或哥窑瓷器，而此件被认为可能是宋代哥窑（“Probably Ko ware of the Sung dynasty”），参见 *Chinese, Korean and Japanese Potteries: Descriptive Catalogue of Loan Exhibition of Selected Examples*, New York: Japan Society, 1914, pp.30 and 85 (Cat. No. 306).

2　Warren E. Cox, *The book of Pottery and Porcelain*, New York: Crown Publishers, Inc. (revised edition), 1970, (Volume I) pp.144-47, Plate 39.

3　此说也见于此后出版的大都会馆藏5000年精品集，参见 *Masterpieces of Fifty Centuries*, New York: The Metropolitan Museum of Art, 1970, p. 166 (Cat. No. 140).

4　该器残片拼接，出土于灰坑（H4），参见杭州市文物考古所：《杭州老虎洞南宋官窑址》，《文物》2002年第10期；又见杜正贤主编：《杭州老虎洞窑址瓷器精选》图版26，文物出版社，2002年。

5　故宫博物院编：《官窑瓷器》图版2，故宫出版社，2016年。

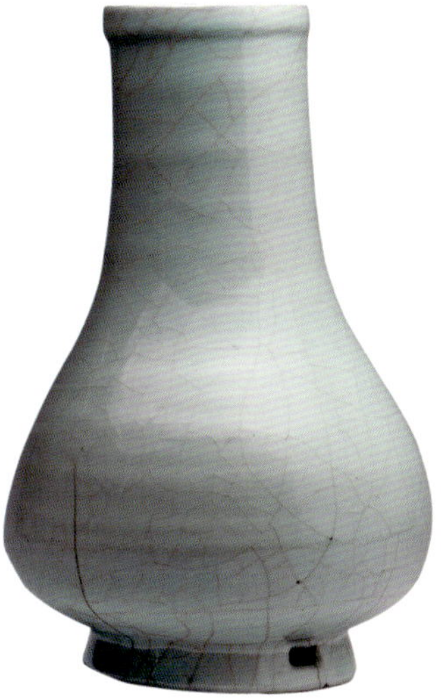

图 1　青釉穿带瓶（纽约大都会艺术博物馆藏）

图 2　南宋　官窑青釉瓶（浙江杭州老虎洞窑址出土）

符合南宋官窑的特征，但因没有完全类似的窑址出土器可资比对，仍未能完全确定为南宋官窑器。

2. 圆洗（馆藏号 17.57.2），该洗高 3.8 厘米、口径 12.1 厘米。圆口、直壁往下略收，矮圈足，足端不施釉，露黑褐色胎，圈足内有 6 枚支钉，底足内缘有缩釉。整器施青釉，开片呈黑褐、金黄两色（图 3）。

该洗为 1917 年按“宋官窑”从来远公司购藏。此后数十年沿袭此说，如 1935 年参加伦敦中国艺术国际展览会[1]。1944 年，沃伦·考克斯的陶瓷通览书中也将其列为宋官窑[2]。1959 年始，大都会研究员周方将此器改定为哥窑，延续至今。

从该器釉色、开片来看，比较符合目前认可“传世哥窑”的金丝铁线特征。但传世北京和台北两地故宫博物院所藏此类小洗以葵口居多[3]。在杭州老虎洞窑址则出土有类似残

1　该展览集中了当时中国政府和全世界主要公私收藏的中国艺术品逾三千件，规模空前，也邀请了当时最富盛名的中国艺术专家选定品鉴文物，代表了当时最高学术水平。该洗见载于此展览图录 *The Chinese Exhibition: A Commemorative Catalogue of the International Exhibition of Chinese Art* (Royal Academy of Arts, November 1935 – March 1936), London: Faber and Faber Ltd., 1935, Cat. No. 865.

2　Warren E. Cox, *The book of Pottery and Porcelain*, New York: Crown Publishers, Inc. (revised edition), 1970, (Volume I), pp. 139-44, Fig. 290.

3　故宫博物院编:《哥瓷雅集——故宫博物院珍藏及出土哥窑瓷器荟萃》第 60—77 页，故宫出版社，2017 年；余佩瑾主编 :《贵似晨星 : 清宫传世 12 至 14 世纪青瓷特展》第 198—211 页，台北故宫博物院，2016 年。

图 3　青釉圆洗（纽约大都会艺术博物馆藏）

片，但从圈足处理和支钉位置看，略有不同[1]（图 4）。

3. 小胆瓶（馆藏号 42.198），高 14 厘米。直颈、垂腹，米色釉，滋润肥厚，满布褐色开片，圈足内亦施釉，足端露出黑褐色胎骨（图 5）。该瓶为博物馆于 1942 年从纽约古玩商沃克（Edgar Worch）处购入，入藏时定为“宋哥窑”，后在 1970 年代曾一度又被认为是“宋官窑”。目前馆藏则仍将之归为哥窑。

该器的造型和胎釉在官、哥窑作品中比较典型且常见。在包括清宫旧藏在内的传世品有不少见藏于各博物馆。值得注意的是类似小胆瓶也见于出土发现，在上海青浦任氏家族墓群即出土了 4 件此类青瓷瓶，釉色略有区别，有青色及米黄色[2]（图 6、图 7）。对于任氏墓出土的这些青瓷，以往多有定为南宋官窑，但也有认为是元代哥窑器。

回看这 3 件器物的认知过程，西方学者在接受传统文献的基础上产生的困惑、对这些青瓷窑口和时代的判断，在过去的百余年内出现种种不同的认知，徘徊于官、哥之间，很大程度反映了所谓“官、哥不分”的疑难。但如果我们从目前对哥窑的约定俗成的认知来看，目前各大博物馆所藏“传世哥窑”往往以黑、黄两色的“金丝铁线”细密开片为主要特征，与南宋官窑青釉透明纹片，差别十分明显，这种疑难似乎并不存在，那古人又怎会有“官、哥不分”的疑问呢？

1　该器在元代地层出土，参见杜正贤主编：《杭州老虎洞窑址瓷器精选》图版 128，文物出版社，2002 年。

2　该处墓葬为元代水利专家及画家任仁发及其家族墓群，其下葬年代均在元代中晚期，约在 1327 ~ 1353 年间。沈令昕、许勇翔：《上海市青浦县元代任氏墓葬记述》，《文物》1982 年第 7 期；何继英主编：《上海唐宋元墓》图版 137、138，科学出版社，2014 年。

图 4　青釉洗残片（浙江杭州老虎洞窑址出土）

图 5　米色釉胆式瓶（纽约大都会艺术博物馆藏）

图 6　青釉胆式瓶（上海青浦任氏家族墓出土）

图 7　米黄釉胆式瓶（上海青浦任氏家族墓出土）

二 “哥窑”文献再梳理

要解决这个难题，或许我们应该抛开约定俗成的观点，追溯各个历史时期的文献材料去厘清“哥窑”这一个概念的形成过程。换句话说，就是要看不同时代人眼中的“哥窑”究竟是什么样。有关哥窑的历史文献版本众多，互相引用，多有混讹，以往学者也多有引用，但细细梳理，似乎还有可以讨论的空间。

目前所见最早有关“哥窑”的文献见于《静斋至正直记》，称“乙未（1355 年）冬在杭州时，市哥哥洞窑器者一香鼎，质细虽新，其色莹润如旧造。识者犹疑之。会荆溪王德翁亦云，近日哥哥窑绝类古官窑，不可不细辨也”[1]。这条笔记中提供了两个信息：文中哥哥窑和哥哥洞窑并称，是“近日”作品，当在元代中晚期；另一个便是其特征“绝类古官窑”，当指宋代官窑而言，可以说是“官哥不分”这一困惑的肇始。

稍后的明初洪武时鉴赏家曹昭在《格古要论》中论及各类陶瓷器时，描述哥窑瓷器胎釉特征，提供了更多信息，即：“旧哥窑，色青，浓淡不一，亦有铁足紫口，色好者类董窑，今亦少有成群队者。元末新烧者，土脉粗燥，色亦不好。”[2]（图 8）这记载条客观描述

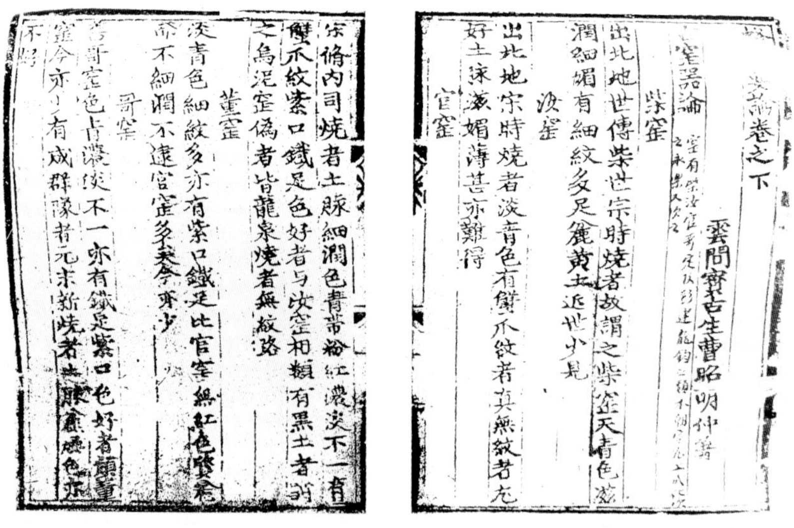
格古要論卷之下
雲間寳古生曹昭明仲譔
古窯器論
柴窯
出北地世傳柴世宗時燒者故謂之柴窯天青色滋潤細媚有細紋多足麄黄土近世少見
汝窯
出北地宋時燒者淡青色有蟹爪紋者眞無紋者尤好土脉滋媚薄甚亦難得
官窯
宋脩內司燒者土脉細潤色青帶粉紅濃淡不一有蟹爪紋紫口鐵足色好者與汝窯相類有黑土者謂之烏泥窯僞者皆龍泉燒者無紋路
董窯
淡青色細紋多亦有紫口鐵足比官窯無紅色質麄而不細潤不逮官窯多矣今亦少
哥窯
舊哥窯色青濃淡不一亦有鐵足紫口色好者類董窯今亦少有成群隊者元末新燒者土脉麄燥色亦不好

图 8 明初黑口本《格古要论》哥窑条书影

1 （元）孔齐（一说孔克齐）:《静斋至正直记》，卷四“窑器不足珍”条，《续修四库全书》影毛叔美钞本。
2 （明）曹昭:《格古要论》卷下，大维德爵士旧藏明初黑口本。此本是现存最早本，大维德爵士曾英译出版，并影印原本附后，参见 *Chinese Connoisseurship: the Ko Ku Yao Lun, the essential criteria of antiquities*, London, Faber 1971.

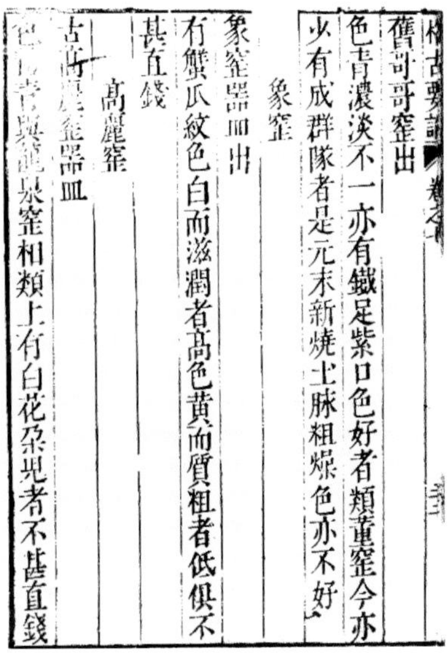

格古要論 卷之七

舊哥哥窰出

色青濃淡不一亦有鐵足紫口色好者類董窰今亦

少有成群隊者是元末新燒土脉粗燥色亦不好

象窰

象窰器皿出

有蟹爪紋色白而滋潤者高色黄而質粗者低俱不

甚直錢

高麗窰

古高麗窰器皿

色粉青與龍泉窰相類上有白花朵兒者不甚直錢

图 9　明万历本《新增格古要论》哥窑条书影副本

了当时鉴赏家心目中哥窑的情况。首先有关其胎釉特征，并没有后世那样强调开片，而是强调青釉浓淡不一，其中被认为好者类似“董窑”。而“董窑”又是类似“宋官窑”的但比较没有带红。这其实也和《静斋至正直记》中的所谓“绝类古官窑”颇可呼应，只是作为鉴赏家的曹昭，并没有像元末文人那样将其抬升到“绝类”的高度，只是说“今亦少有成群队者”，还是比较珍贵的一类窑器。其次有关哥窑的时代，曹昭的文字中仅用了“旧哥窑”和“元末新烧，”而并未明确其是宋代。如果我们比照同书其他窑口，倘若是宋代的，如汝窑、官窑、定窑等都有明确记载为宋代，那在曹昭眼中的哥窑恐怕并不能追溯到宋代，而是一直在元末还有烧造的一处窑口。

值得补充的是该书在天顺年间又经增补，为《新增格古要论》，对于“哥窑”条的文字略有改动，首先在名称上称为“哥哥窑”，从而也可以与上述《静斋至正直记》中的记载呼应，至少在明代 15 世纪时，对于“哥窑”“哥哥窑”“哥哥洞窑”同指一类窑器。但《新增格古要论》中又在具体描述时增减了个别文字，成为“今亦少有，成群队者是元末新烧，土脉粗燥”[1]（图 9）。如果我们比对同书另一处有关定窑的描述，即“古定器……宣和、政和间窑最好，但难得成群队者”，就可以更加确定曹昭文中“成群队者”的用法。《新增格古要论》中应当是后期增改之误。

无论版本的异同，可以确定的是从元到明早中期，即 14 和 15 世纪中，对于哥窑的认识，并不存在“哥哥”和“弟弟”之说，就是一类和宋官窑类似的青瓷，釉色浓淡不统一，在元末之前烧造了相当一段时间（如果仅以元代计，也当有近百年之久）。这样自然造成了胎釉外观面貌的不一致。如果我们将这一表述来看目前考古出土的青瓷，其实颇可对应。从杭州老虎洞窑址出土情况看，在出土典型南宋官窑的地层之上有类似的青瓷标本出土，同时还伴有带八思巴文的窑具标本，比较可以肯定是元代地层。而这些地层所出的标本，包括如三乳足炉、高足杯等又与新安沉船、安徽窖藏、上海青浦任氏墓以及近年长兴明墓

1 （明）曹昭著、王佐增补：《新增格古要论》卷七，万历黄正位校刊本。

等一批元明时期遗址的出土（出水）品比较吻合。这些胎釉面貌和南宋官窑相似、但釉色又浓淡不一的青瓷，正是在南宋之后到元末相当一段时间内烧造的哥窑，在当时也被称为“哥哥窑”或“哥哥洞窑”。

然而，从明代中期开始，附会衍说渐生，情势为之一变。最早文献所见在明代弘治间的《宋氏家规》中开始出现了哥弟之说，也出现了开片描述，称“哥窑色粉青，浓淡不一，紫口铁足，有冰片纹，亦有细纹，凡色带鯔黑者曰乌泥窑，远不能及。相传哥娫陶者优于弟，故曰哥窑”[1]。从其文字看，基本沿袭《格古要论》，只是把宋官窑、董窑和哥窑混合在一起，但出现了哥哥和弟弟，想当然地以为这里有哥哥，自然会有弟弟，而其实元代时人恐怕更是以地名“哥哥洞”的简称，而非真是有兄弟两人。

嘉靖后更出龙泉说。《浙江通志》中称在龙泉“相传旧有章生一、章生二兄弟二人，未详何时人，主琉田窑造青器，粹美冠绝当世。兄曰哥窑、弟曰生二窑”[2]。此中可见对于章氏兄弟只是传说“相传旧时”，并未说是宋代，而且也只是说两人都造青器，并未说区别。而在《七修续稿》中更出现了详细描述：“南宋时有章生一、章生二弟兄，各主一窑。生一所陶者为哥窑，以兄故也；生二所陶为龙泉，以地名也。其色皆青，浓淡不一……哥窑则多断文，号曰‘百圾破’，龙泉窑至今温处人称为‘章窑’，闻国初先正章溢乃其后裔云。”[3]至此章氏兄弟更被定于南宋，且明确了其多开片的釉面特征。约略同时的《春风堂随笔》中也出现类似的记述：“哥窑浅白断纹，号‘百圾碎’，宋时有章生一、生二兄弟皆处州人，主龙泉之琉田窑。生二所陶青器纯粹如美玉，为世所贵，即官窑之类；生一所陶者色淡，故名哥窑。”[4]文字大多混用前人文字，只是约略说了“宋时”，而没确知到南宋。但这一始自地方文人讹传演绎的影响甚广且久。明末宋应星编著《天工开物》也有类似的记载：“宋元时，龙泉华琉山下有章氏造窑，出款贵重，古董行所谓‘哥窑器’者即此。”[5]不难看出，这一龙泉哥窑多系传说，在宋应星处又成为宋元时了，而关键是道出了当时古董行的说法，可以看到这一赋予传奇色彩的龙泉章氏兄弟说在明末已经颇有影响力。

值得注意的是，晚明对哥窑的认识也不全是此说。高濂在其《遵生八笺》中将哥窑和

1（明）宋诩：《宋氏家规》卷四，明弘治十七年（1504年）序，明刊本。
2（明嘉靖）《浙江通志》卷八，嘉靖四十年（1561年）刊本。
3（明）郎瑛：《七修续稿》卷七“二窑”条，明嘉靖四十五年（1566年）刊本。
4（明）陆深：《春风堂随笔》卷三，明宝颜堂秘笈本。
5（明）宋应星：《天工开物》卷中，明崇祯本。

官窑并列，欣赏品评其釉色开片种种 ：“官窑品格大率与哥窑相同，色取粉青为上，淡白次之，油灰色，色之下也。纹取冰裂鳝血为上，梅花片墨纹次之，细碎纹，纹之下也。”[1] 这些描述其实比较客观地反映了现在所看到的各种官哥窑瓷器浓淡不一的釉色开片。更为重要的是，高濂认为“所谓官者烧于宋修内司中，为官家造也，窑在杭之凤凰山下……哥窑烧于私家，取土俱在此地”。高濂久居杭州，当对此地风物地理熟识，这一论断自有其依据。这一点其实也被杭州凤凰山老虎洞的窑址发现给予了印证。

从以上这些明代中后期即 16 至 17 世纪的文献可以看到龙泉宋代章氏兄弟说的发展演变，从地方志文献及文人演绎，到古董行传说，将这一窑口，由一“哥”字开始，成为一个日渐丰满的传说。但当时像高濂这样的鉴赏家似乎仍然坚持杭州哥窑的看法，并未被时风左右。

龙泉章氏哥窑说在入清以后则获得了极大的播扬，最关键的恐怕是乾隆帝对《春风堂随笔》的征引，以考证内府所藏哥窑器的产地。在其御制诗《咏哥窑盘子》中明确引用，称“春风堂不观随笔，哪识哥窑所得名”，在其各种咏哥窑诗中多次引用章氏兄弟、宋代龙泉的观点，当然乾隆帝更赋予哥窑瓷器釉的开片和葵花形制很多道德寓意，推崇备至[2]。而值得注意的是，乾隆的这种哥窑认识，不仅是因为读了《春风堂随笔》，更是因为这种龙泉章氏兄弟说已经有了很大市场，特别是在清代陶瓷专书中得到认可。如《南窑笔记》说哥窑“即名章窑，出杭州大观之后，章姓兄弟处州人也”；《景德镇陶录》载哥窑“宋代所烧，本龙泉琉田窑，处州人章姓兄弟分造，兄名生一，当时别其所陶曰哥窑”；《陶说》《窑器说》都有类似的龙泉章氏兄弟说。从中可见这种上至帝王，下至陶人，均将这一传说推崇备至，成为哥窑的权威解释，其影响深远自可想象，以致到了 20 世纪，龙泉哥窑成为文物界普遍接受的观点，也自然而然地成为西方爱瓷人士初识哥窑的依据。

以上通过对哥窑的历史文献梳理，可以比较清晰地看到所谓龙泉宋代章氏兄弟烧窑说的发展脉络 ：

1. 元代至明代中期，文人和鉴赏家均认为哥窑（又称哥哥窑或哥哥洞窑）是和南宋官窑类似的青瓷。元代烧造，最早或可追溯到南宋，窑址就在杭州。

2. 明代中期开始，逐渐因“哥”之名，产生了章氏兄弟说，进一步在浙江地方文献和

---

1 （明）高濂 ：《遵生八笺》卷十四，明万历雅尚斋刊本。

2 学者曾深入分析乾隆赋予哥窑的这种道德寓意，参见余佩瑾 ：《乾隆皇帝与哥窑鉴赏》，（台北）《故宫文物月刊》2012 年 5 月（第 350 期）。

文人笔记中演绎发展，将其推断成宋代龙泉章生一所烧造。但仍有不同声音，以高濂为代表，坚持为杭州烧造的类官窑器。

3. 入清之后，特别是乾隆帝以《春风堂随笔》为据，论述品评哥窑瓷器，更坐实哥窑出自龙泉章氏的观点。各种陶瓷书籍推波助澜，从而使这一明代衍说成为了 20 世纪权威且约定俗成的说法。

小结

以上的文献梳理，或许可以使我们重新思考对哥窑的定义。在最接近哥窑生产年代的元末明初人眼中，哥窑就是类似宋代官窑的青瓷，也在杭州烧造，且延续到元末，自然不同时期产品其釉面色泽也不尽相同，这也就是我们现在所见各种传世哥窑瓷器有诸多不同釉色。反观前述大都会艺术博物馆收藏的这 3 件青瓷，如果不能完全在杭州老虎洞窑址宋代地层找到可以比较的标本，特别是第一件大青瓷穿带瓶，是否更有可能是哥窑的作品呢？

我们目前更需要全面清晰的老虎洞窑址地层出土物的整理发表，来具体比对分析相关传世哥窑器的时代和窑口。但有一点，或许我们应该拓宽我们所定义哥窑的范围，而不应拘泥于龙泉旧说。在老虎洞或相近窑址，至少在 13 世纪晚期到 14 世纪中期约百年间生产的青瓷，如在元至明初遗址考古出土的这些青瓷，恐怕都应该称作哥窑。而所谓“旧哥窑”和“元末新烧哥窑”的区分，则需要依赖更细密的考古发现。

龙泉窑黑胎青瓷的考古发现与认识

沈岳明　复旦大学

内容提要：龙泉窑是中国瓷业史上最重要的窑场之一，更是几千年来中国青瓷生产高峰时期的典型代表。关于龙泉窑的学术问题很多，黑胎青瓷的面貌与性质这一议题无疑是其中的一个重要问题，其涉及的内容很大，面貌也最复杂。有鉴于此，本文试图对这一问题进行学术梳理，以期厘清某些问题并推动该议题研究的进一步深入。

关键词：哥窑　黑胎青瓷　溪口瓦窑垟　小梅镇瓦窑路

龙泉窑是中国瓷业史上最重要的窑场之一，更是几千年来中国青瓷生产高峰时期的典型代表。据目前考古调查资料来看，龙泉窑可以分为东区和南区两大区块，其中东区产品主要流向普通民众和外销，南区产品主要流向宫廷和贵族。关于龙泉窑的学术问题很多，黑胎青瓷的面貌与性质这一议题无疑是其中的一个重要问题，其涉及的内容很大，面貌也最复杂。有鉴于此，本文试图对这一问题进行学术梳理，以期厘清某些问题并推动该议题研究的进一步深入。

一　龙泉窑黑胎青瓷的探索历程

（一）民国时期陈万里先生的早期调查工作

龙泉黑胎青瓷首次被发现于民国时期。从 1928 年起，陈万里先生就开始对龙泉窑进行实地调查（图 1），黑胎青瓷即是其重点关注的课题之一，“关于研究龙泉青瓷之最大问题，多少年来横梗于我之胸间者，即为章生一窑之烧造地点。其在大窑耶？抑另有地耶？此其一。所谓章生一之哥窑，究属何种物品？所谓百圾碎，所谓紫口铁足，又作何状？此其二。我自十七年第一次调查大窑青瓷以至今年一月，已三次矣，此横梗于我个人胸间之疑问，固无日不萦回盘旋于我之胸际，而终不得一明确之解说也”[1]。1939 年，在他第四次龙泉之行中，终于在大窑岙底发现了黑胎产品，并具有“紫口铁足”等特征。在随后的第五次龙泉之行中又于溪口瓦窑垟发现了同类产品，“墩头与坳头两处之黑胎作品，其为同一时期，可以假定。但如此认此黑胎作品即为哥窑，则所谓哥窑者，在大窑耶？抑在墩头耶？”[2]

图 1　陈万里先生住过的小屋

（二）20 世纪五六十年代浙江省文物管理委员会的考古调查与发掘工作

正式的考古工作始于 20 世纪五六十年代。为了恢复龙泉青瓷的烧造工艺，1959 年末至 1960 年初，朱伯谦先生等对龙泉窑核心地区的大窑、溪口、金村等地进行了调查及小规模试掘。其中在大窑、溪口两地确认了 5 处烧造黑胎青瓷的窑址，之后又在溪口骷髅湾和李家山两处窑址也发现了黑胎青瓷产品[3]。这样，龙泉烧造黑胎青瓷的窑址就增加到了 7 处。

在发掘结束之后，朱先生着手对此次考古工作的成果进行梳理并发表观点，他认为“相传章生一在龙泉琉田主一窑，所产瓷器为黑胎、紫口铁足、青色釉、有开片，这些特征与大窑、溪口窑址中出土的黑胎青瓷相吻合，黑胎青瓷应当是哥窑的产品无疑”[4]。后来冯先铭先生对哥窑一说提出质疑，并提出仿官说，朱先生随后修订了其原先的观点并转而支持

1　陈万里：《龙泉大窑之新发现》，《瓷器与浙江》，中华书局，1946 年。

2　陈万里：《一年半中三次龙泉之行》，《瓷器与浙江》，神州图书公司，1975 年。

3　朱伯谦：《龙泉青瓷简史》，《龙泉青瓷研究》，文物出版社，1989 年。

4　朱伯谦、王士伦：《浙江省龙泉青瓷窑址调查发掘的主要收获》，《文物》1963 年第 1 期。

冯先生，此后这一观点被较广泛的接受而几乎成为定论。其实，朱先生文中所谓“紫口”，从描述的有盖的“器皿如盖碗、盖钵、盖罐、盒和壶……等的口沿，都露紫胎”来看，还不能称之为紫口，因为这些所描述的产品都是口沿刮釉，而不是因为器物唇部较尖、高温下釉往下流淌，使得器物口部之胎色若隐若现而呈现出的紫口特征，其性质应与铁足相当，但所提及的这几处窑场中，确实出土了一批紫口铁足的瓷片标本。而把黑胎青瓷出现的年代定为“应在南宋宁宗执政的前后即南宋中晚期，不会更早”的结论，似乎有商榷的余地。

（三）新世纪以来浙江省文物考古研究所的考古调查、试掘与发掘工作

20 世纪 60 年代以来，由于各方面原因，龙泉窑黑胎青瓷相关的考古工作一直处于停滞状态，但这一问题却一直萦绕在考古工作者的心中。

黑胎青瓷相对较小的器形、规整的造型和接近南宋官窑的胎釉特点以及多仿古礼器造型的审美取向，表明其与其他大宗产品使用对象和功用的不同，因而对这类产品的性质，就出现了从官窑、仿官到哥弟窑的争论，其年代也始终未能取得统一的意见。其中根本原因即是没有一个较全面的科学的考古发掘，致使以往的研究都只能从宫廷收藏品和零星出土的器物来推断这类产品的年代、功用和性质。学界也一直期望通过科学的考古发掘，找到比较明确的黑胎青瓷的地层和窑炉、作坊等遗迹，从而对这类器物的生产情况有一个较为全面的认识，进而探索其生产性质和宋代龙泉窑与宫廷之间的关系，研究其与哥窑和南宋官窑之间的内在联系。

1. 溪口瓦窑垟窑址的发掘

基于上述认识，从 2010 年开始浙江省文物考古研究所针对龙泉窑黑胎青瓷问题制定了学术课题项目，重启了这一中断了近 40 年黑胎青瓷的考古调查、试掘与发掘工作。

为了从地层上获取龙泉黑胎青瓷的基础材料，2010 年下半年到 2011 年 9 月，经国家文物局批准，浙江省文物考古研究所、北京大学考古文博学院和龙泉青瓷博物馆组成联合考古队，对溪口瓦窑垟窑址进行了考古发掘。尽管瓦窑垟窑址遭到了近半个多世纪的盗挖扰乱，考古工作者还是在发掘过程中寻找到了许多珍贵的信息。本次发掘共揭露出两处龙窑遗迹，编号为 Y1、Y2，其中 Y2 存在 4 条窑炉（依次编号为 Y2、Y3、Y4、Y5）的叠压打破关系。

Y1 发掘结果显示，其时代应为南宋时期。在出土的青瓷残片类型中，多数为灰白胎，黑胎仅为少数。白胎青瓷可辨器形有碗、盘、盏、碟、洗、盒、瓶、炉、执壶、鸟食罐、尊、

觚、碾钵、器盖等，其中瓶有琮式瓶、白菜瓶、贯耳瓶、双耳瓶、五管瓶等；盘有八角折腹盘、葵口折腹盘、敞口小盘、凹折沿盘等；盏有敞口盏、莲瓣纹盏；炉有鬲式炉、樽式炉；器盖有盒盖、壶盖、罐盖等；碗有莲瓣纹碗、刻划“S”云纹碗等，有些还带有“河滨遗范”款。除碗和部分琮式瓶胎体较厚外，其他器形特征均为胎体较薄、造型小巧、圈足器足壁较薄且足端刮釉。器物釉质多数为玻璃釉，有少量乳浊釉。釉色多样，有浅绿色、粉青色、米黄色等。黑胎青瓷可辨器形有盘、盏和白菜瓶等。出土的窑具可分为匣钵和支垫具两类。其中匣钵有平底匣钵和凹底匣钵；支垫具有泥质和瓷质之分，泥质多为饼形、圆锥形，瓷质有圆饼形、椭圆形。另有少量圆形带支钉、圈形带支钉、钵形间隔具等。此外，个别匣钵残片上有刻划字符如“天”“青”“千”“三”“万”等。

Y2 发掘结果显示，其时代应为南宋至元。其中南宋时期的青瓷类型与 Y1 相差不大，多数为灰白胎，黑胎残片发现较 Y1 为多，有较多瓷片胎色呈灰色，甚至是深灰色、灰黑色。可辨器形灰白胎类青瓷和出土窑具与 Y1 基本相同；黑胎类青瓷造型有圆口盏、八角盘、菱口盘、把杯、白菜瓶、鬲式炉、樽式炉、尊、觚、簋等。

Y2 是在打破原来窑炉（Y5）的基础上修建而成。Y5 窑炉遗迹内出土黑胎瓷盘和器盖各一件，而这也是溪口瓦窑垟考古发掘揭示出来的原始地层堆积中出土的仅有的两件器物，同时为我们确立瓦窑垟窑黑胎青瓷的烧造年代，提供了极其珍贵的资料。从目前考古发掘资料来看，Y5 是瓦窑垟窑址中最早烧造的窑炉，其保留下来的原始地层也即瓦窑垟窑址中最早的地层（图 2）。基于此，我们可以认为瓦窑垟窑址可能在建窑初期即已烧造黑胎青瓷，也就是说瓦窑垟窑址可能从一开始就烧造黑胎产品（图 3）。

显然，瓦窑垟窑址已经不可能提供完整的原始地层和期望得到有纪年的直接材料来确定其生产年代，黑胎青瓷又是一种特殊的产品，在龙泉窑本身的发展脉络中找不到其自身的发展规律，故很难完全靠黑胎青瓷本身来确定其年代。但我们可以从与黑胎青瓷共出之其他产品来推断黑胎青瓷产品之生产时间，其中非常重要的即是出筋之“河滨遗范”款碗。

在瓦窑垟窑址与黑胎青瓷共出有“河滨遗范”款碗，尽管出土时因早年的人为扰乱已没有明确的地层依据来证明两者的时代早晚关系，但因为有 Y5 局部遗留地层而得出瓦窑垟窑址可能从一开始就烧造黑胎产品的推断，那么黑胎青瓷应该不会晚于与之共出之“河滨遗范”款碗的生产时间。因此只要确定了“河滨遗范”款碗的生产年代，就可以大致推断出黑胎青瓷开始生产时间的下限。从现有资料看，“河滨遗范”款碗有不少出土，但真正有纪年的仅有安徽博物院收藏的一件。该碗于 1955 年出土，内底压印“河滨遗范”款，

图 2　查田镇溪口村瓦窑垟窑址

图 3　查田镇瓦窑垟窑址出土器物

外底墨书“庚戌年元美宅立”。此器物出土时，学者们将其年代推断为 1130 年，此后不知出于何因，又将其改断为 1190 年。由于是干支纪年，学者们根据不同时期对龙泉青瓷的不同认识，产生了不同的年代判定，可以理解。但随着出土材料的丰富，我们认为，将此“河滨遗范”款碗之“庚戌年”判为 1130 年可能更符合客观事实。此碗花口、内口沿下有白色出筋，而花口下白色出筋这种风格的龙泉窑瓷器，在绍兴新昌绍兴二十九年（1159 年）墓中即有出土，在松阳之“辛未”（1091 年？）纪年墓中，也有类似出筋风格龙泉窑瓷器出土。另外，这种出筋装饰风格，在北方耀州窑、临汝窑等宋代窑场中较为流行。故从各方面综合分析，此类出筋装饰风格应流行于北宋晚期，延续到南宋初年，尤其是龙泉窑，此后基本不见。因此，将安徽出土之“河滨遗范”碗上墨书的“庚戌年”判为 1130 年似乎更合适。

既然出筋之“河滨遗范”铭碗主要流行于北宋晚期至南宋初年，那么作为从窑场设立之初就烧造黑胎青瓷的瓦窑垟窑，与“河滨遗范”铭碗同出之黑胎青瓷显然不会晚于南宋早期，至少不会晚至孝宗以后。

此外热释光年代的测定，也支持了这一判断。笔者曾请上海博物馆对从溪口瓦窑垟和小梅瓦窑路出土的标本进行热释光年代测定，数据基本处于 1121～1171 年之间，大致在南宋绍兴年间。另外，在 1982 年中国古陶瓷科学技术国际研讨会上，英国牛津大学的学者对大窑黑胎瓷片的热释光年代测定为距今 852 年，相当于 1130 年，与上海博物馆测定的数据基本一致。而这一科学测定的数据，与我们先前的考古推断一致。

图 4　小梅镇瓦窑路窑址

图 5　小梅镇瓦窑路窑址出土器物

图 6　小梅镇瓦窑路窑址出土器物

2. 小梅镇瓦窑路窑址的考古发掘工作

2011 年国庆节期间小梅瓦窑路窑址的局部发掘，为龙泉窑黑胎青瓷的研究又提供了新的考古资料。在一个 3×2.5 平方米，深仅 40 厘米的探方中，出土了 200 余件可复原的黑胎青瓷器物，同时也有较多的匣钵、支垫具、窑塞、火照等窑具出土（图 4）。

这些瓷器的胎壁很薄，釉层并不厚，釉质多玻化，而且釉层都开有细碎片纹，片纹多呈灰黄色或灰白色条纹状，而与常见的开片青瓷风格差距较大。器形也十分丰富，在这 200 余件器物中就有 14 类 20 多种器形，包括"河滨遗范"葵口碗、八棱碗、菱口盏、盖杯、把杯、多边折腹盘、菱口折腹盘、葵口碟、折沿洗、盖罐、鸟食罐、胆瓶、纸槌瓶、盘口瓶、鬲式炉、带盖粉盒、觚、尊等（图 5、图 6）。值得注意的是，在这批器物中未发现一件同类器形风格的白胎青瓷。

瓦窑路窑址与瓦窑垟窑址相比，从产品的总体风格上来看比较接近，年代上也应属于同一时期。但两个窑址之间，特别从黑胎青瓷来看，两者还是存在一些区别。

从器形看，瓦窑路窑址未发现白菜瓶、洗形把杯、多棱鬲式炉、琮式瓶及翻口的折腹盘等。溪口瓦窑垟窑址出土器物的器形更为丰富。瓦窑路窑址出土器物的胎色有黑、浅黑、深灰、浅灰、米黄等，胎色较浅的仅见于"河滨遗范"碗。瓦窑垟窑址有白胎，也有黑胎，黑胎颜色较深。瓦窑路窑址多玻璃釉、多细小开片、釉相对较薄。瓦窑垟窑址有较多的乳浊釉残片，开片相对较大、多厚釉。两处地点尽管都出土有“河滨遗范”铭碗，但瓦窑路窑址出土的碗没有白筋，瓦窑垟窑址出土的碗有白筋。从窑具上看，瓦窑路窑址未发现支钉窑具和盏形窑具，但有泥质垫饼。瓦窑垟窑址发现少量支钉窑具，有盏形、椭圆形窑具等，基本为瓷质垫饼。故从器物及窑具等推测瓦窑路窑址出土的黑胎青瓷年代要略早于溪口瓦窑垟窑址出土的黑胎青瓷。

在对上述两处窑址进行考古发掘的同时，浙江省文物考古研究所还对龙泉窑核心区的大窑、溪口、金村、石隆等四个片区内的窑址进行了详细的考古调查工作，并对相关重要窑址点进行局部试掘。在这一过程中，许多黑胎青瓷窑址不断被发现，也进一步刷新了已有的认识。

二　龙泉窑黑胎青瓷相关问题的研究与认识

(一) 黑胎青瓷的分布范围、年代与性质

从持续多年的考古调查以及最近几年的考古发掘工作情况来看，烧造龙泉黑胎青瓷（图 7）的中心地区除比较典型的溪口瓦窑垟一带外，尚有大窑，且其分布范围几乎涉及整个大窑地区，此外在小梅镇瓦窑路、石隆一带乃至龙泉东区都有黑胎青瓷窑场存在。从产品面貌来看，除了上述朱伯谦先生看到的厚釉类精细器物外，亦有薄胎薄釉（黑胎青瓷总体上都可归于厚釉类产品，但其本身也有相对厚薄之分）、厚胎薄釉、厚胎厚釉等类型，胎色从灰到灰黑千差万别，釉色亦复杂多样，时代也不仅限于南宋晚期，往上推与向后延的可能性都已存在，黑胎青瓷很有可能在龙泉地区有一个发展、成熟与衰落的过程。

图 7　龙泉黑胎青瓷

作为龙泉窑生产的核心——大窑片区，存在多处黑胎青瓷窑场，这在陈万里先生的早期调查报告和 20 世纪 50 年代末浙江省文物管理委员会的考古工作中都有体现。此外，近年来我们对大窑片区内窑址进行调查时也有发现，如杉树连山、山头埕、学校后等窑址均有黑胎青瓷碎片发现。从 20 世纪 60 年代发掘调查资料来看，大窑片区的黑胎青瓷产品类型存在与瓦窑路窑址相类同的如山头埕窑址，也存在与溪口窑址相类同的如杉树连山窑址，

图 8　大窑地区

图 9　大窑地区出土黑胎青瓷

也存在一批生产薄胎粉青厚釉器物的窑址如学校后窑址等，其年代似乎应更晚一些，相当于郊坛下官窑的年代。总体来看，大窑地区黑胎青瓷面貌远比溪口瓦窑垟等窑址要复杂得多。既有薄胎薄釉，也有厚釉粉青极其莹澈者（图 8、图 9）；既有开片的，也有不开片的。从年代看，大窑地区黑胎青瓷的延续时间似乎比瓦窑垟等其他窑场更长，从南宋早期一直延续到南宋晚期，甚至到元代。如我们在大窑大湾窑址采集到的与黑胎青瓷粘连在一起的白胎青瓷上（图 10），发现有八思巴文字存在，这在以前从未发现过，这不仅是考古材料的增加，更是大大地开阔了我们的研究视野。

从瓦窑路窑址、瓦窑垟窑址和大窑各窑址生产的黑胎青瓷比较来看，小梅镇瓦窑路窑址的黑胎青瓷似乎比大窑、溪口两地的黑胎青瓷年代要早些。瓦窑路遗存一类产品面貌独特，釉面开极碎片纹，具有“百圾碎”的特征。许多产品在胎釉和器形特征、装烧工艺等方面具有一定的早期性，且与文献中哥窑“百圾碎”的特征，更趋一致，这应是今后研究的重点，也可能是解决龙泉黑胎青瓷和南宋官窑关系的关键，这可以说是龙泉窑研究的突破性进展。对于这一成果，2011 年中国古陶瓷学会龙泉年会的与会专家给予积极评价。不少专家认为，龙泉窑的考古发掘成果以及在此基础上所做的初步研究，无疑深化了对于龙泉窑一些重大问题的认识，也拓展了对于哥窑学术问题的研究视野，对于这些发现和研究应予以高度重视，并期待更多的考古发现和进一步的深入研究。

除了上述溪口瓦窑垟和小梅瓦窑路窑址的发掘及大窑区域的调查外，我们还针对以前并不被大家所关注的石隆区域、甚至被划为产品主要供应下层百姓使用之龙泉东区，也进

图 10　在大窑大湾窑址采集到的与黑胎青瓷粘连的白胎青瓷

图 11　石隆窑址群出土器物

行了详细的调查，结果在这些地区均找到了不同时期的黑胎产品，这既大大丰富了对龙泉黑胎青瓷生产窑场的认识，也为龙泉黑胎青瓷的综合研究奠定了一个很好的基础。

石隆窑址群存在少量黑胎青瓷窑址，在生产黑胎青瓷的窑址还发现了釉呈米黄色的产品。此类器物胎色呈土黄或深褐色，胎质较细腻。釉色以米黄为主，深浅不一，均开片纹，片纹亦大小不一，釉层较厚，许多器物断层可以看到至少 3 层施釉痕迹，釉面莹润肥厚。器形主要有簋、弦纹瓶、炉、罐、碗、盘等。部分器物如簋，其器形、胎釉与上海青浦任氏墓出土器物非常接近（图 11）。

既然龙泉黑胎青瓷的始烧年代大致在南宋早期，那么龙泉黑胎青瓷就不宜称为仿官产品。龙泉黑胎青瓷可能就是明人文献中所述的哥窑。尽管在龙泉烧造黑胎青瓷的窑场不算少，但一个时期内，其生产的窑场并不多，烧造黑胎青瓷的窑场在溪口一带也仅有 3 处窑址有遗物存在。这表明龙泉黑胎青瓷的烧造并不是大规模的存在，而是小范围、小规模地发生。也说明黑胎青瓷的烧造技术在南宋时期是高端的制瓷技术，没有普及生产的可能性，其性质与宫廷有关。龙泉黑胎青瓷与南宋官窑一样，与宫廷应有非常密切的关系。

从外观上看，龙泉黑胎青瓷的特征与郊坛下官窑产品非常相似，但釉比郊坛下官窑更透明，而对两处出土瓷器的工艺性质的测试结果表明其也有许多一致的方面，如显气孔率和吸水率都比较低，说明两者胎质都非常致密。由于各自使用的原料不同，郊坛下官窑与龙泉黑胎青瓷胎的化学成分有很大差异，在中科院上海硅酸盐研究所收集测试的 15 个郊坛下官窑瓷胎中，SiO_2、Al_2O_3、Fe_2O_3 的平均含量分别为 67.04%、23.90% 和 3.22%。

在 20 个龙泉黑胎青瓷胎中平均含量分别为 63.22%、25.53% 和 4.14%。与龙泉黑胎青瓷相比，郊坛下官窑青瓷胎中的 SiO_2 含量较高，而 Al_2O_3 和 Fe_2O_3 的含量相对较低。而对两窑资器釉的化学成分的测试发现，它们在釉的化学组成上非常相近，有的几乎相同，表明两者之间可能存在密切联系。

笔者曾通过对龙泉以瓦窑垟遗址为代表的生产黑胎青瓷的窑场与杭州南宋郊坛下官窑青瓷的比较研究，认为两者无论从窑炉结构、制瓷工艺、烧造方法还是产品的胎、釉、器形等方面，均基本一致。但郊坛下官窑瓷器烧造工艺、至少其窑炉砌建技术有可能来自龙泉，或者带有龙泉元素（这些因素包括弧形的窑门、前缓后陡的窑床结构等）。因此提出："是否可以认为在郊坛下官窑烧造以前，龙泉就已经烧造被公认为瓷器烧造中最高水平的粉青瓷器了，那么把龙泉烧成的黑胎青釉瓷器定性为仿官产品（这个仿官当然指的是仿南宋官窑，因为北宋官窑的真面目至今未清），我们是否有重新审视的必要呢？"[1] 言下之意是说龙泉黑胎青瓷存在早于南宋郊坛下官窑的可能性。这是对龙泉黑胎青瓷仿官说法的间接否认。

（二）黑胎青瓷与哥窑的关系

既然龙泉黑胎青瓷与南宋郊坛下官窑关系如此密切，但又不是仿官，那么其性质又是如何呢？我们认为其即是文献中记载的哥窑。

根据明清以来的各种文献关于哥窑器物的描写，还原哥窑特征如下。

1. 时代：宋

《宣德鼎彝谱》"仿宋哥窑款式炉"[2]；《弇州四部稿·说部·宛委余编》"宋时……故曰哥窑"[3]；《春风堂随笔》"宋时……故名哥窑"[4]。

2. 地点：龙泉

烧造地点：文献资料认为是处州、龙泉县、琉田，这与龙泉黑胎青瓷主要集中在大窑地区相吻合。

1 沈岳明：《"官窑"三题》，《故宫博物院院刊》2010 年第 5 期。

2 （明）吕震等：《宣德鼎彝图谱》，中国书店，2006 年。

3 （明）王世贞：《弇州四部稿》，文渊阁四库全书本。

4 （明）陆深：《春风堂随笔》，文渊阁四库全书本。

《春风堂随笔》“皆处州人”[1]；《弇州四部稿·说部·宛委余编》“宋时处州”[2]；嘉靖《浙江通志·地理志》“县南七十里曰琉华山……主琉田窑造青器”[3]。

3. 胎：黑胎、紫口铁足、胎骨厚薄不一

《格古要论》“旧哥窑……有铁足紫口”[4]；《长物志》“官哥汝窑以粉青色为上，淡白次之，油灰最下，纹取冰裂鳝血，铁足为上……今假哥窑碎文不能铁足，铁足则不能声”[5]。

4. 釉：色青，浓淡不一，粉青为上

《格古要论·古窑器论》“旧哥窑色青，浓淡不一”[6]；《弇州四部稿·说部·宛委余编》“兄所作者视弟色稍白，而断纹多，号白圾碎”[7]；《遵生八笺·燕闲清赏笺·论官哥窑器》“官窑品格大率与哥窑相同。色取粉青为上，淡白次之；油灰色，色之下也。纹取冰裂，鳝血为上。梅花片、墨纹次之；细碎纹，纹之下也”[8]。

5. 总体面貌：与官窑类似

根据上述特征，那么，龙泉黑胎青瓷完全符合文献中关于哥窑瓷器特征的描述。

首先，龙泉黑胎青瓷之年代，尽管学者们有北宋晚期、南宋早期、南宋中晚期之争议，但基本处于宋代，得到公认。地点当然在龙泉。其次，从器形及胎釉看，龙泉黑胎青瓷制品以陈设瓷为主，可概括为薄胎、厚釉、开片、紫口铁足，这些特征与文献记载哥窑特征类似，尤其是胎釉、紫口铁足。称铁足，主要是胎中氧化铁含量比较高，但只有龙泉地区一直来有称黑胎为铁胎、铁骨等。而从龙泉出土之黑胎青瓷标本看，其氧化铁含量确实较高，甚至在小梅瓦窑路窑址出土的标本中，其散落于地下的经过1200℃高温烧成的瓷器之露胎部分竟然生满铁锈。所以把刮釉烧成后的氧化铁含量高之器足称为铁足，恰恰是龙泉工匠们取材于生活的生动写照。另外，从文献中关于开片的描述“白圾碎”“浅白断纹”等，龙泉黑胎青瓷亦完全符合，也只有在瓦窑路和瓦窑垟的许多产品中，我们才看到类似的情况。瓦窑路产品之开片，明显比一般的纹路要白且宽，而且是“断纹”、是“白络”，

1 （明）陆深：《春风堂随笔》，文渊阁四库全书本。
2 （明）王世贞：《弇州四部稿》，文渊阁四库全书本。
3 （明）胡宗宪、薛应旂修：《浙江通志》，台北成文出版有限公司，1983年。
4 （明）曹昭：《格古要论》，夷门广牍本。
5 （明）文震亨：《长物志》，《粤雅堂丛书》，咸丰三年南海伍氏刊本。
6 （明）曹昭：《格古要论》，夷门广牍本。
7 （明）王世贞：《弇州四部稿》，文渊阁四库全书本。
8 （明）高濂：《遵生八笺》，中国医药科技出版社，2011年。

这是其他窑址中所不见的，也不应是偶然现象。《五杂俎》“定、汝、官、哥四种，皆宋器也。流传至今者，惟哥窑稍易得，盖其质厚，颇耐藏耳”[1]，从《五杂俎》对哥窑瓷器的鉴定特征“质厚”，颇与叶寘《坦斋笔衡》“江南则处州龙泉县窑，质颇粗厚”[2]有异曲同工之妙。

综合以上，龙泉黑胎青瓷与文献记载之哥窑特征相符。龙泉黑胎青瓷就是正统的哥窑。20世纪60年代，周仁对故宫博物院提供的传世哥窑瓷标本与浙江龙泉黑胎青釉瓷和白胎青釉瓷以及景德镇仿哥窑瓷标本进行测试，结果显示“‘传世哥窑’不在龙泉烧造之说是可以接受的，龙泉黑胎青瓷可能就是正统的哥窑，这种说法也是有相当根据的”[3]。

（三）哥窑与传世哥窑诸问题

既然龙泉烧造的黑胎青瓷就是哥窑产品，那如何有效辨别是研究哥窑的基础，尤其是故宫博物院等各大博物馆中的传世品，而不是一说起哥窑就是传世哥窑，一说传世哥窑就是金丝铁线，其实两者本就是两个概念，不能等同。据我们观察，除了现在两岸故宫博物院等收藏的哥窑产品中有部分为真正的宋哥窑产品外，在官窑产品中也有原应是龙泉烧造的黑胎青瓷本应是哥窑产品却被归为官窑的产品。而在现有的传世哥窑产品中，也确有许多器物的年代根本到不了宋；由于对哥窑产品的认同，宋代以后历代都有仿制哥窑，从元末新烧的成群队者，到明清直至民国，仿烧哥窑代代相沿这也是事实。明永乐以后，御窑（器）厂仿哥之风大盛，各时期均有仿品，水平高低参差不齐。其中，宣德、成化两朝仿品最为著名。乾隆帝御制诗“铁足腰圆冰裂纹，宣成踵此夫华纷。而今景德翻新样，复古成不易云云”的评语，便特别提到了宣德、成化的仿哥之作，还有当朝的翻新。另外还有为了达到某种目的而有意识混淆之，如1941年9月19日，陈万里在日记上写道：“此次来龙，曾听某贾（指古董商人）说龙泉古窑址出来黑胎物品，到了上海，专销几位研究古瓷的外国人，就说是杭州乌龟山出来的东西，并且说得煞有介事的，哪一处地方出土，出土的情形是怎样，当然还要编造一串假事实，于是一件龙泉黑胎物就可以冒牌出卖它一个高价。事情既然是这样，所以龙泉的黑胎，虽说是有了这样的幸运，其实可惜了龙泉的真价值，而竟戴上了毫不相干的乌龟山官窑的高帽子。”[4]

1 （明）谢肇淛：《五杂俎》，中华书局，1959年。

2 （宋）叶寘：《坦斋笔衡》，（元）陶宗仪撰《南村辍耕录》，商务印书馆，1936年。

3 周仁、张福康：《关于传世“宋哥窑”烧造地点的初步研究》，《文物》1964年第6期。

4 陈万里：《一年半中三次龙泉之行》，《陈万里陶瓷考古论文集》，紫禁城出版社，1997年。

两岸故宫博物院收藏的那些被定为传世哥窑的瓷器，主要是郭葆昌等老先生当年做的分类，都是凭直观简单的分类，当时的古陶瓷大家陈万里先生就认为这个分类有问题。不过把哥窑器物与官窑器物有所混淆，从古到今一直存在，“官”“哥”不分，“官”“哥”难分，在博物界早有说法。元代孔齐的笔记中更是用到了哥窑“绝类古官窑”[1]的描写，明代高濂在所著《遵生八笺》中说“官窑品格大率与哥窑相同……官窑质之隐纹如蟹爪，哥窑质之隐纹如鱼子，但汁料不如官窑佳耳”[2]，便细述了两者之间的区别和联系，也含糊表达了两者之间相互借鉴的意思。传世品中，也有这类属于亦哥亦官、官哥难分的器物。故宫博物院收藏一件葵瓣口小盘，文物底账的名称是“官窑盘”，而盘底刻有乾隆御制诗一首，诗题为《题哥窑盘子》。看来，今日专家的认知与二百年前的乾隆皇帝已有分歧。

如果按照现在一般认为的传世哥窑才是哥窑，那么故宫博物院等单位收藏的传世哥窑，其基本特征：烧成温度不是很高，严格意义上，就是还没成瓷。用手指敲击，会听到它的声音不很清脆，是沉闷的噗噗声；釉色偏黄，表面上看有点油腻的感觉；亚光，基本是生烧品。与官窑青瓷的特征区别很明显。“金丝铁线”非常明显，因为是人为做出来的效果。所以我们认为即便它们是哥窑，也绝不是当年窑工所追求的“正品”。因为如果哥窑和官窑青瓷一眼就能分开，那还能符合古人对官哥两窑的认知——“官哥不分”吗？哥窑的特征是“紫口铁足”，而不是“金丝铁线”。

哥窑产品尽管“绝类古官窑，不可不细辨也”，但毕竟可以细辨。哥窑青瓷和官窑青瓷不是同类，不同类的东西就有区别，要找出区别就得细辨。故宫博物院藏三足鬲式炉，看似与官窑产品相似，但细看其足之出戟到底，哥窑产品有少量是出戟不到底，但多数是出戟到底，而官窑产品基本不见出戟到底者，这就是我们判断其应为哥窑产品而非官窑产品的依据。《宋官窑特展》[3]图31之北宋官窑粉青鬲式炉，基于同样的理由，是否应归为哥窑产品。因为北宋官窑的情况更为复杂，对其特征的把握更是少有依据，也许哥窑是学北宋官窑，北宋官窑也有出戟到底的产品，那就另当别论了。

另外，由于哥窑产品、尤其是早期产品，其烧成时，使用垫饼烧造，而且早期是使用泥质垫饼，泥质垫饼与器物本身胎质材料不同，在烧成时，收缩率不一致，使得器物的圈足部分非常容易变形。而官窑产品烧成时，有许多器物是用支钉支烧，显然一般不会出现

---

1 （元）孔齐：《静斋至正直记》卷四，上海古籍出版社，1995年。
2 （明）高濂：《遵生八笺》，中国医药科技出版社，2011年。
3 台北故宫博物院：《宋官窑特展》，台北故宫博物院，1996年。

圈足变形的情况。即使是使用垫饼垫烧，也都是用瓷质垫饼。由于瓷质垫饼的材料与器物胎泥基本一致，烧成时基本能保持收缩同步，故一般不见圈足变形者，即使有些许变形，也是比较小。《宋官窑特展》图 24 之纸槌小瓶，高 11.8 厘米、口径 5.4 厘米、足径 5.9 厘米，粉青开片，足端黑色，底部有乾隆皇帝的题诗："宋时秘色四称名，不及柴窑一片瑛。下视永宣兹又贵，由来品第鲜常衡。"这件瓶在该书内被定为"修内司官窑粉青纸槌小瓶"，其实，其圈足变形明显，较符合龙泉烧造的典型哥窑产品特征。

在哥窑产品中，还经常可以看到把器形做成八边形、六边形等，许多器物有棱有角，八方瓶、八方杯、八方盘、六角菱花式碟（郊坛下窑有）等比较流行，文献也多有记载，如《长物志》"哥窑方斗"[1]，《钦定续通志》"哥窑八角把杯酒榼[2]"等，而官窑则流行圆器，八边形、六边形等少见，有少量方口的小瓶等。哥窑把杯的鋬也不是做成官窑的圆弧式的，而是尖状，有棱有角，都是非常具有特征性的器物。这除了胎料因素外，说明龙泉的工匠水平之高。故宫博物院曾对原属于官窑的 7 件小碟进行测试，其胎釉元素组成符合北方瓷器特征，提出是否是文献提及的北宋汴京官窑抑或哥窑、还有待于深入研究的论点。其实这几件小碟据我们对照片的目测判断，可能也是龙泉所产，就是说可能也是哥窑产品。吴兴皇坟山出土的把杯，把鋬圆弧，长期以官窑目之，现在看也应该归为哥窑产品。

哥窑及龙泉窑产品，还流行蔗段洗，而官窑产品则不见。《宋官窑特展》图 84 之南宋郊坛下官窑灰青葵瓣口小洗，高 4.4 厘米、口径 11 厘米、足径 7.5 厘米，属于质量一般的青瓷，开片，露胎处为铁锈红，其实就是胎中铁分氧化的结果，也是较为典型的哥窑产品。

综上，龙泉生产的黑胎青瓷是宋代哥窑、其特征与官窑相近、产品为皇家生产的观点，可以接受。而曾被认作可能是哥窑的老虎洞窑场，实为"元末新烧"的仿宋哥窑产品烧造地。近年来龙泉南区新发现的米黄釉产品表明，龙泉可能也是"传世哥窑"的重要生产地之一。所谓的"金丝铁线"，为民国及以后产生的概念，明显是后代人为添加，以此来作为哥窑的特征，显然错误。

在上述认识的基础上，我们还应注意以下几点。

1. 哥窑本身有一个发生、发展的过程，所以其窑场应不止一处，年代也有一个延续的时间。从现有考古材料来看，尽管从大的区域来说，哥窑产地在龙泉，但在龙泉却分布有

1 （明）文震亨：《长物志》，《粤雅堂丛书》，咸丰三年南海伍氏刊本。

2 （清）嵇璜、刘墉撰：《钦定续通志》，文渊阁四库全书本。

几处窑场。不仅在一直以来被密切关注的溪口瓦窑垟窑址和大窑岙底等地找到了黑胎青瓷产品，还在小梅瓦窑路、石隆等地找到了生产黑胎青瓷的窑场。2012 年更是在龙泉东区的窑场找到黑胎青瓷的产品。这是一个全新的发现，而且似乎在龙泉地区的许多两宋之际的窑场中均有黑胎青瓷生产的趋向，且似乎黑胎青瓷往往与“河滨遗范”款青瓷共出，这也给我们研究龙泉黑胎青瓷和哥窑提供了一条新思路。其实这也是古代窑场烧造宫廷瓷器规律的客观反映。在接到中央政府烧造瓷器的任务后，由于是有别于普通瓷器标准、又是采用与原来白胎瓷器不同的黑胎，而且是厚釉瓷器，与龙泉本地窑场原有的烧造工艺相比，除了窑炉还是龙窑以外，不管是制作还是烧造，几乎是全新的工艺，故需要在许多原有在烧的窑场中选择能符合烧造要求的窑场来承担任务，所以这也是为什么龙泉的许多窑场都有黑胎青瓷产品发现的原因。根据现有资料推测，可能先在龙泉东区的张村、小梅的瓦窑路等地试烧产品，同时在溪口瓦窑垟以及大窑等地一同烧造，一是为了选择合适的胎料，二是为新的厚釉工艺的实验。也许是龙泉东区和小梅的胎料均不很适合黑胎青瓷的烧造，所以虽在溪口瓦窑垟烧造了一段时间，但时间不长，可能是大窑的胎料更适合（这一点从现在来看也是），所以最后也放弃了溪口瓦窑垟一带，而集中在大窑进行生产（一直延烧至元）。并最后在大窑把这一生产工艺发扬光大，使龙泉窑成为青瓷生产的集大成者，成为一代名窑。

南方烧造瓷器基本上都是龙窑，而龙窑烧成工艺极其复杂，在古代龙窑烧成率低下的情况下，尽管看似一条龙窑的装烧量比较大，但靠一个窑场根本无法满足需求。不管是唐宋时期的越窑，还是汝窑、南宋低岭头类型窑址，更不用说明清景德镇御窑厂，都需要几个窑场或几条窑同时生产，才能满足需求。况且，除了各种因素导致窑炉的装烧量与常人的理解有较大差距以外，其烧成率的低下，也是一个窑场无力承担宫廷任务的原因之一。北宋庆历年间余姚县令谢景初作《观上林垍器》[1] 明确提到“百裁一二占”；而在民国三十三年宝溪乡乡长陈佐汉给龙泉县长徐渊若的报告中更是“百器之中而获美满完璧者，不过区区数件耳”[2]。而宫廷用瓷的标准肯定是属于这“一二占”和“区区数件耳”之中。所以即使是在溪口，也只有瓦窑垟的两处和大磨涧边窑场烧造黑胎青瓷。

除了有多处窑场同时烧造以外，龙泉黑胎青瓷的烧造时间也有一个发展过程，从小梅

1　谢景初：《观上林垍器》，《会稽掇英总集》，《文渊阁四库全书》，台北商务印书馆影印本，1983 年。

2　龙泉民国档案。

瓦窑路和溪口瓦窑垟及龙泉东区的张村窑址，我们推断其年代为南宋早期。是否还要更早，现在尚无明确证据，但黑胎青瓷的烧造从南宋早期一直延烧到整个南宋时期，甚至进入元代还在烧造。我们在大窑岙底的窑址中，就发现黑胎青瓷残片与八思巴文刻款器物粘在一起的标本，这是否就是“中统以来，杂金宋祭器而用之，至治初，始造新器于江浙行省，其旧器悉置几阁”[1]之新器，尚需今后的考古工作来证实。但至少说明，龙泉黑胎青瓷的烧造是一个长期过程，其本身有一个发展过程，其不同时期的产品特征也有不同的特点，从黑胎产品的薄釉（相对于典型的厚釉产品，但比龙泉窑早期如北宋白胎的薄釉产品要厚）到厚釉、从开片到不开片，不同阶段呈现的特征均有差异。拿一个南宋中晚期来框定整个龙泉黑胎青瓷的生产时间，显然是简单了，也与客观事实不符。

2. 应该把所谓的“传世哥窑”瓷器做一个分类，该归宋代哥窑的归哥窑，仿哥的归仿哥，元代仿哥归元代仿哥，清代仿哥归清代仿哥，而不是把不同时期的器物全部放在一个框里，作为一个个体来对待。

对于这一点，故宫博物院已经在着手进行。由于传世哥窑的复杂性和存在的问题，希望能够通过对器物特征的归类，以及胎釉成分的科学检测，把所有故宫博物院收藏的原定为哥窑的器物，按不同的检测结果归为不同的类别，再通过对年代的分析，把不同类别的哥窑器物分别归为不同时期的哥窑或仿哥窑产品，最后通过一系列与不同类别特征相近的不同地区的考古标本进行胎釉检测比较，以确定哪个时期的哪类产品应该是属于哪个地区烧造。这是一种科学的研究态度，也是实事求是解决哥窑问题的一把钥匙。

3. 既然把哥窑与仿哥窑瓷器区别了，那么“传世哥窑”的名称就没有存在的必要，可以叫哥窑、明代仿哥或者雍正仿哥等，或者称元代哥窑、明代哥窑、雍正哥窑？

1 （明）宋濂等：《元史》卷七十四，中华书局，1976年。

浙江地区南宋时期黑胎青瓷的生产

郑建明　复旦大学

内容提要：通过近年来不断进行的野外调查和发掘，逐步揭示出龙泉黑胎青瓷的基本生产面貌及同样生产黑胎青瓷的杭州乌龟山窑、老虎洞窑。此外，越窑南宋时期的低岭头类型也有少量黑胎或深灰胎青瓷出土。通过对这些资料的梳理，本文力图呈现浙江南宋时期黑胎青瓷生产的脉络。

关键词：低岭头类型　龙泉　黑胎青瓷

与宋代黑胎青瓷相关的瓷窑址考古成果，主要有三个地方：龙泉生产黑胎产品窑址、杭州乌龟山窑址、杭州老虎洞窑址。此外，越窑南宋低岭头类型也生产少量的黑胎或深灰胎青瓷器。

一　龙泉生产黑胎青瓷窑址

龙泉黑胎青瓷发现于民国时期，而正式的考古工作则主要集中在20世纪五六十年代。为了恢复龙泉青瓷的烧造工艺，1959年末至1960年初，朱伯谦先生等对龙泉窑的核心地区大窑、溪口、金村等地进行了调查及小规模的试掘。其中在大窑、溪口两地确认了5处烧造黑胎青瓷的窑址。

从考古报告公布的资料来看，当时发现的大窑4个地点分别为叶坞底（12号窑）、亭后（36 号窑）、山头埕（50 号窑）和杉树连（31 号窑）[1]，在杉树连现在的 Y2、Y3、Y4 四条窑中，Y2 最晚，它以烧造白胎青瓷为主，兼烧少量黑胎青瓷。溪口发现瓦窑垟一个地点[2]，主要也以白胎青瓷为主，兼烧黑胎青瓷。大窑、溪口两地龙泉黑胎青瓷产品主要有贯耳瓶、花口瓶（亦称白菜瓶）、觚式瓶（觚）、鬲式炉、鼎式炉、豆形灯、五管灯、笔筒、笔洗、尊、碗、盘、把杯、八角杯、六角杯、扁壶等，既有陈设、文具瓷，也有日用的饮食器具等。这类瓷器造型优雅，制作精细，胎体比历代龙泉青瓷都薄，胎质细密坚实，多数灰黑如铁，少数呈黄色或砖红色。青釉多数精光显露，透明性强，只有粉青色釉，色泽柔和，没有浮光。釉层厚度常常超过胎壁，通常都上三四道釉，多次回炉焙烧。釉色以青色为主，有的似碧波，有的如翠玉。此外尚有米黄、紫红和乌金等色。胎色越深，釉色也随着加深。釉面普遍有开片，疏密不同，常见情况是釉层较薄的口沿和转折处以及黄色釉裂纹细密，燠色清澈，而釉层丰厚处开片较少。器物的口沿多数呈老黄色，形成这种颜色的原因是施釉和烧成时器口上仰，釉汁流下，致使釉层薄而碎裂，在胎色的衬托下，就变成碎块状的焦黄和奶白相杂的黄色。这种老黄色，在器物的转折处和凸起的棱脊上也常可见到。此外，有盖的器皿如盖碗、盖钵、盖罐、盒和壶，以及两件叠烧的器皿如杯、盅等的口沿，都露紫胎，通称“紫口”。薄胎厚釉，紫口铁足，釉层有开片，是黑胎青瓷的特征。根据地层叠压关系及纪年墓资料来看，这类青瓷的出现应在南宋宁宗执政前后，不会更早[3]。

以后又在溪口骷髅湾和李家山两窑址发现了黑胎青瓷产品[4]。这样，龙泉烧造黑胎青瓷的窑址就增加到了 7 处。

在发掘结束后发表的收获中，朱伯谦先生认为“相传章生一在龙泉琉田主一窑，所产瓷器为黑胎、紫口铁足、青色釉，有开片。这些特征与大窑、溪口窑址中出土的黑胎青瓷相吻合，黑胎青瓷应当是哥窑的产品无疑”[5]。后来冯先铭先生对哥窑一说提出质疑，并提出仿官说法，朱先生随后修订了其原先的观点并转而支持冯先生的观点，此后这一说法被较广泛接受而几乎成为定论。

1　朱伯谦、王士伦：《浙江省龙泉青瓷窑址调查发掘的主要收获》，《文物》1963 年第 1 期；朱伯谦：《龙泉大窑古瓷窑遗址发掘报告》，《龙泉青瓷研究》，文物出版社，1989 年。

2　金祖明：《龙泉溪口青瓷窑址调查纪略》，《考古》1962 年第 10 期。

3　朱伯谦：《龙泉青瓷简史》，《龙泉青瓷研究》，文物出版社，1989 年。

4　朱伯谦：《龙泉青瓷简史》，《龙泉青瓷研究》，文物出版社，1989 年。

5　朱伯谦、王士伦：《浙江省龙泉青瓷窑址调查发掘的主要收获》，《文物》1963 年第 1 期。

沈岳明先生通过对龙泉哥黑胎青瓷和杭州南宋郊坛下官窑青瓷进行比较研究，认为两者无论从窑炉结构、制瓷工艺、烧造方法还是产品的胎、釉、器形等方面，均基本一致。郊坛下瓷器烧造工艺，至少其窑炉砌建技术有可能来自龙泉，或者带有龙泉元素（这些因素包括弧形的窑门、前缓后陡的窑床结构等）。因此提出："是否可以认为在郊坛下官窑烧造以前，龙泉就已经烧造被公认为瓷器烧造中最高水平的粉青瓷器了，那么把龙泉烧成的黑胎青釉瓷器定性为仿官产品（这个'仿官'当然指的是仿南宋官窑，因为北宋官窑的真面目至今未清），我们是否有重新审视的必要呢？龙泉黑胎青瓷又是什么性质的呢？"[1] 其言下之意是说龙泉黑胎青瓷存在着早于南宋官窑的可能性。这是对龙泉黑胎青瓷仿官窑青瓷说法之否认。

其实龙泉生产黑胎青瓷的窑址远不止以上几处。

龙泉窑黑胎青瓷不仅是龙泉窑产品中的精品，而且与宋代官窑和"哥窑"等问题纠缠在一起，是龙泉窑乃至两宋时期古陶瓷研究中的重要课题。经国家文物局批准，从 2010 年起，浙江省文物考古研究所、北京大学、故宫博物院、龙泉青瓷博物馆等单位以龙泉黑胎青瓷研究为核心，联合对龙泉地区的古窑址进行系统调查以及重点发掘，并取得了丰硕成果。

野外考古工作可分成调查与发掘两部分。

1. 调查工作

调查工作初步完成了龙泉南区大窑、溪口、石隆以及东区紧水滩库区等窑址群的野外详细调查，并取得了突破性进展。首先在窑址的分布上，由原来认为的主要集中于溪口几乎扩展到了龙泉市全境，南区大窑（图 1）、溪口（图 2）、石隆（图 3）、瓦窑路（图 4）及东区的紧水滩水库一带均发现了生产黑胎青瓷产品的窑址。其次是在窑址的数量上，由原来的 7 处增加到了 30 处左右。第三是初步了解到龙泉黑胎青瓷的基本面貌，其胎釉特征相当复杂，既有传统上认为的薄胎厚釉青瓷，也有薄胎薄釉及厚胎薄釉青瓷。胎色深浅不一，有灰胎、深灰胎、浅黑胎、深黑胎等。釉色变化较大，有粉青、青黄、灰青等诸多釉色，但基本特征仍为开片、紫口铁足（图 5 至图 9）。第四，确认大窑地区不仅是白胎青瓷的生产中心，同时也是黑胎青瓷的生产中心。黑胎青瓷窑址数量不仅远远超过其他任何一个窑址群，达到 26 处之多，而且产品面貌极其复杂。时代上早晚有别，大窑很可能

1　沈岳明：《"官窑"三题》，《故宫博物院院刊》2010 年第 5 期。

图 1　大窑村

图 2　溪口瓦窑垟窑址

图 3　石隆窑址群

图 4　龙泉东区

图 5　大窑出土薄胎薄釉黑胎青瓷标本

图 6　大窑出土薄胎厚釉黑胎青瓷标本

图 7　石隆窑出土黑胎青瓷标本

图 8　溪口瓦窑垟窑址出土黑胎青瓷标本

图 9　龙泉东区出土黑胎青瓷标本

图 10　瓦窑垟窑址 Y5 出土青釉器盖

图 11　瓦窑垟窑址 Y5 出土青釉盘（残）

是黑胎发生、发展直至兴盛的重要地区。第五，黑胎青瓷的时代，主要集中在南宋时期，但宋元均有，突破原先认为龙泉黑胎青瓷仅在南宋晚期出现的认识，往前可上溯至南宋早期，往后可至元代，大大拓展了龙泉黑胎青瓷的年代范围。

2. 发掘工作

发掘工作主要包括两部分：溪口瓦窑垟与小梅瓦窑路窑址。

瓦窑垟窑址清理窑炉遗迹两处，不仅揭露出基本完整的窑炉，而且在最早的窑炉内出土黑胎青瓷产品。瓦窑垟窑址生产规模较大，黑胎青瓷与白胎青瓷兼烧，黑胎青瓷产品种类相当丰富，不仅包括碗、盏、盘类日用器，还包括尊、炉、觚等仿青铜器产品，质量较高。多数器物为薄胎厚釉，部分器物甚至釉层较胎体为薄。造型纤巧规整，釉近玉状莹润，开片纹较大，具有典型的“紫口铁足”特征，是生产黑胎青瓷的典型窑场（图 10、图 11）。

瓦窑路窑址位于小梅镇政府所在地，处于大窑窑址群与金村窑址群中间的空旷地段。发掘揭露龙窑窑炉一条，出土大量黑胎青瓷产品。黑胎青瓷主要发现于两个灰坑中。黑胎青瓷胎体很薄，有两种釉质，碎片纹玻璃质釉和粉青凝厚釉（不开片）。碎片纹玻璃质釉青瓷的釉质玻化，较透明，釉层开片密集，釉色较深，主要有灰青色、灰黄色等。器形主要有八角盏、盘、瓶、炉、碗、盏、把杯、洗、碟、觚、盒、唾盂、盖罐、鸟食罐、圆钮器盖等。器形小巧，制作工整。粉青凝厚釉青瓷主要出于窑炉底部，釉质凝厚不透明，色粉青。器形有碗、盘、盏等。该窑址产品在胎釉和器形特征、装烧工艺等方面具有一定的早期性，上海博物馆的热释光测年结果显示其烧造年代在南宋早期。瓦窑路窑址不仅是一个全新的地点，而且是一个全新的窑址类型，也是目前发现的唯一一处几乎纯烧黑胎青瓷的窑址，对于探索黑胎青瓷的起源和性质提供了极为珍贵的资料（图 12 至图 16）。

图 12　小梅瓦窑路窑址

图 13　小梅瓦窑路窑址出土瓷器标本显示的各种釉色

图 14　瓦窑路窑址出土青釉盘

图 15　瓦窑路窑址出土青釉尊

图 16　瓦窑路窑址出土青釉八角盏

二　杭州生产黑胎青瓷的窑址

1. 郊坛下窑址

关于郊坛下窑址，可复原器形达 23 种之多，除大量的碗、盘、瓶、罐、壶、盆等日常器物外，还有一般仿古的鼎式、鬲式、樽式、簋式炉，觚，琮式瓶以及其他特殊的瓶、壶类器物。在胎釉特征方面，发掘者将整个产品划分成厚胎薄釉与薄胎厚釉两个主要类型，由于胎土中氧化铁含量较高，致使器物烧造后形成“紫口铁足”现象。釉色以粉青与米黄两色为主，玉质感强，但大部分瓷片釉色以灰青、黄褐色、土黄色为主。装饰上，以造型与釉色取胜，纹饰简单。装烧有支烧与垫烧两种。支烧以薄釉类器物为主，垫烧则多为厚釉类器物[1]（图 17）。

2. 老虎洞窑址

老虎洞窑址位于杭州市上城区凤凰山与九华山之间狭长溪沟中。南距南宋皇城墙不足百米，距南宋郊坛下官窑约 2.5 千米。于 1996 年因盗挖而被发现，同年至 2001 年进行了多次调查与发掘。发现主要属于两个时期的地层堆积：南宋层与元代层。

在南宋地层发现了大量瓷片及窑具，瓷片不仅量多而且器形丰富，质量较好。其中仅属于南宋早期 H3 即出土有一万余片瓷器碎片，仅完整或可复原器就达 400 多件，20 余种器形。瓷器胎釉特征以厚胎薄釉、厚胎厚釉为主，薄胎厚釉少见。胎的颜色有香灰色，深灰色、紫色、黑色等。釉色以粉青、米黄色为正烧品主流，另外还见翠绿、灰青和浅紫色釉等。大部分瓷片釉面有裂纹，部分瓷片釉面有冰裂纹，部分器物“紫口铁足”现象明显。制作工艺以轮制为主，个别为手制或模制。出土量较大的器物有碗、盘、杯、罐、碟、壶、洗等日常生活用器，另有觚、琮式瓶、香炉、熏炉、器座、筷子架、花盆、灯盏等。所发现带圈足器物的圈足均外撇，少量器物圈足的底部署有“戊”字。窑具有支烧具、垫烧具和大量匣钵碎片，个别支烧具上署有“戊记”两字。南宋晚期层出土的器物以厚胎厚釉为主，礼器减少，以日用器为主，胎色更深（图 18 至图 21）。

元代层出土大量瓷片和窑具，瓷片大都为厚胎薄釉和厚胎厚釉，胎质以灰胎为主，黑胎次之，有少量灰红胎；按釉色可分为两大类：一类口部施青色釉，口沿以下施青灰釉，

1　中国社会科学院考古研究所、浙江省文物考古研究所、杭州市园林文物局：《南宋官窑》，中国大百科全书出版社，1996 年。

图 17　郊坛下窑址出土青釉簋式炉

图 18　老虎洞窑址出土青釉樽式炉

图 19　老虎洞窑址出土青釉觚

图 20　老虎洞窑址出土青釉鼎式炉

图 21　老虎洞窑址出土瓷片胎釉断面

灰中泛黄或通体施灰色釉，玻璃质感较强；另一类施粉青釉，玉质感强，此类瓷片挖坑掩埋。器物有碗、瓶、盘、盆、洗、鸟食罐、象棋子等，其中一碗外底釉下用褐彩书写“官窑”二字。从整体上看，元代瓷片质量较差，制作不及南宋时期精细。窑具有匣钵、支烧具和垫烧具等。支烧具上发现有模印文字和动物图案者，文字有八思巴文、“大吉”、“元”等，动物图案有虎、鹿等。

老虎洞窑址发掘者认为南宋层是叶寘《坦斋笔衡》所记的“内窑”，也即人们通常所认为的修内司窑；元代层窑址就是困扰陶瓷界、考古界多年的“哥窑”或称“哥哥洞窑”“哥哥窑”，也就是说哥窑是南宋灭亡以后，郊坛下官窑窑工仿烧南宋内窑（修内司窑），烧造年代为元代[1]。

窑址发现后得到国内外学者的广泛关注，其成果主要体现于《南宋官窑文集》与《南宋官窑与哥窑》两部论文集中[2]。其中窑址南宋层属于修内司官窑和窑址元代层属于传世哥窑的论断，得到了多数学者的认可。

老虎洞窑址元代地层出土的器物，有一件可能是译作“张”或“章”的八思巴文窑具，如果真是“章”字，这是一个具有相当重要意义的材料。王光尧认为“元朝建立后即因宋修内司窑旧地设官府窑场继续烧造，至元代后期由于章生一被括为官匠主烧于此，该窑场又有了哥窑的新名，元代设在杭州老虎洞的官府窑场正是传世哥窑瓷器的产地”[3]，也即是哥窑还是与章氏紧密联系。明清两代的文献，有关哥窑与章氏的记载，基本上围绕龙泉展开，对此我们不能不正视，我们不能一方面承认文献中哥窑窑场主是章氏的记载，同时又否认章氏是龙泉人。

如果真是因章氏的扩籍来到杭州，将在宋代老虎洞窑址上烧造的元代窑场称为哥窑，则哥窑的称呼还是由章氏带来，这也就意味着龙泉本身烧造的黑胎青瓷就是哥窑，这不仅包括元代，也应包括宋代。

此外，老虎洞窑址元代地层出土的器物，从目前公布的资料来看，并不能涵盖传世哥窑的所有器形，是否意味着除老虎洞元代窑址之外，还有其他窑场存在呢？我们最近在龙

1　杜正贤、马东风：《杭州凤凰山老虎洞窑址考古取得重大成果》，《南方文物》2000 年第 4 期；杭州市文物考古所：《杭州老虎洞南宋官窑址》，《文物》2002 年第 10 期。

2　南宋官窑博物馆：《南宋官窑文集》，文物出版社，2004 年；北京大学中国考古学研究中心、杭州市园林文物局：《南宋官窑与哥窑》，浙江大学出版社，2004 年。

3　王光尧：《杭州老虎洞瓷窑遗址对研究官、哥窑的启示》，《故宫博物院院刊》2002 年第 5 期。

泉地区的考古工作中，已有确切的证据表明龙泉地区在元代仍在烧造黑胎青瓷，这是我们今后几年考古中所应关注的重点之一。

三　越窑生产黑胎青瓷的窑址

越窑在南宋时期的窑址称为低岭头类型[1]。传统的越窑时代上为唐五代至北宋时期，近代陶瓷考古兴起以后越窑在时间上有两个大的外延，一个是往上从唐代上溯到东汉时期[2]，另外一个就是从北宋下延到南宋时期。当然仍有学者坚持认为历史上越窑的文化仅限于唐至北宋时期，唐以前的称为先越窑，南宋的称后越窑[3]。

低岭头类型越窑青瓷窑址发现于20世纪80年代，90年代浙江省文物考古研究所与慈溪市博物馆等单位进行过系统的调查与发掘。主要窑址有低岭头、开刀山、寺龙口、张家地等，均位于古银淀湖区域。其中寺龙口窑址经过正式发掘，低岭头窑址经过试掘，而2016年初，我们对张家地窑址残存部分进行了试掘与勘探。

低岭头类型青瓷产品在面貌上非常复杂，与传统越窑青瓷相比发生巨大变化，从釉色上看可以分成两种，即传统青釉与新出现的乳浊釉。

传统青釉产品又可分成两类。一类釉以青灰色为基本格调，或呈青灰、或呈豆青、或呈青黄色，多数器物釉色较差，玻璃质感不强，滋润感不佳。少量产品釉层薄而透明，但滋润感极强。主要器物以日用碗、盘、盏、碟、盏托、壶、盒、盆、五管灯、魂瓶等为主。装饰以刻花为主，亦结合划花及少量印花。装饰题材以花卉为主，少见动物纹饰。有荷花纹、莲瓣纹、牡丹纹、菊花纹、摩羯纹等。纹饰风格较为粗放简洁。装烧上分为“M”型匣钵单件装烧与明火多件叠烧。此类器物无论是从器形、胎釉、装饰，还是装烧上看，均与北宋晚期以来的越窑青瓷一脉相承。

另一类器物除日用碗、盘、碟、盏、盒、瓶等器物以外，还有一批不见于传统越窑的陈设瓷与祭祀用瓷，包括套瓶、梅瓶、玉壶春瓶、盘口瓶、折肩瓶、鬲式炉、鼎式炉、觚、钟、盘、花盆等。虽然釉色仍以青灰色为基本格调，但釉的滋润度明显更佳，釉面更加均

1　沈岳明：《修内司窑的考古学观察——从低岭头窑址谈起》，中国古陶瓷研究会编《中国古陶瓷研究》第四辑，第84—92页，紫禁城出版社，1997年。

2　中国硅酸盐学会主编：《中国陶瓷史》，文物出版社，1982年。

3　任世龙：《论“越窑”和“越窑体系”》，《东南文化》1994年增刊。

匀洁净。装饰技法虽然仍主要是刻划为主，兼以细划花，也有少量的贴塑，但装饰题材、布局发生很大改变，主要是各种粗刻花的卷草纹，不仅满布于盘类器物的内腹。还通体装饰于碗等器物的外腹，新出现的云雷纹等则完全不见于传统越窑的装饰题材中。陈设与祭祀用瓷除胎、釉特征与传统越窑青瓷较为接近外，其造型、装饰则属于全新的类型，可能与北方的汝窑、定窑及耀州窑有较为密切的联系。有学者将其称之为北方风格的青瓷制品[1]。

图 22　南宋　越窑灰黑胎乳浊厚釉小罐

乳浊釉产品主要有碗、盘、盏、洗、花盆、尊、罐、瓶、炉、鸟食罐、器座等（图22）。胎以青灰色为主，但亦出现深黑色。釉色主要有天青、粉青、灰白等，呈乳浊失透状。釉层普遍较厚，除单层釉外，亦出现多层施釉现象。装饰基本为素面，在少量器物如鬲式炉的足部呈出筋状，三足奁式炉的足近似于勾云状。

装烧方式上，虽然仍为南方传统的龙窑及匣钵，但在垫烧方式上发生重大改变，使用支钉垫烧。支钉有两种，一种是锯齿状支钉，支点较粗大，另外一种为圆饼形支钉，支点较小。

低岭头类型又可以分成前后两个时期。早期以寺龙口窑址为代表，最大特征是乳浊釉产品比例极低，且均为薄釉，不见多次施釉的厚釉类产品，也不见黑胎器物；晚期以低岭头窑址为代表，不仅乳浊釉比例极大提高，且除薄釉类产品外，亦出现多次施釉的厚釉类产品。胎色上除白胎外，亦有黑胎产品。

越窑低岭头类型青瓷窑址的发现不仅将越窑的烧造历史由传统认为的北宋中晚期延续到南宋早期，而且出土了一批与北方汝窑、定窑以及南方南宋官窑、龙泉窑等众多窑口均有紧密联系的产品。这里应该是南宋早期烧造宫廷用瓷的重要场所，从而再次将越窑青瓷与宫廷用瓷紧紧联系在一起。

1　谢纯龙:《低岭头类型瓷器研究》，中国古陶瓷学会编《越窑青瓷与邢窑白瓷研究》，故宫出版社，2013 年。

四　浙江南宋时期黑胎青瓷的脉络

浙江以上三个地区的黑胎青瓷，以龙泉地区面貌最为复杂，除南宋中晚期薄胎厚釉极其精致的产品外，亦有薄胎薄釉与厚胎薄釉类产品。这批薄釉器物从其胎釉特征来看，色相当不稳定，乳浊化程度不一，许多器物玻璃质感比较强而乳浊化程度比较低；胎色一般变化也比较大，从黑胎、灰黑胎、深灰胎到灰胎均有；与大窑地区元代地层出土的黑胎标本差别极大，而与越窑低岭头类型青瓷非常接近，如果仅看釉色，两者几乎无法区别。因此基本可以排除是南宋中期以后产品的可能。青瓷低岭头类型既然按照文献记载主要是南宋初期产品，那么龙泉窑至少在同一时期也开始烧造乳浊釉黑胎器物。

目前学术界一般认为老虎洞与郊坛下两个窑址均属于南宋官窑，从产品胎釉特征看，南宋老虎洞窑产品已经相当稳定，胎基本呈深黑色，而釉层普遍较厚，不见低岭头类型的胎釉特征。相反，在郊坛下有部分标本的胎色较浅、釉层薄，与低岭头类型比较接近，但更显成熟，明显具有前后相续的可能性。

如此，则作为与浙江本土传统有巨大差异、渊源自汝窑的乳浊釉青瓷，随着北宋的灭亡，同时传到了越窑与龙泉窑地区，并且结合当地的瓷土特征，烧造出黑胎青瓷并逐渐趋向成熟。这个过程我们在龙泉地区看到了相当多的实践证据，而杭州的两个窑址则缺乏相关的材料。因此基本可以断定，所谓龙泉黑胎青瓷仿官不成立。南宋官窑的直接来源，传统上学者们认为主要是越窑的低岭头类型，从龙泉南宋早期的窑业面貌来看，现在至少应该再加上龙泉窑因素。

论宋代龙泉窑铁胎青瓷多层釉工艺

俞锦辉　龙泉青瓷博物馆、龙泉窑遗址保护管理处

内容提要：宋代龙泉窑曾烧造铁胎青釉瓷产品，通常薄胎厚釉、紫口铁足，釉层有不同程度的断纹，长年累月形成金丝铁线，或浅白断纹，龙泉人习惯称之为“哥窑”，明清历史文献中也有不少相关记载。其口沿、圈足及断面常见多层釉现象。本文通过对馆藏器物及窑址瓷片展开深入分析和系统研究，并通过实践法还原其工艺流程。

关键词：龙泉窑　铁胎　青瓷　多层釉　工艺　演变

一　龙泉窑青瓷概述

龙泉窑因主要产地在龙泉而得名，是中国陶瓷史上延续时间最长、窑址分布最广、文化底蕴最深、艺术价值最高、产品质量最好、内外销售最多的青瓷名窑。龙泉窑至迟起源于隋唐时期，烧造与越、婺、瓯三窑类似的产品；吴越钱王时期初具规模，烧造部分秘色贡器；北宋时加速发展，禁庭制样须索，益加工巧[1]；南宋时改良胎釉配方与烧成技艺，产品比德如玉而胜于玉，迎来中国青瓷历史上的龙泉窑时代；元代窑业迅猛扩张，规模空前绝后，

1 （宋）庄绰编、萧鲁阳校：《鸡肋编》卷上“处州龙泉县……又出青瓷器，谓之秘色，钱氏所贡，盖取于此；宣和中禁庭制样须索，益加工巧”，中华书局，1983 年。

成为内外贸易的主角；明代早期繁荣依旧，洪武[1]至天顺[2]年间曾烧造供御器物；明后期开始逐步衰落[3]；晚清民国时期缓慢复苏；1949年以后，在周恩来总理的关怀下得以重现繁荣。

宋元龙泉窑繁盛时期，龙泉周边各州县，甚至在江西、福建、广东等省都有烧造龙泉窑风格的青瓷，形成一个规模庞大的龙泉窑系统。根据第三次全国文物普查结果，龙泉境内有400余处各个朝代的青瓷窑址。在中华人民共和国成立初期，龙泉还有近60座龙窑在烧造瓷器。

龙泉窑青瓷温文尔雅、比德如玉，符合中国传统君子风尚与审美情趣，是中国青瓷史上的集大成者。已故国际陶艺家学会主席珍妮特称赞龙泉青瓷唯美釉色是全世界陶瓷的标杆。

2009年9月30日，龙泉青瓷传统烧制技艺被联合国教科文组织列入“人类非物质文化遗产代表作名录”，成为世界首个也是迄今为止唯一一个入选的陶瓷类项目。时至今日，龙泉青瓷历代遗址得到全力保护，龙泉青瓷传统烧制技艺和不灭窑火得到了完美传承，龙泉青瓷文化创意产业得到蓬勃发展。

二　哥窑与龙泉窑铁胎青瓷的考古发现

龙泉窑属于南方青瓷系统，早期产品胎体中均有一定的氧化铁含量，胎色以浅灰为主。入宋以后，龙泉青瓷多数产品胎体中含铁量开始降低甚至可以忽略不计，胎体近乎洁白，胎体表面或微微泛青，龙泉俗称白胎；白胎表面也有呈火石红状者，又称为朱砂胎；白胎（朱砂胎）青瓷在龙泉习惯被称为弟窑。另外，还有少部分产品胎体含铁量增加，胎体颜色以深灰为主，或赭石、或酱紫、或漆黑，有些器物脚线等没釉之处还会析出铁锈斑迹，俗称“铁骨”；陶瓷考古先驱陈万里先生（1892 ～ 1969年）则称为“黑胎”，一直流行至今；本文

1 （明）李东阳等撰、申时行等重修：《大明会典》“陶器”条载：“洪武二十六年定，凡烧造供用器皿等物，须要定夺样制，计算人工物料，如果数多，起取工匠赴京置窑兴工，或数少，行移饶、处等府烧造。”卷一百九十四，第1—2页，明万历内府刻本。

2 成化帝于天顺八年（1464年）即位后，于当年正月二十二发布的《即位诏》令：“……江西饶州府、浙江处州府见差内官在役烧造磁器，诏书到日，除已烧完者照数起解，未完者悉皆停止。差委官员即便回京，违者罪之。”刘海年、杨一凡总主编：《中国珍稀法律典籍集成》乙编第三册，《皇明诏令》卷之十五《宪宗纯皇帝上》，第441—448页，科学出版社，1994年。

3 （清乾隆）《龙泉县志》卷三“赋役志·物产·货之属”载：“青瓷窑，一都琉田，瓷窑昔属剑川，自析乡立庆元县，窑地遂属庆元，去龙邑几二百里。明正统时，顾仕成所制者，已不及生二章远甚，化、治以后，质粗色恶，难充雅玩矣。”

认为“黑胎”一说比较片面，而“铁足（骨）”则比较恰当。陶瓷的胎、釉色泽有各种工艺参数决定，不但与化学成分有关，还与烧成时的窑位、温度、气氛、季节、薪柴都有或多或少的关系。然而，其胎体中的含铁量较高的事实却是不变。其实，龙泉窑青瓷传统烧制技艺中会用到一种特殊的原料——紫金土，其中含铁量非常丰富，淘洗提炼以后可以冶铁铸剑，而且当前龙泉还有企业用紫金土提纯去炼钢。龙泉窑青瓷铁胎产品在龙泉习惯被称为哥窑。龙泉窑青瓷不论白胎还是铁胎，其釉色均以粉青为上，此外还有豆青、葱翠、梅子青、冬青、月白、米黄等。通常龙泉青瓷釉的乳浊性比较好，因此很难通过釉色分辨胎体种类。不过，作为窑业废弃堆积在窑址的残器碎片则比较容易区分。一是断面非常容易辨认；二是留在窑址的大多都是烧成温度过高的产品，釉层已经失去乳浊性。胎体颜色对釉色影响很大，比如乌金釉产品其实主要是铁胎的颜色。通常，龙泉窑铁胎青瓷产品釉层会有不同程度的开裂现象，长年累月，裂纹会进入杂色形成“金丝铁线”，也有因为风化侵蚀造成浅白断纹者。

在龙泉尤其是大窑一带流传着章生一、章生二与哥弟窑的故事，历代文献记载甚至地方志也一直有类似记载。关于龙泉窑铁胎青瓷，很多学者持有不同观点，有的认为这是仿官的产品，也有认为这是宋代龙泉官窑产品。笔者相信龙泉应该有哥窑，也可能有官窑，其中还有很多窑址是仿制哥窑或官窑者，只是无法确定具体哪个窑址是哥窑，哪个窑址是官窑。

早在1928年，陈万里先生第一次来龙泉进行实地调查，其最为关注的问题便是哥窑[1]；直到1939年，在他第四次龙泉之行中，终于在大窑岙底发现黑胎产品，之后又在溪口瓦窑垟有所发现。陈万里先生相信这就是哥窑，只是疑惑哥窑究竟在大窑，还是溪口[2]。1959年末至1960年初，浙江省博物馆对龙泉窑核心地区大窑、溪口等地进行了考古调查与试掘，先后确定了7处烧造黑胎青瓷的窑址[3]。2010年下半年至2011年9月，浙江省文物考古研究所、北京大学考古文博学院与龙泉市博物馆联合对查田镇溪口村瓦窑垟窑址（简称“溪口窑”）进行了考古发掘。由于民国时期盗掘破坏严重，残器已经很难见到，只收获一定数量的铁胎青瓷碎片，幸好最终揭露出两处龙窑遗迹，其中一处以烧制铁胎类产品为主。2011年10月，又对小梅镇瓦窑路窑址（简称“小梅窑”）进行局部发掘，揭露

1 陈万里：《龙泉大窑之新发现》，《瓷器与浙江》，中华书局，1946年。

2 陈万里：《一年半中三次龙泉之行》，《瓷器与浙江》，中华书局，1946年。

3 朱伯谦：《龙泉青瓷简史》，《龙泉青瓷研究》，文物出版社，1989年。

一处几乎完全烧造铁胎产品的龙窑遗迹，并在有限的地块中发现大量可复原的黑胎青瓷残器。2012 年 11 月，来自中国科学院、中国社会科学院、北京故宫博物院、台北故宫博物院、中国国家博物馆、北京大学、清华大学等 20 多位专家聚集龙泉市召开论证会，到实地考察各窑址考古现场，观摩窑址出土的龙泉窑黑胎青瓷标本，最后经过认真讨论和研究，一致认为这些出土的标本与古文献记载的哥窑瓷器基本特征相符。近几年，浙江省文物考古研究所与龙泉市博物馆又在石隆一带甚至龙泉东区窑址发现黑胎青瓷产品。在龙泉之外，全国各地也有墓葬或者窖藏出土龙泉窑铁胎青瓷，其中最典型的有上海青浦元代任氏墓、江苏南京明初汪兴祖墓、北京元大都遗址以及四川遂宁金鱼村窖藏等。

2017 年 11 月，故宫博物院举办哥窑瓷器展，主要展示了以故宫博物院为主的馆藏传世哥窑与仿哥釉瓷器，辅以龙泉市小梅镇瓦窑路窑址、大窑遗址，查田镇溪口村瓦窑垟窑址，杭州市老虎洞遗址出土的铁胎青釉瓷残器与碎片标本。这是一次以哥窑为主题的古陶瓷盛宴，笔者有幸代表龙泉方面参加展览开幕式，并同与会的专家学者探讨宋代龙泉窑铁胎青瓷的多层釉特征与工艺，现将演示课件整理成论文，供大家参考。

三　龙泉窑铁胎青瓷的多层釉现象

当前，龙泉境内发现不少烧造铁胎青瓷产品的窑址，大窑遗址、溪口窑遗址、小梅窑遗址 3 个窑址最为人关注，出土器物也最具研究价值。根据众多考古调查与发掘资料可知，龙泉窑铁胎青瓷残器与残片总体上属于薄胎厚釉类的精细产品，但是也有不少薄胎薄釉、厚胎厚釉、厚胎薄釉类产品，釉层厚度应该有从较薄到较厚的发展过程。由于大窑的铁胎产品还没有系统的考古发现，所以本文重点介绍小梅窑遗址与溪口窑遗址出土的器物与残片。

众所周知，龙泉市小梅镇瓦窑路窑址是当时完全烧造铁胎青瓷产品的窑场。小梅窑遗址出土产品胎体含铁量均达到了相当的高度，胎色较深，胎体表面有明显的铁锈析出；釉层单层，厚度适中，应属一次性浸（蘸）釉工艺，大多数釉层较透，胎色对釉面呈色具有明显影响，釉层基本开裂，裂缝腐蚀严重，具有类似哈密瓜的浅白断纹，如胆式瓶（图 1）；也有少量釉层比较乳浊，釉色较青，很少隐显胎色，如八角盘（图 2）。龙泉青瓷博物馆藏有一件北宋时期的执壶（图 3），从器形看，似乎并不显眼，更难让人与哥（官）窑类型联系起来，但是仔细琢磨我们可以发现一些端倪，其釉层已有一定厚度，颈部与盘口外

图 1　宋　龙泉窑铁胎褐釉胆式瓶
（2011 年龙泉市小梅镇瓦窑路窑址出土，浙江省文物考古研究所藏）

图 2　宋　龙泉窑铁胎青釉八角盘
（2011 年龙泉市小梅镇瓦窑路窑址出土，浙江省文物考古研究所藏）

图 3　北宋　龙泉窑铁胎青釉执壶
（龙泉青瓷博物馆藏）

侧可见明显的豆青色，其余大部分位置釉色偏黄且布满浅白断文，圈足缺口处可见青灰色胎骨。截取器物照片局部，发现与小梅窑产品非常接近。因此，笔者认为这是龙泉窑铁胎青釉瓷的初创阶段，时间应该比小梅窑较早一些，或者是同时期不同样式的产品。小梅窑铁胎青瓷产品造型端庄、工艺精湛、技术高超，其年代应该在北宋晚期，而且很可能就是北宋晚期被宫廷烧制定样贡瓷的窑场之一。

龙泉市查田镇溪口村瓦窑垟窑址（简称“溪口窑”）也是一个完全烧造铁胎类产品的窑址，位于溪口村与墩头交接处。在晚清民国时期，当陈万里先生来龙泉时，溪口窑就已经处于猖獗的盗掘破坏中。2010 年下半年至 2011 年 9 月，浙江省文物考古研究所、北京大学考古文博学院与龙泉市博物馆组成联合考古队对溪口瓦窑垟窑址进行了考古发掘，出土物多数为碎片，可复原的器物很少，值得庆幸的是揭露出两处龙窑遗迹，其中有一处窑址以烧造铁胎类产品为主。溪口窑铁胎类产品胎体中含铁量与小梅窑的情况差不多，釉面也有开裂，也常见浅白色断文；所不同的是其釉层厚度增加不少，多层釉现象极其常见，一般情况下釉层数量在 3 至 4 层。如残片（图 4、图 5）所示。龙泉青瓷研究所亦有两件铁胎芒口小碗，釉色是非常纯粹的粉青，破损比较严重，其中有一件（图 6）

图 4　南宋　龙泉窑铁胎青釉瓷残片（2011 年龙泉市查田镇溪口村瓦窑垟窑址出土，浙江省文物考古研究所藏）

图 5　南宋　龙泉窑铁胎青釉瓷器底残片（2011 年龙泉市查田镇溪口村瓦窑垟窑址出土，浙江省文物考古研究所藏）

内外都有 3 层釉，另外一件（图 7）则是里面 3 层釉，外面 2 层釉。从破损处断面可见胎体极薄，釉层却很厚，犹如夹心饼干一样。这两件残器目前由龙泉青瓷博物馆借展。龙泉青瓷博物馆藏的一件铁胎青釉单耳杯（图 8），整体釉面土沁比较严重，局部可见青灰色釉，釉层裂纹不明显，口沿釉被刮去，口沿外缘下依次有肉眼可辨的 3 道釉层线，口沿内缘与圈足外缘也有同样情况。湖州博物馆藏的同样款式单耳杯（图 9），造型比龙泉青瓷博物馆的完整，稍微有一点变形，釉面粉嫩润泽，釉层也是分为 3 层，断纹以浅白为主，隐约可见“金丝铁线”，这应该是先传世再入土的器物，其口沿和圈足边缘的釉层现象更明显。四川遂宁宋瓷博物馆收藏一件铁胎青釉海棠口白菜瓶（图 10），造型精巧，胎体极薄，由分片模制粘合而成；釉色纯粹，褐色断纹若隐若现，底足边缘可见 3 道釉层线。

四　宋代龙泉窑铁胎青瓷多层釉工艺

宋代成熟时期的龙泉铁胎青瓷产品，多数为薄胎厚釉类精品，通常整体厚度在 5 毫米左右，胎体厚约 3 毫米，釉层厚约 1 毫米。更精致者胎釉厚度相当，甚至胎不及釉厚。关于其多层釉情况，学术界普遍认为这是素烧和多次施釉工艺，但在是否多次素烧问题上持有不同意见。第一种观点认为只需素烧一次，便可以多次施釉而成；第二种观点认为需要多次素烧，多次施釉才能完成。持第一种观点者，应该知道当下龙泉青瓷施釉工艺流程是：素烧—浸釉—干燥—吹釉。如果是普通产品胎体厚度足够、对釉层厚度要求也不是太高的情况下，只需素烧以后浸釉一次就可以入窑焙烧；而胎体较薄的产品，只能经过干燥，继续用吹釉法施釉就足够了；如果胎体很薄则要再次干燥后方可进一步吹釉。但是，他们却

图 6　南宋　龙泉窑铁胎青釉把杯（龙泉青瓷研究所藏）

图 7　南宋　龙泉窑铁胎青釉把杯（龙泉青瓷研究所藏）

图 8　南宋　龙泉窑铁胎青釉把杯（龙泉青瓷研究所藏）

图 9　南宋　龙泉窑铁胎青釉把杯
（1972 年湖州市下昂镇皇坟山宋墓出土，湖州市博物馆藏）

图 10　南宋　龙泉窑铁胎青釉海棠口白菜瓶
（1991 年四川省遂宁市南强镇金鱼村一号窖藏出土，遂宁四川宋瓷博物馆藏）

不了解龙泉窑是什么时候开始有吹釉工艺，更没有去研究之前如何施釉。

（一）龙泉窑开始使用吹釉工艺的时间

龙泉窑青瓷采取的是传统的釉浆施釉，即釉料和水按一定配比调和成釉浆，然后利用坯体的吸水性将其吸附。釉浆施釉方法有多种：荡（涮）釉、浸（蘸）釉、浇（淋）釉、刷（涂）釉和吹（喷）釉等。采用什么方法施釉，需要根据釉浆的性能、坯体的强度、器物的大小以及施釉的部位等因素而定。荡（涮）釉，就是将适量釉浆倒入器物内，然后旋转晃动器物，使釉浆均匀地附着在器物的内壁，然后将多余釉浆倒出。浸（蘸）釉，顾名思义就是将坯体浸入釉浆中，使之附着均匀釉层。浇（淋）釉是将釉浆浇到坯体表面，然后除去多余的釉料。在吹釉工艺发明之前，大、中型器物不易采用浸釉、荡釉等施釉方法，一般采用浇釉法。刷（涂）釉，是用毛刷或毛笔蘸取釉浆涂刷在器物表面或内壁。刷釉在干燥过程中往往产生龟裂现象，迫使工匠入窑前再蘸水刷涂釉而消除裂纹，烧成后的釉面会隐约留有刷痕（"蚯蚓走泥"纹）。吹（喷）釉，是利用压缩空气将釉浆通过喷枪或喷壶变成雾滴状，使之粘附到坯体上，类似于现在喷漆工艺。吹釉工艺适合大型、薄胎和小件易碎的生坯，并可以采用多次吹釉以加厚釉层[1]。当代龙泉窑施釉工艺流程大致是：素烧——浸（蘸）釉，厚度不够的情况下则需要等其干燥后再吹釉。而古代龙泉窑大多都是采取整体浸（蘸）釉，或者内部荡釉、外部浸（蘸）釉的方式来施釉。龙泉青瓷博物馆藏有一件从溪口窑址采集的南宋龙泉窑铁胎青瓷觚生烧残件（图 11）就是最好的证据，可以看出多次施釉的迹象，而且从外层釉面的平滑致密的机理断定这是浸釉才有的结果，而不是涂（刷）釉或者吹釉的结果。

图 11　南宋　龙泉窑铁胎青釉觚残件
（龙泉市查田镇溪口窑采集，龙泉青瓷博物馆藏）

其实，龙泉青瓷一直到改革开放以后才逐渐使用吹釉工艺作为附加的辅助施釉措施。而比较成熟的吹釉工艺出现在清代早期康熙至乾隆年间。清乾隆八年唐英编《陶冶图编次（陶冶图说）》"蘸釉吹釉"条载："圆琢各器，凡青花与官、哥、汝等，均须上釉入窑。上釉之法：古制将琢器之长方棱角者，用毛笔拓釉，弊每失于不均。至大小圆器及浑圆之琢器，俱在缸内蘸釉，其弊又失于体重多破，故全器倍为难得。今惟圆器之小者，仍于缸内蘸釉；其琢器与圆器大件俱用吹釉法，以径寸竹筒截长七寸，头蒙细纱蘸釉以吹。俱视坯之大小与釉之等类，别其吹之遍数，有自三四遍至十七八遍者。此吹、蘸所由分也。"[2] 由此可见，在吹釉工艺成熟之前，景德镇瓷器大件采取最难把握的施釉工艺即笔刷，小件则采取最有

1　李家驹主编：《陶瓷工艺学》，中国轻工业出版社，2009 年。
2　（清）唐英撰：《陶冶图编次（陶冶图说）》，《江西通志》卷一百三十五。

效的施釉工艺即浸（蘸）釉。

（二）素烧的作用

清初以来，景德镇吹釉工艺成熟，难以浸（蘸）釉的较大或较薄的坯体可以用吹釉方法来施釉。宋代龙泉窑体型较大的坯体如何在浸（蘸）釉过程中降低被损坏的几率，薄胎产品又如何保证在釉水中不被水分溶化？这个答案非常明确，也是通过素烧来解决浸（蘸）釉或荡釉过程中坯体脆弱的难题。关于这个问题当前学术界没有分歧，而且在龙泉窑考古发掘中也确实有不少素烧片，我们发现了大量南宋龙泉窑素烧坯残片和素烧窑室遗迹。在龙泉的大窑[1]、金村[2]等窑址均发现有素烧坯，古代龙泉窑烧造瓷器的窑炉是依山而建的龙窑，素烧与正烧是在同一窑炉的不同位置上进行，龙窑靠后位置基本上是用来素烧和烘坯用。

素烧在陶瓷烧造过程中具有极为重要的作用和意义，除了可增强坯体机械强度、提高施釉和搬运等工序效率外，还可以烧毁大部分有机物质和水分，分解部分盐类，减少釉烧时挥发成分通过釉面导致生成橘釉（针孔群）、气泡、熔洞等缺陷，从而，提高釉面质量。再者，坯体素烧后可以发现半成品的很多质量缺陷，提前扔掉或返工，从而能提高釉烧的成品率和折正率等[3]。迄今为止，发现最早采用素烧工艺的是唐三彩釉陶，到宋代瓷器烧造中已被广泛使用。

（三）宋代龙泉青瓷胎釉素烧温度

龙泉窑铁胎青瓷薄胎厚釉产品有比较多的多层釉现象，仔细观察可以发现一些端倪。首先，器物脚线与口沿非常规整，而且棱角清晰，釉层犹如台阶状，层级清晰可见，还能想象出当时的刮削角度与力度。其次，每一道釉层线大体上角度力度一致，但是有不少局部存在比较大的差别，可以判断这不是同时刮削而成，而且当层釉刮去时内层釉或者坯体已经具有相当的机械强度，否则不会留下如此力度与角度的差别。

通常，陶瓷工艺中把坯泥素烧的温度控制在 700℃～800℃。温度过低起不到强化效果；温度过高，坯体吸水率会下降，影响浸釉、荡釉过程中的吸水性能，当然也增加了能耗。坯体素烧的工艺比较常见，当今各地陶瓷产区可能都会应用到。

1　朱伯谦：《龙泉大窑古瓷窑遗址发掘报告》，《龙泉青瓷研究》，文物出版社，1989 年。

2　张翔：《龙泉金村古瓷窑址调查发掘报告》，《龙泉青瓷研究》，文物出版社，1989 年。

3　该刊资料组：《素烧的作用》，《景德镇陶瓷》1973 年第 2 期。

施釉后再次素烧的温度会高一些，一般控制在 1000℃左右，笔者曾经做过小试验。首先，将施釉后的产品放在专门的素烧窑中进行 700℃～800℃的焙烧，降温出窑后可以发现，用手轻轻就能擦起釉面粉尘，没有一定的机械强度，无法保证再次浸入釉中以后基础釉层的各种安全。所以，笔者经常会在烧窑时在火孔附近放入大量的釉照，根据温度区间不断取出来进行机械强度测试。测试方法很简单，用指甲、竹条或者铁刀对釉层进行刮划。等到 900℃左右取出，釉层具有一定的机械强度，很难用手擦起粉尘，可以用指甲或竹条轻轻划出痕迹，釉层吸水性能良好，但是也可以轻易地从坯体中剥离，遇水后对釉层会有较大影响。已等到 1000℃左右取出，若釉层具有非常理想的机械强度，难以用指甲或竹条划出痕迹，釉层吸水性也不错，可以保证顺利有效地施釉，釉层已经很难从坯体上剥离，长时间浸入水中对釉层亦没有任何影响。待到 1100℃左右取出，釉层具有非常高的机械强度，用指甲或竹条已经无法划出痕迹，釉层吸水性能已经明显降低，无法进行正常的施釉工艺，釉层更难从坯体上剥离，此时用铁刀摩擦釉层居然可以起到理想的磨刀效果。而等到 1200℃左右取出时，釉层已基本烧结，并具有一定的光泽度，用铁刀已经无法划出痕迹，吸水性能几乎没有，根本无法采取常规施釉工艺。最终到 1300℃左右时，龙泉青瓷已经烧成了。

因此，龙泉窑铁胎青瓷在施釉以后再次素烧的温度控制在 1000℃左右比较合适，此外这个温度点也是非常重要的节点。众所周知，龙泉窑青瓷对窑火气氛的要求非常高，通常 1000℃是一个气氛转折点，即氧化气氛转还原气氛的关节点。当然，每一款釉的具体温度会有细微不同，这个可以在具体生产中由施釉工人去不断试验、适应。

（四）不素烧再次施釉或者一次性施釉过厚的后果

龙泉不少做高仿瓷的作坊，基本都采用传统内荡外浸或整体浸釉的方法施釉，并且是多次素烧多次施釉，原因是浸釉或者荡釉以后，若不再素烧继续浸釉或者荡釉的话会有不少毛病，主要是底釉拱起产生釉泡或釉面涨裂，纵使经过处理压平，也于事无补，会出现诸如缩釉、“苍蝇脚”等问题。浸釉和荡釉是通过坯体的毛细管作用的吸水原理进行施釉。在普通瓷器制作过程中，坯体在没有经过素烧的情况下浸釉或荡釉，也会产生釉泡，甚至釉泡破裂呈“丫”状。这跟原料结合性差、颗粒粗造成坯体密度和干燥强度低有关，坯体干后毛细孔较多，空气占据的空间较大，而有些粉质颗粒在坯体结构中结合不够牢固，上

图 12　未经素烧直接再次浸釉之后釉层表面起的破点

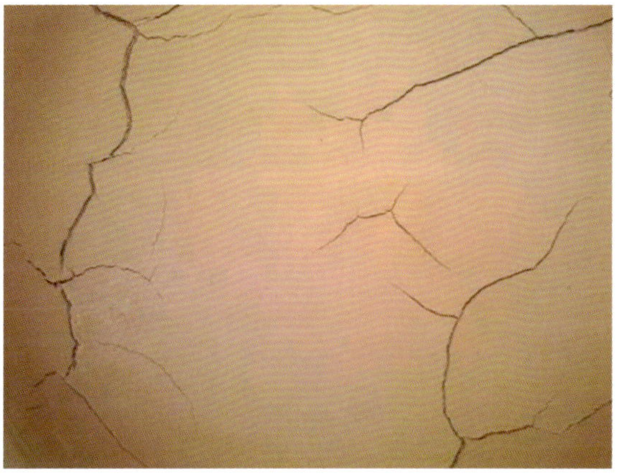

图 13　一次性施釉过厚的釉层开裂并与坯体分离的结果

釉吸水后坯体回溶导致坯釉结合松弛并且膨胀，严重者产生釉泡甚至釉泡破裂现象[1]。釉料的结合性和坯料相比肯定相差甚远，坯体浸釉尚且如此，更何况是釉上再浸釉。为此，我专门做了试验，得到结果也类似。比如，这件小花瓶（图 12）未经再次素烧而再次施釉，结果是，釉层会产生错落有致、大小不一的釉泡，最大的直径达 3 毫米以上，有些釉泡已然拱起呈“丫”状，有的甚至破裂掉落。

很多人可能会有疑问，薄胎产品会因为胎体不够厚，无法一次吸釉达到需要的厚度，难道，那些坯体本身够厚的产品也不能直接一次性施釉使得釉层达到需要的厚度么？我想以古代匠人的智慧和精神，不会做徒劳无功的事情，而且我们当代龙泉青瓷厂家也是这样做，第一道釉不能上得过厚，就算釉层看起来没有毛病，在烧成过程中也很容易大面积脱釉。为此，我也做了相应的试验，结果令人深思。由于釉层一次性上得过厚，胎体平面或凸面的釉层往往会产生明显裂痕，其实不难理解，我们的水稻田在干燥过程中也会产生龟裂，两者道理是一样的。凹面釉一次性上得过厚还会出现与坯体分离的现象，用手稍微按下就会出现破损。比如这件小洗（图 13）内部荡釉时间过久，釉层很厚，所以造成严重裂缝，并且还出现与坯体剥离的情况。其实也不难理解，我们在陶瓷生产时经常采用注浆工艺，坯体太薄时无法脱模，只有达到一定厚度才会脱模。而坯体凹面犹如石膏模范，釉层犹如泥坯，厚度适当，则胎釉结合良好，厚度超过一定范围，则容易分离脱落。

1　丘昭标 :《谈日用瓷注浆浸釉产品釉泡的成因及其消除办法》,《佛山陶瓷》2009 年第 5 期。

图 14　南宋　龙泉窑朱砂胎青釉虎瓶
（龙泉青瓷博物馆藏）

图 15　南宋　龙泉窑朱砂胎青釉象钮罐
（庆元县南宋开禧元年即 1205 年胡紘夫人墓出土，浙江省文物考古研究所藏）

很多人又会发问，宋代龙泉窑的窑工可能有特殊的方法，至少坯体较厚的产品绝对不用多次施釉。其实，自然界物质的物理性能或者自然规律永恒，不会随时间的推移而发生变化。龙泉青瓷博物馆藏有几件胎体比较厚的产品也有两层釉，比如这件南宋龙泉窑朱砂胎青釉虎瓶（图 14），口沿、圈足就有明显的 2 次施釉痕迹。浙江省文物考古研究所藏庆元县（南宋开禧元年，1205 年）胡紘夫人墓出土的一件南宋龙泉窑朱砂胎青釉象钮罐（图 15），也有类似情况。

结论

综上所述，宋代龙泉窑铁胎青瓷产品应该最早出现于北宋晚期，其釉层有一个由薄到厚的发展过程。其精品为薄胎厚釉，具有多层釉结构，这是多次素烧多次施釉的结果。纵然是胎体较厚的产品，也需要通过多次施釉才能达到理想结果。通常胎体素烧温度在 750℃左右，釉层素烧温度在 1000℃左右，单次施釉厚度要适当，不能一次性施得过厚。

嫉妒的冰裂
——宋元哥釉青瓷文化结构及审美阐释

沈芯屿　杭州博物馆

内容提要：浙江青瓷自东汉成熟以来，历经六朝、唐、五代至宋代龙泉窑青瓷，有过生动的动物造型、优雅的植物造型、线刻纹浮雕动植物纹等年代上的差异。但是，这些不同时代的器物是同一个序列、一个相对完整的青瓷文化结构。宋代开始哥窑、官窑青瓷冰裂纹釉面的出现，使浙江青瓷的传统结构出现了分支。一类器物文化的形成，与远古神话传说、地域民族习俗等很多细节相关联。本文试图采用结构主义方法论，结合考古、文献以及章氏兄弟之间因嫉妒而产生“冰裂”纹的民间传说等几个方面，阐释宋、元冰裂纹瓷器的产生和文人化的审美意向。

关键词：嫉妒　冰裂　宋元青瓷　结构　审美

关于哥窑瓷器，我们曾经疑惑于它的产地、时代，以及官窑和龙泉窑的关系等问题。由于传世哥窑瓷器与部分墓葬出土的哥窑瓷器有较大差别，而与龙泉窑的部分窑址出土青瓷、杭州南宋官窑瓷器的差别，以及科学检测结果的不同等原因，遂使其成为一个复杂而颇有争议的瓷窑。传世哥窑瓷器的釉色多米黄、粉青和灰青等，釉面有黑色和鱼子纹交错的开片纹，加之“紫口铁足”，形成特有的艺术风格。这种纹片，加上仿青铜器、文房用具的造型，成为当时文人雅士崇尚的美的最高境界。一类器物文化的形成，或与远古的、近代的神话传说、地域民族习俗等很多细节相关联。浙江的青瓷从东汉晚期成熟，历经六朝、唐、五代至宋代龙泉窑青瓷，有过生动的动物造型、优雅的植物造型、线刻纹浮雕动植物纹等年代上的差异。但是，这些不同时代的器物可以并列在一起，是一个完整的青瓷文化结构。哥窑和南宋官窑青瓷釉面冰裂纹的出现，使浙江青瓷的传统结构出现了分支。瓷器是由人做出来的，人类做瓷器并不仅仅是生活的需求，还有早期宗教图腾、自然和原始记忆的心理表现。手艺的传承和作为商品的贸易，涉及经济收入、宫廷需求等。烧窑的人与人之间会有竞争，有竞争就会有嫉妒。嫉妒就会导致“冰裂”，也就是人类学家所说：“陶艺，嫉妒的技艺。陶艺在神话中起源。”[1] 这一切都是组成青瓷文化结构的部分。

本文关于“嫉妒的冰裂”，源自龙泉当地的一个传说，讲的是兄弟二人同时各自置窑烧造青瓷。因为哥哥章生一的瓷器技艺高于弟弟，卖得好，并受到朝廷的青睐，而使弟弟生二产生嫉妒，往哥哥正在烧造的龙窑内泼进一盆冷水，使窑内温度骤变，导致釉面冰裂。是不是因为这个原因导致了青瓷从此有了冰裂纹？我们无从考证。青瓷外表结构形式的变化，从此成为一种文化现象。那是弟兄之间手足之情的“冰裂”；是对原本文人追求的完美青玉质感的“冰裂”；是我国青瓷发展史上文化结构的“冰裂”。因此，我把它称之为一种“嫉妒的冰裂”。冰裂纹饰，改变了原本追求青玉般温润典雅的青瓷发展的结构，同时打开了宋代文人雅士审美情趣的更高境界。它是一种“有意味的形式”[2]，这种形式构筑了该群体特有的文化艺术气质，成为中国宋代文士审美意向中不可或缺的一个符号，并对以后各朝也产生深远影响。

本文试图采用结构主义方法论，从宋、元哥釉瓷器的传世与考古、文献中的哥窑瓷器、嫉妒的冰裂、有意味的形式几个方面，阐释宋、元哥釉瓷器的产生和文人化审美意向。

一　传世与考古

目前已发现的哥窑瓷器主要有这样几个方面：第一，传世。海内主要由北京故宫博物院、台北故宫博物院、上海博物馆、安徽博物院、广东省博物馆、南京市博物馆、南京博物院、浙江省博物馆等收藏。海外主要由大英博物馆、大维德基金会、大都会艺术博物馆等收藏。这些器物从目测来看，大多与南宋官窑、龙泉窑址出土的黑胎青瓷相似。第二，出土。墓葬出土类哥窑瓷器以及与哥窑相关的瓷器，如：

1　[法]克洛德·列维·斯特劳斯著、刘汉全译：《嫉妒的制陶女》第35页，中国人民大学出版社，2006年。
2　[美]苏珊·朗格著，刘大基、傅志强、周发祥译：《情感与形式》第33页，中国社会科学出版社，1986年。

1. 南京汪兴祖墓出土类哥窑瓷盘 11 件。“葵瓣口，青灰色釉，开片。大盘圈足露出紫酱色胎骨，中、小盘底部留有支烧痕迹。”[1]

2. 上海市青浦县任氏墓的报告这样说：“出土官窑悬胆式瓶四件，通体有细纹开片，圈足露胎处显紫酱色胎骨，施淡灰青色釉。官窑投壶式瓶二件，器身纵横细纹开片，施灰青釉。器口、耳釉薄处略呈紫色，即俗称‘紫口铁足’。官窑双耳炉二件。炉仿簋式，胎灰黑……釉色青灰，开本色纹片，圈足底露紫酱色胎骨。器心及底均有支痕。”[2]在该报告中认定为官窑，但是器物的描述中有“器身纵横细纹开片”的说法。由此，汪庆正先生在一篇哥窑研究的文章中指出：“1953 年，上海市青浦县元代任氏墓群……在这批出土的瓷器中，我们过去把一对瓶及一双炉定为宋官窑。在后期墓葬中用前期的器物陪葬是可以的。但是笔者最近考虑到，元代任氏墓出土的这只双鱼耳炉，正是传世哥窑中比较多见的器物。”[3]

3. 1977 年，安徽省安庆市出土“米黄釉盘一件，通体施米黄釉，不露胎，外底有六枚支钉痕，釉层甚厚，有开片。葵花口盏二件，内外施米黄色釉，釉层较厚，半透明，有开片纹。足底露胎，为铁黑色。口沿釉薄，呈绛紫色。淡青釉盏一件，内外施淡青釉，釉厚质坚，有开片纹。足底露胎，胎质坚细，铁黑色。口沿釉薄，呈绛紫色。米黄釉把杯一件。内外施米黄釉，釉厚而较莹润，有开片。足底露胎，胎坚质细，铁黑色。口沿釉薄，呈绛紫色”[4]。

4. 安徽繁昌元代窖藏出土的瓷器中有“南宋官窑月白釉贯耳瓶二件”。作者没有描述釉面的开片纹，但是从图片看，纹片细碎，“紫口铁足”特点鲜明。认为是宋代官窑之“重器”[5]。

5. 江苏溧水永阳镇元代窖藏出土有哥窑瓷器。“哥釉细颈小瓶 2 件，胎质粗松，施粉青色釉，釉层较厚，有多个缩釉小孔。釉面遍布冰裂纹，一种线条较粗黑，另一种线条较细，微黄。圈足露胎呈紫黑色。哥窑水注 1 件……底部三乳足，足呈紫黑色。胎质粗松，施粉青色釉，釉层较厚，釉面有冰裂纹。哥窑三足炉 1 件。炉内、外施粉青釉，釉层较厚，釉面遍布粗细不等的冰裂纹，粗线发黑色，细线发微黄色。”[6]

---

1 南京市博物馆：《南京明汪兴祖墓清理简报》，《考古》1972 年第 4 期。

2 沈令昕、许勇翔：《上海市青浦县元代任氏墓葬记述》，《文物》1982 年第 7 期。

3 汪庆正：《中国陶瓷钱币碑帖研究》第 11 页，上海古籍出版社，2006 年。

4 胡悦谦：《安庆市出土的几件瓷器》，《文物》1986 年第 6 期。

5 王承旭：《繁昌元代窖藏瓷器》第 93 页，江苏美术出版社，2012 年。

6 高茂松：《江苏溧水永阳镇元代窖藏出土的瓷器与初步认识》，《东南文化》2011 年第 2 期。

6. 北京后英房元代居住遗址，出土蟹青釉的瓷罐，“胎骨呈青灰色，亮厚的蟹青釉下有碎开片纹，应属于哥窑产品”[1]。

7. 窑址出土。主要有龙泉窑和杭州南宋老虎洞官窑遗址。大多数对釉面的描述多为“细碎片”，这与文献上的“百圾碎”相吻合。我们并不认为元代墓葬出土的器物一定就是元代的，它可以有更早的，比如宋代，甚至唐代。但是以上元墓出土的哥釉瓷器风格与杭州老虎洞窑元代地层出土的标本非常相似。

除了杭州南宋恭圣仁烈皇后宅、杭州太庙等遗址、严官巷等南宋皇城遗址周围的一些地方发现南宋官窑瓷片之外，至今没在南宋的墓葬中发现过南宋官窑瓷器。已经发现的元代墓葬出土的类官、哥窑瓷器的胎釉都有“釉厚”“底足露胎灰黑”“口沿釉薄，呈绛紫色”“开冰裂纹”或“细碎片”等特点的描述。出土的器形为碗、盘、盏托、瓶、香炉等日用器和仿青铜礼器造型的陈设瓷。这些器物的釉面、制作工艺等与老虎洞窑址南宋地层的器物在口沿、器身与圈足的做工、胎泥提练以及釉面、色泽上都有明显差别。而与元代地层出土的标本器有较多相似。是否意味着南宋灭亡之后，老虎洞窑在进入元代时期之后又重新开始烧造？所以器物风格宛如南宋官窑，而质地和制作工艺上存在较大差别？早在20世纪80年代后期，就有人对哥窑瓷器做过化学检测，显示传世哥窑其成分与龙泉窑有较大区别，得出了传世和墓葬出土哥窑的产地不在龙泉的结论[2]。2004年，杭州市文物考古研究所与中科院上海硅酸盐研究所联合对杭州老虎洞窑址出土的宋代、元代部分标本做了科学检测，传世哥窑瓷器与元大都遗址出土哥窑瓷器标本的数据和南宋官窑的元代地层中出土瓷器的化学成分基本相符[3]（图1、图2）。而杭州市文物考古研究所唐俊杰先生指出：“……在元代窑业活动前，该地曾经废弃了一段时间，从沙层的厚度看，最厚处可达2米多，这么厚的沙层，显然不是短短几年时间所能形成的。”[4]从这一情况看，杭州老虎洞窑的宋元堆积层的时间相隔数十年，两个堆积层之间没有太多的关联。

1　中国社科院考古研究所、北京市文物管理处、元大都考古队：《北京后英房元代居住遗址》，《考古》1972年第6期。

2　李国桢、郭演仪著：《中国名瓷工艺基础》第78页，1988年。

3　李家治、张志刚、邓泽群、陈士萍、杜正贤、郎旭峰：《杭州凤凰山麓老虎洞窑出土瓷片的工艺认识》，北京大学中国考古学研究中心、杭州市园林文物局《南宋官窑与哥窑——杭州南宋官窑老虎洞窑址国际学术研讨会论文集》第235—236页，浙江大学出版社，2004年。

4　唐俊杰：《关于杭州老虎洞南宋窑址性质的探讨》，北京大学中国考古学研究中心、杭州市园林文物局《南宋官窑与哥窑——杭州南宋官窑老虎洞窑址国际学术研讨会论文集》第18页，浙江大学出版社，2004年。

图 1　南宋　老虎洞窑鼎式炉（南宋官窑博物馆藏）

图 2　元　老虎洞窑鼎式炉（南宋官窑博物馆藏）

由此说明，老虎洞窑址出土的元代哥釉瓷器与文献中的宋代哥窑没有关系。元代墓葬出土的类似哥窑瓷器的时间应该是元代，而非南宋。那么，宋代哥窑在哪里？有人认为：宋代哥窑根本不存在，纯属元明文人炒作；有人认为龙泉类南宋官窑瓷器为宋代哥窑瓷器；也有人认为，老虎洞窑就是传说中的哥窑，并有科学检测报告为依据等。早期，浙江省文物考古研究所对龙泉溪口瓦窑垟、大窑、小梅、金村等部分窑区所烧造的开片纹黑胎青瓷，曾经做过调查，明确指出："龙泉'官窑'中的黑胎类产品，只侧重于瓦窑垟为典型的附近几处窑址，无单独烧制的窑场。"[1]（图 3、图 4）郑建明先生在 2011 年的考古发现，证明小梅有窑址单独烧造黑胎青瓷。由此证实，黑胎青瓷的单独窑场存在。原本滋润如玉的青瓷为什么会出现"冰裂"？为什么朝廷此时突然喜欢黑胎冰裂纹青瓷？谁是"冰裂"的开始？这一点，仅有的考古资料似乎没有明确的依据可以证实。已发表的南宋官窑报告和部分专家一致认为，南宋官窑在烧造工艺上受到北宋汝窑影响[2]。而汝窑能否确定是北宋官窑？目前还存疑。更何况汝窑的特点是釉质清雅、温润，并不以"冰裂"纹见长。

1　汤苏婴：《龙泉瓦窑垟黑胎类产品及相关问题》，《考古》1993 年第 11 期。

2　中国社会科学院考古研究所、浙江省文物考古研究所、杭州市园林文物局编著：《南宋官窑》第 65 页，中国大百科全书出版社，1996 年。

图 3、图 4　瓦窑垟出土瓷片标本（汤苏婴供图）

再者，考古发现在整个龙泉窑地区烧造黑胎冰裂纹青瓷的范围有局限，出土的器物和传世器物也存世极少。说明这类器物不是供普通民众使用，具有鲜明的社会阶层区别。而龙泉窑粉青、梅子青釉残器和完整器在博物院有收藏，在杭州、全国各地乃至世界各地都有大量的出土和传世品。这一现象说明，龙泉黑胎青瓷与粉青、梅子青釉瓷是两个不同序列的分支。由此，宋代的“冰裂”纹与元代的“细碎”纹具有本质区别。杭州老虎洞窑址元代地层的“冰裂”纹瓷器，是对宋代青瓷冰裂纹的模仿，也是宋代文人审美意向的延续。宋代青瓷的冰裂纹，是一种特殊文化背景下的产物。

二　文献中的哥窑

据考古发现，浙江的青瓷文化是一个相对完整的序列。这个序列与吴越地区所构筑的社会结构和生活形态应该一致。一种器形的出现与演变，不可能没有原因。对于瓷器的研究，也不应单独孤立。文化人类学家指出：“社会是一个整体，要想认识某种社会现象，就必须将它与其他社会现象、与整个社会联系起来加以考察。”[1] 对于哥窑一个地域瓷器的研究，除了需要对考古发现品、传世哥窑以及窑址发掘品进行相关探讨外，搜集古文献中对于哥窑的记载，同样不可或缺。宋代正史以及主流文献尚未发现有哥窑的记载，所见大多为元明清传袭，所以在查阅中感觉有些凌乱。目前学界引述最多的是陶宗仪的《南村辍耕录》，其中并没有提到釉面开片或冰裂纹。我们只能尽力从部分笔记的记载中作一些探索。

据光绪丁丑仲春刻《龙泉县志》载：“生二章，青器，章姓，生二名。不知何时人，尝主琉田窑。凡磁器之出于生二窑者，极其晶莹，纯粹无瑕，如美玉。然今人家藏亦鲜存者，或一瓶一钵动博十数金。厥兄名章生一，所主之窑，其器皆浅白断纹，号百圾碎，亦冠绝当世。今人家藏者尤为难得。世人称其兄之器曰哥哥窑，其弟之器曰生二章。云……龙泉窑土细质厚，色甚葱翠，妙者与官窑争艳。此章窑在宋无疑矣。惟章窑与官窑一时并贵，而定官制自宣和、政和间。至南渡后，制法稍拙，章窑亦然，则章窑之在南宋时，似非确证也。”[2]

县志中开头叙述的是“生章二”，并称赞他烧造的瓷器“晶莹纯粹无瑕如美玉”。然后才提到其兄章生一，是“哥哥窑”。其次，是“龙泉窑土细质厚，色甚葱翠，妙者与官窑争艳。

1　夏建中：《文化人类学理论学派——文化研究的历史》第259页，中国人民大学出版社，1997年。

2　清光绪丁丑刻《龙泉县志·卷之一·兴地·古迹》第35—36页。

此章窑在宋无疑矣。惟章窑与官窑一时并贵，而定官制自宣和、政和间。至南渡后，制法稍拙……”似乎龙泉窑在北宋晚期曾经被定为官制。笔者在宋人笔记中找到了相应的记载：“处州龙泉县多佳树，地名豫章，以木而著名也……又出青瓷器，谓之‘秘色’，钱氏所贡，盖取于此。宣和中，禁庭制样须索，益加工巧。”[1]这里的豫章，应该是树名而不是地名。而把龙泉窑和“钱氏所贡的‘秘色’瓷”放在同一个地方，很可能与越窑窑工迁徙至此有关，有待于进一步考证。元人记载：“……江南则处州龙泉县，窑质颇粗厚。政和间京师自置窑烧造，名曰官窑。”[2]清代朱琰《陶说》载：“宋哥窑，本龙泉琉田窑。处州人章生一、生二兄弟，于龙泉之窑，各主其一。生一以兄故，其所陶者曰哥窑……《清秘藏》：古松龙泉窑器，土细质厚，色甚葱翠。妙者与官窑争艳。但少纹片、紫骨、铁足、耳。且极耐摩弄，不易茅篾。第工匠稍拙，制法不甚古雅。有等用白土造器，外涂泑水，翠浅，影露白痕，乃宋人章生所烧。号曰章窑。较龙泉制，度更觉细巧精致。《春风堂随笔》：弟所陶青器，纯粹如美玉，为世所贵，即官窑之类。兄所陶，色淡。”[3]这些笔记中都有关于龙泉窑在“宣和”“政和”曾经定为“官制”的记载。或“即官窑之类，兄所陶色淡”。如果这些记载确实，那么说明哥釉青瓷在北宋时期就曾经为朝廷定烧过瓷器。在南宋延续烧造，似乎也顺理成章了。

在《浙江风俗志·龙泉瓷匠》一节中有这样的记载：“南宋时，龙泉有一种‘窑变瓷器’，灰青色的釉上，布满蛛网状，高雅别致，它有一段动人的传说。当时龙泉县有兄弟俩，均操窑业，哥哥章生一聪明能干，勤俭操业，所制产品，十分精美，畅销于市；弟弟章生二怕脏嫌累，所制产品较劣，销路不畅。弟弟见哥哥的产品优美畅销，心怀妒忌。一天，趁哥哥不在窑场，偷偷地把水灌入哥哥的瓷窑中去，结果窑中产品表面的釉全部龟裂。哥哥见此心急如焚。忽见帐桌上的砚台储满墨水，灵机一动，将墨水与釉色调和，然后一笔一划将釉水嵌入裂缝，入窑重烧。”从此，釉面冰裂，墨汁是黑胎的起源，为原本滋润碧透的青瓷注入了特有的美感。传说每年的“七月十八日为祭窑日，这一天正是哥窑祖师章生一制成“窑变瓷”的日期”[4]。这是青瓷结构产生变化源于嫉妒的一个传说。这个传说是温润如玉的青瓷出现“冰裂”纹作为纹饰起源的唯一例证（图5至图8）。也许，有人

1 （宋）庄绰：《鸡肋编上》第5页，中华书局，2016年。

2 （元）陶宗仪：《南村辍耕录·窑器》第363页，中华书局，1959年。

3 （清）朱琰：《陶说》第22—23页，天津市古籍出版社，1988年。

4 浙江民俗学会编：《浙江风俗简志》第543—544页，浙江人民出版社，1986年。

图 5　南宋　龙泉窑青釉鬲式炉
（杭州博物馆藏）

图 6　南宋　龙泉窑青釉弦纹奁式炉
（杭州博物馆藏）

图 7　宋　龙泉窑黑胎青釉炉
（浙江省文物考古研究所藏）

图 8　宋　龙泉窑青釉簋式炉
（浙江省文物考古研究所藏）

会认为这只是一个传说，不足以使我们去研究和印证。青瓷的发展和绵延，从来就不是一个单独体，构成这个序列，需要很多方面的细节，传说，是其中一个不可或缺的部分。首先，假如没有哥弟窑的传说，我们今天的讨论就会显得很荒诞。其次，我们前面的文献也是笔记传说延续下来。从发掘情况看，宋代黑胎冰裂纹青瓷在龙泉境内的范围并不大，这一点从海内外出土和收藏的宋元龙泉窑瓷器和黑胎青瓷的数量上也可以证实。宋代黑胎青瓷没有像龙泉青瓷那样大规模走向世界各地，说明当时是存在某种限制性。再则，是不是因为哥窑瓷器烧出冰裂纹，而为朝廷“制样须索”，所以哥哥才被当地烧窑人供奉为窑神，也不是没有可能。中国古代也有把朝廷钦定的作坊奉为神灵或祖师爷供奉的情况。唐代都城长安，有一个叫梨园的地方，因为唐玄宗李隆基通音律，曾经在此教演艺人，后来梨园就成为艺术组织和艺人的代名词，而唐玄宗就是梨园供奉的祖师爷。如果哥窑瓷器像文献记载的那样，曾经在当时被钦定过官制，那么其年代就应早于宋室南渡。所谓的薄胎厚釉、黑胎青瓷的时间早于南宋官窑，也就合理。

此外，不可忽略的是越窑寺龙口窑址也有类官窑黑胎青瓷出现。据厉祖浩先生考证，南宋之后上林湖越窑曾经有过四次烧造官窑的活动，“可称为‘措置监造’”[1]。并且明确记载是“厨用”。有人把浙江杭州郊坛下、老虎洞遗址和慈溪寺龙口、龙泉大窑、金村地区3个地方的标本作了科学检测，得出的结论是“薄胎厚釉技术源于北宋时期浙江慈溪上林湖、龙泉瓦窑垟地区青瓷窑场。南宋官窑在烧造技术上与浙江本地窑系青瓷烧造技术一脉相承”[2]。这一科学论据，动摇了以往认为南宋官窑的烧造技术源自北宋汝窑的观点，证明寺龙口窑、龙泉窑出土的类南宋官窑瓷器是就地取材，在时间上早于杭州郊坛下和老虎洞官窑。试想，北宋朝廷能把吴越国王召去开封，并且第二次进宫没有再回来，那么，要几个越窑制瓷工匠应该更是不在话下。笔者接触过较多郊坛下和老虎洞窑址出土的瓷片标本，自20世纪80年代开始，也陆续多次前往龙泉窑遗址。2011年中国古陶瓷学会召开年会期间，亦随考古人员趁龙泉窑遗址考古发掘前往龙泉调查大窑、金村、小梅等部分窑址。发现郊坛下与老虎洞窑瓷器能细辨别，而与南宋官窑和哥窑相似的黑胎青瓷标本、与郊坛下和老虎洞窑的宋代标本比对，目测很难区分（图9、图10）。宋室南迁，不可能在一夜之间建

图9　宋　龙泉窑黑胎青釉觚
（浙江省文物考古研究所藏）

图10　宋　龙泉窑哥釉菱花口折沿盘
（浙江省文物考古研究所藏）

1　厉祖浩：《南宋越窑札记》，浙江博物馆编《东方博物》第62辑，第55页，中华书局2017年。

2　周少华、苗建民、骆明明、李和：《浙江地区出土宋代薄胎厚釉青瓷的EDXRF研究》，史宁昌、苗建民主编《宋代五大名窑科学技术国际学术讨论会论文集》第137页，科学出版社，2016年。

起专门的瓷窑。而朝廷建都杭州，应该有一个过渡。这个过渡可能是找曾经烧过瓷器的地方——上林湖、龙泉。既然龙泉窑于政和、宣和年间就曾经定为“官制”，那么，所谓的哥窑烧造黑胎青瓷的问题似乎也就迎刃而解了。

以上的文献主要有这样几点值得关注：1. 龙泉窑在北宋宣和、政和年间定为官制或“禁庭制样须索”。2. 兄弟分别置窑，哥窑瓷为开片纹瓷。3. 价格昂贵，“动博数十金”。4. 兄弟之间有嫉妒情绪发生。

嫉妒，是人类的天性，也可以是一种意向。两者技术相同，烧造同样的青瓷，财富均等。如果收入相等，兄弟之间不可能出现分支。考古人员和我们平时的观察都会发现，同为龙泉地区，都会有一个中心窑场。周边不同窑场相隔不远，产品都有区别。而中心窑场脉络清晰；滋润碧透宛如青玉的釉面，同时出现了冰裂纹，并作为一种专门的纹饰，成为浙江青瓷一个体系的分支，这个文化和审美现象是存在的。

三　嫉妒的冰裂之审美意象

碎，是完整的东西破裂成片、零块，这是中国古文字对“碎”字的解释，包含着不好的含义。南宋朝廷为什么会把这样一种破裂状的青瓷器作为朝廷用瓷呢？ 这种犹如水面上的结冰受到外力作用之后出现的碎裂，令人产生一种寒冷、迸裂的美感，使朝廷上下沉醉其中。宋代官窑青瓷出现的“冰裂”纹，给青瓷注入孤傲冷峻的气质。这是一种审美意向，是哥窑青瓷所拥有的特点之一。在窑炉特定的还原气氛中产生的青瓷纹片，从宋代开始出现，元、明、清都有仿制。

这里需要指出的是釉面的开片纹与“冰裂”纹不同。瓷器釉面的开片，是一种普遍而常见的现象。以越窑青瓷为例，早在三国东吴至西晋时期，越窑青瓷釉面清纯，玻璃质感强，表面开米粒大小的细碎片，纹片浅。至唐代中晚期，越窑青瓷的釉面素净典雅，少花纹，呈植物花卉形状，釉面没有开片。晚唐五代钱氏家族水丘氏墓、康陵墓、陕西法门寺出土的越窑秘色瓷，更是胎体致密，釉面色泽清雅，表面光滑，也没有开片纹（图 11 至图 13）。北宋时期，汝窑青瓷有开片，其纹片呈鱼鳞状，或不规则状。人们一般赞美的是汝窑天青般的釉色，而不是“冰裂”纹。而汝窑中奉为上品者，没有开片（图 14）。寺龙口窑址出土的黑胎厚釉青瓷，均为表面光滑滋润，色泽青雅，胎釉的烧结度非常紧密，没有冰裂纹。南宋龙泉窑追求的也是温润碧透的梅子青和粉青釉，釉面光滑温润，宛如青玉。

图 11　五代　康陵墓出土越窑青釉粉盒（临安文物馆藏）

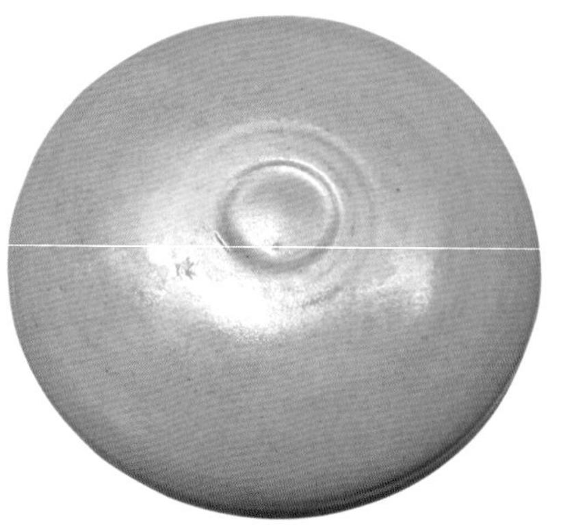

图 12　晚唐　越窑青釉粉盒（临安文物馆藏）

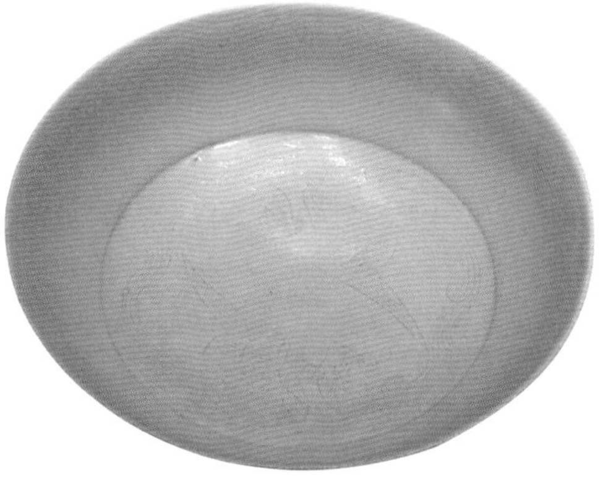

图 13　北宋　越窑青釉刻划双凤纹洗（大英博物馆藏）

图 14　北宋　汝窑天青釉盏托（大英博物馆藏）

文化结构的形成需要历史的积淀，出现不同的变化，一定有它内在的原因。瓷器研究不仅仅是胎釉、地层、造型等那么简单。它是人做出来的，它的变化与发展的主体是人的生存环境、风俗习惯、社会结构、民间传说等，同样是有序列。文化人类学家指出："神话和寓言都是早期民族的资料源泉……最初的科学应该是神话学和对寓言的解释，因为神话和寓言是各个民族最初的历史。"[1] 世界上很多地区关于陶器起源的神话传说中都与嫉妒有关。而我国古代流传下来关于陶瓷与嫉妒的神话传说极少，不足以连缀起瓷器考古发现的系统性研究。浙江青瓷文化的序列是一个久远形成的文化结构，这个结构从宋代开始"冰裂"了，形成了一条新的分支。我们今天研究哥窑青瓷，在一些问题上同样存在文化连缀链的缺失。这是青瓷文化的一个部分。此外，就是经济价值同样是瓷器文化的一部分。有

1　夏建中：《文化人类学理论学派派——文化研究的历史》第 6 页，中国人民大学出版社，1997 年。

人说："几千年以来，具有某种形式的陶瓷……出现在所有人类的居所里，不论其陋室还是豪宅，以至于古埃及人将'我的财产'说成'我的陶罐'，而法国人自己在谈到做出无论何种性质的赔偿时，不也总是使用一句成语'赔偿打破的陶罐吗？'"[1] 所以说，宋代龙泉青瓷是技艺的再现，也是财富的象征。它的器皿，"一瓶一钵动博十数金"。这个数据也是青瓷文化的一个部分。

陶罐是陶瓷的统称，是财产、欲望和灵魂的象征。人类在资本有了积累后，需要把剩余的财物储存起来的时候，需要陶罐。人去世之后，也要用陶罐安放灵魂。西晋至两宋越窑有堆塑罐，龙泉窑有较多多管瓶之类造型的罐子，有在盖子上书写称之为"仓廪"，实则魂瓶，就是一个典型的例证。古希腊诗人赫西俄德说："……但是女人们用自己的双手揭开了陶罐的大盖子，放出了里面的东西。它们四出流散，给人们带来无尽的忧愁和烦恼。"[2] 这里的陶罐，是"潘多拉盒子"的象征。我国是把陶器发明为瓷器的国家，陶瓷，是伴随着人类从生到死的不可或缺的"财富"。我国的《考工记》有这样的记载："抟埴之工：陶，旊。有虞氏上陶，夏后氏上匠，殷人上梓，周人上舆。"[3] 这一记载说明，在远古的虞舜部落时期就有六工，做陶是其中之一。做陶瓷，一直是被皇家贵族掌控的一项专门技艺。掌控技艺，就是掌握生产陶瓷的一个拥有技艺的人群，这个人群以及他们创造的器物，都是皇家的财富。恩格斯指出："卑劣的贪欲是文明时代从它存在的第一日起至今日的动力；财富，财富，第三还是财富——不是社会的财富，而是这个微不足道的单个的个人的财富，这就是文明时代唯一的、具有决定意义的目的。"[4] 我们可以忽略章家兄弟传说，但是无法忽略青瓷裂变出现的文化现象。没有哥弟置窑的传说，也就没有我们今天关于"哥窑"的讨论。章家兄弟的瓷窑是二人分别的财富，他们烧造的瓷器也是他们各自的财富，朝廷控制哥窑青瓷，同时控制龙泉青瓷外贸等税收的大量财富。兄弟之间，即使不是兄弟，对财富的竞争也必然存在。有竞争，就会有迸裂，有迸裂就会有情绪，有情绪就会在创造的器皿上表现出来。这是"有意味的形式之源"。

中国陶瓷史上有非常多的瓷窑，最精美的瓷器一定会首先进贡朝廷。不同时期的瓷器有不同的造型、色彩。但是在同一个族群内的瓷器，有其自身的发展脉络与结构。"结

1 [法]克洛德·列维·斯特劳斯著，刘汉全译：《嫉妒的制陶女》第 8 页，中国人民大学出版社，2006 年。
2 [法]克洛德·列维·斯特劳斯著，刘汉全译：《嫉妒的制陶女》第 1 页，中国人民大学出版社，2006 年。
3 戴吾三编著：《考工记图说》第 23 页，山东画报出版社，2003 年。
4 [德]恩格斯：《家庭、私有制和国家的起源》第 173 页，《马克思恩格斯选集》第四卷，人民出版社，1972 年。

构是一个完整的整体，组成它的各元素之间是严密地相互制约的，以至其中任何一个都无法独自发生变化。”[1] 唐五代越窑、北宋汝窑中没有发现像南宋官窑那样线条鲜明的冰裂纹。北宋官窑瓷器的模样尚未明确。南宋朝廷，不可能在某一天突发奇想要求烧造黑胎冰裂纹青瓷。我认为，根据民间传说，以及古文献关于在宣和、政和年间龙泉窑曾经“禁庭制样须索”的记载和考古人员的发现，南宋官窑早期产品并没有形成自己的特点，釉薄有光泽，胎体比较细，釉面开片纹疏密不一。南宋晚期开始，它的制瓷技艺真正成熟并达到炉火纯青的程度。这就是：“薄胎厚釉，釉层柔和如玉，开片疏密有致，紫口铁足是南宋后期官窑青瓷的特点。”[2] 那么，南宋朝廷早期使用什么器皿？仅仅是北方带过来的？既然薄胎厚釉，釉层柔和如玉的青瓷，是从南宋晚期开始成熟，如果南北官窑技术衔接有序，对于宫廷不应该是一件难事。相反，南宋朝廷在青瓷的烧造上，表现出独特的审美意向——黑胎、多次上釉、冰裂等。所以，我们有理由推断：龙泉窑的所谓章家兄弟瓷窑，应该是北宋时期曾经为朝廷“禁庭制样须索”的龙泉官窑。宋室南迁之后，依然为朝廷烧造宫廷用瓷。

南宋官窑分郊坛下官窑和老虎洞官窑，宋代地层出土青瓷大多纹片大。老虎洞窑址的宋代地层瓷器有多层相叠的细碎纹片，宛如梅花，非常精美，与台北故宫博物院收藏的部分藏品很相似（图 15）。而传世哥窑纹片比较细，釉色以米黄、青灰多见，古文献称之为“百圾碎”，并且似乎评价不高。明代文震亨《长物志》有这样的描述：“官、哥、汝窑，以粉青为上，淡白次之，油灰最下。纹取冰裂、鳝血、铁足为上，梅花片、墨纹次之，细碎纹最下。官窑隐纹如蟹爪，哥窑隐纹如鱼子。”[3] 细碎纹被称之为最下，它的描述与我们今天的传世哥窑瓷器很相似。笔者认为，官窑青瓷釉面的大开片和多层相叠的开片纹与元代老虎洞窑青瓷开片的区别

图 15　南宋　官窑弦纹奁式炉（台北故宫博物院藏）

1　夏建中：《文化人类学理论学派——文化研究的历史》第 262 页，中国人民大学出版社，1997 年

2　朱伯谦：《朱伯谦论文集》第 28 页，紫禁城出版社，1990 年。

3　（明）文震亨：《长物志》第 80—81 页，浙江人民美术出版社，2016 年。

很明显。尤其是多层开片、宛如梅花的纹片，很可能只有在数次上釉和特有的还原气氛情况下才会出现，应该属于南宋。老虎洞官窑和龙泉黑胎青瓷也证实了这一点。这种冰裂的纹饰正好迎合了朝廷以及文人的审美意向。即“如冰与水精，非不光，比之玉，自是有温润含蓄气象，无许多光也。”[1]宋代官窑青瓷的釉装饰，就是这种尚玉的人文美学精神倡导下的产物。把端庄古朴的造型与具有温润含蓄的玉质般的釉结合在一起，出现的这种冰清玉洁、典雅高贵的文人气质，是宋代文人梦寐以求的美学境界。这种“如冰与水精”的冰裂不可把控。窑内还原气氛的不同变化，里面的瓷器釉面“冰裂”的线条纹会自由走向，有深有浅，层层叠叠，会令窑匠和当时文人产生无限的遐想和一种神秘而期待的莫名快感。这是情绪在一个族群生存和使用的器物造型和纹饰上的表现，成为宋代文人的一个特有的符号——并且世代相传。“……并非在于各类艺术形成要素的相同和技术的相似，而主要在于它们特有含义的唯一性，即在于全部艺术‘意味’的意义。”[2]所以，这种冰裂纹是“有意味的形式”。

其实，我们讨论哥窑的时候就会发现，与南宋官窑、越窑、龙泉窑在很多方面分不开。尤其是对哥窑与南宋官窑等的关系，在我的心目中这个确凿的界定依然模糊。因为很难切割所谓窑系之间的关系。但是，我们可以用一片浙江越窑青瓷，连接龙泉窑、北宋官窑、哥窑、南宋官窑、耀州窑青瓷甚至高丽青瓷等。从考古学的角度看，他们有不同地层、时代和地域区别。但是从文化结构主义理论来说，它们是同一个序列。这也是我们今天为什么会觉得讨论哥窑是一个“非常棘手”（汪庆正先生语）的问题的原因。前面所述，元代哥窑瓷器的细碎片相对明确了，而如果哥窑早于南宋官窑，那么，所烧造的器物是哥窑，还是南宋龙泉官窑？

总之，从审美角度讲，梅青滋润，宛如青玉，是宋代文人对玉崇拜的审美意向。而黑胎，经过多次上釉，产生冰裂纹，使不同的纹饰线条交错，则是宋人对远古青铜时期的审美记忆的再现。青铜在江北，那是祖先之魂。黑胎青瓷以及“紫口铁足”，是青玉与青铜的合体物。温润如玉的青瓷的“冰裂”，使浙江青瓷出现了两条支流，这两条支流构筑了浙江青瓷恒久之美的新的结构。

1 北京大学哲学系美学教研室编：《中国美学史资料选编》第 29—30 页，中华书局，1981 年。

2 [美]苏珊·朗格著，刘大基、傅志强、周发祥译：《情感与形式》第 33 页，中国社会科学出版社，1986 年。

明初哥窑小议二题

蔡玫芬　台北故宫博物院

内容提要：中国陶瓷史上，哥窑名称甚巨，也最是扑朔迷离的瓷类。14世纪中期元代《静斋至正直记》最早出现哥窑的称呼，并在多个墓葬或窖藏出土此种类官窑的开片瓷器；其后哥窑普遍受到颂扬与使用的状况，则见于16世纪以后的古文献记载、图像数据或考古出土物。本文则试图了解从14世纪中期之后到16世纪之间，明初官府对哥窑形态的认识。

本文的讨论分两方面：第一，明初功臣墓为官府营葬，其中的哥窑型瓷器应是当时的产物，采办者未必有"哥窑"一词的概念；而洪武二十六年以前的明初窑务制度尚未定型，官用瓷器有多样来源。第二，从明代官方窑厂所制作哥窑型瓷器，可以看出明初对哥窑特征认知的变化；至成化时始能达成后世所谓哥窑瓷器特征的认知。

关键词：哥窑　丧葬制度　明器九十事　宣德开片瓷　成化哥釉瓷　明初窑业　烧造制度

在中国陶瓷史上，哥窑名称甚巨，但也最是扑朔迷离的瓷类。其扑朔迷离的现象有几：一是名称由来的不确定性，即使至今发现多个说法不一的文献，但同样文献的解读却也各家见解不一。一是制作地不明，除了文献显示产地的讯息不一，考古发现也不足以支持几个可能窑口的产品与传世品间的一致性。一是传世所谓哥窑的认知的不确定性，其中也牵涉胎、釉与造型年代的多样可能性，因此即使科技分析成果也因标本的标准性而引致目前未能有决然可信的判断。一是后世仿制哥窑风格的作品来源太广泛，这也可以看出哥窑类型的瓷器所曾受到的广泛喜爱。

现代所认识的"哥窑"名称，学界公认首见于元代晚期孔克齐《静斋至正直记》，作者自言于至正十五年（1355 年）在杭州见到"哥哥洞窑"香炉，有博识的鉴赏家告诉他："近日哥哥窑绝类古官窑。"[1] 说明此时哥窑正烧造，其产品已难与宋"官窑"区分。学界也同样公认，哥窑的赏爱风气在 16 世纪中叶、明嘉靖以后大兴。文字记录里的"哥窑"，在各种文学、艺术、与赏玩相关的笔记书籍中一再出现。赏鉴家直言"官窑品格大率与哥窑相同"[2]；有关哥窑与龙泉窑创生于一对兄弟章生一、章生二的传言在此时普遍流散[3]；有一类釉色浅，或淡青或米黄且开片清晰的瓷器，也几乎同时大量出现在绘画上，说明这种开片密布或称"碎器"的瓷器流行风尚，呼应着 16 至 17 世纪文人生活美学诸书如《遵生八笺》、《长物志》等，所述哥窑或官窑在文雅生活中的必要存在。近年哥窑研究所作多角度的观察，有学者更直指其风尚的盛行也影响日本与欧洲，产生不同面貌的袭仿与创新[4]。

然而，从 14 世纪中叶《静斋至正直记》到 16 世纪哥窑风尚大兴之前百余年间，明人如何看待哥窑？对哥窑的认知是否与后人相同？如果哥窑美学在明末文人美学中占有重要意义，那么这些特征是否一直都是明初人士所重视者？也就是说，一个原是类同或附从南宋官窑的瓷类是如何成为与官窑并列或更似乎超越官窑的重要瓷类呢？因此本文拟从墓葬出土物、窑址出土物与文献记载等不多的数据中对明初哥窑做一些理解。其要旨有二：一述明初功臣墓葬中的开片瓷为当时的作品；一述 15 世纪景德镇烧造开片瓷所见哥窑概念的嬗变。

一　明初功臣墓葬中的哥窑瓷器

洪武四年（1371 年）东胜侯汪兴祖墓出土了 11 件带开片的青釉六花口葵瓣盘，口径有大、中、小之分，约 16.1 厘米、15.3 厘米、12.5 厘米，色作青灰色或青黄色，大盘足

---

1 （元）孔克齐:《静斋至正直记》卷四"窑器不足珍"条，页三十五，艺文书局影印粤雅堂丛书本，台北，1965 年；该书作者名字更正乃依王德毅、潘柏澄《元人传记数据索引》；顾诚：《〈静斋至正直记〉的作者为孔克齐》，中国元史研究会编《元史论丛》第六辑，第 227—231 页，北京，1996 年。

2 （明）高濂：《遵生八笺》卷十四"燕闲清赏笺"，第 40 页，景印文渊阁四库本，台北商务印书馆。

3 研究者多同意，龙泉窑与哥窑为弟兄二人所分别经营的说法，系以嘉靖十八年成书的陆深《春风堂随笔》为最早，其后方志与笔记始陆续丛出。

4 谢明良:《晚明时期的宋官窑鉴赏与"碎器"的流行》，收入谢明良《贸易陶瓷与文化史》第 361—381 页，台北允晨文化；谢明良：《"碎器"及其他——十七至十八世纪欧洲人的中国陶瓷想象》，《"台湾大学"艺术史集刊》第 40 期（2016 年）。

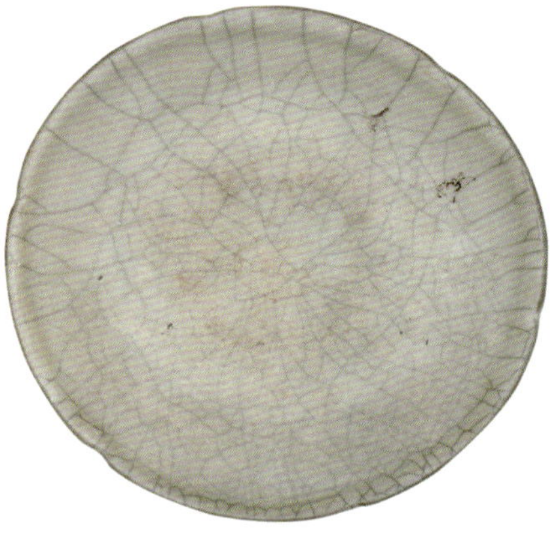

图 1　青釉开片盘（汪兴祖墓出土，故宫博物院藏）

图 2　青瓷开片贯耳瓶（沐英墓出土，南京市博物馆藏）

端露酱紫色，中小盘底部有支钉，从发表的图片知多为六支钉痕[1]。出土报告直接称这批青瓷盘为哥窑，后续讨论者有称之官窑或哥窑。2017 年故宫博物院针对其中一件大盘（图 1）的胎釉特征与科学检测，认为“应属于杭州老虎洞窑元代产品”[2]。盘作葵瓣式六花口，浅弧壁，圈足，足端无釉，呈铁褐色，与清宫旧藏而传世且多件为清高宗系以诗铭或图绘命名为“哥窑”者相类；虽然高宗系名有摇摆差误的不确定性存在，有相似器而异名为哥窑或官窑者，但大致均具备开片较清晰的特征[3]。

洪武二十五年（1392 年）的黔宁王沐英墓经盗扰，追缴回的器物中，包含两件带开片的青釉投壶式贯耳长颈瓶（图 2），胎色灰黄不坚细，釉作月白色偏黄，口部涂茄紫色的黄褐釉，釉薄欠光润，开棕色细小片[4]。

这两组明初纪年墓出土器成为讨论哥窑的重要物证，其制作的年代、产地、来源，屡经多位学者讨论。若明初功臣墓考古，仅单独针对瓷器来观察，出土碎器形的青瓷仅此两

1　南京市博物馆：《南京明汪兴祖墓清理简报》，《考古》1972 年第 4 期。

2　故宫博物院编：《哥窑雅集——故宫博物院珍藏及出土哥窑瓷器荟萃》图版 63，故宫出版社，2017 年。

3　余佩瑾：《乾隆皇帝与哥窑鉴赏》，（台北）《故宫文物月刊》2012 年第 5 期（总 350 期）。

4　耿宝昌：《宋代哥窑辨析：兼议历代仿哥窑》，《故宫博物院院刊》1995 年第 12 期；张浦生、邓禾颖：《浅析苏、沪、皖地区墓葬、窖藏出土的”官哥窑”器之产地》，杭州南宋官窑博物馆《南宋官窑文集》，第 215—222 页，文物出版社，2004 年；而牟宝蕾《哥窑问题的几点思考》，《文物春秋》2015 年第 4 期，则强调此器底釉灰黑色。

组，显得特殊而突兀，一般视之于宋瓷或元瓷，并多归因于墓主人的喜爱或朝廷旧藏的赏赐物。不过，在现今考古出土多座明初功臣墓葬信息的印证下，若将此二组随葬瓷器放在明代随葬制度来看，或能另有不同观点。

（一）官府营葬的随葬器

明代初年陆续厘定各种礼法制度，使有所遵从。洪武五年（1372 年），颁定公侯与品官丧葬制度，明定公侯随葬明器“九十事”[1]，此九十事的规范系依据早在洪武二年（1369 年）太祖敕葬开平忠武王常遇春（1330 ～ 1369 年），“给明器九十事纳之墓中”，《明实录》与《明史》皆详载此九十事内容。《明史》且言：“后定制公侯九十事，准此行之。”[2] 意即洪武五年颁布的公侯九十事依洪武二年敕葬内容为依据，直到洪武二十六年（1393 年）再度公布公侯伯等明器制作执掌机构时，内容差距不大，还指定由宝源局、军器局、营缮所、针工局等分别营造不同类别的随葬品[3]。在此三度颁布的法令中，随葬明器皆列有“碟十二”[4]。曾有研究者排比功臣墓中的随葬器，虽然许多墓葬都有后世扰动现象，但随葬品包含的锡、铜、金、银器和陶瓷器，跨材质观察，推测其大多成套组，形制与数量类似“常遇春九十事”的叙述，只是材质个别作随意组合；如海国公吴祯墓随葬物便有可对应九十事葬制的“灶一、釜一、水罐一、烛台二、箸二、匙一、碟十二”。换句话说，经由明代朝廷赐葬的功臣墓葬，基本上乃遵循一定的丧葬礼制行事。

以盘碟论，洪武三年（1370 年）蕲国公康茂才墓出现银碟 12 件[5]（分大、中、小各 4 件）；前述洪武十二年（1379 年）海国公吴祯墓有锡盘 12 件[6]（分大、中、小各四件）；洪武二十二年（1389 年）安南侯俞通源墓有 11 件白瓷印花盘[7]；洪武二十八年（1395 年）东

---

1 《明史》卷六十四“丧葬之制”，第 1485 页，中华书局，1974 年。

2 《明太祖实录》卷四十六“洪武二年冬十月庚午”，第 3—4 页，台北“中央研究院历史语言研究所”，1966 年；《明史》卷六十四“丧葬之制”，第 1486 页。

3 （明）申时行：《（万历）大明会典》卷二百三“职官坟茔”，第 11—15 页，台北东南书报社，1963 年。

4 谢玉珍：《明初官方器用、服饰纹样的限制——以明初贵族墓葬的随葬品为例》，《明代研究》第九期，台北中国明代研究学会，2006 年。

5 南京市博物馆：《江苏南京市明蕲国宫康茂才墓》，《考古》1999 年第 10 期。

6 南京市博物馆：《南京明代吴祯墓发掘简报》，《文物》1986 年第 9 期。

7 谢玉珍文章指出俞通源墓中瓷盘种类数量有不同的记载：南京市博物馆：《江苏南京市戚家山明墓发掘简报》，《考古》1999 年第 10 期，记录出土影青暗花瓷盘 7 件、瓷碗 4 件，共 11 件；然而陈克伦：《景德镇洪武青花瓷考辨》，《江西文物》1990 年第 2 期，记为“白瓷大足印花盘 12 件”。

瓯王汤和墓有银碟12件[1]；因此洪武四年东胜侯汪兴祖墓葬中的开片青瓷盘大、中、小11件，虽佚失其一，仍显然符合前述同一套礼制下的敕葬明器。除了青瓷盘，汪兴祖墓中还有银玉壶春瓶、银匙、银箸、银瓶等随葬品，符合九十事葬制的部分记载："壶瓶、箸二、匙一、匙箸瓶一。"[2]更说明此为官营冢墓、官府营备的随葬器。

汪兴祖是在洪武四年四月初于奉命作战的前线阵亡，太祖"命有司迎其丧，所过州县皆设祭"。六月即葬南京城西北的功臣墓葬区，"官营冢圹"，由官方整备其丧葬[3]。此种赐葬的礼遇，在明代文献或出土墓志铭中经常出现，常由礼部、工部或地方官府共同营建冢墓与随葬器等。汪兴祖身亡后，二个月间，由甘肃文州战区沿路设祭至京师功臣墓葬区下葬，而非归葬其家乡，因此墓冢内随葬物应即由官府指挥下完成，与墓主人的生平喜好应无大关联。

（二）洪武初年官用瓷器的供应来源

前述洪武二十六年执掌明器造作分工确定，工部所属能常态备办合用丧葬器用，成组贮之库房；然在此之前，工部要在短时间筹措九十事明器，究竟要如何进行？是否透过多样渠道来遂行其任务？

此种明初制度完善制定规范之前的权宜措施，涉及明初官窑瓷器供应的议题。史籍载明，洪武二年有"祭器皆用瓷"的诏令[4]，至迟在洪武四年十二月礼部奏定孔子祀器礼物时，已明确说明笾豆簠簋登铏等祭器系使用瓷质[5]。不过，这些瓷器供应的来源和流程，直到洪武二十六年才清楚确定："凡烧造供用器皿等物，须要定夺样制，计算人工物料；如果数多，起取人匠赴京，置窑兴工；设或数少，行移饶、处等府烧造。"[6]先提报需求再编列预算施行，想来这应是综合洪武初年各样权宜措施后所提出的最适当做法；至于洪武二十六年之前供用瓷器的来源如何备办，则可能但并不一定完全涵括在此规范内。事实上，明初朝廷每年常态供用的陶瓷器以及特定事务需用的器皿需求数量并不少，常态的天地坛庙祭器之外，

1　蚌埠市博物展览馆：《明汤和墓清理简报》，《文物》1977年第2期。

2　谢玉珍文章，并引定陵出土金玉壶春瓶底部刻铭"大明万历庚申年银作局制金壶瓶一把……"，故知文献所载"壶瓶"即指玉壶春式瓶。

3　邵磊：《明初开国功臣墓志校正》，《四川文物》2008年第12期。

4　（明）《（万历）大明会典》卷二百一"器用"，第25页。

5　《明太祖实录》卷七十"洪武四年十二月四日"。

6　（明）《（万历）大明会典》卷一九四"窑冶·陶器"，第25页。

还包括洪武七年以后动辄七万件次、一万九千件次瓷器大量赏赐来贡国家[1]，它们的来源与整备，朝廷必然有其指令的渠道以供应需求。史料无细节说明，却是陶瓷史需严肃面对的问题。

虽然景德镇考古已经证实洪武初年有县丞奉烧官用砖瓦之举[2]，足见洪武初年已经受朝廷之命烧造供用。然而考古发掘也说明，洪武瓷器非如永乐以后集中窑区、集中管理的官窑运作模式：一方面景德镇今日所知明代御窑场范围内的主要区域，并未发现具有官作性质的洪武时期遗存[3]；一方面今日景德镇大区域周边，发现洪武时期供御瓷器非仅集中一处特定窑场烧造[4]。此种状况仅就饶州景德镇一地的考古发掘而言，说明洪武初期瓷器不能以永宣御窑场的规范来理解，反而似是饶州受命不同时期指挥不同窑户在不同地点的窑，遵循“有命则供无则止”的传统供应模式；也不排除可能采“官搭民烧”的官样瓷坯交民窑烧成的模式；也可能官方在多个地点置窑作复次烧造供应。相似的情况也应同见于浙江处州窑地区，而元代仍具有产能的磁州窑、钧窑或许也有此种供用需求的烧造。

目前所知景德镇出土及传世被认定为官方烧造的洪武窑瓷器，样式与种类变化并不丰富，尚难以说服学界相信其足以涵括整个洪武朝三十一年期间官用瓷器的需求；因此传统认知的洪武样式之外，吾人对景德镇所造官用瓷器的式样或许应放宽衡量的视野。以青花瓷器言，已有多位学者如汪庆正、李蔚然等曾提出怀疑，认为明代开国功臣墓赐葬物应是当朝所制；包含汪兴祖、沐英墓葬出土元代风格的青花瓷器亦然[5]。细微的样式比较，则如龟井明德、张玮恬等，从造型、笔法、图案模块等的思考，认为这些功臣墓葬的元样式青花器不完全具备元样式风格，似应为墓主下葬时代同时期所烧造[6]；换言之，是烧造不辍的

1 《明史》卷三二三、卷三二四，“琉球”“占城”“真腊”“暹罗”等列传。

2 刘新园：《景德镇珠山出土的明初与永乐官窑瓷器之研究》，台北鸿禧美术馆：《景德镇出土明初官窑瓷器》，第9—51页，1996年。所述县丞赵万初督烧砖瓦约为洪武十年物。另李蔚然：《试论南京地区明初墓葬出土青花瓷器的年代》，《文物》1977年第9期，提及南京城砖有洪武四年至十年以白瓷土烧成者。

3 秦大树、钟燕娣、李慧：《景德镇御窑厂遗址2014年发掘收获与相关问题研究》，《文物》2017年第8期。

4 王光尧：《明代御窑址的考古学分期》，《紫禁城》2015年第12期，举落马桥与枫洞岩为供御瓷器非仅珠山一地为说明，并将永乐之前的明初瓷窑称为“地方官窑”。

5 李蔚然：《试论南京地区明初墓葬出土青花瓷器的年代》，《文物》1977年第9期；汪庆正：《明景德镇洪武瓷述略》，原载《上海博物馆集刊4》（1987年），收入《中国陶瓷研究》第104页，上海人民出版社，2008年。

6 （日）龟井明德著、彭涛译：《明初墓随葬青花瓷器的元代样式与明初样式的差异》，上海博物馆编《幽蓝神采：2012上海元青花国际学术研讨会论文集·第一辑》，第49—71页，上海古籍出版社，2015年；张玮恬：《明代藩王功臣墓出土至正样式青花器的年代问题》，《“台湾大学”美术史集刊》42期（2017年）。

明初景德镇传承元代以来青花瓷器风格的当代产物，非古董或战利品。

同样的思虑下，此种以青花瓷为中心的立论基点，或许可推至功臣墓中的其他瓷类。就处州龙泉窑青瓷而言，宋元时期所蓄积庞大优质的产能，至洪武时期自不会被忽略，而必亦纳入官方需用瓷器的产地考虑之列，在前述洪武二十六年诏令中随时为朝廷需用烧造。龙泉大窑枫洞岩考古发现大量具有与景德镇瓷器相同样式的青瓷遗物，便印证此项诏令；其刻有铭文的模具，说明在永乐时确实承担制作官方样式的瓷器供用朝廷[1]。至于琉球明代遗址的考古发现，显示琉球与明廷于洪武九年建交之后，藉朝贡贸易而来的瓷器以处州窑占较大的比例[2]。文献所载，明初琉球所受赏赐瓷器的数量于诸外国间为最巨，但研究者所见冲绳各皇城考古出土遗物，其明初瓷器质量并非上乘产物，仅少数类如枫洞岩的官方烧造品[3]。也就是说，很可能在洪武二十六年依需求量编制预算兴窑烧造的制度之前，一次九万件之类数量的官方赏赐需求非应命之后集中烧造，而系另以其他方式来汇齐数量运送。

哥窑类型的开片瓷器也处相似状况。据元晚期如孔克齐所记，当时哥窑产品有流通市场；考古出土也发现元末江苏镇江溧水窖藏、安徽安庆窖藏有官哥型开片青瓷[4]，元末士大夫之家上海任氏墓葬群的陈明墓（1351 年）中的官哥类型开片窑器甚至有 8 件之多[5]，都可见在元末 14 世纪中期或稍晚，此类官哥类型瓷器的商贩亦称昌盛。与出土器物相似的杭州老虎洞上层窑址大量瓷片，说明元晚期老虎洞窑的烧造，具备不小的产能，其窑业应很难倏尔完全结束，故其产品于明初被要求提供官方需用的可能性也相当高。

不过，供用的窑厂与设窑专供官用瓷或年贡定额定量瓷器，具有不同层次的意义。永乐或宣德时期，在景德镇或龙泉窑设官窑以专烧官器的窑场之前，各地窑场面对官方较大规模的需求，固然可能处于“有命则烧无则止”的受命烧造；不过明代制度中尚有其他获取官物的方式，如有所谓“采办”，“官出钱以市”[6]等。历来朝廷需求乃常态性的以府库存

1　浙江省文物考古所编：《龙泉大窑枫洞岩出土瓷器》，文物出版社，2009 年。

2　冲绳县教育委员会编：《首里城迹——京内迹发掘报告书（1）》，日本冲绳，1998 年。

3　（日）森达也著、王淑津译：《日本出土的龙泉窑青瓷》，（台北）《故宫文物月刊》2009 年 2 月（总 311 期）。

4　高茂松：《江苏溧水永阳镇元代窖藏出土的瓷器与初步认识》，《东南文化》2011 年第 2 期；胡悦谦：《安庆市出土的几件瓷器》，《文物》1986 年第 6 期。

5　上海博物馆编著：《上海唐宋元墓》第 149 页，科学出版社，2014 年，确认墓主为任氏亲属陈明（1286 ～ 1351 年），多个报导误称为任明。

6　《明史》卷八十二《食货志六》“上供采造”。

贮物供用，府库之不足或临时需求，便有采买、岁办等临时手法取自产地或市场商贩。此类采办在唐宋制度中皆有，如宋代“若急须物色，官库内无，即于出产处收市”[1]。洪武时若因需要向京城铺行买办，尚且曾规定“按市价加十文购买”[2]，足见是一种寻常的手段。

因此，看待汪兴祖墓的哥窑型开片瓷器，其来源无疑应属工部备办的九十事丧葬器。工部备办时，或令老虎洞窑兴烧，或向窑户购买，或于铺行购买。短时间内完成官营坟冢的赐葬事宜，随葬物应是洪武四年下葬当年或距之不远的当代作品。执事者采办此 11 件（原应 12 件）瓷器时，应尚未能怀抱如明晚期对“哥窑”的礼赞心情来采办，反而其实如元末《静斋至正直记》所述“绝类古官窑”来标举对开国功臣的敬意吧。

至于生产此种官哥类型开片瓷的老虎洞窑的窑业生命，与景德镇烧造元代类型青花瓷窑场相似：在明代开国最初期，原有窑业仍继续生产，必要时提供官方用物。直到洪武二十六年，老虎洞窑应已没落，或许因规模不够大而被排除在待命窑场名单中；或许因明初括聚天下工匠系藉轮班成做官务的匠户制度影响而无法维持。其没落幽微一线的窑业生命，可能在明中叶哥窑风尚下才又复兴，故《遵生八笺》能知晓其窑在凤凰山下。

明初重要的赏鉴书籍《格古要论》成书于洪武二十年，该书首度将哥窑与汝窑、官窑、龙泉窑、定窑等并列，也首度清楚描述瓷器表面的开片碎纹是值得珍视的美感。该书作者曹昭与其父兄均好古博雅、多收藏，元末名士杨维桢、钱惟善常与之游[3]。吾人无从得知该书问世前，其瓷器观点是否已为当时普遍接受，然从天顺三年（1459 年）王佐增补此书成《新增格古要论》的〈新增凡例〉言：“景泰七年丙子夏四月中旬得李、孙二公旧本。”[4]李指栾城侯公子李庄，其父李坚为明太祖的驸马，因靖难事而身亡，遂因公主而流寓南京。孙指孙纪，刑部主事，职同王佐。两原版书上距初刊之时已有 70 年，仍为宗室贵胄与文雅官员所珍藏，可以想见曹昭所纂对其当代赏鉴学有一定影响。

因此，洪武二十五年营葬黔宁王沐英时，随葬贯耳瓶的月白偏黄釉色与棕色细小开片，口部还现茄紫色的黄褐釉，有所谓“紫口铁足”的倾向。或许这不仅是“类古官窑”的瓷器，且已登采办者心目中的“哥窑”吧！

---

1 《宋会要辑稿》卷 14990“食货五五之十五、十六”。

2 （明）徐复祚：《花当阁丛谈》卷一“物价”。

3 张铁弦：《明代的文物鉴赏书〈格古要论〉》，《文物》1962 年第 1 期。

4 （明）王佐增补、舒敏编、曹昭著：《新增格古要论》，50 册，第 209 页，收入《丛书集成新编》，台北新文丰出版社。

二 明代官窑烧造的哥窑器

洪武二年祭器用瓷的诏令颁布之后，明太祖仍三番两次重述祭器用瓷之道，且祭祀陶神[1]，可见太祖对瓷器的重视。只可惜，在洪武二十六年以饶州、处州、京城为主要陶瓷烧造中心且有窑址考古可供陈述之外，吾人对其他元代依然烧造不辍的窑场在入明以后的烧造状况几乎一无了解，对明朝宫廷处置其传承自金、南宋及元代的瓷器的态度也无从了解。因此，吾人虽能在传世物中见到明初帝王对创新釉彩与造型变化的兴趣，然而内府典藏前代宋元陶瓷状况如何？明朝官府对宋元瓷器欣赏的兴趣，也都尚难以理解。故当这个重视陶瓷器的朝代在发展瓷器新样式时是否如盛清帝王般曾参考宋元传统以衍生新构想，亦难以探知。

不过，一则与永乐时期对哥窑兴趣相关的记载在明中期《皇明纪略》中出现[2]：

> 都太仆言，仁宗监国，问谕德杨士奇曰："哥窑器可复陶否？"士奇恐启玩好心，答云："此窑之变，不可陶。"他日以问替善王汝玉，汝玉曰："殿下陶之则立成，何不可之有？"仁宗喜命陶之，果成。士奇不悦。

这是一则有关官箴的故事，间接出自工部主事都穆（1459～1525年）所叙述距之超过半世纪之久的永乐时期、仁宗洪熙皇帝为太子监国时期的传闻。王汝玉与杨士奇曾同在永乐朝廷共事，为人圆融的杨士奇在叙述一件管理不善的官场瑕疵时，曾罕见地注记："汝玉，上监国时所爱者。"[3]用词不齿，或许王汝玉受宠幸，确是会怂恿仁宗从事无益国计民生的新事物。

从此段文字看来，永乐时期原并无烧造上供的哥窑，而儒雅尚文的太子却知晓此种瓷器，应是宫中已具备了此类名之为"哥窑"的旧典藏；仁宗为太子时曾多次因成祖出征而监国，于内府典藏应多有见闻。此所述之"哥窑"虽不知其细节，但却是难得透露宫廷典藏的一端。

---

1 （明）姚士观、沈鈇全编校：《明太祖文集》卷十八，第5页"祭先陶神文"，文渊阁四库全书景印本，台北商务印书馆。

2 （明）皇甫录：《皇明纪略》，85册，第255页，收入《丛书集成新编》，台北新文丰出版社。

3 （明）杨士奇：《圣谕录·中》，《东里别集》卷二，第24页，文渊阁四库丛书1239，台北商务印书馆。

事实上，明初诸帝于创定政治制度之余，对各项艺术，如书法、绘画、抄纸、制墨、漆器、铜器、珐琅以及陶瓷等，皆有大建树，然朝臣多恭谨任事，虽有受赐织金文绮、印章、御笔书画、白瓷、古铜器者[1]，但罕作细部描述或题铭，因此吾人难能推测宫廷收藏之富赡。

若《皇明纪略》记载无误，那么永乐时期应有仿制哥窑的作品[2]，不过今日所知永乐朝的景德镇或龙泉窑瓷器中，几乎没有可比拟哥窑的开片瓷器，勉强可附比者，于景德镇窑址永乐早期地层中略见灰白釉色中具有开片细纹者，与甜白釉色有别；因已毁为碎片，故开片纹是烧造瑕疵或蓄意烧成，尚难论断。若其蓄意而为，则见当时白胎白釉，仅于表面有均匀淡棕色细密开片。除碎纹外，釉色、口足均非其关心的重点[3]。

宣德时期（1426～1435年），景德镇御窑中有多种蓄意模仿其他窑场釉色的作品。如模仿当代仍在奉命量产烧造的处州窑碧绿色青瓷，颇有可观。值得注意的是，带款宣德窑作品中，包含了带有开片纹线的瓷器，约类三例：1. 天蓝釉盏（图3），满布黑色清晰纹线，胎略成灰黄色，蓝色鲜明，以氧化钴料呈色；窑址出土同釉色器，有的涂有紫口，而器表多隐约其纹而无明显黑色纹线，或许传世器的纹线系经有意识地加染而成[4]。此种天蓝釉开片器初出土时有称之为“哥窑”者[5]，近年研究者则多以“仿汝窑釉色”称之，然与今日所认知的北宋汝窑实仍有极大差距；制作者原意仿真者是否有实物对象，仍令人狐疑。2. 灰青釉菊瓣盘（图4），偏白调的釉面满布碎网状开片，纹线作深浅褐色；此类作品传世量较多。3. 灰米色釉折沿盘（图5），密布褐黄色网状开片，片纹色调均一，有的传世品微见复层浅色细纹[6]；器底以类似龙泉窑的环形窑具垫烧露胎，胎似蓄意成浅灰色，足缘亦无釉，与沐英墓出土开片瓷瓶色泽较接近。这3种开片釉瓷器底部皆以青花署双圈“大明宣德年制”六字款，既见于宣德官窑址遗留，也见于两岸故宫的清宫旧藏，显然并非烧造不慎的劫余品；也显示明朝官方在创烧各色莹洁的釉彩时，也能欣赏细密开片痕的美感。不过制瓷者虽用了与一般御器不同的胎土，但对宋瓷的胎釉、紫口铁足等特征尚无刻意强调。这三者

1 （明）不著撰人：《少师工部尚书兼谨身殿大学士赠特进光禄大夫佐柱国太师谥文敏杨公行实》，（明）杨荣：《文敏集》，文渊阁四库全书1240，附录，台北商务印书馆。

2 若此记载无误，王光尧推测其约当永乐七年监国且王汝玉尚未被罪之时。

3 首都博物馆：《景德镇珠山出土永乐官窑瓷器》，图版36，白釉八方烛台；图版19，白釉镈，文物出版社，2007年。

4 台北鸿禧美术馆：《景德镇出土明宣德官窑瓷器》图版118-2，台北鸿禧美术馆，1998年。

5 台北鸿禧美术馆：《景德镇出土明宣德官窑瓷器》图版F22-F26，台北鸿禧美术馆，1998年。

6 故宫博物院编：《哥瓷雅集——故宫博物院珍藏及出土哥窑瓷器荟萃》图版110-112，故宫出版社，2017年；其中图版112于墨色线间浅米色小断纹。

图 3　明宣德　带款天蓝釉开片盏
（台北故宫博物院藏）

图 4　明宣德　带款灰青釉开片菊瓣盘
（台北故宫博物院藏）

图 5　明宣德　带款灰米色釉开片折沿盘
（台北故宫博物院藏）

图 6　明成化　带款哥釉高足杯
（台北故宫博物院藏）

图 7　明成化　带款哥釉八方高足杯
（台北故宫博物院藏）

或许意涵着汝窑、官窑、哥窑类型的仿制，显然当时对汝、官、哥的概念或釉料技术与今日所知实物差距尚大。

成化时期景德镇御窑也产制清晰开片的瓷器。以两件高足杯为例，一作圆形杯身（图 6），一作八方形杯身（图 7），高圈足上段有圆棱凸出。口缘涂一圈橙红色釉彩，足底面略宽平，涂以铁赭色泥，使全器有“紫口铁足”的效果。釉色灰青偏黄，釉层凝厚，青绿色半透具玻璃光泽，釉面满布大小不规则深浅层次的开片，黑色主纹线旁延伸着淡褐色的树枝状细线，应是所谓“金丝铁线”的赏玩观已然形成。窑址出土物与传世其他类型瓶、炉、盏等，也显示对紫口铁足与复色开片的坚持。

上述15世纪永乐、宣德、成化三朝在景德镇御器厂制作开片瓷的历程，以有异于当代瓷器样式的开片碎纹作为瓷面的装饰特征，运用在当时各自新创的新造型器皿上；换句话说，古代开片瓷器的胎釉特征引起创制者的兴趣，在不同于原器的时空里实验调配出类似效果，而袭仿的目的在追求相似的美感，并非要伪仿一模一样的古器。不同时期的开片瓷器，不仅可见技术日益纯熟，亦可看到明人对开片瓷器概念的日益清晰。宣德朝瓷器说明瓷器开片的美感被接受，天青蓝色、灰青色、浅米色的类型，皆以开片来强调其古典美感，这与景德镇御器厂一向追求鲜亮釉彩或明丽青料图绘的倾向大不同，且也与传世的官哥类型器有较大差异。换句话说，当明朝工部派官员携“官样”来御器厂烧造时，内府样式中仅以清晰的开片纹线为要求，对不同窑系的景德镇工匠而言是全新的工艺技术，仅能努力照样制作，因此开片明晰而平板化。至成化朝已深刻地欣赏且掌握紫口铁足、复层开片金丝铁线等特征。这样的发展，或许也是明朝内府对官哥瓷器之美的认识历程。

同个时期的社会也在15世纪后期展现对官哥开片瓷器的喜爱。台北故宫博物院所藏

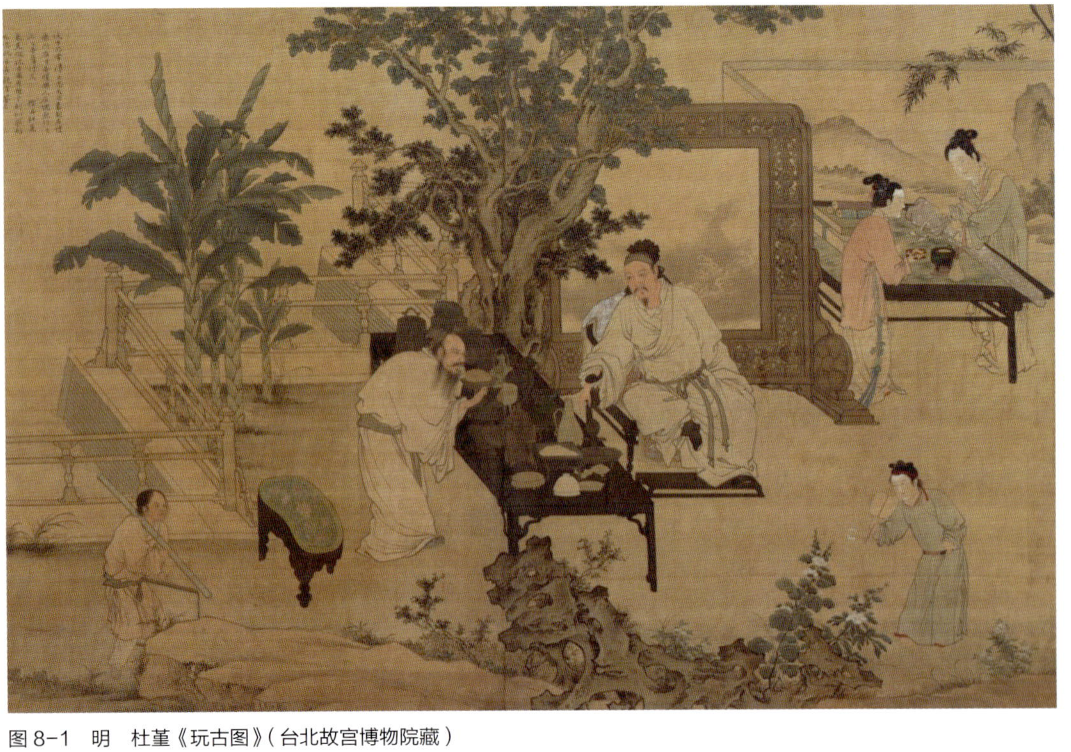

图8-1　明　杜堇《玩古图》（台北故宫博物院藏）

图 8-2　明　杜堇《玩古图》局部：开片瓷炉

图 8-3　明　杜堇《玩古图》局部：开片瓷瓶

杜堇（约活动于 1465 ～ 1505 年）《玩古图》（图 8）描绘了明中期古器物玩赏的风尚，罗列古器的两张桌上，都各摆设一件开片瓷器，颜色浅淡、碎纹清晰，一为三乳足圆炉，一为铲箸瓶，均与青铜古器并陈，正说明哥窑碎器之美已经堂堂进入赏鉴界，享有与古铜器类似的高评价。此画约成于成化时期，其推崇官哥开片瓷之情几乎同步实践于官方御器窑场；成化御窑碎纹青瓷已经清楚呈现紫口铁足、金丝铁线的特色，显现当时对官哥开片瓷特色的掌握与陈述。成化之后，明代官窑似乎未再创制官哥窑系列瓷器，然民间赏玩之风却正转炽，《遵生八笺》《长物志》指陈各色各样哥窑器为生活雅玩的必要品，嘉、万以后的绘画无论工简，也往往绘着碎纹满身的哥窑器以示文雅。

总之，明朝初年于景德镇御窑尝试创新的开片瓷器，无论所赏爱的对象是在仿汝或官、哥窑，但可以确定的是，这些开片纹线的呈现都与龙泉窑黑胎开片瓷器的筋络状开片不同[1]；换句话说，无论龙泉开片瓷在宋代或元代是否可能代表着的哥窑意涵，但在明初的朝廷体系试图仿制开片瓷时，可以肯定的，并未以所谓“龙泉哥窑”作为袭仿的模板，也与龙泉窑黑胎开片青瓷之所谓“哥窑”概念截然有别。

1　沈岳明：《龙泉窑黑胎青瓷的考古发现与认识》，故宫博物院编《哥瓷雅集——故宫博物院珍藏及出土哥窑瓷器荟萃》第 348—357 页，故宫出版社，2017 年。

朝鲜时代的文人趣味与哥窑

郑银珍　大阪市立东洋陶瓷美术馆

内容提要：朝鲜半岛以陶瓷为首的各式器物和其制作技术，均自中国传入。关于陶瓷产地的记载更是晚至18世纪以后才出现，而当时正是受中国影响、文人趣味兴盛的时期。谈论陶瓷器产地的记录不多，但屡屡被提及的即为“哥窑”。本文借助《册巨里》《册架图》等朝鲜绘画及文献，探讨在朝鲜时代的文人对哥窑瓷器的认知与理解，认为哥窑瓷器确确实实曾传入朝鲜，且备受珍视。

关键词：哥窑　文人趣味

一　前言

自古以来，朝鲜半岛以陶瓷为首的各式器物和其制作技术，均自中国传入。然而，文人们首次提及“端溪之砚”“湖州之笔”这种包含个别产地的记录，则始于朝鲜王朝（1392～1910年）前期的15世纪左右。关于陶瓷产地的记载更是晚至18世纪以后才出现，而当时正是受中国影响、文人趣味兴盛的时期。朝鲜文人们最爱谈论的主题为砚台产地（包含朝鲜产制的砚台在内），谈论陶瓷器产地的记录则非常之少，但在这少量的记载中，屡屡被提及的即为“哥窑”。本文希望探讨在朝鲜时代的文人趣味中，哥窑以何种形式出现，又以何种形式被认识与接受？此外，本文主要聚焦讨论朝鲜时代文献中对“哥窑”的认识与理解，基本上不涉及哥窑的定义问题。

二 文人趣味的展开

据笔者管见,韩国文献中“哥窑”一词首次出现于许筠（1569～1618年）所著《闲情录》卷十七之“瓶花史”中的一段文字:“其次官哥象定等窑，细媚滋润，皆花神之精舍也。”许筠,朝鲜时代中期之文人,其为人所知的身份是现存最早的韩文小说——《洪吉童传》的作者。而许筠所著之《闲情录》，是韩人首次从百余种中国书籍中辑选关于书画古董的各种资讯，是属于文人趣味的历史中一本划时代的巨作。稍后的18世纪后半叶开始，“哥窑”一词又数次出现于文献中，而此时正是文房清玩之趣味在朝鲜大为流行的时代。换言之，在文人趣味兴盛下，浮现于人们脑海中的即是“哥窑”。因此，先简单地梳理一下韩国文人趣味的历史[1]。

“书画骨董”此一词汇，首度出现于高丽末期之儒学者——李齐贤（1287～1367年）所著《栎翁稗说》一书，可知在此之前，文人们已着手搜集书画及各式器物。朝鲜王朝（1392～1910年）时，以成俔（学者，1439～1504年）为首的文人们，开始在清雅的书斋中鉴赏绘画与文房用具。另外，在绘画方面，金安老（文臣，1481～1537年）亦于《希乐堂文稿》中，首次主张鉴赏能力的重要性。自太宗至明宗时期（1534～1567年），对古器物之喜好以及以赏玩文房清玩、享受风雅意趣（闲寂趣向）等，在一部分高官与富豪的主导下，逐渐在士大夫间扩散、流行，此时期出现的文人有前述之许筠。然而，朝鲜王朝时期，儒教拥有极强的影响力，对器物的拘泥与热衷，成为非议之对象。16世纪的学者兼文臣李珥（1536～1584年），甚至是18世纪前半的尹行俨（文臣，1728～1799年）等，都以“玩物丧志”强烈地批判这样的鉴赏趣味。然而即使存在这样的主张，17世纪以后，还是出现了为数不少的收藏家与鉴赏家，代表性的人物有李秉渊（诗人，1671～1751年）、李夏坤（画家，1677～1724年）等。又李惟秀（文臣，1721～1771年）在自己的庭园——“东园”中，享受与友人一同赏鉴古器物之乐趣，而这正犹如成熟于中国明末时期的文人趣味。朝鲜时代后期，这样的趣味活动进一步扩展至中间阶级以及地方。而促成其发展的背景，除政治与社会安定的因素之外，也由于经济与都市的商业发展。

1 以下根据郑银珍《朝鲜时代の文人趣味と水滴》,《企画展：朝鲜时代の水滴——文人の世界に游ぶ》,大阪市立东洋陶磁美术馆，2016年。

三　各色器物与中国诸窑

相对于古时“砚”“笔”等单纯的称呼，探究朝鲜王朝的文人们具体喜欢什么样的器物时，最终都会谈到特定的产地与制品。早期的例子有高丽末期李达衷（文人，1309～1385年）的“端溪之紫”[1]及日本“天佑上人”赠与朝鲜初期的李崇仁（学者，1347～1392年）的“赤城紫石砚”[2]。15世纪后半至17世纪之间，端溪及日本的“紫石砚”[3]“赤石砚”[4]仍反复出现于文献中。除此之外，还可见到“湖州兔毫，徽州烟墨”[5]。除了这些外国产品，也开始提及“宣川紫石砚”[6]与“安东紫砚”[7]等朝鲜产品。17世纪末至18世纪，关于文房用具的相关的信息与内容，一下变得多样且详尽。最早受到瞩目的便是朝鲜时代实学派的代表学者李瀷（1682～1763年），他曾细致地比较以越窑“秘色瓷器”为首的墨、纸、砚等各项器物，并加以品评[8]。其后，著名的文人画家姜世晃（文臣，1713～1791年）也同样地比较了出自朝鲜、日本及中国等不同产地的砚、笔、纸等，并品评高下[9]。

然不知何故，与上述文房用具相较，关于陶瓷器之种类与产地的资料，却几乎不见载于任何文献，而此亦为当时陶瓷器相关记载的特征之一。尤其需要注意的是，即使文献中出现与陶瓷器相关的记录，也有可能只是原搬照抄中国的文献。先前提及之李瀷，在关于越州窑“秘色瓷器”的纪录中，明白说明了该记事亦见于徐慥《漫笑录》一书，同时，也补充说明其传入朝鲜之事。在此状况下，可知此记载并非原样抄录中国的文献。相对于此，本文开头提及之许筠（1569～1618年），于其所著《闲情录》卷十七“瓶花史”之插花方法的说明中，提及“器具”写道：“其次官哥象定等窑，细媚滋润，皆花神之精舍也。”此段文字，全然录自明代袁弘道《瓶史》一书的相关记述。与李瀷不同的是，许筠自身是否真的对“官、哥、象、定”各窑的制品有正确的认识与理解，实无法确知。

曾作为燕行使出访北京的成海应（学者、文臣，1760～1839年）在其所著之《燕中

1 《东文选》卷三“础赋”。

2 《陶隐集》，史料主要收集自具滋武编著《韩国文房诸友诗文谱》（上·中·下），保景文化。

3 朴祥：《讷斋集》。

4 李明汉（1595～1645年），《白洲集》。

5 李安讷（1571～1637年），《东岳集》。

6 朴祥：《讷斋集》。

7 宋演：《颐庵遗稿》。

8 《星湖先生僿说》“万物门”。

9 《豹庵遗稿》。

杂录》中曾提到"乾隆内府，有汝窑盘""盖宋之龙泉窑也"[1]。另外，申纬（文人、画家，1769～1845年）也曾留下"汝窑之玉情""烧瓷到柴窑"之诗句。以上乃是除去照抄中国文献的相关记录后，可以举出的例子[2]。另外，亦曾作为燕行使出访北京的洪敬谟（文臣、学者，1774～1851年），曾描绘其书斋桌上古器物并陈罗列的样子，并写下："宣窑卧牛水注一、哥窑三山笔格一、官哥画龙水中丞一、定窑糊斗一、绿瓷花樽一、哥窑定瓶一、花时插花盈樽以集香气。"[3]此段文字，部分模仿自高濂《遵生八笺》卷七之"高子书斋说"内容。虽然很难相信此处所见之宣窑、哥窑、定窑瓷器及绿瓷等器物全为作者所有，但从书写的方式研判，作者似乎真的实际使用过这些器物。以上这些器物应为朝鲜时代文人所实际见过的中国陶瓷器，而这些记载乃是18世纪后半至19世纪间，相当于朝鲜后期的文献记录。

朝鲜时代的文献中经常提及哥窑，然而，哥窑瓷器究竟是带有何种特征的陶瓷器，对此朝鲜文人应该是透过中国文献来进行理解。所以，此处想先自原样抄写自中国文献的例子看起。曾作为燕行使出访北京的朴趾源（文臣，1737～1805年），根据明代高濂《遵生八笺》中之"论官哥窑器"，写下"官窑法式品格，大约与哥窑相同，色取粉青，或卵白汁水莹，厚如凝脂，为上品。其次淡白油灰色，慎勿取之。纹取冰裂鳝血为上，细碎纹，纹之下品"之文字[4]。此段文字虽与官窑直接相关，但所举之特色也可理解为是与"哥窑"瓷器共通之特征。换言之，哥窑的器物被视为与官窑相类。又朝鲜末期的实学者李圭景（1788～1856年），曾据清代方以智《物理小识》卷八"哥窑铁足"[5]及明代顾起元《说略》卷二三之内容，写下"宋时处州章生兄弟者，皆作窑。兄所作者视弟色稍白，而断纹多，号白圾碎，故曰哥窑"之文字[6]。由此可知，当时对哥窑瓷器之认识，除与官窑瓷器相似外，还包括圈足为带黑褐色之"铁足"；器面分布着最具特色之"冰裂"或"断纹"等所谓开片；开片属"细碎纹"者（开片过于细密）品级较低等特色。

其次则是不引用中国文献、属于朝鲜文人本身谈论"哥窑"的论述，其中包括谈论哥窑瓷器之特征——开片，以及谈论哥窑瓷器本身之记录。关于前者，曾作为燕行使出

1 成海应：《研经斋全集外集》卷六六"杂缀类燕中杂录·器玩"。
2 申纬：《警修堂全稿》册七"碧芦坊稿三·庚辰四月至六月斋中咏物"。
3 洪敬谟：《冠岩全书》册十五"记耳溪岩栖记"。
4 朴趾源：《燕岩集》卷十一"热河日记·盛京杂识"。但其中"卵白汁水莹、厚如凝脂"之语句，则出自《遵生八笺》对汝窑的评语。
5 李圭景：《五洲衍文长笺散稿》"人事篇/器用类·陶瓷器·华东陶窑辨证说"。
6 李圭景：《五洲衍文长笺散稿》"人事篇/器用类·陶瓷器·华东陶窑辨证说"。

使中国的洪大容（实学者，1731～1783年），于造访夷齐庙之际，留下“桌上置香炉香盒花瓶一双，皆美石龟文。如哥窑奇纹也”之文字[1]。此外，同样身为燕行使，出访热河城的朴趾源（1737～1805年），在谈及其城墙的堆砌方式时，曾如此形容：“杂石冰纹皲筑，所谓哥窑纹，人家墙垣，尽为此法。”[2]朝鲜后期的学者，同样也出任过燕行使的李德懋（1741～1793年）在其诗中写道“墙纹细肖哥窑坼”[3]，除此诗句外，李德懋尚有一文章谈及哥窑花瓶，容后再述。又前面提到过的李圭景（1788～1856年）在谈及朝鲜亦烧造青瓦一事时，如此说道：“翠色如染可爱，或细坼作哥窑纹。”[4]在朝鲜末期时，李裕元（文臣，1814～1888年），在文人申纬（参见前述）的养研山房中，见到其“墨缸”后，说出“哥窑之文奇异”[5]。

再有，则推测是曾实际使用“哥窑”瓷器，而提及哥窑的言论，如先前提到的李德懋，其诗中写道：“秋亭晼晚消清夜，秖记哥窑酒减痕。”[6]朝鲜后期的文臣徐滢修（1749～1824年），留下“哥窑炉取沉香爇，风字研开古墨磨”[7]之诗句。以上句中所述皆与哥窑酒器相关。此外，更有一类绘画史料描绘文人鉴赏哥窑，使用哥窑之场景。图1中央的大书桌上，陈列有书籍、笔筒、香炉、香道用具、砚、纸、墨、墨搁等文房用具，在这些文房用具的中央，放置了一个应该是哥窑的墨壶。此画描绘1835年的一次文人群聚之雅集聚会，画家刘淑（1827～1873年）本人亦参与其中。画中所绘哥窑瓷，釉色白浊泛青，开片繁多。前文提及李裕元所见的“墨缸”或者也是这样的形式也未可知。图2为画家金弘道（1745～1806年以后）于文人趣味的流行风潮中所绘人物画。画中除有书籍、砚、香炉外，在插着珊瑚、灵芝的瓶子旁边，还可见到一个应该是哥窑的瓶子。此瓶釉色白浊中略带青味，为数众多的开片乃其标志，展现时人所识之哥窑特征。此瓶用途，比起酒瓶，更有可能作为花瓶之用（详见后述）。由此可知，哥窑的制品在当时，是为文人趣味的必备品项而备受青睐。

简单来说，关于朝鲜文人曾记录过的中国诸窑，笔者在现阶段所能确认的有汝窑、龙

1 洪大容：《湛轩书外集》卷九“燕记·夷齐庙”。
2 朴趾源：《燕岩集》卷十二“热河日记·漠北行程录”。
3 《青庄馆全书》卷九“雅亭遗稿诗·红蜻蜓戏影”。
4 李圭景：《五洲衍文长笺散稿》“人事篇·宫室类·甓瓦·华东瓦类辨证说”。
5 李裕元：《林下笔记》卷二十九“春明逸史·瓷器”。
6 《青庄馆全书》卷九“雅亭遗稿诗·观斋秋雨”。
7 徐滢修：《明皋全集》卷二“诗·冬夜即事”。

泉窑、柴窑、哥窑、宣德窑、官窑和定窑等，在这些数量稀少的记载中，出现频率最高的即是哥窑。而特别是在先前介绍过的"墙纹细肖哥窑坼"和"细坼作哥窑纹"等文句中，清楚地描述了器物表面细密的裂痕（坼）。朝鲜文人所认识之哥窑，最重要的特征就是开片，开片也因此成为鉴赏的重点。此外，从"哥窑酒""哥窑垆"[1]的词句来看，可知当时也实际使用哥窑或是带有冰裂纹的类哥窑器物。

那么，在朝鲜时代的遗迹和墓葬中，是否出土了可以视为当时哥窑的陶瓷器和破片？朝鲜时代遗迹中出土的中国陶瓷，主要为景德镇的青花瓷器。其他的出土品尚包括龙泉窑系的青瓷；朝鲜初期王室相关的桧岩寺址所出土之施挂绿釉与褐釉的明代瓷器台座（图 3）；弥勒寺址出土施黄釉、红釉与绿釉等单色釉的清代皿、碗等（图 4）；以及英祖的和柔翁主（1740 ～ 1777 年）墓中出土之黄彩蔷薇纹瓶（图 5）。现存之朝鲜晚期宫廷的传世品，以青花瓷为主、此外尚有红釉水注（图 6）以及粉彩、五彩、红彩等各式皿、盘、墩、花瓶（图 7）等。相比青花瓷，单色釉与粉彩瓷的数量虽少，但在《册架图》（详后述）中可以见到这类色彩丰富的彩瓷，可知这类瓷器当时也由中国被带入朝鲜宫中。相对于此，此期肖似哥窑的破片却仍未有出土之例[2]。然韩国国立古宫博物馆收藏有哥窑风格的笔筒（图 8）与花瓶（图 9），是为贵重的传世作品。笔筒为细瘦的圆筒形式，釉色白浊、微微泛红，"仿哥釉"之釉层厚重，器面满布开片，口沿部分可见如官窑一般深色的胎土，形成所谓"紫口"，圈足接地处露胎。圈足内于满涂含铁颜料的方框内，刻写"成化年制"铭款。花瓶，为瓶身细长之方瓶，器口与器足作方形样式，从口沿至高台处，削去四边棱角，全器呈八面造型。厚施色调泛青、带白浊特征的淡青色"仿哥釉"，圈足自接地处削去约 5 毫米的釉，露出深褐色胎，形成如官窑一般黑褐色的"铁足"。笔筒与花瓶特征在其口与足部皆呈现如官窑瓷器般的"紫口""铁足"，器面亦满布所谓"金丝铁线"之大大小小的开片，是有意为之，特意强调"开片"的"仿哥窑"之作。特别是花瓶的器形，与辽宁省博物馆所藏道光年制（1821 ～ 1850 年）的仿哥窑瓶（图 10）相类，可能为 19 世纪后半的作品，约同期传入朝鲜半岛。

1　徐滢修：《明皋全集》卷二"诗·冬夜即事"。

2　虽然东大门运动场遗迹中，曾出土仿哥窑杯，但共伴出土的还有许多日本制作的近代陶瓷器，发掘报告者因此将这件仿哥窑杯定位在专为在日之日本人所作之作品。因与本稿意旨不同，所以排除不论。（《サッカー场敷地日帝强占期廃弃层出土陶磁器》，《东大门运动场遗迹 Ⅱ · 遗物図 版篇》第 128 页，图版 1096，2011 年）

图 1

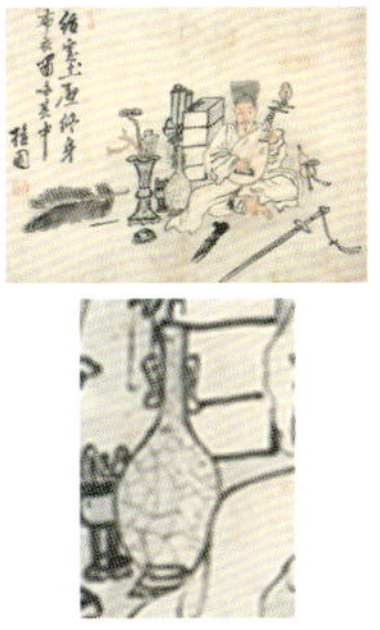

图 2

图 3

图 4

图 5

图 6

图 7

图 8

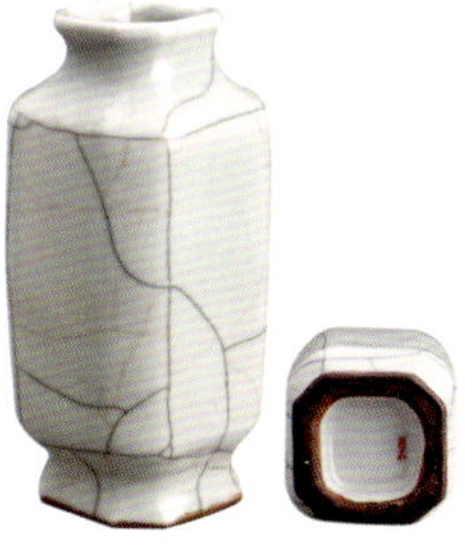

图 9

图 10

四 《册巨里》中的哥窑瓷器

在上述之文献资料、文人画、出土材料与传世品以外，尚有一类名为《册巨里》的重要史料，能为我们带来朝鲜时代与中国陶瓷鉴赏相关的信息。所谓的《册巨里》，是以书籍为主题，同时描绘陶瓷器、青铜器、文房用具和花瓶等之绘画；其中，在隔板交错的博古架上配置之器物的一类，特别称为《册架图》，所绘之器物为文房清玩之象征。在描绘的陶瓷器中，特别引人注目的便是带有大量开片的瓷器。《册巨里》应使用自清朝传入的西洋绘画之透视法与明暗法描绘图案，风格华丽。如同被当做是郎世宁作品的“多宝格图”，清代流行“多宝格”和“多宝阁”，而册巨里与它们之间应有密切关系。根据记载，《册巨里》始于18世纪后半的正祖年间[1]（1776～1800年在位），但在现存《册巨里》作品中，除有几件作品系18世纪后半外，其余皆为19世纪之作。

方炳善曾对《册架图》中所描绘中国陶瓷作过相关研究，其文中专门讨论宫廷画家李享禄（1808～1883年以后）所绘《册架文房图八曲屏》，作者假定画中所绘中国陶瓷为实际传入朝鲜王朝宫中之物，并分析其种类与器形，以厘清19世纪时存在朝鲜王室中之中国陶瓷实态。作为其结论，他认为其中大半为宋代官窑与哥窑青瓷的仿制品，以及流行于清代乾隆以后的粉彩瓷器，此外也有蓝釉与白釉等单色釉瓷；器种上则包括文房用具、壶、梅瓶、花瓶、碗盖、杯、劝盘，以及模仿青铜器的觚式瓶与香炉等。这些出现于册架图中的中国陶瓷，反映的是英祖、正祖之后的朝鲜上流社会对清朝陶瓷之喜好与古董趣味，推测李享禄此画是在实际见过朝鲜王室收藏的中国陶瓷后，又部分参考了中国的多宝格图所绘制之画作[2]。

同前述，以哥窑为首的关于中国陶瓷的记载，集中出现于18世纪后半至19世纪。而朝鲜王室的传世品也是此时期作品。这正与册巨里及册架图的绘制时期一致。前述图6为朝鲜宫廷传世的红釉水注，把手与流口虽已部分损坏，但与册架图里所描绘（图11）之椭圆器形水注，带同样颜色之壶盖，把手部分亦相类。若说此册架图的画者实际见过如红釉水注般的器物后绘出此图也不是全然无稽。关于哥窑，前述洪敬谟（1774～1851年）提及之“哥窑三山笔格”，说不定正如册架图中（图12）的器物。施挂白浊釉的山形摆饰中，插入一小匙，应是兼有墨壶功能的笔架。器面满布被形容为“铁线”的大量开片，形成哥窑瓷器风格。此笔架很有可能在实际传入朝鲜后，为洪敬谟所拥有，并被取材画入册架图中。此外，前文提到的韩国国立古宫博物馆收藏的两件作品，则分别与册架图中（图13、图14）的器物雷同。

然而，因册巨里与册架图所描绘的其他中国陶瓷属于清朝瓷器，因此判断，这里所描绘的哥窑并非“本来的哥窑”，而是哥窑的仿制品。在清朝瓷器传入朝鲜之事上，燕行

---

1 《朝鲜宫中画·民画杰作——文字图·册巨里》第103页，艺术殿堂书艺博物馆，2016年。

2 方炳善：《李享禄の册架文房図八曲屏にあらわれた中国陶磁》，《讲座美术史》28号，2007年6月。

使扮演了一定的角色。所谓的朝鲜燕行使始于 1637 年，在其纪行录中，自 18 世纪前半起始见关于北京琉璃厂的古董书画与古玩器物的记述，于整个正祖与纯祖年间（18 世纪后半～19 世纪前半），此类记录大大增加[1]。例如，曾加入燕行使，前后约二十几回的赵明渭，将北京当做自己的家一般，1790 年位于干鱼胡同的朝鲜馆遭逢祝融，其所购入的物品付之一炬，价值相当于三千银两的《稀奇古玩书册》遭到焚毁，这些物品悉数购于“隆福寺及琉璃厂”[2]。隆福寺为北京的代表性寺院之一，每逢庙会活动，便可购得各式各样的古董。琉璃厂不消多言，是为北京最大的古董街。被携入朝鲜的“哥窑”瓷器，想来也应是燕行使及其随行人员于这些地点所购入的吧。

那么，册巨里与册架图中描绘的哥窑瓷器形貌又是如何？以下，笔者拟根据用途进行分类整理。首先，这些哥窑皆是施挂乳浊失透釉色之青瓷，器面仔细地描绘了大大小小的细密开片，尽显其特征。在器种部分，则有花瓶、笔筒、香箸、水盂和杯子等。

图 11

图 12

图 13

图 14

（一）花瓶（图 15）

关于花瓶，可大致分为瓶与壶，瓶的部分可以进一步区分为长颈型、双耳型和梅瓶型等。不论哪一类型，皆以器形修长者居多。花瓶中插梅、芍药、牡丹、石榴、踯躅（杜鹃）、兰、菊和桔梗等各种花朵。木本类较草本类为多，其中又多见梅花与芍药。

1　洪善杓:《古美术趣味の诞生》，收入国史编纂委员会编《绘画に探る士大夫の生活と风流》“斗山东亚”，第 347 页，2007 年。

2　朴趾源 :《燕岩集》卷十三“热河日记·还燕道中录”。

类型				
长颈型（A）				
	图 15-A-1	图 15-A-2	图 15-A-3	图 15-A-4
双耳型（B）	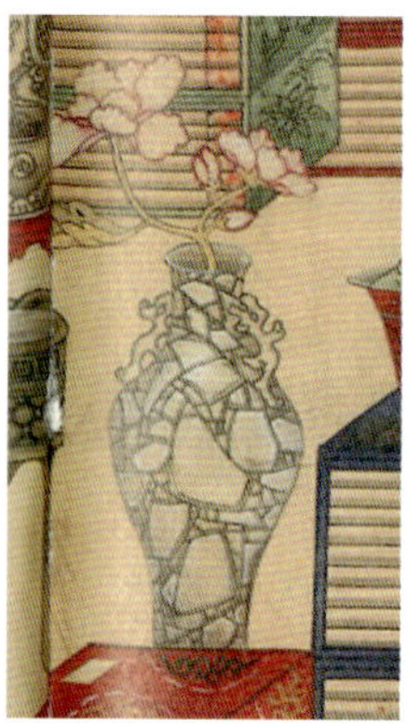			
	图 15-B-1	图 15-B-2	图 15-B-3	
梅瓶型（C）				
	图 15-C-1	图 15-C-2	图 15-C-3	图 15-C-4

壶型（D）				
	图 15-D-1	图 15-D-2		
筒型（E）				
	图 15-E-1	图 15-E-2		

（二）笔筒（图 16）

笔筒经常与砚、墨并列，其中插着各式毛笔。基本呈圆筒状，也有一些于器身上附加装饰，器底或平坦或附圈足。

图 16-1	图 16-2	图 16-3	图 16-4

图 16-5

图 16-6

（三）香箸（图 17）

香箸为焚香时用以插立香道用具的器物。旁边经常描绘青铜器和绿釉三足香炉，三者形成组合。器身则经常插着火箸与香匙。

图 17-1

图 17-2

图 17-3

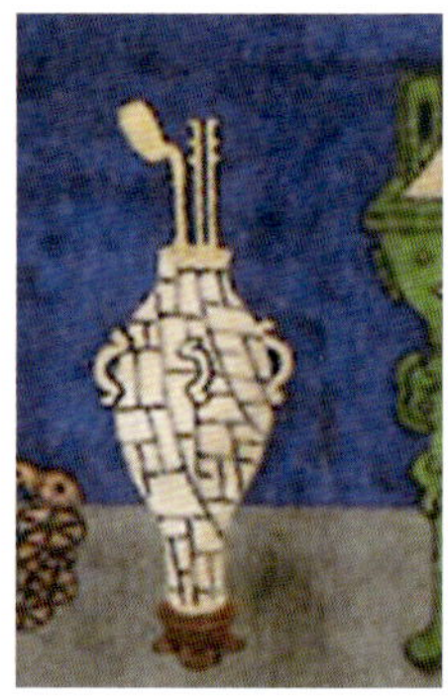

图 17-4

图 17-5

图 17-6

（四）水盂（图 18）

水盂置放于木制台座之上，其中附有类似铜制的小匙。

图 18

（五）碗（图 19）

带有盖子的碗，从其大小判断，可能是饮用煎茶时所用茶碗。

图 19-1

图 19-2

图 19-3

图 19-4

以下则是单就画面判断，无法辨别其用途之器。然若参考上述图版，判断这些器物可能主要作为笔筒及花瓶之用。换言之，可以推测，在朝鲜，哥窑或仿哥窑器物的主要用途为花瓶，其次则是笔筒。另外，以杯子等作为器盖的瓶，或是瓶身侧边配置小碗的器物，则可能作为酒器之用。

（六）可能为花瓶（图 20）

图 20-1

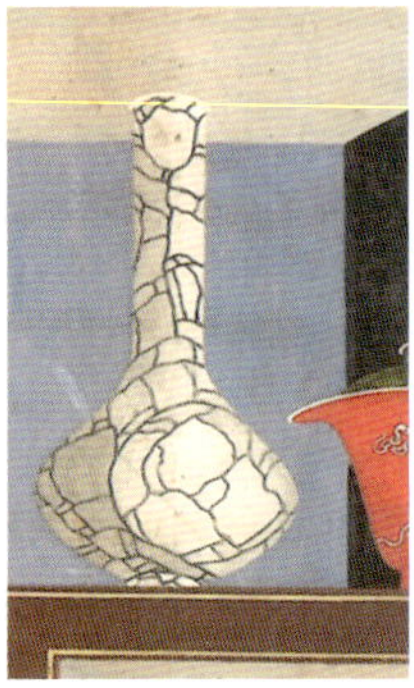

图 20-2

图 20-3

图 20-4

图 20-5

图 20-6

图 20-7

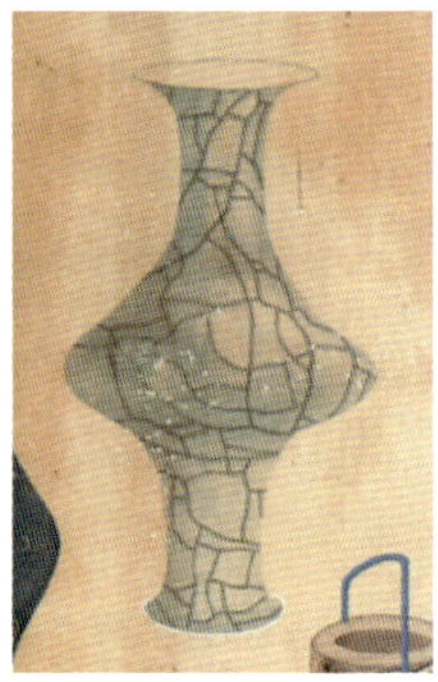

图 20-8

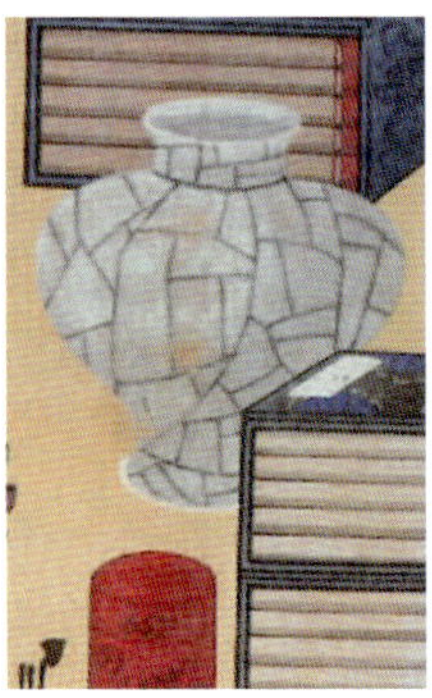

图 20-9

图 20-10

图 20-11

（七）可能为笔筒（图 21）

图 21-1

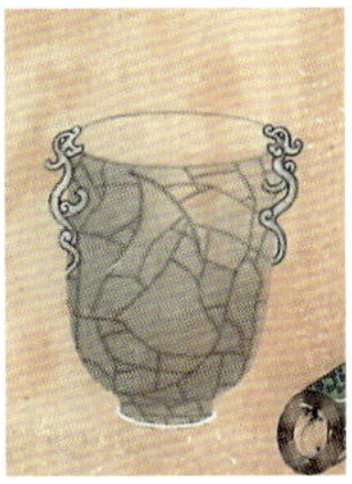
图 21-2

图 21-3

图 21-4

图 21-5

（八）可能为水盂（图 22）

图 22

在此，想介绍先前保留未谈的关于李德懋（学者，1741～1793 年）讨论“哥窑”花瓶之文章。对于梅花，李德懋曾如此说道：“折枝宜古铜瓶哥窑，贮水插之，枝不憔悴。此外，笔筒与瓷斗亦佳。”[1] 此内容原本出自用于说明利用蜜蜡制作人造梅花的一个章节，但所附之插图为枝干交错成“女”字型的真实梅枝之梅图（图 23）。总括来说，内容提及最适合梅花的瓶子，为古铜或哥窑之瓶，此处所附插图中的“哥窑”样式花瓶，描绘了犹如冰裂纹般大大小小的细密开片（图 24）。冰裂纹之

图 23

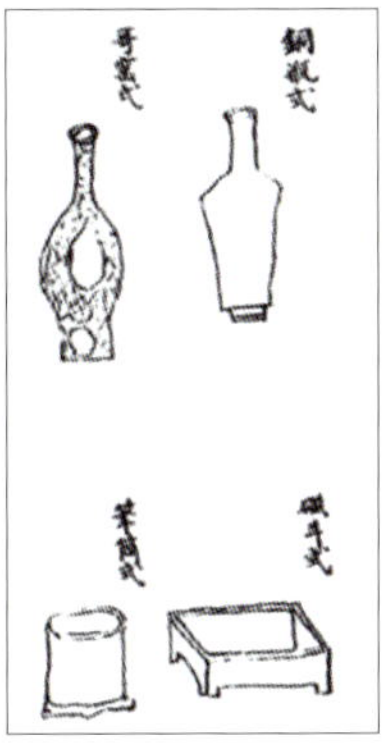
图 24

1　李德懋：《青庄馆全书》卷六十二“西海旅言·轮回梅十笺”。

花瓶最适合梅花的看法，业已出现于中国[1]，此处应是吸纳了这样的看法。只是，在《册巨里》与《册架图》中，哥窑花瓶中所插之花其实包含各色各样的树花。可以推测，哥窑瓷器在当时乃作为花瓶使用，并不只限于插梅花。另外，在李德懋文章所附插图中之哥窑花瓶，器形修长，而《册架图》中的哥窑花瓶也是以细瘦者为多。

如上所述，朝鲜后期的文人将带开片的陶瓷器作为重要的鉴赏对象，然而朝鲜却未如中国和日本一样，生产造作开片及强调开片的陶瓷器。取而代之的是，这些仿哥窑瓷器的图像，诚如谢明良所指出的，成为了古陶瓷的象征记号[2]，在其与流行于朝鲜后期王室和上流社会之间的文房赏玩趣味之风潮结合作用下，成为《册巨里》绘画中的重点，频繁地出现于画中。此现象与描绘于《册巨里》中，带开片的青花（蓝地）、红釉（辰砂彩）和绿釉等单色釉器物之间，并非全无关联。这些单色釉器物，虽有花瓶（图 25）、瓶（图 26）、碗、盏（图 27）、水盂（图 28）等多样器形，但开片是它们的共同设计。

（九）花瓶（图 25）

图 25-1

图 25-2

图 25-3

图 25-4

1 谢明良：《明代晚期の宋代官窑青磁鉴赏と「碎器」の流行》，《美术研究》第 389 号，2006 年 6 月。

2 谢明良：《明代晚期の宋代官窑青磁鉴赏と「碎器」の流行》，《美术研究》第 389 号，2006 年 6 月。

图 25-5

图 25-6

（十）瓶（图 26）

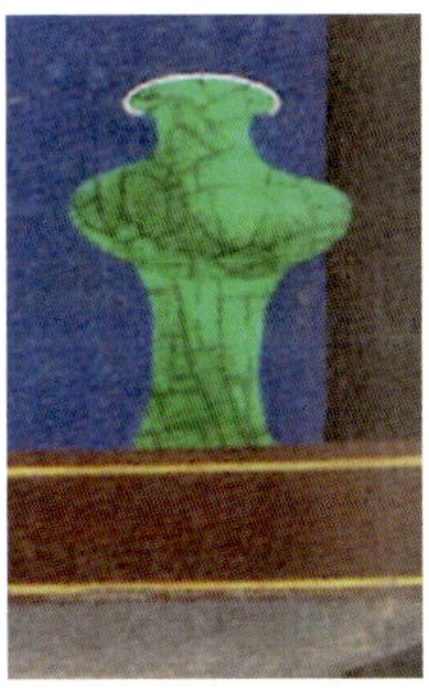

图 26-1

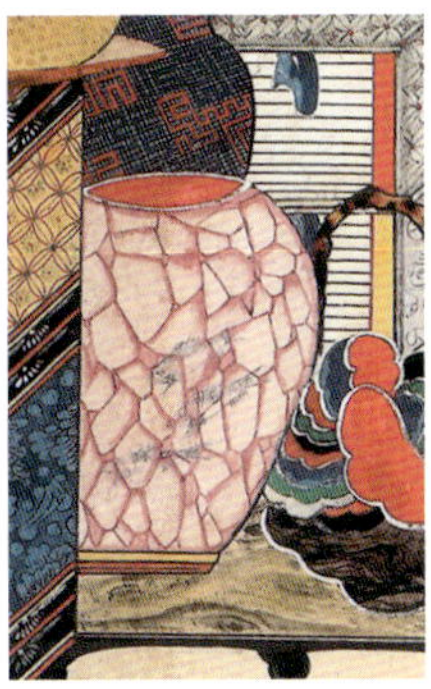

图 26-2

图 26-3

图 26-4

图 26-5

图 26-6

（十一）碗、盏（图 27）

图 27-1	图 27-2	图 27-3	图 27-4

（十二）水盂（图 28）

图 28-1	图 28-2	图 28-3	图 28-4

五　哥窑纹样化和冰裂纹（开片纹）

如前所述，朝鲜官窑实际上并不制作这类带冰裂纹开片的陶瓷器，然而，“冰裂纹的陶瓷器”却成为描绘在陶瓷器上的一种纹样（图 29），这类纹饰也经常见于明末清初的陶瓷器上，而在朝鲜官窑瓷器中，数量稀少的“冰裂纹陶瓷器”纹样有三种表现。它们为生产于 19 世纪的青花白瓷所描绘的纹饰包括带冰裂纹的陶瓷花器、带冰裂纹的笔筒和瓶类等，其周围并陈着文房用具，与《巨册里》有一样的构思设计。在中国，由带开片的瓷器与文房用具所构成的纹饰，至迟在康熙年间（1662 ~ 1722 年）已经出现，然而，管见以为，这类纹样出现于朝鲜陶瓷上的时间与《巨册里》相同，都是到了 19 世纪才终于出现。

图 29-1

图 29-2

图 29-3

图 29-4

朝鲜官窑瓷器中，青花瓷盘或钵的里面，进一步出现作为附属纹饰的冰裂纹装饰带。图 30 的两件作品中，地纹部分涂满钴料，仔细描绘细密的开片纹路，且部分留白。此纹饰虽非由冰裂地纹与梅纹组合而成，但其与流行于康熙年间“冰梅纹样”[1] 属于同类型的纹样，风格写实。另一方面，图 31 冰裂地纹相较图 30，显得形式化，与图 30 的作品在时代上虽非相隔太久，但显示出随着时代发展，冰裂地纹逐渐有形式化的倾向。

上述创意，在中国都出现于康熙年间；但在韩国，可以说是在朝鲜时代的文人趣味鼎盛的 18 世纪后半叶“哥窑”瓷器受到瞩目的过程中，才逐渐出现。

1　谢明良：《明代晩期の宋代官窑青磁鉴赏と「碎器」の流行》，《美术研究》第 389 号，2006 年 6 月。

图 30-1

图 30-2

图 31-1

图 31-2

图 31-3

图 31-4

图 31-5

结语

在中国，对开片的好尚于明代出现一个高峰，而整个清代，在文人趣味的背景下，开片成为经常可见的母题。朝鲜时代后期，自中国传入朝鲜半岛的“哥窑”制品，说到底仅止于对中国文人趣味的一种接受，并未对陶瓷器的生产与鉴赏产生太大影响。但对朝鲜文人而言，陶瓷上的开片极富特色，促使陶瓷器面上出现冰裂地纹，以及哥窑风的陶瓷器纹饰。此外,《册巨里》所见的哥窑风瓷器,其整体也以追求中国明清时代之文人趣味为背景。

在对哥窑瓷器本身亦不熟悉的朝鲜时代,对于与中国哥窑瓷器形象密切相关的“碎器”与“冰裂纹”究竟能有多少程度的理解，实属未知。但将其视作最尖端的中国文化，而加以吸纳，却毋庸置疑。透过《册巨里》和中国文献，或是极少量的制品（哥窑，或谓哥窑风格的陶瓷器），朝鲜时代的王室与两班贵族等文人们玩味中国的哥窑瓷器形象，并将之视为文人趣味的世界中的一部分。而在以定窑和汝窑为首的诸窑中，为何只反复提及“哥窑”，并以清楚明了的形式将之描绘于《巨册里》绘画中？若问及此，则大概还是因为“哥窑”拥有开片这一明确特征，更易吸引文人关注；另外，其在绘画中，作为珍稀贵重之物，可能也因其特征容易描绘有关。

最后，对于朝鲜画家是否真的见过哥窑瓷器实物再将之绘入《册架图》中，仍是待解之疑，其中也不能排除直接模仿中国绘画的可能性。虽然数量稀少，但从朝鲜宫廷中传世的仿哥窑作品，以及实际描写生活中使用哥窑花瓶、酒瓶和文房用具的诗文绘画来看，哥窑确确实实曾传入朝鲜，且备受珍视。

翻译：游秋玫（京都大学大学院人间环境学研究科·博物馆文化财学、博士后期课程）

图版一览及出处

图1　朝鲜时代·1853年　刘淑（1827～1873年）《修禊图》（局部）　韩国国立民俗博物馆藏（《美术の中の都市　都市の中の美术》图62，韩国国立中央博物馆，2016年）

图2　朝鲜时代·18世纪　金弘道（1745～1806年以后）《布衣风流》　私人藏（《美术の中の都市　都市の中の美术》图45，韩国国立中央博物馆，2016年）

图3　明　色彩瓷器台座　杨州市桧岩寺址出土，京畿道博物馆藏（《我が文化の中の中国陶磁器》图155，国立大邱博物馆，2004年）

图4　清　色釉瓷器片　益山市弥勒寺出土，国立全州博物馆藏（《我が文化の中の中国陶磁器》图156，国立大邱博物馆，2004年）

图5　清　黄彩蔷薇纹瓶　京畿道富川市和柔翁主(1740～1777年)墓出土，国立古宫博物馆藏（《我が文化の中の中国陶磁器》第121页，国立大邱博物馆，2004年）

图6　清　红釉水注　国立古宫博物馆藏

图7　清　五彩龙凤纹筒形花瓶　国立古宫博物馆藏（《我が文化の中の中国陶磁器》图153，国立大邱博物馆，2004年）

图8　清　仿哥釉笔筒　国立古宫博物馆藏

图9　清　仿哥釉瓶　国立古宫博物馆藏

图10　清道光　仿哥釉八方瓶　辽宁省博物馆藏（笔者摄影）

图11　朝鲜时代·18世纪后半　《册架图》（局部）　三星美术馆Leeum（《朝鲜宫中画·民画杰作：文字図·册巨里》图25，艺术殿堂书艺博物馆，2016年）

图12　朝鲜时代·19世纪　《册架图》（局部）　私人藏（《朝鲜宫中画·民画杰作：文字図·册巨里》图31，艺术殿堂书艺博物馆，2016年）

图13　朝鲜时代·1864年以前　李享禄（1808～1883年以后）《册巨里》（局部）　国立民俗博物馆藏（《朝鲜宫中画·民画杰作：文字図·册巨里》图35，艺术殿堂书艺博物馆，2016年）

图14　朝鲜时代·18世纪后半～19世纪前半　《册架图》（局部）　私人藏（《朝鲜宫中画·民画杰作：文字図·册巨里》图26，艺术殿堂书艺博物馆，2016年）

图15-A-①　朝鲜时代·19世纪～20世纪初　《文房图屏风》（局部）　国立古宫博物馆藏（《宫中书画》图98，国立古宫博物馆，2012年）

图15-A-②　朝鲜时代·19世纪　《册架图》（局部）私人藏　（《朝鲜宫中画·民画杰作：文字図·册巨里》图31，艺术殿堂书艺博物馆，2016年）

图15-A-③　朝鲜时代·18世纪后半　《册架图》（局部）　首尔美术馆藏　（《朝鲜宫中画·民画杰作：文字図·册巨里》图34，艺术殿堂书艺博物馆，2016年）

图15-A-④　朝鲜时代·19世纪　《册架图》（局部）　私人藏（《朝鲜宫中画·民画杰作：文字図·册巨里》图31，艺术殿堂书艺博物馆，2016年）

图15-B-①　朝鲜时代·19世纪～20世纪初　《文房图屏风》（局部）　国立古宫博物馆藏（《宫中书画》图98，国立古宫博物馆，2012年）

图15-B-②　朝鲜时代·1864年以前　李享禄（1808～1883年以后）《册巨里》（局部）　国立民俗博物馆藏（《朝鲜宫中画·民画杰作：文字図·册巨里》图35，艺术殿堂书艺博物馆，2016年）

图15-B-③　朝鲜时代·19世纪　《册架图》（局部）　韩国民俗村藏（《朝鲜宫中画·民画杰作：文字図·册巨里》图30，艺术殿堂书艺博物馆，2016年）

图15-C-①　朝鲜时代·19世纪　《册架图》（局部）　私人藏（《朝鲜宫中画·民画杰作：文字図·册巨里》图31，艺术殿堂书艺博物馆，2016年）

图15-C-②　朝鲜时代·19世纪　李享禄（1808～1883以后）〈册架图〉（局部）　三星美术馆Leeum藏（《朝鲜末期絵画展》图25，三星美术馆Leeum，2006年）

图 15-C-③　朝鲜时代·19 世纪　《册架图》(局部)　韩国民俗村藏　(《朝鲜宫中画·民画杰作：文字図·册巨里》图 30，艺术殿堂书艺博物馆，2016 年)

图 15-C-④　朝鲜时代·18 ~ 19 世纪　《册架图》(局部)　私人藏(《美术の中の都市·都市の中の美术》图 113，国立中央博物馆，2016 年)

图 15-D-①　韩国·1917 年　《器皿折枝图二幅屏》(局部)　国立古宫博物馆藏(《宫中书画》图 161，国立古宫博物馆，2012 年)

图 15-D-②　朝鲜时代·19 世纪　《册巨里》(局部)　私人藏(《朝鲜宫中画·民画杰作：文字図·册巨里》图 45，艺术殿堂书艺博物馆，2016 年)

图 15-E-①　朝鲜时代·18 世纪后半 ~ 19 世纪前半《册架图》(局部)　私人藏(《朝鲜宫中画·民画杰作：文字図·册巨里》图 26，艺术殿堂书艺博物馆，2016 年)

图 15-E-②　韩国·1917 年　《器皿折枝图二幅屏》(局部)　国立古宫博物馆藏(《宫中书画》图 161，国立古宫博物馆，2012 年)

图 16-①　朝鲜时代·18 世纪后半　张汉宗(1768 ~ 1815 年)《册架图》(局部)　京畿道博物馆藏(《朝鲜宫中画·民画杰作：文字図·册巨里》图 27，艺术殿堂书艺博物馆，2016 年)

图 16-②　朝鲜时代·1864 年以前　李亨禄(1808 ~ 1883 年以后)《册巨里》(局部)　国立民俗博物馆藏(《朝鲜宫中画·民画杰作：文字図·册巨里》图 35，艺术殿堂书艺博物馆，2016 年)

图 16-③　朝鲜时代·18 ~ 19 世纪　《册架图》(局部)　私人藏(《美术の中の都市·都市の中の美术》图 113，国立中央博物馆，2016 年)

图 16-④　朝鲜时代·19 世纪　《册架图》(局部)　私人藏(《朝鲜宫中画·民画杰作：文字図·册巨里》图 31，艺术殿堂书艺博物馆，2016 年)

图 16-⑤　朝鲜时代·18 ~ 19 世纪　《册架图》(局部)　私人藏(《美术の中の都市·都市の中の美术》图 113，国立中央博物馆，2016 年)

图 16-⑥　朝鲜时代·19 世纪　《册架图》(局部)　私人藏(《朝鲜宫中画·民画杰作：文字図·册巨里》图 32，艺术殿堂书艺博物馆，2016 年)

图 17-①　朝鲜时代·18 世纪后半　张汉宗(1768 ~ 1815 年)《册架图》(局部)京畿道博物馆藏(《朝鲜宫中画·民画杰作：文字図·册巨里》图 27，艺术殿堂书艺博物馆，2016 年)

图 17-②　朝鲜时代·19 ~ 20 世纪初　《册架图屏风》(局部)　国立古宫博物馆藏　(《宫中书画》图 94，国立古宫博物馆，2012 年)

图 17-③　朝鲜时代·18 ~ 19 世纪　《册架图》(局部)　私人藏(《美术の中の都市·都市の中の美术》图 113，国立中央博物馆，2016 年)

图 17-④　朝鲜时代·19 世纪　《册架图》(局部)　私人藏(《朝鲜宫中画·民画杰作：文字図·册巨里》图 31，艺术殿堂书艺博物馆，2016 年)

图 17-⑤　朝鲜时代·19 世纪　《册架图》(局部)　私人藏(《朝鲜宫中画·民画杰作：文字図·册巨里》图 32，艺术殿堂书艺博物馆，2016 年)

图 17-⑥　朝鲜时代·19 世纪　李亨禄(1808 ~ 1883 年以后)《册架图》(局部)　三星美术馆 Leeum 藏　(《朝鲜末期绘画展》图 25，三星美术馆 Leeum，2006 年)

图 18　朝鲜时代·19 世纪　《册架图》(局部)　私人藏(《朝鲜宫中画·民画杰作：文字図·册巨里》图 31，艺术殿堂书艺博物馆，2016 年)

图 19-①　朝鲜时代·18 世纪后半　张汉宗(1768 ~ 1815 年)《册架图》(局部)　京畿道博物馆藏(《朝鲜宫中画·民画杰作：文字図·册巨里》图 27，艺术殿堂书艺博物馆，2016 年)

图 19-②　朝鲜时代·19 世纪　《册架图》(局部)　韩国国立中央博物馆藏(《朝鲜宫中画·民画杰作：文字図·册巨里》图 28，艺术殿堂书艺博物馆，2016 年)

图 19-③　朝鲜时代·18 世纪后半　《册架图》(局部)　三星美术馆 Leeum 藏(《朝鲜宫中画·民画杰作：文字図·册巨里》图 25，艺术殿堂书艺博物馆，2016 年)

图 19-④　朝鲜时代 ·18 世纪后半～ 19 世纪前半　《册架图》(局部)　私人藏(《朝鲜宫中画 · 民画杰作：文字図 · 册巨里》图 26，艺术殿堂书艺博物馆，2016 年)

图 20-①　朝鲜时代 ·19 ～ 20 世纪初　《文房图屏风》(局部)　国立古宫博物馆藏(《宫中书画》图 95，国立古宫博物馆，2012 年)

图 20-②　朝鲜时代 ·19 世纪　《册架图》(局部)，首尔历史博物馆藏(《朝鲜宫中画 · 民画杰作：文字図 · 册巨里》图 29，艺术殿堂书艺博物馆，2016 年)

图 20-③　朝鲜时代 ·18 世纪后半～ 19 世纪前半　《册架图》(局部)　私人藏(《朝鲜宫中画 · 民画杰作：文字図 · 册巨里》图 26，艺术殿堂书艺博物馆，2016 年)

图 20-④　朝鲜时代 ·19 世纪　《册架图》(局部)　三星美术馆 Leeum 藏(《朝鲜末期绘画展》图 25，三星美术馆 Leeum，2006 年)

图 20-⑤　朝鲜时代 ·18 世纪后半　张汉宗(1768 ～ 1815 年)《册架图》(局部)　京畿道博物馆藏(《朝鲜宫中画 · 民画杰作：文字図 · 册巨里》图 27，艺术殿堂书艺博物馆，2016 年)

图 20-⑥　朝鲜时代 ·18 世纪后半～ 19 世纪前半　《册架图》(局部)　私人藏(《朝鲜宫中画 · 民画杰作：文字図 · 册巨里》图 26，艺术殿堂书艺博物馆，2016 年)

图 20-⑦　朝鲜时代 ·18 世纪后半　《册巨里》(局部)　首尔美术馆藏(《朝鲜宫中画 · 民画杰作：文字図 · 册巨里》图 34，艺术殿堂书艺博物馆，2016 年)

图 20-⑧　朝鲜时代 ·1864 年以前　李享禄(1808 ～ 1883 年以后)《册巨里》(局部)　国立民俗博物馆藏　(《朝鲜宫中画 · 民画杰作：文字図 · 册巨里》图 35，艺术殿堂书艺博物馆，2016 年)

图 20-⑨　朝鲜时代 ·19 ～ 20 世纪初　《文房图屏风》(局部)　国立古宫博物馆藏(《宫中书画》图 95，国立古宫博物馆，2012 年)

图 20-⑩　朝鲜时代 ·19 世纪　《册架图》(局部)　国立中央博物馆藏(《朝鲜宫中画 · 民画杰作：文字図 · 册巨里》图 28，艺术殿堂书艺博物馆，2016 年)

图 20-⑪　朝鲜时代 ·19 世纪　《册巨里》(局部)　私人藏(《朝鲜宫中画 · 民画杰作：文字図 · 册巨里》图 45，艺术殿堂书艺博物馆，2016 年)

图 20-⑫　朝鲜时代 ·18 世纪后半　《册巨里》(局部)　首尔美术馆藏(《朝鲜宫中画 · 民画杰作：文字図 · 册巨里》图 34，艺术殿堂书艺博物馆，2016 年)

图 21-①　朝鲜时代 ·19 ～ 20 世纪初　《文房图屏风》(局部)　国立古宫博物馆藏(《宫中书画》图 95，国立古宫博物馆，2012 年)

图 21-②　朝鲜时代 ·1864 年以前　李享禄(1808 ～ 1883 年以后)《册巨里》(局部)国立民俗博物馆藏(《朝鲜宫中画 · 民画杰作：文字図 · 册巨里》图 35，艺术殿堂书艺博物馆，2016 年)

图 21-③　朝鲜时代 ·1864 年以前　李享禄(1808 ～ 1883 年以后)《册巨里》(局部)国立民俗博物馆藏(《朝鲜宫中画 · 民画杰作：文字図 · 册巨里》图 35，艺术殿堂书艺博物馆，2016 年)

图 21-④　朝鲜时代 ·18 世纪后半　《册巨里》(局部)　首尔美术馆藏(《朝鲜宫中画 · 民画杰作：文字図 · 册巨里》图 34，艺术殿堂书艺博物馆，2016 年)

图 21-⑤　朝鲜时代 ·19 ～ 20 世纪初　《文房图屏风》(局部)　国立古宫博物馆藏(《宫中书画》图 96，国立古宫博物馆，2012 年)

图 22　朝鲜时代 ·18 世纪后半～ 19 世纪前半　《册架图》(局部)　私人藏(《朝鲜宫中画 · 民画杰作：文字図 · 册巨里》图 26，艺术殿堂书艺博物馆，2016 年)

图 23　李德懋《青庄馆全书》卷 62“西海旅言 · 轮回梅十笺”

图 24　李德懋《青庄馆全书》卷 62“西海旅言 · 轮回梅十笺”

图 25-①　朝鲜时代 ·19 世纪　《册巨里》(局部)　私人藏(《朝鲜宫中画 · 民画杰作：文字図 · 册巨里》图 45，艺术殿堂书艺博物馆，2016 年)

图 25-②　朝鲜时代 ·19 世纪　《册架图》(局部)　私人藏(《朝鲜宫中画 · 民画杰作：文字図 · 册巨里》图 32，艺术殿堂书艺博物馆，2016 年)

图 25-③ 朝鲜时代 ·19 世纪 《册巨里》(局部) 私人藏(《朝鲜宫中画 · 民画杰作：文字図 · 册巨里》图 45，艺术殿堂书艺博物馆，2016 年)

图 25-④ 朝鲜时代 ·19 世纪 《册架图》(局部) 国立中央博物馆藏(《朝鲜宫中画 · 民画杰作：文字図 · 册巨里》图 28，艺术殿堂书艺博物馆，2016 年)

图 25-⑤ 朝鲜时代 ·19 世纪 《册巨里》(局部) 私人藏(《朝鲜宫中画 · 民画杰作：文字図 · 册巨里》图 45，艺术殿堂书艺博物馆，2016 年)

图 25-⑥ 朝鲜时代 ·18 世纪后半 ~ 19 世纪前半 《册架图》(局部) 私人藏(《朝鲜宫中画 · 民画杰作：文字図 · 册巨里》图 26，艺术殿堂书艺博物馆，2016 年)

图 26-① 朝鲜时代 ·19 ~ 20 世纪初 《册架图屏风》(局部) 国立古宫博物馆藏(《宫中书画》图 94，国立古宫博物馆，2012 年)

图 26-② 朝鲜时代 ·19 世纪 《册巨里》(局部) 私人藏(《朝鲜宫中画 · 民画杰作：文字図 · 册巨里》图 53，艺术殿堂书艺博物馆，2016 年)

图 26-③ 朝鲜时代 ·19 世纪 《册巨里》(局部) 私人藏(《朝鲜宫中画 · 民画杰作：文字図 · 册巨里》图 42，艺术殿堂书艺博物馆，2016 年)

图 26-④ 朝鲜时代 ·19 世纪 《册架图》(局部) 韩国民俗村藏(《朝鲜宫中画 · 民画杰作：文字図 · 册巨里》图 30，艺术殿堂书艺博物馆，2016 年)

图 26-⑤ 朝鲜时代 ·19 世纪 《虎皮帐幕图》(局部) 私人藏(《美术の中の都市 · 都市の中の美术》图 116，国立中央博物馆，2016 年)

图 26-⑥ 朝鲜时代 ·19 ~ 20 世纪初 《文房图屏风》(局部) 国立古宫博物馆藏(《宫中书画》图 95，国立古宫博物馆，2012 年)

图 27-① 朝鲜时代 ·19 世纪 《册架图》(局部) 私人藏(《美术の中の都市 · 都市の中の美术》图 114，国立中央博物馆，2016 年)

图 27-② 朝鲜时代 ·19 世纪 《册架图》(局部) 私人藏(《美术の中の都市 · 都市の中の美术》图 114，国立中央博物馆，2016 年)

图 27-③ 朝鲜时代 ·18 世纪后半 ~ 19 世纪前半 《册架图》(局部) 私人藏(《朝鲜宫中画 · 民画杰作：文字図 · 册巨里》图 26，艺术殿堂书艺博物馆，2016 年)

图 27-④ 朝鲜时代 ·18 世纪后半 ~ 19 世纪前半 《册架图》(局部) 私人藏(《朝鲜宫中画 · 民画杰作：文字図 · 册巨里》图 26，艺术殿堂书艺博物馆，2016 年)

图 28-① 朝鲜时代 ·19 ~ 20 世纪初 《文房图屏风》(局部) 国立古宫博物馆藏(《宫中书画》图 95，国立古宫博物馆，2012 年)

图 28-② 朝鲜时代 ·19 世纪 《册架图》(局部) 韩国民俗村藏(《朝鲜宫中画 · 民画杰作：文字図 · 册巨里》图 30，艺术殿堂书艺博物馆，2016 年)

图 28-③ 朝鲜时代 ·19 世纪 《册架图》(局部) 韩国民俗村藏(《朝鲜宫中画 · 民画杰作：文字図 · 册巨里》图 30，艺术殿堂书艺博物馆，2016 年)

图 28-④ 朝鲜时代 ·19 世纪 《册架图》(局部) 韩国民俗村藏(《朝鲜宫中画 · 民画杰作：文字図 · 册巨里》图 32，艺术殿堂书艺博物馆，2016 年)

图 29-① 朝鲜时代 ·19 世纪 青花器皿纹盘 梨花女子大学校博物馆藏(《朝鲜白磁》图 90，梨花女子大学校博物馆，2015 年)

图 29-② 朝鲜时代 ·19 世纪 青花器皿纹盘 梨花女子大学校博物馆藏(《朝鲜白磁》图 87，梨花女子大学校博物馆，2015 年)

图 29-③ 朝鲜时代 ·19 世纪 白瓷青花百物人物纹瓶 韩国国立中央博物馆藏(《美术の中の都市 都市の中の美术》图 86，韩国国立中央博物馆，2016 年)

图 29-④ 朝鲜时代 ·19 世纪 白瓷青花百物人物纹瓶 韩国国立中央博物馆藏(《美术の中の都市 都市の中の美术》图 85，韩国国立中央博物馆，2016 年)

图 30- ① 朝鲜时代·19 世纪　青花宝相花纹盘　东京国立博物馆藏（《日本东京国立博物馆所蔵　小仓コレクション　韩国文化财》图 749-2，国立文化财研究所，2005 年）

图 30- ② 朝鲜时代·19 世纪　青花波涛纹“分院器”铭九角盘　东京国立博物馆藏（《日本东京国立博物馆所蔵　小仓コレクション　韩国文化财》图 748，国立文化财研究所，2005 年）

图 31- ① 朝鲜时代·19 世纪　青花山水纹盘　大坂市立东洋陶瓷美术馆藏

图 31- ② 朝鲜时代·19 世纪　青花牡丹器皿文盘　梨花女子大学校博物馆藏（《朝鲜白磁》图 88，梨花女子大学校博物馆，2015 年）

图 31- ③ 朝鲜时代·19 世纪　青花花纹碗　朝鲜中央歷史博物馆藏（《北韩の主要博物馆所蔵品》图 88，国立文化财研究所，2004 年）

图 31- ④ 朝鲜时代·19 世纪　青花花纹盘　大坂市立东洋陶瓷美术馆藏

图 31- ⑤ 朝鲜时代·19 世纪　青花莲花盆栽纹盘　梨花女子大学校博物馆藏（《朝鲜白磁》图 89，梨花女子大学校博物馆，2015 年）

谈景德镇地区出土仿哥釉瓷器

江建新 上官敏 景德镇市陶瓷考古研究所

内容提要：近年来景德镇地区陆续发现和出土了一些明代仿哥釉器，这对我们认识和研究历史上的哥窑问题有一定的启示作用。目前为止，明御窑厂遗址出土的仿哥釉器，以明宣德、成化时期官窑烧造为主，除此之外，明代各时期官窑都不见有此类仿哥釉产品的烧造。说明明初人们对哥窑已有所了解，或者有所青睐。

关键词：丽阳窑 宣德仿哥 成化仿哥

前言

明清以来鉴赏家关于"哥窑"多有论述,哥窑的文献记载最早可见明代《宣德鼎彝谱》："内库所藏柴、汝、官、哥、均（钧）、定各窑器皿……"[1] 由于柴窑被传为五代所烧，故后世只列宋五大名窑，即官、哥、汝、定、钧。传世瓷器中被认为是哥窑的，有铁骨胎、深灰胎、土黄色胎等，釉色有炒米黄色、浅炒米黄色等。宋代不见有文献记载哥窑或哥釉瓷，元孔齐《静斋至正直记》中开始出现"哥哥洞窑""哥哥窑",但对哥窑特点的描写言语不详。明洪武曹昭在《格古要论》中描写哥窑器为"色青，浓淡不一，亦有铁足紫口"，"元末新

---

1 （明）吕震等：《宣德鼎彝谱》卷一，《墨海金壶》本。

烧者，土脉粗燥，色亦不好”[1]，但没有说明哥窑和弟窑之间的关系。所以，关于哥窑窑址、性质如何，一直是陶瓷史研究中悬而未决的问题，学界一直没有定论，因此成为大家关注的课题之一。

近年来景德镇地区陆续发现和出土一些明代仿哥釉器，这对我们认识和研究历史上的哥窑问题有一定的启示作用。以下根据出土遗物，结合相关资料，拟对景德镇地区出土的仿哥釉器作一探讨。

一　景德镇丽阳乡瓷器山窑址出土仿哥釉器

景德镇丽阳瓷窑址，位于景德镇市西南 21 公里，遗址分布在丽阳乡彭家村和丽阳村之间的瓷器山西坡和碓臼山南坡。烧造时间从五代到明代，是景德镇市区以外一处相对集中的瓷器生产地。2005 年 7 月至 11 月江西省文物考古研究所等单位曾对该窑址进行考古发掘，发现有元代晚期的龙窑窑炉和明代早期的葫芦形窑炉各一座，出土瓷器主要有五代青瓷，元代青白瓷，明代青花、仿龙泉釉、仿哥釉、黑釉、白釉瓷等。其中出土仿哥釉器有[2]：

1. 仿哥釉高足杯。高 11.1 厘米、口径 12.6 厘米、足径 4.7 厘米。侈口，尖圆唇，弧腹，喇叭形竹节柄足。通体施釉，足沿及足沿内侧刮釉，釉面开细纹片，胎灰色略粗松（图 1）。

2. 仿哥釉碗。高 7.7 厘米、口径 14.6 厘米、足径 6.7 厘米。侈口，尖圆唇，弧腹，圈足内倾。通体施釉，足沿及足沿内侧刮釉，釉面开细纹片，胎灰色略粗松（图 2）。

3. 仿哥釉器座。鼓形，器面中心有一圆孔贯底。通体施釉，底为涩胎，胎灰色略粗松（图 3）。

根据丽阳瓷器山窑址考古资料得知，上述出土的仿哥釉器，与青花、白釉、仿龙泉瓷堆积于同一地层，从地层与相关资料分析，这些遗物的烧造年代在明早期的宣德至正统时期。出土仿哥釉瓷的器形主要以碗、高足杯为主，这些器物大多胎质较为粗糙，呈灰白色，釉色白中泛黄，釉面由细小的不规则开片组成，即所谓的“金丝铁线”“铁足紫口”。从出土遗物来看，这类仿哥釉器，器形不同于宋、元哥窑器，而与同期的民窑所烧

1 （明）曹昭：《格古要论》卷之下“古窑器论·哥窑”，《夷门广牍》本。

2 故宫博物院、江西省文物考古研究所、景德镇市陶瓷考古研究所：《江西景德镇丽阳瓷器山明代窑址发掘简报》，《文物》2007 年第 3 期。

图 1　仿哥釉高足杯

图 2　仿哥釉碗

图 3　仿哥釉器座

同类器物类似。这类仿哥釉瓷胎质与传世宋、元哥釉器比较，可见出土的仿哥窑器胎白，釉层稍厚，釉色较纯，光洁度高，与传世宋、元哥窑器的灰胎釉有一定差别。在器形方面，这些仿哥釉与同一地层出土的青花、白釉、仿龙泉釉瓷器的造型完全一致，说明在同一座窑场内器物的形制并不因釉色品种的不同而有差异，而是生产相同造型的器物，再施不同的釉。由此可见，这类仿哥釉器在该窑场当时也只是被当作一般的普通产品来生产。

二　明代御器厂遗址出土宣德、成化仿哥釉器

到目前为止，明代御器厂遗址出土仿哥釉器，以宣德、成化时期御窑烧造为主，除此之外，明代各时期御窑都不见有此类仿哥釉产品的烧造。以下仅对明代御器厂遗址出土的宣德、成化御窑仿哥釉器作一介绍。

（一）御器厂遗址出土宣德仿哥釉器

20世纪80年代中期以来，景德镇市陶瓷考古研究所在配合市政工程建设数十次的抢救性发掘中，清理出大量明清官窑遗物，其中多次清理出土一些宣德官窑仿哥釉器残片，尤其以2002～2003年由景德镇市陶瓷考古研究所等单位在珠山北麓进行考古发掘出土仿哥窑器标本最为丰富[1]。根据以上考古清理与发掘资料进行统计，这些仿哥釉瓷的造型主要有仿哥釉三足炉、四方象耳瓶、卧足碗、侈口大盘、六方小罐、多棱罐、菱口盆、蟋蟀罐盖残片、过笼残片、花钵残片、梨形壶盖等。兹介绍如下。

1. 宣德仿哥釉三足炉。1979年明御器厂遗址出土。高12.3厘米、口径14.9厘米、底径13.9厘米。该炉作竹节式，三足，底部剔釉露胎一周。灰色胎，施灰白釉，釉面开片，为仿哥釉器。传世有署年款的青花同类器（图4）。

2. 宣德仿哥釉四方象耳瓶。2002年明御器厂遗址出土。高16厘米、口径5厘米、足径6.8厘米。唇口，长颈，两边各有一象耳，腹部呈多面状，圈足内施釉。整器釉面有细纹开片（图5）。

3. 宣德仿哥釉六方小罐。2002年明御器厂遗址出土。高11厘米、口径6.4厘米、足

1　北京大学考古文博学院、江西省文物考古研究所、景德镇市陶瓷考古研究所：《江西景德镇明清御窑遗址发掘简报》，《文物》2007年第5期。

图 4　明宣德　仿哥釉三足炉

图 5　明宣德　仿哥釉四方象耳瓶

径 6.8 厘米。直口，矮领，丰肩，鼓腹，浅圈足。罐身有六条从上至下的凸棱，俯视呈六边形。胎呈灰色，内外壁均施仿哥釉，釉面开细纹片，色调灰暗。底部釉下见有刻划的双圈，双圈内刻划“大明宣德年制”六字双行楷书款，釉覆盖较厚，款字不太清晰（图 6）。

4. 宣德仿哥釉多棱罐。2002 年明御器厂遗址出土。高 11 厘米、口径 6.5 厘米、足径 8 厘米，直口，矮颈，丰肩，鼓腹，浅圈足。罐身作多棱状。胎呈灰色。内外壁均施仿哥釉，釉面布满细碎片纹。底部釉下刻划双圈，圈内刻划“大明宣德年制”六字双行楷书款（图 7）。

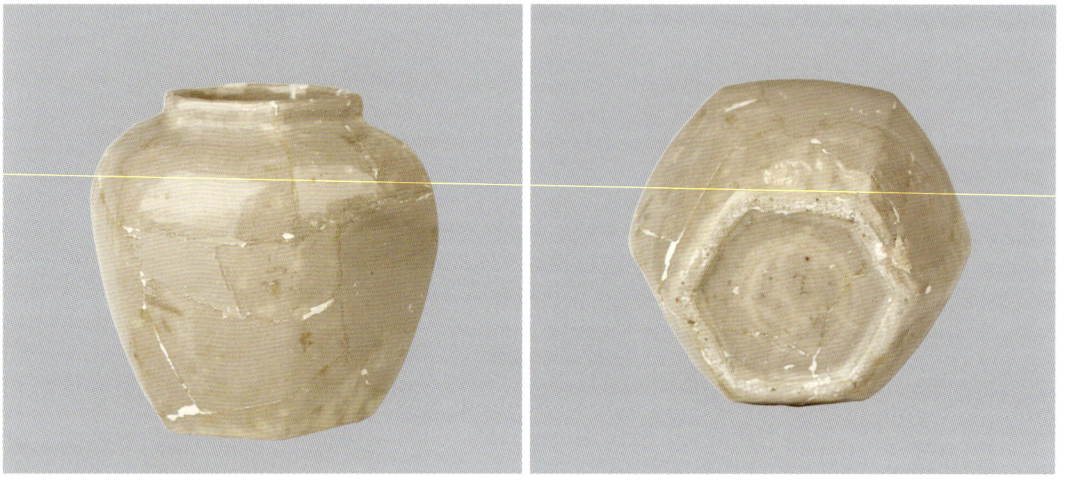

图 6　明宣德　仿哥釉六方小罐

图 7　明宣德　仿哥釉多棱罐

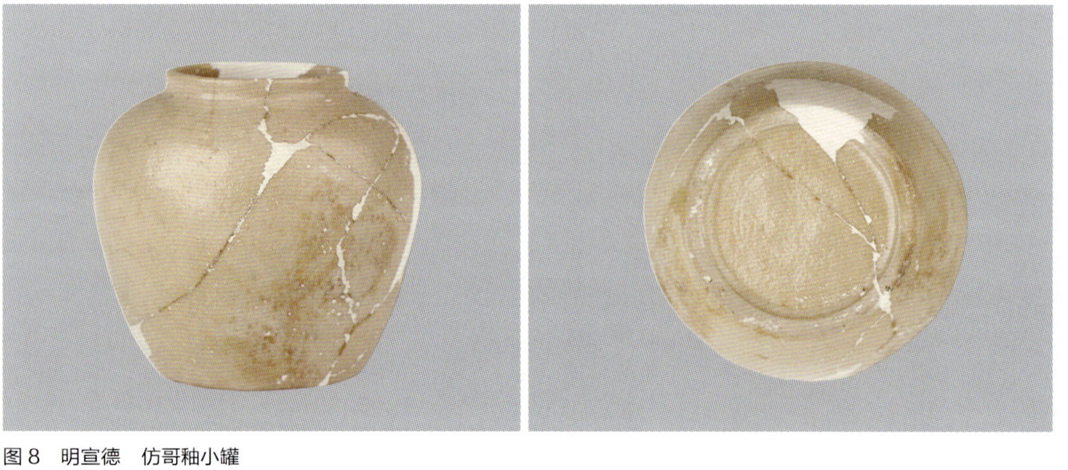

图 8　明宣德　仿哥釉小罐

图 9　明宣德　仿哥釉菱口盆

5. 宣德仿哥釉小罐。2002 年明御器厂遗址出土。高 10.7 厘米、口径 6.7 厘米、足径 7.6 厘米。直口，矮颈，丰肩，鼓腹，浅圈足。胎呈灰色。内外壁均施仿哥釉，釉呈灰白色，釉面开细片纹（图 8）。

6. 宣德仿哥釉菱口盆。2004 年明御器厂遗址出土。高 5.8 厘米、口径 15 厘米 × 13.5 厘米、足径 7.8 厘米 × 6.8 厘米。方形，菱口，宽平沿，边沿起棱，腹部作瓜棱式，圈足。俯视呈菱花形。胎呈灰色，内外壁均施仿哥釉，釉色灰白，釉面开细碎片纹（图 9）。

7. 宣德仿哥釉蟋蟀罐盖残片。1993 年明御器厂遗址出土。残长 8.5 厘米。有细纹开片，反面中心施釉，双圈内青花书“大明宣德年制”六字双行楷书款（图 10）。

图 10　明宣德　仿哥釉蟋蟀罐盖残片

图 11　明宣德　仿哥釉盘

图 12　明宣德　仿哥釉卧足碗

8. 宣德仿哥釉盘。2002 年明御器厂遗址出土。高 8.2 厘米、口径 40.8 厘米、足径 24.8 厘米。敞口，壁微曲，浅腹，圈足。胎呈灰色。内外壁均施仿哥釉，釉色灰白，开小纹片。底和足内侧无釉，内底心刻“宣德年制”四字双行外围双圈篆书款，不甚清晰（图 11）。

9. 宣德仿哥釉卧足碗。2002 年明御器厂遗址出土。高 4.5 厘米、口径 13.9 厘米、足径 3.5 厘米。侈口，曲壁，深腹，卧足。内外壁施白釉，色调呈灰白色，局部开细纹片，卧足内刻划“宣德年制”四字双行楷书款，不甚清晰（图 12）。

10. 宣德仿哥釉过笼残器。1993 年明御器厂遗址出土。高 3.4 厘米。扇形，子母口，灰胎，胎骨厚重，釉薄，底部无釉，涩胎呈淡灰色，釉面有细小纹片，具有哥窑器特征，两侧各有一小孔。无款（图 13）。

11. 宣德仿哥釉花钵残片。1993 年明御器厂遗址出土。残高 6.2 厘米。灰胎，胎骨厚重。釉薄，呈淡灰色，釉面有细小片纹，具有哥窑器特征。器底有一渗水小圆孔，当为花钵。圈足底施一层薄薄的紫金釉，为追求仿哥窑瓷器铁足效果（图 14）。

12. 宣德仿哥釉折角花钵残片。1993 年明御器厂遗址出土。残高 8.3 厘米。灰胎，胎骨厚重。釉薄，呈淡灰色，釉面有细小纹片，具有哥窑器特征。有折角，从形状看当为花钵（图 15）。

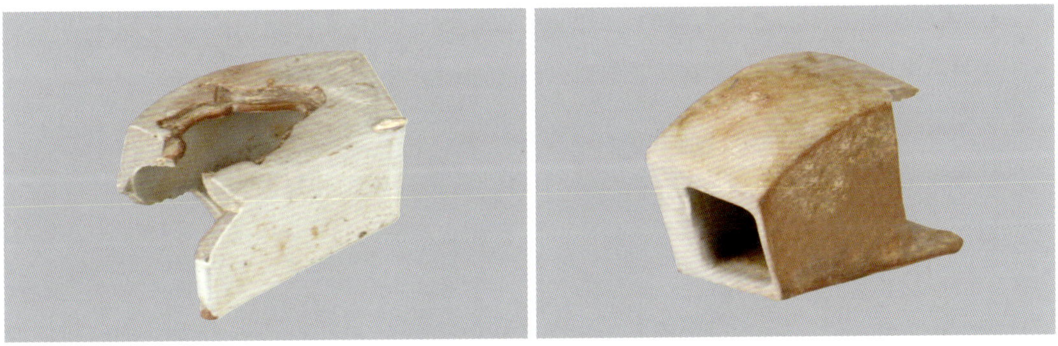

图 13　明宣德　仿哥釉过笼残器

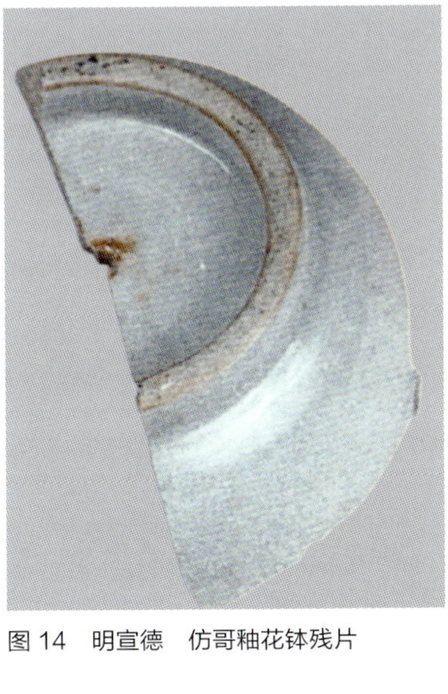

图 14　明宣德　仿哥釉花钵残片

图 15　明宣德　仿哥釉折角花钵残片

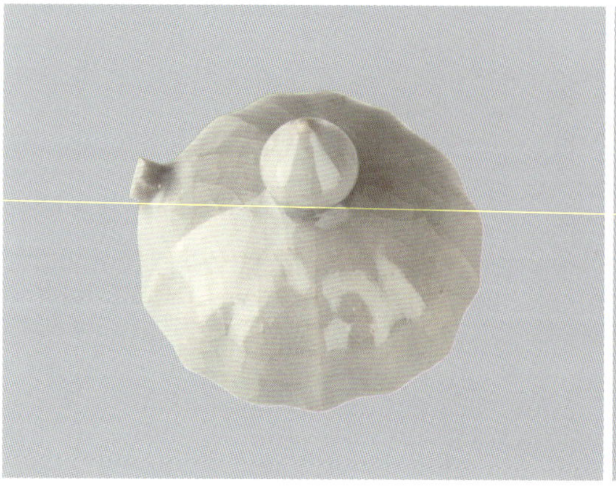

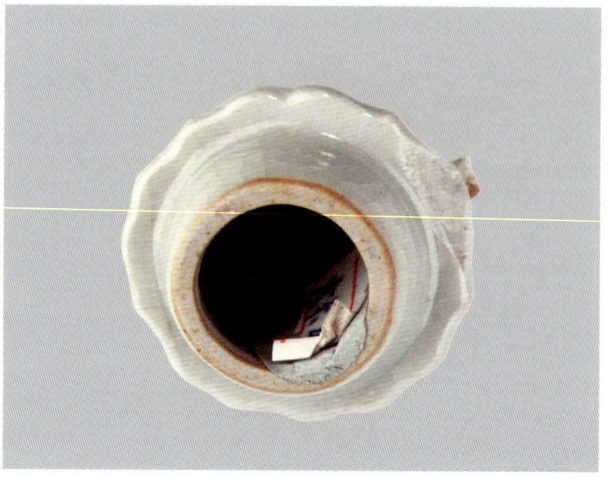

图 16　明宣德　仿哥釉梨形壶盖

13. 宣德仿哥釉梨形壶盖。1993 年明御器厂遗址出土。盖高 4.3 厘米。珠顶，盖沿一小系。制作工整，釉色纯正，是品质较佳的仿哥釉器（图 16）。

从上述出土遗物看，宣德官窑烧造的仿哥釉瓷，形制上并没有参照宋、元哥窑瓷器原物，仅仅在胎釉方面模仿哥窑瓷器。而仔细观察宣德仿哥釉瓷的胎釉，发现这一时期的仿哥釉器与宋、元哥窑器的胎土还是有所不同。比如宣德仿哥釉器胎质较宋、元哥窑器更为致密、泛白。其器形特征与宣德同时期的其他产品风格基本一致。

（二）御器厂遗址出土成化仿哥釉器

1988 年在明御器厂遗址东北侧发现一成化堆积（88H3），出土一批成化官窑仿宋官釉器和仿哥釉器遗物。仿官釉瓷器有敞口碗、兽耳瓶、兽耳香炉、笔洗、高足杯等，而在其中仅发现一件仿哥釉兽耳长颈瓶[1]。

明成化官窑仿哥釉兽耳长颈瓶。高 22 厘米、口径 6.4 厘米、足径 7.9 厘米。长颈，喇叭口，扁圆腹，圈足。肩部对称堆塑双环耳独角兽头。通体施灰白色釉，釉面开片较细密。口沿施一层稀薄酱黄釉，当仿哥窑器之“铁足紫口”效果。胎体薄而轻，呈香灰色。外底用青料书“大明成化年制”六字双行楷书外围双方框款（图 17）。

1　景德镇市陶瓷考古研究所、徐氏艺术馆:《成窑遗珍——景德镇珠山出土成化官窑瓷器》第 176—177 页，1993 年。

图 17　明成化　仿哥釉兽耳长颈瓶

明陆深《春风堂随笔》（嘉靖十八年前成书）载："哥窑，浅白，断纹。"[1] 明谷泰《博物要览》载："哥窑质之隐纹如鱼子，但汁釉不如官窑。"[2] 将以上记述对照上述器物，其特征与明人记载吻合，故该产品当为成化时运用当时之工艺与材料而刻意追仿的宋哥釉器。

小结

1. 从考古资料看，景德镇地区自明初开始，民窑和官窑都有仿哥釉器的烧造，其产品在造型上与传世宋、元哥窑器没有联系，似没有受其影响，但胎釉却具有哥窑灰胎和哥釉"隐纹如鱼子"细纹片的特征。可见当时工匠仿哥窑瓷只是仿其大意，并没有严格按哥窑瓷器的样式刻意仿制，也许这就是当时明代人眼里的哥釉瓷。同时也说明明初社会人们已对哥窑瓷器有所了解，或者说有青睐。

1 （明）陆深：《春雨堂随笔》，《今献汇言》本。《宝颜堂秘笈》本书名作《春风堂随笔》。

2 （明）谷泰：《博物要览》（十六卷）卷之五"论哥窑器皿"，影印南京图书馆藏清抄本。

2. 从现有考古资料看，有明一代官窑中，宣德官窑首开仿宋、元名窑名品之风，烧造了仿官釉、汝窑（天青釉）、紫定釉、建窑黑釉瓷等。仿哥釉器是其中重要的仿烧对象之一，且烧造量较大。成化官窑步宣德之后尘，也大量仿制优质宋官釉器和哥釉器，虽然成化仿哥釉瓷造型不多，但仿哥釉瓷质地似不亚于宣德仿哥釉器，从形制看似比宣德更为讲究。

3. 宣德、成化官窑仿哥釉器，是整个明代官窑中难得一见的产品，除两朝之外，不见明代其他时期官窑有仿哥窑器的烧造。从明代官窑的烧造情况与工艺水平来看，宣德、成化官窑都是明代官窑烧造的鼎盛时期，仿哥釉瓷器成为明代鼎盛时期官窑制品的标志之一。

4. 从民窑烧造仿哥釉器看，器物造型较为简单，官窑烧造的仿哥釉器，质地虽然较为精致，但形制上没有照搬宋、元哥釉器的造型。说明整个明代人们对哥窑瓷器的追仿，仅仅是对其釉色的模仿和欣赏，而且这种风气一直影响到清代雍正、乾隆朝唐英督陶烧造仿哥釉器期间。

5. 明宣德官窑开仿哥窑器之先河，成化官窑继承了宣德遗绪，但产品器形与产量却远没有宣德朝产品丰富。宣德官窑成为明代仿哥窑器的代表，也是明代官窑中仿哥窑器水平最高者。明后期至清初官窑似不见有仿哥窑产品，一直到雍正、乾隆时期唐英在景德镇督陶期间才得以恢复。唐英在《陶成纪事碑记》中有“仿铁骨哥釉，有米色、粉青二种，俱仿内发旧器色泽”的记述，御窑厂遗址也曾发现雍正、乾隆时期仿哥釉瓷残片，传世品中多见有乾隆朝仿哥釉制品，可见乾隆时期仿哥釉瓷开始流行。而清代乾隆以后景德镇民窑也开始烧造仿哥釉瓷，至民国时期已大量流行。

故宫博物院藏雍正朝仿哥釉瓷器

李卫东　故宫博物院

内容提要：传世哥窑瓷器质地优良，做工精细，开片为美，为世所珍。明清时期景德镇御窑厂对哥窑瓷器进行了大量仿烧并具备高超水平。从故宫博物院藏品看，御窑厂仿哥釉技艺最为成功者，当属清雍正时期，其产品质量最佳，仿烧数量也较多。仿哥釉被称作“仿铁骨哥釉”，釉质厚润，釉面满布纹片，粗纹色黑，细纹色黄，犹如“金丝铁线”。釉色有油灰、灰青、粉青等；胎体因含铁而具有自然的紫黑色，能出现“紫口铁足”。雍正仿哥釉瓷器形制多样，既有复古又有创新，除盘、碗、洗、水丞、笔山等小件器物外，还多见瓶、炉、尊、穿带壶、出戟花觚等大件器物。器物外底多署青花篆体本朝年款，亦有刻意不署款者，使人真赝难辨、几欲乱真。

关键词：雍正　哥窑　哥釉

一　哥窑及古文献记载

哥窑是宋代“五大名窑”之一，这里所说的哥窑是指传世哥窑，其产品胎色有黑、深灰、浅灰及土黄多种，其釉均为失透的乳浊釉，釉色以灰青为主。常见器物有炉、瓶、碗、盘、洗等，均质地优良，做工精细，全为宫廷用瓷的式样，与民窑瓷器大相径庭。

传世哥窑瓷器的釉层肥腴，开细碎片纹。纹路分两种：一种是釉裂形成大开片的黑色纹路，俗称“铁线”；另一种是釉裂形成小开片的金黄色纹路，俗称“金丝”，合而即有“金丝铁线”之美称。其形成的原因是由于坯体与釉的膨胀系数不同，在窑内冷却过程中釉因收缩率大而开裂。

传世哥窑瓷器不见于宋墓出土，其窑址也未发现，研究者普遍认为传世哥窑属于宋代官办瓷窑。长期以来，人们主要是根据文献记载和传世实物对其进行研究。

元至正二十三年（1363年）孔克齐的《静斋至正直记》:“乙未冬在杭州时，市哥哥洞窑器者一香鼎，质细虽新，其色莹润如旧造，识者犹疑之。会荆溪王得翁亦云：‘近日哥哥窑绝类古官窑，不可不细辨也。’今在庆元见一寻常青器菜盆，质虽粗，其色亦如旧窑……”[1]

明曹昭《新增格古要论》载:“哥哥窑。旧哥哥窑出。色青，浓淡不一，亦有铁足紫口，色好者类董窑，今亦少有。成群队者是元末新烧……”[2]

明张应文撰《清秘藏》卷上论窑器条曰：“论窑器必曰柴、汝、官、哥、定……哥窑质之隐纹如鱼子，其汁料稍不如官窑之尤佳耳。”[3]其子张谦德《瓶花谱》记：“古无瓷瓶，皆以铜为之，至唐始尚窑器，厥后有柴、汝、官、哥、定、龙泉、均州、章生、乌泥、宣、成等窑，而品类多矣。尚古莫如铜器，窑则柴、汝最贵，而世绝无之。官、哥、宣、定为当今第一珍品，而龙泉、均州、章生、乌泥、成化等瓶亦以次见重矣。”[4]

明王世贞撰《觚不觚录》载：“画当重宋，而三十年来忽重元人……窑器当重哥、汝，而十五年来忽重宣德，以至永乐、成化价亦骤增十倍……”[5]

明陆深《春风堂随笔》曰:“哥窑浅自断纹，号百圾碎。宋时有章生一、生二兄弟……为世所贵，即官窑之类。生一所窑者色淡，故名哥窑。”[6]

万历时人高濂著有《遵生八笺》，其中《燕闲清赏笺》专记清赏器玩，在此笺论窑器部分，高濂立四小题，一为“论官哥窑器”，首句即曰:“高子曰，论窑器必曰柴、汝、官、哥……官窑品格，大率与哥窑相同。”[7]

清佚名《南窑笔记》载：“官窑。柴汝官哥定龙泉宣成嘉万为宋明十大窑，盖以诸器

---

1 （元）孔克齐：《静斋至正直记》卷四，续修四库全书本，上海古籍出版社，1995年。
2 （明）曹昭：《格古要论》卷下，辑入《景印文渊阁四库全书》第871册，台北商务印书馆，1985年。
3 （明）张应文：《清秘藏》卷上，收入《丛书集成续编》第94册，台北新文丰出版公司，1991年。
4 （明）张谦德：《瓶花谱》，万历绣水沈氏刻宝颜堂本。
5 （明）王世贞：《觚不觚录》，商务印书馆，1936年。
6 （明）陆深：《春风堂随笔》，中华书局，1985年。
7 （明）高濂：《遵生八笺》卷十四，辑入《景印文渊阁四库全书》第871册，台北商务印书馆，1985年。

毕制，命官耑督者，其均窑，场官不在大窑之内……（哥窑）即名章窑，出杭州，大观之后……”[1]《景德镇陶录》载:“哥窑，宋代所烧……釉惟米色、粉青二种，汁纯粹者贵。”[2]

晚清寂园叟陈浏《陶雅》卷上曰:“古窑之存于今世者，在宋曰钧、曰汝、曰定、曰官、曰哥、曰龙泉……”[3]

清末民初人许之衡《饮流斋说瓷》曰：“哥窑。宋处州龙泉县章氏兄弟均善制瓷业，兄名生一，当时别其名曰哥窑，其胎质细、性坚、体重，多断纹，即开片也。釉以米黄、豆绿二色居多，有紫口铁足……元末明初暨唐英屡有仿制，然远不及宋型之精。”[4]

吴仁敬、辛安潮于 1936 年刊出的《中国陶瓷史》一书说：“当时（宋代）瓷艺，即精进如斯，故官窑辈出，私窑蜂起，其间出群拔萃最著名者，有定、汝、官、哥、弟、均等名窑。”[5]

哥窑瓷器传世不多且均为宫中藏品，故目前主要收藏于北京故宫博物院、台北故宫博物院、上海博物馆等国内外一些大博物馆中。北京故宫博物院藏传世哥窑瓷器有 64 件，其中盘 23 件（折沿盘、花式盘、葵瓣口盘）、瓶 10 件（贯耳瓶、胆式瓶、八方瓶）、洗 9 件（梅花式洗、葵瓣口洗、菱花式洗）、碗 9 件（花口碗、葵口碗）、炉 8 件（双耳三足炉、双鱼耳炉、双戟耳炉）以及青釉八方杯，花式盆等。如：

哥窑青釉鱼耳炉（图 1）

宋

高 9 厘米　口径 11.8 厘米　足径 9.6 厘米

鱼耳炉因可用来焚香且炉身两侧置鱼形耳而得名，是宋代哥窑瓷器中的名品。此炉造型仿商周青铜礼器簋，“S”形轮廓线上敛下丰，勾勒出端庄饱满的体态。腹两侧对称置鱼形耳，下承以圈足。造型古朴典雅。通体施青灰色釉，釉面密布交织如网的“金丝铁线”开片纹，使素净的釉面富于韵律美。外底有 6 个圆形支钉痕。

乾隆皇帝对此炉颇为赏识，摩挲把玩时曾拟诗一首，由宫廷玉作匠师楷书镌刻于炉之外底。诗云：

1 （清）佚名 :《南窑笔记》，邓实辑 :《美术丛书》四集第一辑。

2 （清）蓝浦 :《景德镇陶录》卷六，续修四库全书本，上海古籍出版社，1995 年。

3 （清）寂园叟 :《陶雅》卷上，中国书店影印书贵山房重刊本，1991 年。

4 （清）许之衡 :《饮流斋说瓷》，《说窑第二》，邓实辑《美术丛书》，三集第六辑。

5 吴仁敬、辛安潮 :《中国陶瓷史》第 36 页，商务印书馆，1936 年。

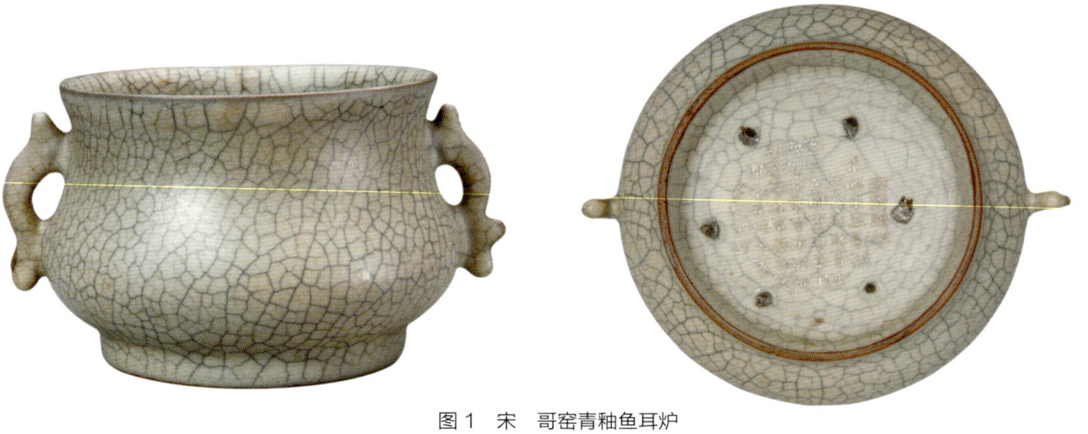

图 1　宋　哥窑青釉鱼耳炉

伊谁换夕薰，香讶至今闻。

制自崇鱼耳，色犹缬鳝纹。

本来无火气，却似有云氲。

辨见八还毕，鼻根何处分。

款署“乾隆丙申仲春御题”。

二　明清景德镇仿哥釉瓷器

传世哥窑瓷器质地优良，做工精细，以开片为美，为世所贵，故后朝多有仿制。特别是明清时期景德镇御窑对哥窑瓷器进行了大量仿烧，并具备高超水平。

明代仿古之风始自永乐，从文献上看并经考古发掘资料证实，永乐七、八年间，在皇太子朱高炽（即洪熙皇帝）的支持下已成功仿烧哥釉瓷器[1]，后宣德、成化、嘉靖、万历等朝均有烧造。而仿宋哥釉和官釉最为成功者，当属成化时期的官窑瓷器[2]，其釉面肥厚莹润，光泽极强，开片纹较规整，器口多施酱黄釉或酱黑釉，摹仿紫口铁足，釉色有粉青、月白、米黄等。

1　王光尧：《明代宫廷陶瓷史》第 269 页，紫禁城出版社，2010 年。

2　耿宝昌：《明清陶瓷鉴定》上册，第 166 页，中国文物商店总店，1983 年。

现故宫博物院保管收藏的明代仿哥釉瓷器有 110 件左右。器形有盘、碗、杯、壶、炉、瓶、尊、鼎、洗、笔山、水丞、花觚等。署款者宣德、成化、嘉靖、万历等。如：

1. 仿哥釉菊瓣碗（图 2）

明宣德

高 7.3 厘米　口径 18.7 厘米　足径 6.9 厘米

明代仿哥窑瓷器的传世品迄今所见最早为宣德时景德镇官窑制品，造型有菊瓣碗、鸡心碗、菊瓣盘、折沿盘、撇口盘等，多署有青花宣德年款。这些器物的釉面光洁度偏低，有油腻感，与宋代哥窑器的釉面相似，但也有橘皮纹这一宣德官窑器的典型特征。其釉色有青灰、月白等，开片的纹路微微闪黑、闪红，没有宋哥釉器“金丝铁线”和“紫口铁足”的效果。

2. 仿哥釉八方高足杯（图 3）

明成化

高 9.5 厘米　口径 8.2 厘米　足径 3.7 厘米

成化时期制瓷继承前制，并形成自己的时代风尚，仿哥釉瓷器是其成功作之一。仿哥窑八方高足杯为成化时期新创品种，其形制玲珑俊秀，装饰典雅精美，富有成化器的特色。釉面虽仿宋代哥釉，但其釉质肥润，平整光亮，光泽度较强，故无宋哥窑的“酥润含蓄”之美。口、足釉色及金丝铁线纹也较宋哥窑瓷器片纹规整。

图 2　明宣德　仿哥釉菊瓣碗

图 3　明成化　仿哥釉八方高足杯

清代前中期的康、雍、乾三朝，我国制瓷工艺达到了历史高峰。凡是明代已有的工艺和品种，大多有所提高或创新[1]。此时的景德镇御窑厂不仅恢复了所有的传统品种，包括已失传的品种，而且还创烧了大量新品种。雍正六年（1728年），唐英以内务府员外郎的身份被派驻景德镇御窑厂主持窑务。至雍正十三年（1735年），御窑厂仿古创新的各种釉彩已达57种之多[2]。其烧造数量也十分惊人，清雍正六年至十三年“计费帑金数万，而制进圆琢等项，不下三四十万件”[3]，乾隆朝大部分时间内，每年用于瓷器生产的费用亦高达两万两白银[4]。

清代御窑厂为烧造仿古瓷增设仿古作专责其事，成功地烧制出了“仿铁骨大观釉（官釉）、仿铁骨无纹汝釉、仿铜骨鱼子纹汝釉、仿白定釉、仿钧釉”等古代釉色品种。仿哥釉被称作“仿铁骨哥釉”[5]，以雍正、乾隆朝产品为最，除盘、碗、杯、洗、笔山等小件器物外，还有瓶、炉、尊、穿带壶、出戟花觚等大型器物出现。这些仿古器物有的注重模仿釉色，有的注重模仿造型，有的型釉俱仿。不署款者几欲乱真。“器则美备，工则良巧，色则精全；仿古清先，花样品式，咸月异岁不同矣”。特别是“御窑监造，尤为超越先古”[6]，显示出御窑厂高超的仿烧水平。《清宫档案》中也有皇帝对器物新旧难辨的记载[7]。如：

1. 仿哥釉楸叶式洗（图4）

清乾隆

高2.4厘米　长17.7厘米　宽12.8厘米

洗为树叶状，叶边卷起，宛如一片飘浮在风中的树叶，动感极强。通体满施仿宋代哥窑釉色，釉面有不规则的纹片。底有6个支钉痕，并书青花“大清乾隆年制”六字三行篆书款。

2. 仿哥釉象棋（图5）

清乾隆

棋子高1厘米　直径2.8厘米

1　中国硅酸盐学会主编：《中国陶瓷史》第418页，文物出版社，1982年。

2　中国硅酸盐学会主编：《中国陶瓷史》第430页，文物出版社，1982年。

3《浮梁县志》录唐英《陶政示谕稿》自序。

4　乾隆八年九月十八日“唐英奏折”。

5《陶成事宜纪略》曰：“铁骨哥釉有米色、粉青二种，俱仿内发旧器色泽。”

6（清）蓝浦撰、郑廷桂补辑：《景德镇陶录》十卷，光绪十七年（1891）京都书业堂刻本。

7《清内务府造办处各作成做活计清档》载：“雍正七年四月十一日，郎中海望持出葫芦式瓷壶一件，奉旨：将此壶交年希尧照其款式仿烧几件，将原壶添上一盖。再着烧造人认看此壶是新瓷？旧瓷？俟瓷器得时，写明一并奏闻。”

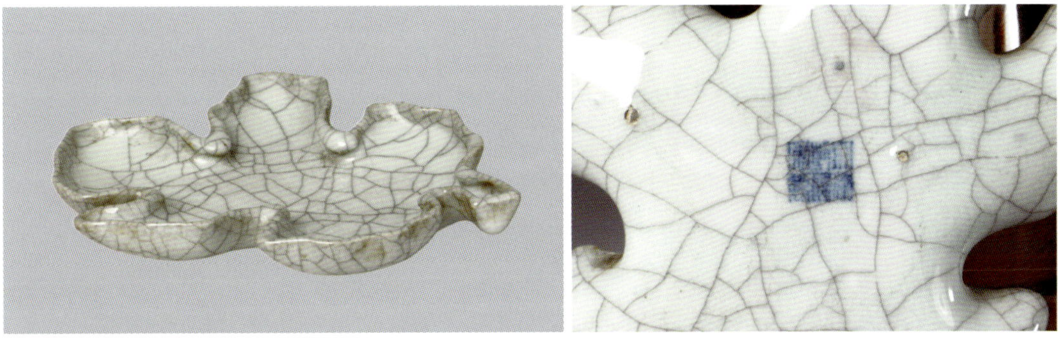

图 4　清乾隆　仿哥釉楸叶式洗

图 5　清乾隆　仿哥釉象棋

三　故宫博物院藏雍正仿哥釉瓷器

雍正帝有较高的文化艺术修养，崇儒重教，有好古之风。对素雅的单色釉瓷器非常喜爱，以开片为美的汝、官、哥瓷器与其追求“文雅、素净、脱俗的审美情趣相契合”[1]，故旨令督陶官进行仿制，御窑厂每年都要烧制大量的仿古瓷来满足宫廷的需要。“自宋大观，

1　林姝：《从造办处档案看雍正皇帝的审美情趣》，《故宫博物院院刊》2004 年第 6 期。

明永乐、宣德、成化、嘉靖、万历诸官窑，及哥窑、定窑、钧窑、龙泉窑、宜兴窑、西洋、东洋诸器，皆有仿制。”[1]《竹园陶说》载:“雍窑珍品多仿古，当时由宫中发出古瓷甚多，交御器厂仿制，制作有本，故其出器甚精。”

仿古瓷烧造完成后，与其他各色釉瓷器一起自御窑厂以水运的方式运抵京城[2]，根据宫廷需求或皇帝谕旨决定陈设和收藏地点。紫禁城内的佛堂、养心殿、昭仁殿、宁寿宫、景阳宫、御膳房、古董房、敬事房、漱芳斋，皇家御苑中圆明园、颐和园、瀛台，热河烟波致爽殿等处均有陈设使用仿古瓷的记录。雍正朝档案中也有许多仿古、仿哥瓷器的记载。如“雍正四年三月十一日笔帖式李禄送来……仿哥窑蕉叶花尊一件、仿哥窑碟一件、仿哥窑圆水丞一件、仿官窑长颈瓶一件、仿官窑圆洗一件、仿宣窑青龙海棠洗一件……”；“雍正四年三月二十二日圆明园来贴称首领太监程国用持来……仿哥窑笔架一件、仿钧窑瓷笔洗一件……”；“雍正十一年九月十一日圆明园来贴内称宫殿监副侍李英交……仿哥窑六瓣款式茶圆二件……”[3]等。

雍正仿哥釉瓷器造型多样，既有复古又有创新，釉质厚润，釉面满布纹片，粗纹色黑，细纹色黄，犹如“金丝铁线”。釉色分油灰、灰青、灰黄、粉青等，有“紫口铁足”，器底有支钉痕。故宫博物院收藏的清雍正仿哥釉瓷器约有 216 件，以瓶（116 件）的样式最多，炉（24 件）次之，另有尊（15 件）、洗（14 件）、水丞（13 件）、罐、水仙盆、渣斗、穿带壶、盘、碗、碟等多种器形。如：

故宫博物院藏雍正仿哥釉瓷器					
瓶（116 件）	炉（24 件）	尊（15 件）	洗（14 件）	水丞（13 件）	其他
胆式瓶、双耳四方瓶、委角方瓶、弦纹贯耳瓶、蒜头瓶、直口瓶、撇口瓶、直颈瓶、观音瓶、五孔弦纹瓶、宝月瓶、葫芦瓶、八卦琮式瓶	双耳炉、鱼耳炉、三足炉	双耳暗环尊、石榴尊、撇口尊、冲耳尊	石榴式洗、海棠式洗、荷叶式洗、三足洗、花口洗	三联水丞、三足水丞、葵花式水丞	罐 6 件、水仙盆 4 件、渣斗 3 件、穿带壶 3 件、太白坛 3 件、碗 3 件及盘、碟、花插、盏托、出戟花觚、笔山、砚等

1 《浮梁县志》卷八载唐英《陶成纪事碑记》。

2 清代前中期，御窑瓷器运京时间为每年秋、冬二季。唐英《陶成纪事碑记》曰：“每岁秋冬二季，雇觅船只夫役，解送圆、琢器皿六百余桶。岁例盘、碗、盅、碟等上色圆器，由三二寸口面者以至三四尺口面者，一万六七千件，其落选之次色尚有六七万件不等，一并装桶解京以备赏用。”

3 《清宫瓷器档案全集》卷一，中国画报出版社，2008 年。

1. 仿哥釉塑贴三羊瓶（图 6）

清雍正

高 27 厘米　口径 7.3 厘米

足径 9.8 厘米

瓶口呈浅笔洗状，细长颈，丰肩，肩以下渐收敛，撇足。瓶身凸起弦纹 4 道。瓶里外及圈足内满施仿哥釉，灰黑色的纹路迂回交错，分割釉面，使平静的釉面产生动感，给人以美的享受。胫部塑贴三羊，呈酱黑色，姿态各异。外底署青花篆书“大清雍正年制”六字三行款。

此瓶在仿哥釉上加饰三羊，因“羊”与“阳”谐音，故寓意“三阳开泰”。《易经》云：“正月为泰卦，三阳生于下。”喻冬去春来，阴消阳长，有吉亨之象。人们常以“三阳开泰”寓意岁首吉祥，祈祝国运昌盛。

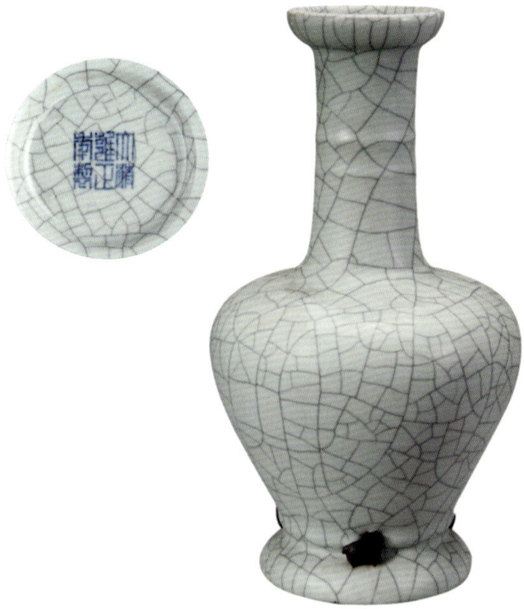

图 6　清雍正　仿哥釉塑贴三羊瓶

2. 仿哥釉兽耳扁瓶（图 7）

清雍正

高 29 厘米

口横 13 厘米　口纵 9.4 厘米

足横 15.4 厘米　足纵 11.1 厘米

青花篆书“大清雍正年制”六字三行款。

3. 仿哥釉双耳方瓶（图 8）

清雍正

高 34 厘米　口边长 8.5 厘米

足边长 11.8 厘米

青花篆书“大清雍正年制”六字三行款。

4. 仿哥釉贯耳方瓶（图 9）

清雍正

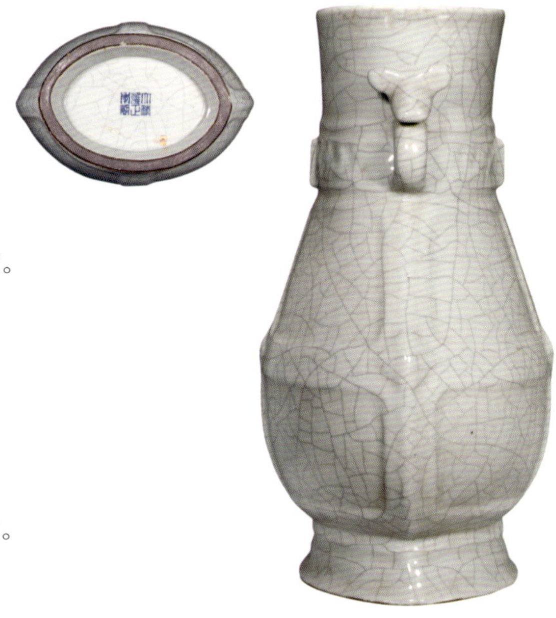

图 7　清雍正　仿哥釉兽耳扁瓶

高 16 厘米　口横 5 厘米　口纵 4.4 厘米

足横 5 厘米　足纵 4.4 厘米

青花篆书“大清雍正年制”六字三行款。

5. 仿哥釉胆式瓶（图 10）

清雍正

高 20.5 厘米　口径 2.4 厘米　足径 6 厘米

青花篆书“大清雍正年制”六字三行款。

6. 仿哥釉瓜棱胆式瓶（图 11）

清雍正

高 28 厘米　口径 3.5 厘米　足径 8 厘米

青花篆书“大清雍正年制”六字三行款。

7. 仿哥釉五孔弦纹五岳花插（图 12）

清雍正

高 28 厘米　口径 3.5 厘米　足径 8 厘米

青花篆书“大清雍正年制”六字三行款。

8. 仿哥釉古铜纹铺首耳方瓶（图 13）

清雍正

高 24.5 厘米

口横 12.3 厘米　口纵 9.5 厘米

足横 8.2 厘米　足纵 10.8 厘米

青花篆书“大清雍正年制”六字三行款。

9. 仿哥釉刻八卦纹琮式瓶（图 14）

清雍正

高 24 厘米　口径 8 厘米　足径 11 厘米

青花篆书“大清雍正年制”六字三行款。

10. 仿哥釉刻八卦纹琮式瓶（图 15）

清雍正

高 28.2 厘米　口径 6.4 厘米　足径 9.5 厘米

图 8　清雍正　仿哥釉双耳方瓶

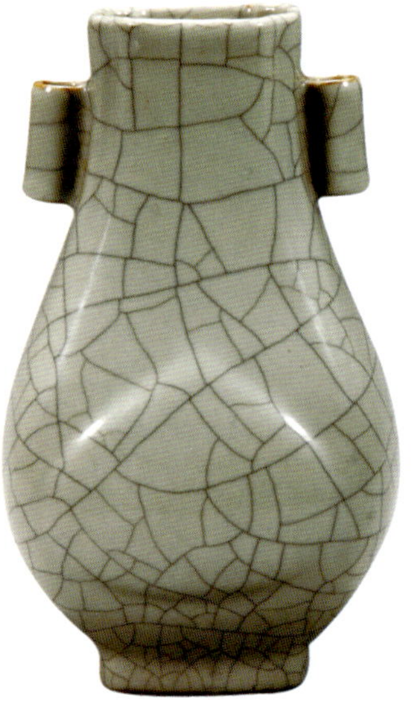

图 9　清雍正　仿哥釉贯耳方瓶

图 10　清雍正　仿哥釉胆式瓶

图 11　清雍正　仿哥釉瓜棱胆式瓶

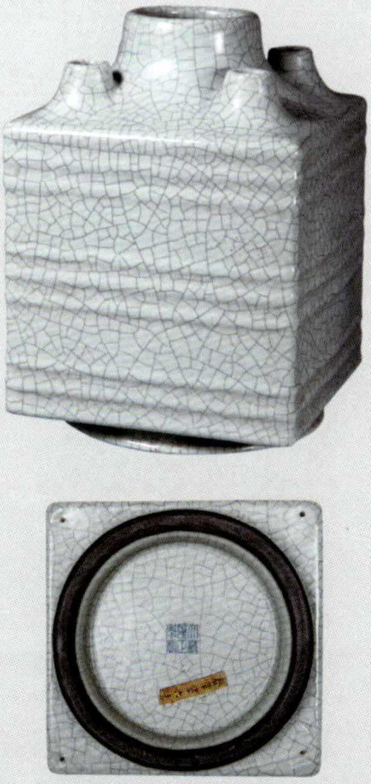

图 12　清雍正　仿哥釉五孔弦纹五岳花插

图 13　清雍正　仿哥釉古铜纹铺首耳方瓶

11. 仿哥釉兽耳炉（图 16）

清雍正

高 8 厘米　口径 12.3 厘米　足径 8.5 厘米

12. 仿哥釉三足炉（图 17）

清雍正

高 10 厘米　口径 12.2 厘米　足径 8 厘米

13. 仿哥釉乳钉石榴尊（图 18）

清雍正

高 21 厘米　口径 11.5 厘米　足径 9.5 厘米

青花篆书“大清雍正年制”六字三行款。

14. 仿哥釉渣斗（图 19）

清雍正

高 12.3 厘米　口径 14.7 厘米　足径 7.5 厘米

青花篆书“大清雍正年制”六字三行款。

15. 仿哥釉出戟花觚（图 20）

清雍正

高 16 厘米　口径 12.5 厘米　足径 7 厘米

青花篆书“雍正年制”四字双行款。

16. 仿哥釉石榴式洗（图 21）

清雍正

高 3.2 厘米　口径 7 厘米　足径 11.5 厘米

17. 仿哥釉水丞（图 22）

清雍正

高 4.7 厘米　口径 5.5 厘米　足径 5.8 厘米

青花篆书“大清雍正年制”六字三行款。

18. 仿哥釉笔山（图 23）

清雍正

高 3.8 厘米　长 9.8 厘米　宽 2.8 厘米

图 14　清雍正　仿哥釉刻八卦纹琮式瓶

图 15　清　仿哥釉刻八卦纹琮式瓶

图 16　清雍正　仿哥釉兽耳炉

图 17　清雍正　仿哥釉三足炉

图 18　清雍正　仿哥釉乳钉石榴尊

图 19　清雍正　仿哥釉渣斗

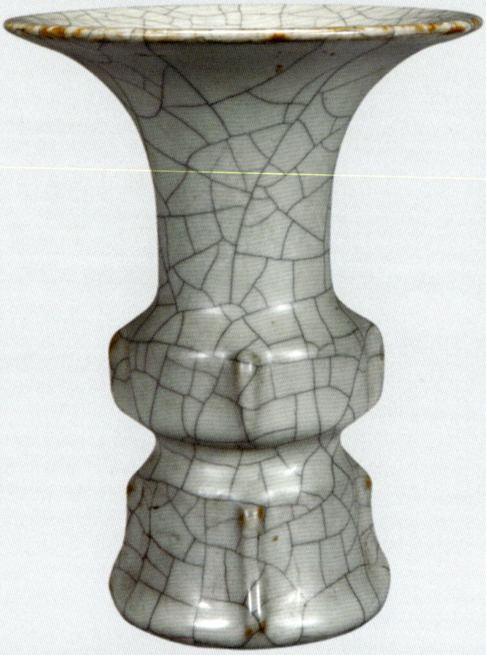

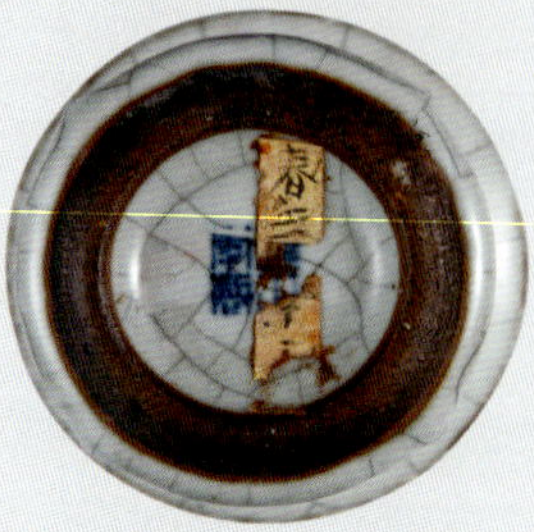

图 20　清雍正　仿哥釉出戟花觚

图 21　清　仿哥釉石榴式洗

图 22　清雍正　仿哥釉水丞

图 23　清雍正　仿哥釉笔山

结语

故宫博物院现存清代仿哥釉瓷器约1200件，以雍、乾两朝数量为最，嘉、道次之（康熙40件、雍正216件、乾隆590件、嘉庆109件、道光184件）;而后数量锐减（咸丰3件、同治10件，光绪、宣统各约20件），且烧造水平大不如前，官、哥不分，有名无实。

从故宫博物院藏品可以看出，以雍正朝景德镇御窑厂仿哥釉技艺最为成功，质量最佳，仿烧数量也较多。其器物造型新颖多样，规整秀巧。胎为铁灰色，经火烧结后，外表铁黑或泛油亮光泽。釉质光润，有油灰、灰青及粉青色。由于胎体含铁而具有自然的紫黑色，施釉露骨，故亦能出现“紫口铁足”。

乾隆朝仿哥釉基本是雍正朝风格的延续，其初期作品除款识外，造型、胎质、釉色等很难与雍正作品区别。仿烧数量虽为历朝之最，但在工艺上却未能超越前朝。乾隆帝御制诗中亦有“铁足腰圆冰裂纹，宣成踵此夫华纷。而今景德翻新样，复古成不易云云”的感慨。

雍正、乾隆朝仿哥釉瓷器多书写青花篆书本朝年款，也有的器物受皇帝之命刻意不署款，达到乱真的效果。《清档》造字三三七九号载：“乾隆十年二月初七日，旨令唐英按木样烧造哥窑瓷瓶一件，仿旧作不要款，仿得旧更好。”

嘉庆、道光时期，景德镇御窑厂虽仍旧烧造仿哥釉瓷器，但其产品胎厚、质白，釉质松软肥厚，釉色多为灰白，器形也显笨拙，较雍、乾两朝大为逊色，且部分产品与仿官釉瓷器难以区分，仿烧数量也大为减少。咸丰以后更趋平庸，御窑厂技艺大不如前，同治、光绪、宣统三朝所烧仿哥釉瓷器已呈现不出开片纹的效果，釉色也接近冬青或粉青，传世品更是寥寥无几。

传世哥窑制瓷技艺与哥窑窑址之谜的关系

古儿（叶克伟）

内容提要：众所周知，哥窑一直是中国古代瓷器的一大谜团，围绕其本身又产生了一系列根本性的课题，以至于难以形成完整的学术定论。本文以作者与家父数十年的制瓷经验为基础，在复烧哥窑瓷器的过程中，对相关工艺问题进行细致诠释与探讨。

关键词：窑炉　成型工艺　支钉支烧　釉环　棕眼

众所周知，哥窑一直是中国古代瓷器的一大谜团，围绕一系列根本性的课题，例如窑址在何处、性质如何、何为界定依据等基础性的问题，至今尚未解决。课题之间又环环相扣、相互依托，以至于难以形成完整的学术定论。

作为哥窑制瓷技艺的践行者，深知哥窑的学术课题关乎当代哥窑制瓷行业的生死存亡，不可不察！在几十年如履薄冰的研究过程中，我们选择最可靠的“基石”作为哥窑制瓷研究的依据，积累了大量宝贵的经验。通过对技艺的梳理，我们发现了一系列学术途径，可以将哥窑制瓷技艺与哥窑遗址之谜紧密联系到一起。

20 世纪 80 年代，笔者的父亲叶德奎先生以丰富的制瓷经验为基础，确定了复烧哥窑瓷器的目标。在研究的初始，遇到了“参照系”的选择问题，这也是所有问题中最核心的问题。只有解决它，才可能迈出实践的第一步。这个过程中，我们排除了“龙泉窑系出土铁胎开片瓷”作为参照系的选项，因为那只是被论证的对象，不可以作为依据的基础；我们也排除了以“古代哥窑文献”作为参照系的选项，因为古代文献对哥窑的记载模糊且有冲突，无法作为制瓷实践的可靠参照。

最终，我们选择了以“清宫旧藏传世宋哥窑器”为制瓷研究的对象和实践的基石。理由很简单，虽然这批瓷器中部分器物在烧造年代、区域上有不同学术认知，但就整体而言，其权威性毋庸置疑。而且，在所有可以研究的哥窑资料中最可靠、最具体，别无二选。

在之后的几十年研究过程中，我们通过对“传世宋哥窑器”制瓷技艺的恢复性研究，反复参照和实验验证，总结出一系列传世哥窑瓷器的工艺规律。

我们相信，将这些工艺规律，通过严谨逆向工程，复原哥窑传世品在出窑初期的面貌，复原其在坯体甚至原料状态的面貌，再通过这些参考信息对应相应的窑址信息，将会为哥窑遗址的发现提供可靠的科学依据。

下面，我们以分列的形式，在每个工艺要点中阐释传世哥窑制瓷技艺对于探索窑址的意义，并作部分推论及建议，为田野考古和学术研究提供参考。

一　探索宋哥窑的传统制瓷技艺

（一）窑炉形式浅论

宋代哥窑的窑炉由于没有确切考古资料而无法为世人所知。

宫中传世的宋哥窑瓷器的釉色变化极其丰富，从粉青、浅青到灰青、月白、米黄等色都有，其胎色的变化也非常丰富，有褐、黑褐、灰、黑灰等色。其原理是利用氧化铁（Fe_3O_4、Fe_2O_3 和 FeO）在窑火的不同作用下呈现丰富的釉色。考古资料显示，这种变化只有在以木材为燃料的南方窑场中才明显表现，这在笔者的实验过程中得到充分印证。因而我们说，宋哥窑应以木材为燃料，以富含氧化铁的黏土为主要原料。

我们从宋代窑系的地理分布上不难发现，满足“丰富木材资源”和“高氧化铁黏土矿”条件的窑场大多在江、浙、闽一带。而这些地区的宋代窑炉形式主要是龙窑，也分布少量的小型馒头窑。

笔者通过长期实践研究，认为宋代哥窑的窑炉形式倾向于龙窑或馒头窑，以木材为主要燃料。

（二）制瓷原料的选择与窑场选址的关系

古代皇室的审美情趣和治国哲学是瓷器生产的大方向，对瓷器生产中的胎、釉色泽和质地等标准极其苛刻。古人有“澄泥为范，极其精致，油色莹彻，为世所珍”的记载。但由于古代制瓷技艺的水平有限，因而极大地增加了官办窑场的制瓷成本。为达到皇家的审美要求，窑工们倾其所能，遵从经验选矿、就地取材、改变工艺以适应原料等原则，进行釉料和坯料的选择。

1. 经验选矿法

即通过具有丰富经验的窑工在窑场附近的勘察，选择符合要求的原矿原料。为达到足够的品质，有时还必须通过实验的方式再选择。

2. 就地取材法

以适应生产、降低人工成本为目的，以“就近”为原则选取矿物。由于古代的运输方式原始，就近原则遂显得非常重要。

3. 改变工艺以适应原料

在定址选矿环节上，当地就近的矿物如不能与既有的传承工艺完全相适应，在这种情况下，要么到远处选矿，要么改变工艺。一般情况下，到远处选矿的成本要远远高于改变工艺的成本，因而，改变工艺以适应原料的选择就成为必然。这里所说的工艺主要是指胎料或釉料配方的调整、原料加工模式的调整、烧造温度和气氛制度的调整等。

因而我们说，宋哥窑并不遵从严格的配方和原料的成分配比，而是以窑场当地的瓷矿资源为基础，通过经验选矿并调整工艺条件，以使当地原料适应要求。这应当是宋哥窑制瓷原料的主要选择方式。

这些要求不但包括烧成制品的特性，还包括原料加工的便捷性、各个工序所要求的物理属性。例如泥土的黏度、可塑性、依附性、悬浮性等。也正是由于这些技术在历史条件下的限制因素，一个地方出产的制品就天然地携带了这个地方特有秉性，例如“多重施釉，多次烧成”的工艺就是这些因素促成的工艺结果。

我们观察宫中哥窑传世品，其胎和釉的质地变化幅度非常大。通过工艺原理的反推可以导出这些信息，即哥窑窑场附近的瓷矿资源相对匮乏，原料来源不稳定，窑工改动工艺条件以适应原料的改变较为频繁。

实践经验表明，宋哥窑瓷器主要特征的形成（例如“酥油光”或“梅花纹”等）与原料的选择联系密切。

窑场附近的原料及适应原料的特殊工艺之间，具有因果对应关系。瓷器本身保留的工艺信息可以帮助我们逆向推导其工艺的原貌，对其中一些特殊的工艺进行针对性的深入研究，将会大幅缩小宋哥窑窑址的地理可选择范围。

（三）成型工艺脉络浅析

传世的宋哥窑瓷器造型丰富，采用了多种成型工艺，包括辘轳车手工拉坯成型、手工印坯、泥片黏结成型、陶范合模黏结工艺等。

1. 辘轳车手工拉坯成型

宋代的辘轳车以人工或水流为动力。技师在辘轳车上拉成雏形，待坯适当干燥后，再利用金属或竹木工具进行细致修坯。宋哥窑瓷器传世品中，碗、盘类的成型较简单，而瓶类则需横切后里外修整再进行黏结。由于手工拉坯成型具有较大的变因，因而器物尺寸和形状一般具有一定的变化幅度。但就其细节特征而言，如足端的宽度、削刀的角度，盘类的内底凹槽、瓶类的内壁刀痕等。其工艺手法具有一定的演变规律，可以作为窑口属性和地域特征以及时代特征的信息源，进行综合分析及判断。

2. 手工印坯

在中华历史上，模具的运用非常久远，青铜时代以前就有使用，到了宋代，更为丰富。由于宋代哥窑瓷器追求简朴的艺术风格，因而模具的应用也力求简洁。曾出现过陶质模具和木制模具。哥窑的印坯成型器主要有牡丹花式洗、海棠式花盆、葵花式盘等。实践表明，印完坯后的修坯手法具有鲜明的时代特征和窑口区域特征，这些关键细节的研究有助于窑口性质和烧造时代的判断。

3. 泥片黏结成型

泥片黏结成型是古老的工艺之一，它是利用滚压形成泥片、将泥片切割成一定的尺寸、样式，再进行黏合而形成器物的一种手工艺。由于这种成型器在烧成时变形严重，加之成型难度较大，因而古代鉴赏家有“一方顶十圆”之说。传世宋哥窑四方小洗、八方小碗等器形采用这种成型工艺。

4. 陶范合模黏结

宋代，陶质地的模具成型工艺已经成熟，即在干燥的陶范中倒入一定稠度的泥浆，待模具表面吸附足够厚度的泥料后将多余的泥浆倒出，待微干后脱模并黏结。这种工艺在宋哥窑瓷器成型工艺中也有运用，比如故宫博物院藏宋哥窑八方贯耳瓶等就使用了此种成型工艺。

许多工艺细节携带一定的时代特性和地域特性。我们从传世的宋哥窑器足端削刀工艺特征看，其切面多呈梯形，端面较窄与南宋官窑和龙泉窑部分制品工艺接近。大概率而言，南宋官窑倾向于直上直下的长高梯形，龙泉窑倾向于大斜角的较扁梯形，哥窑则介于两者之间。

瓷器的成型工序会在烧成的器物身上留下工艺信息，例如器物的“黏结痕”、印坯或拉坯形成的胎料力学分部结构等。

我们设想，对这些成型工艺信息进行梳理，并与其他同期窑口瓷器进行工艺对照，既可以形成一个“工艺脉络图”，也可以形成一定的地理指向。

（四）烧成工艺中的窑变与哥窑釉色的关系

古代窑工一直流传“三分做、七分烧”的谚语，这说明最终瓷器出窑的效果往往难以掌控。以木材为燃料的古代窑炉烧成工艺非常复杂，窑工是整个窑场的灵魂人物，我们从“炉火纯青”的成语中可以窥其一斑。烧成工艺在古人看来必须获得“火神”的助力，因而在烧窑时有祭窑神的习俗，并流传至今。

燃烧木材的升温过程很不稳定，因而龙窑一般都使用较厚的匣钵装烧器物。这样可以缓冲急剧升、降温及气氛骤变，并保护器物在高温时不受柴火杂质的污染。

由于古代窑炉烧成时间很长，控制窑火的气氛条件保持稳定难以实现，因而在窑炉的局部出现“窑变”是非常普遍的现象。通过我们的实践经验可知，米黄色、聚沫攒珠现象、阴阳脸现象（指同一器物出现两种釉色分布）等都是窑变的结果。

另外，气温、湿度等气候因素也会影响窑炉的烧成过程，对器物的釉色影响极大，故有“九秋风露越窑开，夺得千峰翠色来”的诗句。从烧成经验推测，“九秋风露”暗指干燥的秋季温度、湿度适宜开烧龙窑。

通过长期实践，已经可以证明，用于烧造千峰翠色般青瓷的釉料在传统柴窑的偏位或窑变以后会出现米黄、月白、灰青等色，这样也可以解释宫中哥窑传世品的呈色规律。如将哥窑传世品回溯至烧造前，再以正常的还原焰形式烧造，会出现浅青或粉青色，反之亦然。因而，我们在确定窑址过程中，应当以釉的“全色谱”为参考，不应偏颇于某一特殊釉色。

（五）纹片的形成与哥窑概念的界定

自原始瓷创烧起直到宋代，瓷器釉面出现裂纹一直都是无法解决的技术难题。它是瓷器胎与釉在不同物理环境中收缩不同步而产生的釉面龟裂现象。宋代汝窑、官窑也在追求

“无纹者为上”的标准，并最早掌握了釉面不开片的绝技。

因而我们说，瓷器开片并不是哥窑瓷器独有的特征，更不是哥窑“创烧”的标志。民间流传的所谓“哥窑弟窑”的故事，将青瓷开片作为哥窑诞生标志，有违瓷器发展史，也不符合工艺学基础，需要在专业领域加以澄清。

图 1　簋式炉 （叶德奎先生制于 20 世纪 90 年代）

虽然众多窑口瓷器釉面均有开片纹，但一般不作为主要装饰特征，唯独哥窑瓷器追求开片纹理为饰。

已知的哥窑纹片类型丰富，有冰花片、文武片、梅花片、曲线纹、百圾碎、鱼子纹等。不同的纹理，形成的条件也有不同。

由于传世哥窑器的纹理特性与其他同期窑口有明显差异。通过显微观察，其部分纹理具备“曲折”、釉下沁色延展等物理特性。

通过对这部分纹理特性的研究和实验，我们发现原料和烧成工艺的综合作用与这种纹理现象的产生具有对应关系。胎釉原料成分、成型工艺、烧成气氛制度、出窑条件、使用环境等，都会对纹片形状的形成产生综合性的影响。这可为宋哥窑工艺深入研究提供参考，也可在哥窑概念的界定上起到理论支撑作用（图 1）。

（六）“金丝铁线”的形成过程

对于宫中哥窑传世品而言，“金丝铁线”和墨纹梅花片是其重要特征，它的装饰效果非常独特，在人类陶瓷历史上独树一帜。所谓“铁线”指的是器物身上较深颜色的大开片，一般呈褐黑色，也有微微泛蓝的墨黑色。“金丝”是指色泽较浅的细小开片纹，一般呈浅褐或浅黄色。这是传世哥窑瓷器具有代表性的一种纹理特征，但许多传世哥窑器物只有“铁线”而没有明显的“金丝”。那么，这些开片是人有意为之还是自然形成的呢？从现象上分析，宋哥窑瓷器铁线中深黑的色泽，在天然条件下，或一般使用过程中是不可能出现的，它只有在出窑后，经人工沁色才有可能出现。我们倾向于“铁线”是人为干预的结果。

由于哥窑的开片从物理学角度上说是内应力的释放过程，理论上它是永无止境，当“铁线”形成后，新的开片还会不断增加。新开片沁入黄褐色的有机物而形成“金丝”，这样说来，

“金丝”不是宋代哥窑瓷器的特征，它很可能是漫长岁月留下的痕迹。

这样我们也不难理解，哥窑“金丝铁线”的提法，是在明代以后才有。

因此我们强调，哥窑的窑口界定应当排除“金丝铁线”的表象，把重点集中在“能够形成‘金丝铁线’的基础属性”上。换句话说，就是还原传世宋哥窑的沁色条件，呈现出窑时的原始状态。

坊间对“金丝铁线”的形成有这样的说法：胎里的氧化铁物质通过裂缝渗出形成“金丝铁线”。从工艺学角度说，这种推理不成立。因为，胎骨中的氧化铁是一种硅铁化合物，不溶于水。

在明代文献中，描述宋代官窑瓷器时有“梅花墨纹”的记载，这对传世哥窑瓷器的铁线形成机理带来一定的参考依据。同时，对传世哥窑的窑口属性的判定也有参考意义。

（七）紫口若隐若现的特性

传世宋哥窑瓷器的紫口相对于郊坛下官窑黑胎青瓷、龙泉窑黑胎青瓷的紫口有较大差异，具有自身的独特性。

郊坛下官窑黑胎青瓷、龙泉窑黑胎青瓷的紫口是由于器物口沿的釉在高温熔融状态下垂流而映出黑胎颜色所形成，一般呈灰黑色或酱紫色。而传世哥窑瓷器的紫口，若隐若现，呈微紫红色或紫褐色。这一特征是由宋哥窑瓷器的胎料、釉料特性和烧成制度所决定，由于其釉层在高温熔融状态下流动性不强，致使多数传世品的紫口隐约显现。

一般来说，窑温偏高或保温时间长，容易出现明显紫口。此外，口沿修坯的形状也是影响器物紫口形成的要素之一，较薄的口沿削刀工艺会出现较明显的紫口特征。

对形成哥窑瓷器紫口各大要素的分析，和对比已知的考古资料，可以对哥窑遗址信息提供参考。例如通过类比我们可知：传世哥窑瓷器的紫口与杭州南宋老虎洞窑瓷器的紫口特性比较类似。

（八）铁足现象及工艺原理

传世哥窑的底足颜色非常丰富，有浅黄色、黄褐色、紫褐色、酱紫色等，统称为“铁足”。其形成原理是：不同铁含量的胎土在炉火复杂变化中形成的氧化铁呈色。经仪器测定，传统哥窑器的胎中氧化铁成分含量比一般不超过 5%。

哥窑胎骨中的铁元素有复杂的分子结构，一般而言：三氧化二铁为主的胎呈褐色或黄褐色；氧化亚铁为主的胎呈浅灰色或淡青色，四氧化三铁为主的胎呈黑灰色或黑色。由于窑炉气氛复杂，各种铁元素分子结构会相互掺杂影响。笔者的经验表明：相同配方的胎可以烧造出丰富的胎色来。

其中有一点需要重点表述，即底足表面有一层二次氧化膜，这是胎土中的铁元素在高温止火后受到空气强烈氧化而形成的一层氧化铁的硅化膜，它往往比内胎颜色更深、更紫红。理论上，我们可以通过对比内胎和氧化膜的色差来判断窑炉的类型和其部分烧成工艺，这也为传世哥窑瓷器的鉴定研究提出了新的课题。

（九）“酥光”是界定哥窑瓷器的重要特征

酥光也称酥油光，是传世哥窑瓷器特征的专有称谓。系指传世哥窑瓷器的釉面光泽犹如凝固的酥油表面，温和而不刺眼，虽亚光却油滑而无生涩感。传世哥窑瓷器釉面之所以会出现如此奇异的光泽，是由于本身原料和烧成工艺等因素综合形成的结果。笔者多年的实践经验初步验证了这一现象的原理。

从物理学角度分析，酥光是一种光线的漫反射，这种作用体现在三个层面。

其一，典型的传世哥窑瓷器表面均有轻微的波浪状皱褶，不经意很难有所察觉，它使入射光产生反射后，向不同的方向形成漫反射。

其二，该类器物的硅化物表面往往存在大量未封闭的气孔，能吸收一部分光线，形成轻微的亚光。

其三，传世哥窑瓷器的釉内存在大量细密的气泡，当光线入射时，釉内气泡会形成复杂的光反射作用，肉眼会感觉到一种神秘的光感。

上述三个层面的光反射综合作用，即形成传世哥窑瓷器特有的酥光。

形成酥油光现象的工艺条件非常苛刻，陶瓷历史上也不多见。参考目前已知的各个窑口特征资料，这种现象仅出现于清宫藏哥窑传世器。因此，这也成为界定哥窑的重要指标特征。对这一特性的工艺学研究，能够给哥窑遗址的探寻提供重要的参考。

（十）“木音”特征与哥窑瓷器烧制年代

我们知道，敲击瓷器时发出的声音一般是清脆的“当、当”声，而传世哥窑瓷器在轻轻敲击时发出的是“噗、噗”的木音。

这是由于瓷器的片纹影响到了瓷器胎骨的结构，加之传世哥窑瓷器的胎料特殊，结构也相对疏松，因此形成这一独特现象。我们在部分传世品裸露的胎体结构上，也发现哥窑瓷器胎体中存在大量的小气孔。

由于景德镇明、清仿哥窑制品不具备这样特征，因此，这也为哥窑烧造年代的确定提供一定的参考意义。

（十一）聚沫攒珠的工艺原理

“聚沫攒珠”是老一辈瓷器鉴定专家流传下来的一种在鉴定哥窑瓷器时对釉内气泡的称谓。但多数人不明其意，甚至陶瓷界还误传“釉内大气泡均匀分布”这样的解释。经实验证明，聚沫攒珠是哥窑瓷器釉质的一种特殊现象，传递了哥窑瓷器釉质的独特信息。

我们先从文字表面的意思分析。沫，指小泡沫。聚沫，是指较小的气泡聚在一起。攒，具有簇拥、围聚的涵义。攒珠，是指较大的气泡有规律的围聚和组合。哥窑釉内的气泡分布规律就好像夜晚的星空，小星星密布而较大的星星组合成“星座”，类似这种分布状态。前辈专家用“聚沫攒珠”来描述哥窑瓷器釉内气泡的特殊分布形式，具体是指器物的局部特殊区域有较大的肉眼可见的釉泡分布，这是一种形象的比喻，非常贴切。而且这种局部特性有一定的规律可循，例如口沿部和足端出现概率高，有时也会在器物身上不特定区域出现较为分散的、肉眼明显可见的大气泡。

此外，当这一现象发展到密集缩釉点的程度时，我们称其为“暴汗”，就像人皮肤上的毛孔张开一样。

传世的宋哥窑瓷器中，出现聚沫攒珠的情况比较多见，如故宫博物院所藏的贯耳长颈瓶（投壶）、胆式瓶、筒式三足炉、葵口盘等都有这种现象出现。

通过经验总结我们发现，釉内和胎内的氧化物在高温还原分解阶段反应不够充分，导致在釉水接近成熟的高温保温阶段出现二次分解，在釉的较薄弱处聚集成大的气泡，来不及逃逸而被凝固在釉下而形成肉眼可见气泡分布。经验表明，“多层施釉多次烧成”工艺会较大概率导致“聚沫攒珠”现象的产生。

从工艺角度看，聚沫攒珠现象是哥窑瓷器特殊釉质与炉火复杂变化综合形成的一种规律性的工艺特征，是判断哥窑瓷器窑口性质和工艺成因的重要参考。

（十二）支钉支烧工艺与窑场属性

使用支钉支烧在宋代官窑性质的窑口中相当普遍，如汝窑、修内司官窑、郊坛下官窑等，宋代官办龙泉窑也少量使用支钉支烧。而传世哥窑瓷器中支钉的使用相当普遍，这也是将其定义为官窑系的重要依据。

支钉痕是指用支钉窑具支烧器物，在烧成出窑后将支钉从器物上分离而留下的痕迹。形状像一个小小的火山口，是釉包裹的一个支点的断面，稍稍凸出釉平面。

传世哥窑瓷器上的支钉痕与其他窑口瓷器上的支钉痕有较大差异。汝窑支钉较小，如芝麻粒大小，俗称“芝麻挣钉”，断面呈芝麻粒形或椭圆形，多呈乳白色。南宋官窑上的支钉痕较汝窑稍大，断面呈圆形，黑灰色为主。而传世哥窑上的支钉痕则又较官窑瓷器上的稍大，断面呈圆形或椭圆形，有黑灰、灰褐等色，多数土质较粗。

支钉的使用在制作工艺上难度很大，需要“不计成本”，且会降低成品率。一般而言，只有官办窑厂才可能提出这样的工艺要求，并提供这样的条件和技术。考古信息显示，宋以后的窑场一般采用垫饼垫烧方式替代支钉支烧，这一工艺遂成为宋代官窑型瓷窑具有时代特征的装烧方式。

此外，连支带垫和里外支钉套烧也是传世宋哥窑和传世宋官窑瓷器特有的工艺现象。

所谓“连支带垫”，系指支钉支烧和垫饼垫烧配合装烧的一种形式，一般支钉支内圈，垫饼垫外圈的圈足或器足。传世哥窑的许多盘类都采用这种方式装烧。里外支钉套烧，系指使用支钉支烧较大口径的炉类、再使用支钉反扣的形式在器物中套烧另一件小器物的装烧形式，一般会在器内底和外底留下支钉痕。这是传世哥窑特有的一种装烧形式，在鱼耳炉中使用最多。

传世哥窑的装烧形式非常丰富，除了垫烧、支烧、连支带垫、里外支钉套烧外，还有器内使用多枚小垫饼套烧的形式。

套烧，一般而言是古代窑工为了节省窑炉空间而采用的一种装烧方式。而在笔者所传承的烧制经验中，套烧还具有平衡受力和调节高温变形度的作用。

支钉套烧工艺所传递的信息，具有强烈的排他性，几乎不见于除南宋官窑之外的其他窑口。这也从客观上验证了“官”与“哥”的文化脉络联系密切。

（十三）水渍印和釉环现象

水渍印和釉环是传世哥窑瓷器中两个较容易被人们忽略的特征，因为如不着重提醒，一般人很难发现。

水渍印是指传世哥窑瓷器的口沿以下半寸左右的一条弯弯曲曲的釉内暗纹条。呈浅灰色或比釉色略偏深的暗色。一般都与釉环伴生，水渍印的上部多为较厚的一圈釉层，我们称其为“釉环”。

类似的特征在传世官窑和南宋官窑残片上也有发现，只是哥窑瓷器上的水渍印一般仅有一条，而官窑瓷器上却有多条。

实验证明,水渍印的形成条件与釉料的成分有关。哥窑与官窑相类似的“水渍印”现象，可以间接证明其原料采集地的趋同性。这样也可侧面印证古人关于“哥窑烧于私家，取土俱在此地”的记载。

（十四）棕眼、缩釉条、停釉线上卷现象浅析

棕眼是指传世哥窑瓷器的釉层表面上的一些犹如棕毛孔一般的缩釉点和缩釉洞，一般不会显露胎骨。而与之相类的是器物上呈现不规则长条形的缩釉条，许多会显露胎骨。

器物足端胎釉结合部是釉层在高温熔融状态下流动停止的地方，因此称之为“停釉线”。传世哥窑瓷器的停釉线非常有特色，一些传世哥窑典型器的胎釉结合部会出现向上卷釉的现象。

棕眼、缩釉条和停釉线上卷现象的形成传递出的信息，通过科学检测可知，具有“高钾低钙”的分子结构特征。在我们的实验记录中，釉的高温黏度越高，釉的流动性越低，在釉面出现空隙或裂缝时，高温下出现较高的表明张力，致使釉水无法回填，有时也会加大空隙。“高钾低钙”的釉料配比与棕眼和缩釉条的形成之间有对应关系。

这些特征反映了传世哥窑瓷器釉质的一些理化特性，对这些现象进行全窑系的分类排比，可以形成该特征在古代窑场的地理分布图，为窑址的确定提供参考依据。

二　推论与设想

通过对传世哥窑瓷器工艺的梳理，我们大致可以了解哥窑瓷器的一些特性，结合一些综合要素，笔者作出以下推论与设想。

（一）窑址范围倾向于浙江境内，偏重于杭州附近

推论理由简述：

1. 从已知的传世品“造型”工艺特性分析，杭州南宋官窑与传世宋哥窑的器物造型大

体重叠，部分制品难以区分，例如葵花式洗、葵口碗、贯耳瓶等。而传世哥窑器与其他窑口制品可以明显区分。

2. 从支烧、削足、套烧以及器形的使用属性判断，其工艺不惜工本，偏官方属性，工艺的“亲缘关系”偏杭州官窑区域，与龙泉窑关系较远，与其他窑口关系更远。

3. 从传世哥窑口沿釉环、水渍痕、紫口以及聚沫攒珠现象分析，其特征与部分出土的杭州宋元窑口残片特征类似，符合陶瓷工艺学“吻合”的实验条件。

结合上述理由，我们采用信息排他法，所得结论为：若多选则涵盖杭州地区与龙泉窑地区（其范围远大于现在的龙泉行政管辖区域），若单选则偏重杭州南宋官窑附近区域。

（二）窑口属性应当是“官窑”或“半官方窑”

推论理由简述：

1. 从传世品的削足、施釉、装烧等工艺细节看，其工艺制作精良，重“质”而不偏“量”，其制作的动机并非商业，即其“不惜工本，精益求精”的性质在工艺上明显体现。在宋代至元代制瓷史相关资料中，这些工艺特征指向可以排除普通民窑属性。

2. 从葵瓣、簋炉、贯耳壶等造型看，传世哥窑瓷器性质应归类于皇家或官方的礼器。在古代礼仪建制非常严格的历史条件下，非官方允许或要求，民间不敢私自制造礼器，因而，这些礼器所指向的烧造作坊必然有一定的官方背景，甚至是御窑。

3. 从里外支钉套烧工艺、削足工艺等细节看，传世哥窑与民窑有明显区别，与宋官窑也有一定区别，工艺介于两者之间，因而我们提出“半官方窑”（包含贡窑、地方性官窑）这一推论。

可以指出，传世哥窑瓷器的窑口具有官方背景毋庸置疑，而具体是属于“御窑”、官窑或是“半官方窑”，则需要历史学家及考古学家研究和验证。

（三）烧造年代范围是“南宋”或“元代”

推论理由简述：

1. 从工艺演变规律看，朝代的突然更迭对瓷器工艺的更迭往往是滞后的。传世哥窑具有明显的宋代瓷器工艺特征，但也无法排除元代早期还在继续生产的可能。

2. 传世哥窑的釉色特征多为月白或偏灰、偏黄的类型，这是窑炉偏位造成的结果，这些特性无法推导出“传世哥窑烧于元代”的结论。因此，从工艺角度推论，传世哥窑瓷器的烧造年代应涵盖南宋。至少以目前获得的哥窑资料信息，没有证据可以排除其在南宋时期烧制的可能性。

三　设立相关研究课题的建议

哥窑的研究是一个极其复杂的系统工程，不是一蹴而就的事情。

从目前的研究看，还有许多可以探索的方向和内容。为此，我们建议设立以下相关研究课题。

（一）设立“哥窑工艺全谱”研究项目，目的是能够清晰定位现有传世品在工艺谱系中的坐标位置，并将其所有的特征面貌完整揭示。可以为田野考古提供科学参照。

（二）建议对现存传世哥窑通过工艺规律、科技检测进行分类研究，继而通过逆向工程，恢复其工艺流程和材料属性，揭示传世哥窑瓷器本质信息。

（三）设立“传世哥窑工艺复制”课题项目，全面恢复哥窑制瓷工艺，并为传世哥窑的艺术及其文化的发展提供基础动力。

哥窑的研究具有多重社会效益和经济效益，是我们国家宝贵的文化财富，研究课题的设立是这一时代必然的诉求（图 2）。

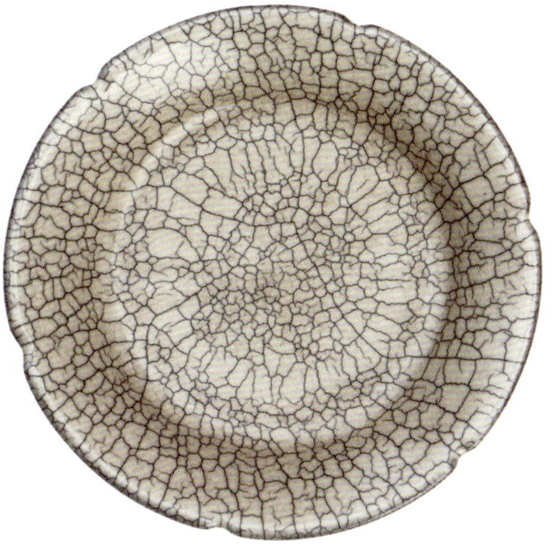

图 2　葵瓣口盘（古儿先生制于 2015 年）

结语

我们研究哥窑瓷器制作工艺以及探索其窑址之谜，其意义并不局限于工艺和学术研究，而是具备更多的时代意义和文化复兴的使命。目前，我国还没有专门的哥窑展示基地和文化传播平台，甚至在文化部门的清单中还没有哥窑（传世哥窑）这一独立的项目。这与我们国家文化大发展的时代背景格格不入。

因此，出于使命担当，我们呼吁：还哥窑一片天空，让哥窑文化焕发出璀璨光芒！

故宫博物院院藏传世哥窑瓷器的显微特征

侯佳钰　贾翠　雷勇　史宁昌　故宫博物院科技部
单莹莹　吕成龙　故宫博物院器物部

内容提要： 本研究利用光学显微镜，对故宫博物院收藏的传世哥窑、明清仿哥釉瓷器等进行了无损分析。通过对瓷器釉面的显微结构观察，总结并统计裂纹、气泡及釉面质感等特征，为研究哥窑产地、年代、工艺等问题提供数据支持。

关键词： 传世哥窑　明清仿哥釉瓷器　裂纹　气泡　釉面质感

一　导言

哥窑瓷器拥有独特的“金丝铁线”和釉质，是中国古代陶瓷中的精品，被列为古代五大名窑之一。传世哥窑器物稀少，大多收藏于北京故宫博物院、台北故宫博物院及上海博物馆等。由于哥窑瓷器的窑址尚未被发现，故对其研究一直是陶瓷学界的热点之一。2017年，故宫博物院举办“金丝铁线——故宫博物院哥窑瓷器展”，以此为契机利用社会科学与自然科学相结合的方法对哥窑进行研究。本部分的研究即利用光学显微镜对本展览中的43件器物进行无损科技分析，为研究哥窑瓷器产地、年代、工艺等问题提供数据支持。

二　测试方法

本研究采用 Leica MZ16A 型实体光学显微镜对器物釉面进行无损显微结构观察和统

计。每件器物在环状照明下进行两种放大倍数（40 倍及 100 倍）的显微结构拍摄。利用 analySIS 软件对显微照片中的信息进行测量和统计，得到裂纹浸色宽度、气泡数量及气泡尺寸等信息。综合考虑文物安全及显微照片效果，此次测试对每件器物的 1~2 个较平整的部位进行了拍摄。

三　样品照片及名称

[表一] 列出了此次进行无损测试的故宫博物院院藏 30 件传世哥窑瓷器、3 件哥窑型瓷器、7 件明清仿哥釉瓷器和 3 件官窑瓷器的文物类型、显微照片拍摄部位和名称等信息。

[表一] 文物样品信息

序号	类型	拍摄部位	名称	序号	类型	拍摄部位	名称
1	哥窑	外底	 灰青釉鱼耳簋式炉	23	哥窑	外底	 灰青釉葵口折腰盘
2	哥窑	外底	 灰青釉鱼耳簋式炉	24	哥窑	内底、外底	 灰青釉葵口折腰盘
3	哥窑	腹部外壁	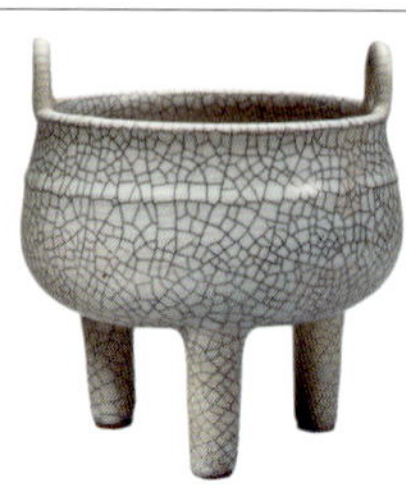 灰青釉双耳三足鼎式炉	25	哥窑	外壁近足处	 灰青釉葵口折沿盘

续表

序号	类型	拍摄部位	名称	序号	类型	拍摄部位	名称
4	哥窑	近足处 外壁	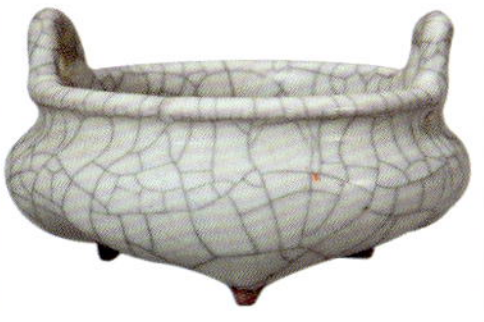 灰青釉双耳三足鬲式炉	26	哥窑	外底	 灰青釉葵花式盘
5	哥窑	外底	 灰青釉三足樽式炉	27	哥窑	外底	 灰青釉菊花式盘
6	哥窑	外底	 灰青釉海棠式炉	28	哥窑	外底	 青釉葵口洗
7	哥窑	腹部 外壁	 灰青釉凸弦纹瓶	29	哥窑	外底	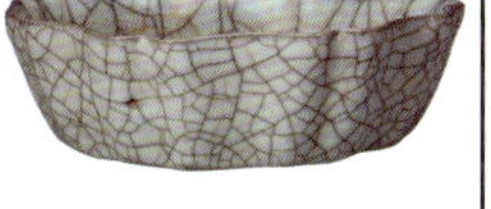 青釉葵花式洗
8	哥窑	颈部外壁， 腹部外壁	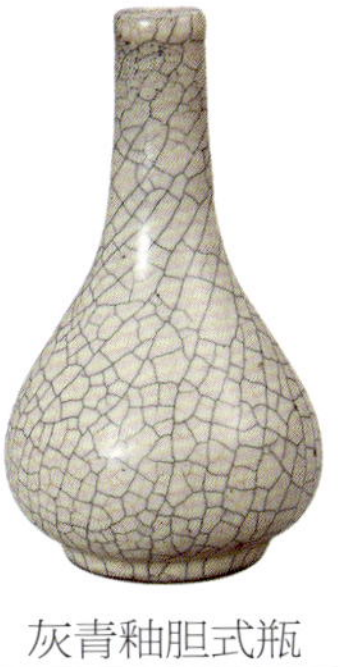 灰青釉胆式瓶	30	哥窑	外底	 米黄釉葵花式洗

续表

序号	类型	拍摄部位	名称	序号	类型	拍摄部位	名称
9	哥窑	外壁肩部	 灰青釉胆式瓶	31	哥窑型或仿哥釉	外壁腹部	 米黄釉双耳三足鼎式炉
10	哥窑	外壁腹部	 灰青釉贯耳瓶	32	哥窑型或仿哥釉	外底	 灰青釉鱼耳簋式炉
11	哥窑	外壁腹部	 灰青釉贯耳壶	33	哥窑型或仿哥釉	外底	 仿哥釉鱼耳簋式炉
12	哥窑	外壁腹部	 灰青釉贯耳八方穿带扁壶	34	哥窑型或仿哥釉	外底	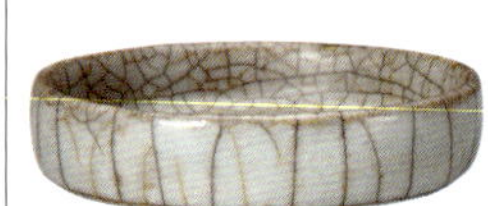 仿哥釉洗
13	哥窑	外底	 灰青釉罐	35	哥窑型或仿哥釉	内底	 灰青釉葵口盘

续表

序号	类型	拍摄部位	名称	序号	类型	拍摄部位	名称
14	哥窑	外底	 灰青釉碗	36	哥窑型或仿哥釉	外底	 仿哥釉碗（宣德款）
15	哥窑	外底	 青釉葵口碗	37	哥窑型或仿哥釉	外壁腹部	 仿哥釉贯耳瓜棱瓶（成化款）
16	哥窑	外壁近足处	 青釉葵口碗	38	哥窑型或仿哥釉	外壁腹部	 仿哥釉长颈瓶
17	哥窑	外底，外壁近足处	 灰青釉葵口杯	39	哥窑型或仿哥釉	外底	 仿哥釉鼠耳簋式炉
18	哥窑	外壁近足处	 青釉八方杯	40	哥窑型或仿哥釉	外底	 仿哥釉盘（乾隆款）
19	哥窑	外壁近足处	 灰青釉浅盘	41	官窑	外底	 青釉葵口碗

续表

序号	类型	拍摄部位	名称	序号	类型	拍摄部位	名称
20	哥窑	内底，外壁近足处	 灰青釉盘	42	官窑	外壁近足处	 青釉葵口碗
21	哥窑	外底	 米黄釉葵口盘	43	官窑	外底	 青釉葵花式洗
22	哥窑	外壁近足处，外底	 灰青釉葵口盘				

四　实验统计结果

[表二]列出了此次进行无损测试的43件故宫博物院藏传世哥窑、哥窑型瓷器、仿哥釉瓷器和官窑瓷器的裂纹、气泡、釉面质感等显微测量统计结果。其中个别样品因拍摄部位弯曲度较大等原因无法测量统计出裂纹或气泡信息。

[表二]实验统计结果

序号	裂纹情况				气泡情况				釉面质感
	铁线	金丝	裂纹浸色宽度（μm）	裂纹其他	$1mm^2$气泡个数	最大气泡直径（μm）	大小是否均匀	大多数气泡直径	
1	有	有	15	可见无色细裂纹	71	220	否	分两种：30微米和70微米左右，也可观察到若干大于200微米气泡	较通透
2	有	有	50		80	70	是	30—50微米	乳浊

续表

序号	裂纹情况				气泡情况				釉面质感
	铁线	金丝	裂纹浸色宽度（μm）	裂纹其他	$1mm^2$ 气泡个数	最大气泡直径（μm）	大小是否均匀	大多数气泡直径	
3	有	无	140	较平直，几乎不可见金丝	127	110	否	分两种：20—30 微米和 50—80 微米	较通透
4	有	有	50	较平直，可见无色细裂纹	100	70	否	分两种：25 微米和 60 微米左右	乳浊
5	有	有	60		/	40	是	30 微米左右	乳浊
6	有	有	120	较平直，金丝颜色极浅，铁线浸色较宽，裂纹亦较宽	107	145	否	分两种：20—30 微米和 70—100 微米左右	通透
7	有	有	160	铁线浸色较宽	129	70	是	30—40 微米	乳浊
8	有	有	60		118	70	是	30—50 微米	乳浊
9	有	有	70	较平直	98	145	否	分两种：20—30 微米和 70—120 微米左右	较通透
10	有	有	140		89	60	是	30—50 微米	乳浊
11	有	有	70		158	100	是	40—60 微米	较通透
12	无	有	70	所有裂纹均为金色	149	80	是	40—60 微米	乳浊
13	有	无	40	较平直，几乎未见金丝	24	80	是	60 微米左右	乳浊
14	有	有	100		47	90	是	60—70 微米	乳浊
15	有	有	200	较平直，铁线浸色较宽，裂纹亦较宽	95	140	否	分两种：30—40 微米和 100 微米左右	通透
16	有	无	30	较平直，未见金丝	104	100	否	分两种：20 微米和 50—70 微米	较通透
17	有	有	100	金丝较少，裂纹浸色较宽	108	80	否	分两种：20—30 微米和 70—80 微米	通透
18	有	有	50	金丝较少	16	60	是	隐约可见 40μm 气泡	乳浊
19	有	有	140	较平直，铁线浸色较宽	123	150	否	分两种：20—40 微米和 80—100 微米	通透
20	有	有	40		31	40	是	20 微米左右	乳浊
21	有	有	100	铁线浸色较宽	65	60	是	30—50 微米	较通透
22	有	有	100		124	80	否	分两种：20 微米和 60—80 微米	较通透

续表

序号	裂纹情况				气泡情况				釉面质感
	铁线	金丝	裂纹浸色宽度（μm）	裂纹其他	$1mm^2$ 气泡个数	最大气泡直径（μm）	大小是否均匀	大多数气泡直径	
23	有	有	80	铁线浸色较宽	150	60	否	分两种：15—20 微米和 40—50 微米	较通透
24	有	有	80	较平直，金丝较少	132	140	否	分两种：30 微米和 60 微米	通透
25	有	有	130	较平直，裂纹浸色较宽	205	70	是	30—50 微米	通透
26	有	有	150	裂纹浸色较宽	139	110	否	尺寸极不均匀，20—80 微米	通透
27	有	有	70	裂纹浸色较宽	66	50	是	30 微米左右	乳浊
28	有	有	100	较平直，裂纹浸色较宽	91	100	否	分两种：20 微米和 60 微米	较通透
29	有	有	60	较平直	156	90	是	20—40 微米	通透
30	有	有	70	裂纹浸色较宽	166	80	是	30—50 微米	较通透
31	有	有	20	较平直，裂纹较宽	25	130	是	气泡隐约可见，多数 40 微米左右	釉失透
32	有	无	15	较平直，几乎不可见金丝	17	40	是	气泡隐约可见，多数在 20 微米左右	釉失透
33	有	无	15	较平直，几乎不可见金丝	61	50	是	气泡隐约可见，多数在 25—35 微米	釉失透
34	有	有	110	较平直	105	90	是	30—50 微米	较通透
35	无	有	50	较平直，裂纹似无浸色	53	80	是	30—50 微米	腐蚀
36	无	有	60	较平直，只见金丝未见铁线	48	50	是	20 微米左右	釉失透
37	有	无	15	较平直，只见铁线未见金丝	23	50	是	30—40 微米左右	釉失透
38	无	有	70	只见金丝未见铁线	66	70	是	40 微米左右	釉失透
39	有	有	160	裂纹浸色较宽	107	90	是	30—50 微米	乳浊
40	有	有	100	较平直，裂纹浸色较宽，裂纹亦较宽	155	60	是	20—40 微米	通透
41	无	有	50	较平直，未见铁线	164	110	否	分两种：20—40 微米和 60—90 微米左右	通透
42	无	有	50	较平直，未见铁线	82	100	否	分两种：20—30 微米和 50—70 微米	较通透
43	无	无	/	无明显裂纹	84	130	否	分两种：20—30 微米和 100 微米左右	通透

五　分类与分析

（一）裂纹状况统计及分类

测试的 43 件样品釉表面的裂纹状况可以分为四种：其中 30 件样品釉面可以观察到明显的金丝和铁线两种裂纹（其中 26 件为哥窑瓷器，1 件为哥窑型瓷器，3 件为明清仿哥釉瓷器）；6 件样品釉面仅可观察到铁线、而无明显金丝裂纹（其中 3 件为哥窑瓷器，1 件为哥窑型瓷器，2 件为明清仿哥釉瓷器）；6 件样品釉面仅可观察到金丝、而无明显铁线裂纹（其中 1 件为哥窑瓷器，1 件为哥窑型瓷器，2 件为明清仿哥釉瓷器，2 件为官窑瓷器）；1 件样品釉面无法观察到明显浸色裂纹（为官窑瓷器）。如（图 1 ～图 4）所示。

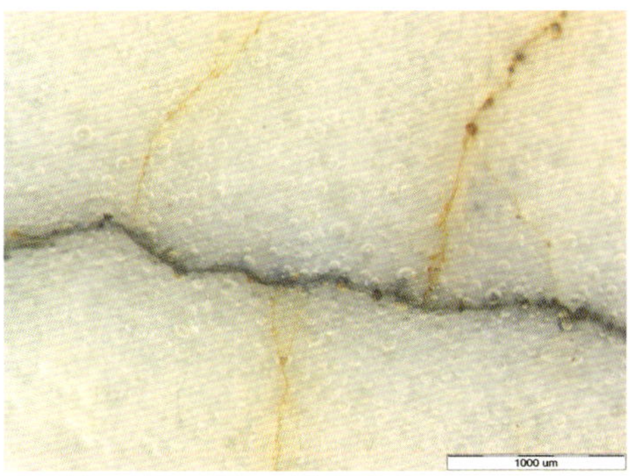

图 1 釉面有金丝和铁线（序号 8，40 倍）

图 2 釉面有铁线而无金丝（序号 13，40 倍）

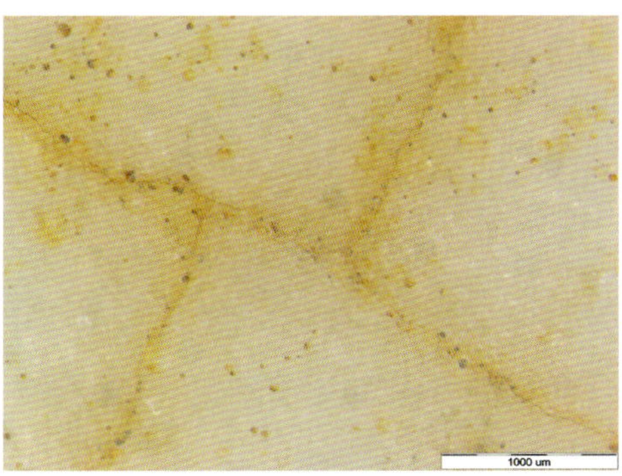

图 3 釉面有金丝而无铁线（序号 38，40 倍）

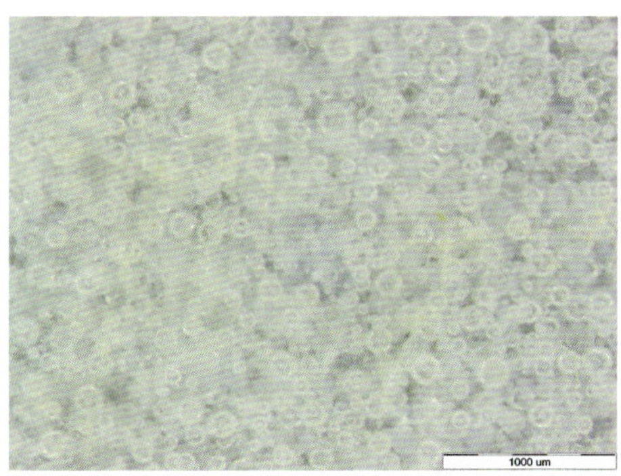

图 4 釉面无明显浸色裂纹（序号 43，40 倍）

（图 5）为裂纹浸色类型分布图。从图中可以看出：（1）所有的传世哥窑瓷器表面均可观察到裂纹，而其中 80% 以上的哥窑瓷器表面均可同时观察到深浅两种类型的裂纹，即同时包含金丝和铁线。（2）此次进行测试的3件官窑瓷器表面均无明显深色铁线裂纹。（3）哥窑型和仿哥釉瓷器表面裂纹类型与传世哥窑相似，但数量分布较为均匀。

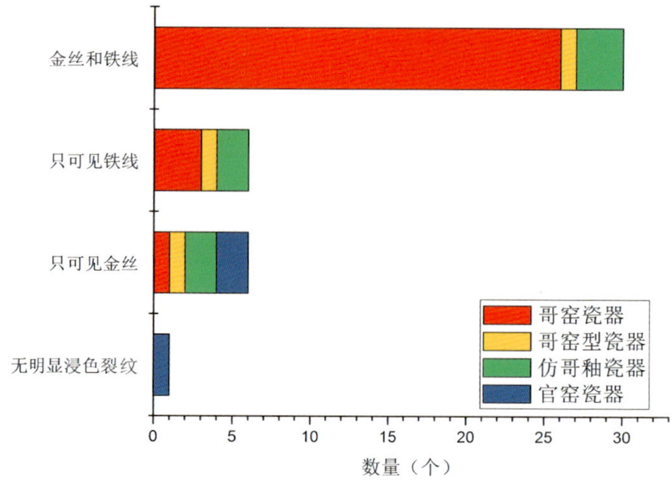

图5　裂纹浸色类型分布图

（二）裂纹浸色宽度统计信息

如前所述，测试的43件器物中除1件样品外，釉面均含有颜色不一的裂纹。对42件裂纹的浸色宽度进行测量，发现宽度可以分为四类——其中14件器物釉表面裂纹浸色宽度小于50μm（其中7件为哥窑瓷器、3件为哥窑型瓷器、2件为明清仿哥釉瓷器、2件为官窑瓷器），18件器物裂纹浸色宽度在50—100μm之间（其中15件为哥窑瓷器、3件为明清仿哥釉瓷器），7件器物裂纹浸色宽度在100—150μm之间（其中6件为哥窑瓷器、1件为明清仿哥釉瓷器），剩下3件样品器物裂纹浸色宽度大于150μm（其中2件为哥窑瓷器、1件为明清仿哥釉瓷器）。如（图6～图9）所示。

图6　釉面裂纹浸色宽度小于50μm （序号33，100倍）	图7　釉面裂纹浸色宽度在50—100μm之间 （序号28，100倍）
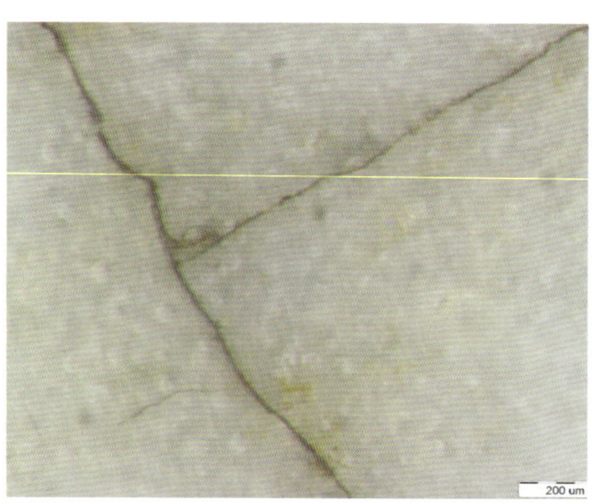	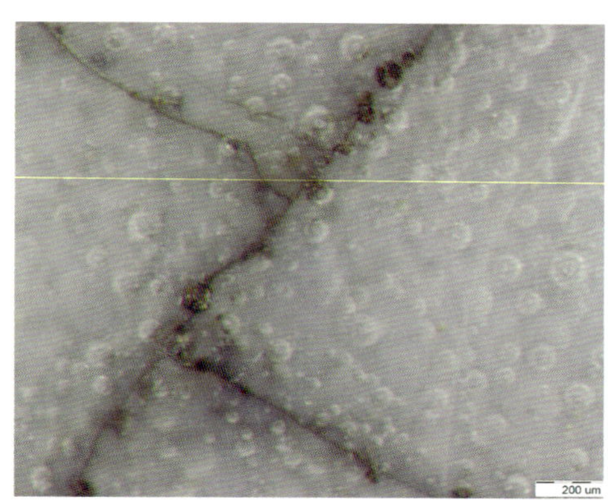

图 8 釉面裂纹浸色宽度在 100—150μm 之间（序号 3，100 倍）	图 9 釉面裂纹浸色宽度大于 150μm（序号 39，100 倍）
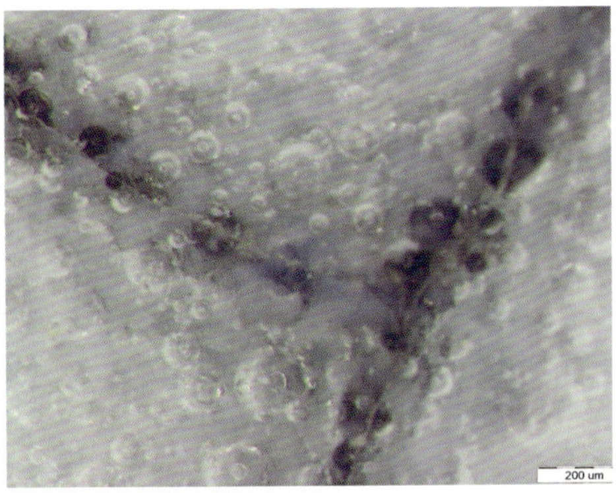	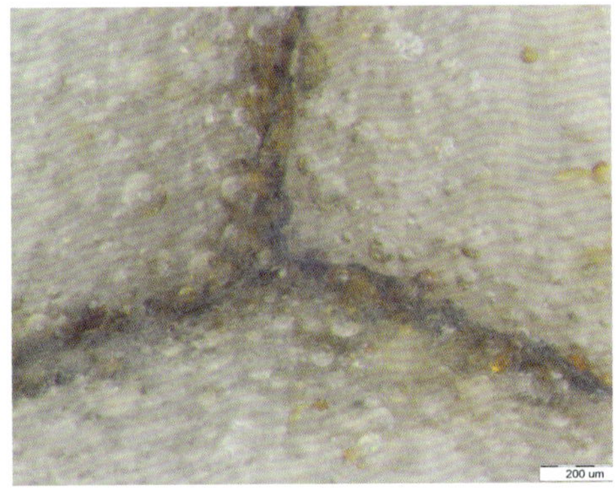

（图 10）为裂纹浸色宽度分布图。从图中可以看出，传世哥窑瓷器裂纹浸色宽度分布较广，但 70% 以上的器物表面裂纹浸色宽度小于 100μm。此外还可发现，哥窑型器物和官窑器物表面裂纹浸色宽度均较窄，小于 50μm。

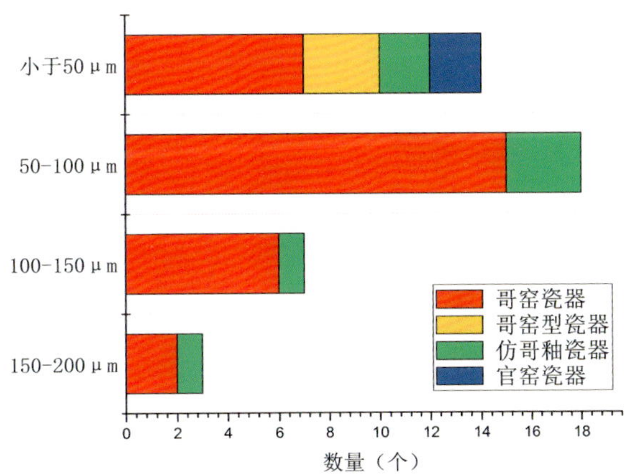

图 10　裂纹浸色宽度分布图

（三）可观测气泡密度统计信息

在光学显微镜下，除一件样品因观察部位弯曲度较大而无法清晰统计气泡数量，其他所有无损测试的器物釉层均可观察到或多或少的气泡。根据可观测气泡密度的多寡，可将器物分为四种类型——8 件器物釉层可观测到的气泡密度小于 50 个 /mm^2（其中 4 件为哥窑瓷器、2 件为哥窑型瓷器、2 件为明清仿哥釉瓷器），14 件器物釉面可观测到的气泡密度在 50—100 个 /mm^2 之间（其中 9 件为哥窑瓷器、1 件为哥窑型瓷器、2 件为明清仿哥釉瓷器、2 件为官窑瓷器），14 件器物釉面可观测到的气泡密度在 100—150 个 /mm^2 之间（其中 12 件为哥窑瓷器、2 件为明清仿哥釉瓷器），6 件器物釉面可观测到的气泡密度大于 150 个 /mm^2（其中 4 件为哥窑瓷器、1 件为明清仿哥釉瓷器、1 件为官窑瓷器）。如（图 11 ~图 14）所示。

图 11 可观察的气泡密度小于 50 个 /mm²
（序号 23，100 倍）

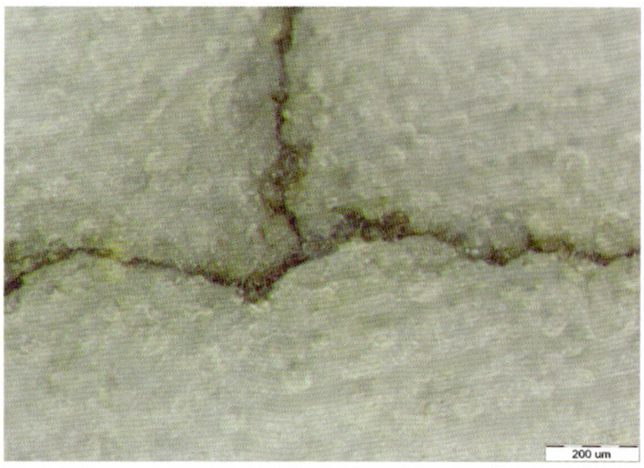

图 12 可观察的气泡密度在 50—100 个 /mm² 之间
（序号 4，100 倍）

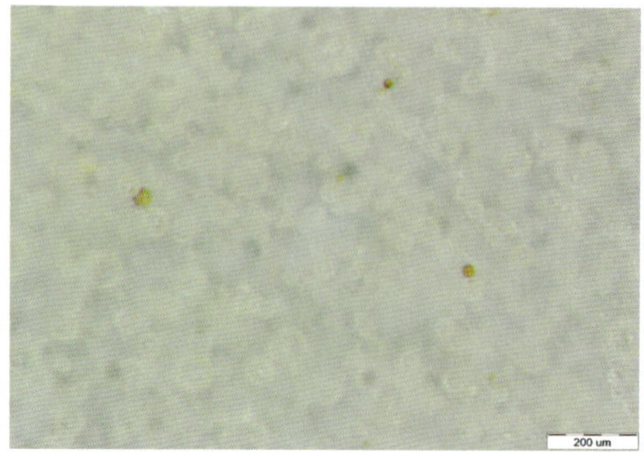

图 13 可观察的气泡密度在 100—150 个 /mm² 之间
（序号 23，100 倍）

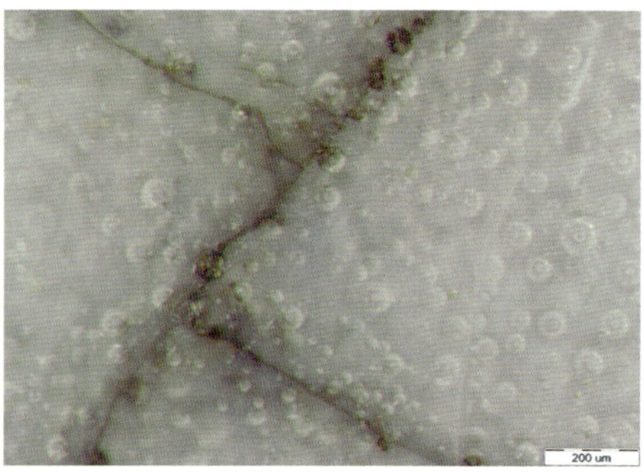

图 14 可观察的气泡密度大于 150 个 /mm²
（序号 25，100 倍）

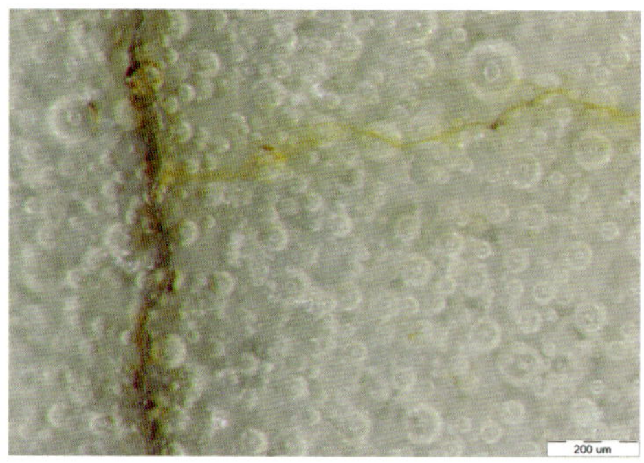

（四）最大气泡直径统计信息

按照表面可观测的最大气泡直径，可将 43 件器物分为四种类型——其中 7 件器物釉面可观测到的最大气泡直径小于 50μm（其中 3 件为哥窑瓷器、1 件为哥窑型瓷器、3 件为明清仿哥釉瓷器），25 件器物釉面可观测到的最大气泡直径在 50—100μm 之间（其中 19 件为哥窑瓷器、1 件为哥窑型瓷器、4 件为明清仿哥釉瓷器、1 件为官窑瓷器），10 件器物釉面可观测到的最大气泡直径在 100—150μm 之间（其中 7 件为哥窑瓷器、1 件为哥窑型瓷器、2 件为官窑瓷器），1 件器物釉面可观测到的最大气泡直径大于 200μm（为哥窑瓷器）。如（图 15 ～图 18）所示。

图 15 可观测的最大气泡直径小于 50μm（序号 20，100 倍）	图 16 可观测的最大气泡直径在 50—100μm 之间（序号 2，100 倍）
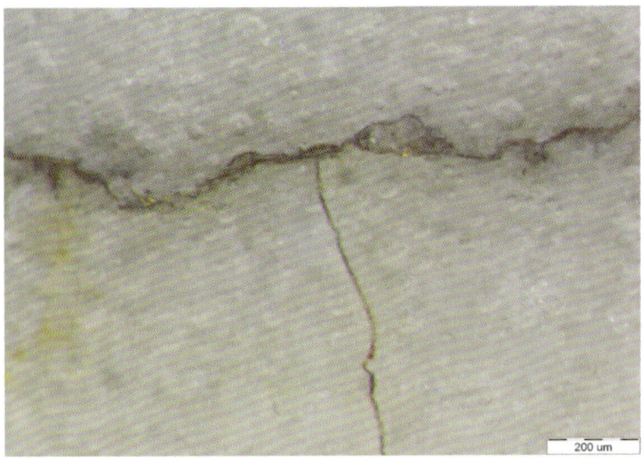	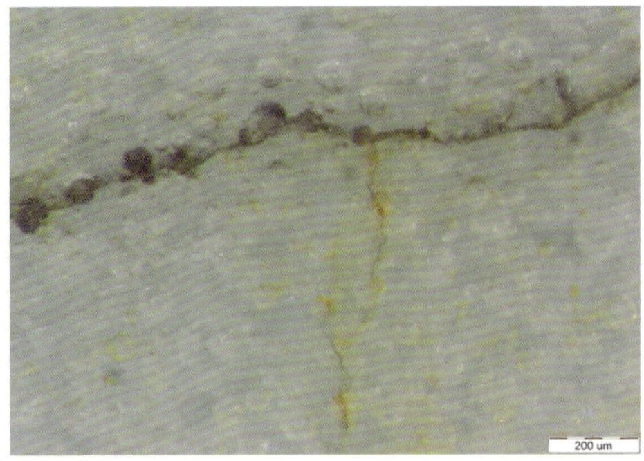
图 17 可观测的最大气泡直径在 100—150μm 之间（序号 19，100 倍）	图 18 可观测的最大气泡直径大于 200μm（序号 1，100 倍）
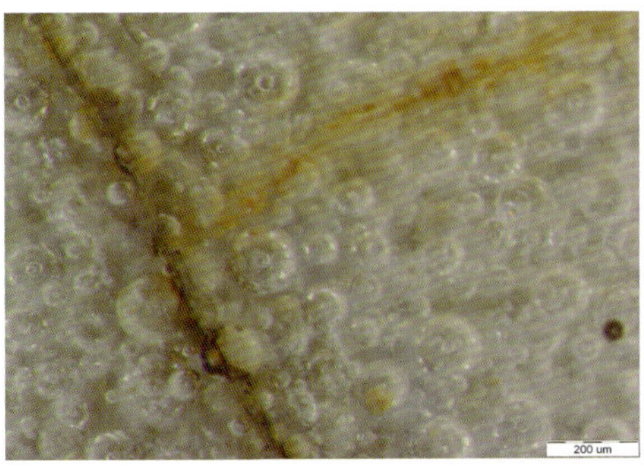	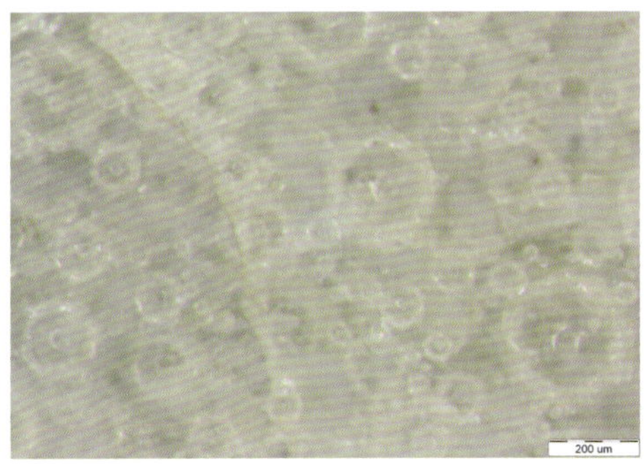

图 19 为可观测最大气泡直径分布图。从图中可以看出，60% 以上的传世哥窑瓷器表面可观测最大气泡直径分布在 50—100μm 范围内。此外还可发现，明清仿哥釉瓷器表面最大气泡直径较小、而官窑瓷器最大气泡直径较大。

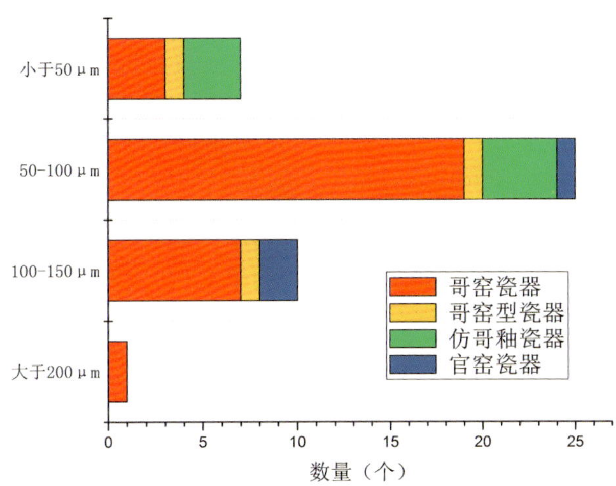

图 19　可观测到的最大气泡直径分布图

（五）气泡尺寸均匀性统计信息

观测的 43 件器物釉中气泡各有差别，对于一件器物来说，其釉中可观察到的气泡尺寸的均匀性是其原料和工艺的反映。根据气泡尺寸均匀性，可以将所有器物分为两种类型——其中 26 件器物釉表面可观察到的多数气泡的尺寸较均匀（其中 16 件为哥窑瓷器、3 件为哥窑型瓷器、7 件为明清仿哥釉瓷器），而 17 件器物釉中所含气泡尺寸较不均匀（其中 14 件为哥窑瓷器、3 件为官窑瓷器）。如（图 20）和（图 21）所示。

图 20 釉中气泡较为均匀（序号 11，100 倍）	图 21 釉中气泡较不均匀（序号 1，100 倍）
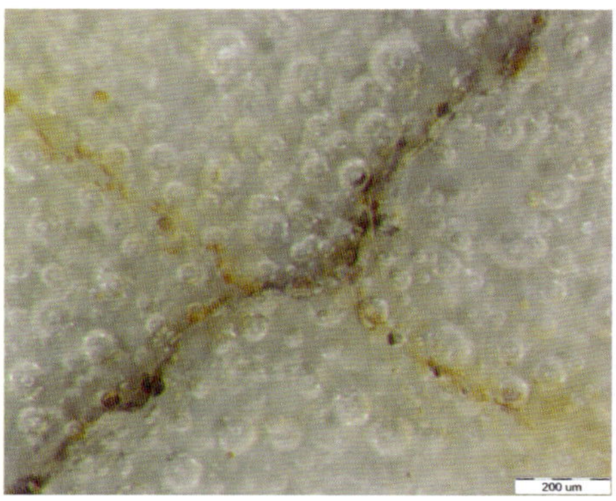	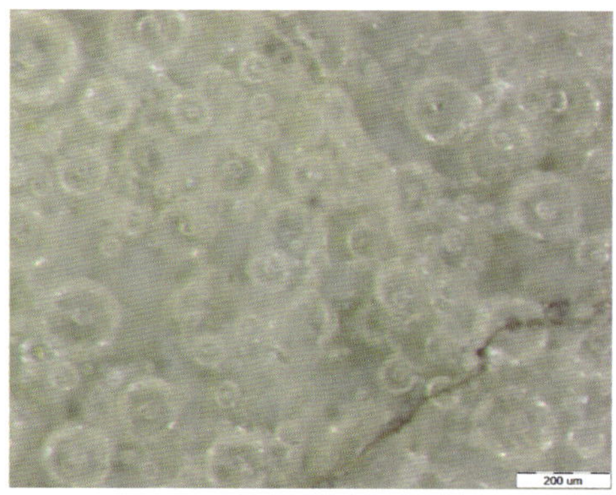

（图 22）是 43 个观测瓷器表面气泡尺寸均匀性分布图。从图中可以看出，30 件哥窑瓷器气泡尺寸均匀性各有差别。值得注意的是，全部的哥窑型和明清仿哥釉瓷器气泡尺寸较为均匀，而官窑瓷器气泡尺寸不均匀。

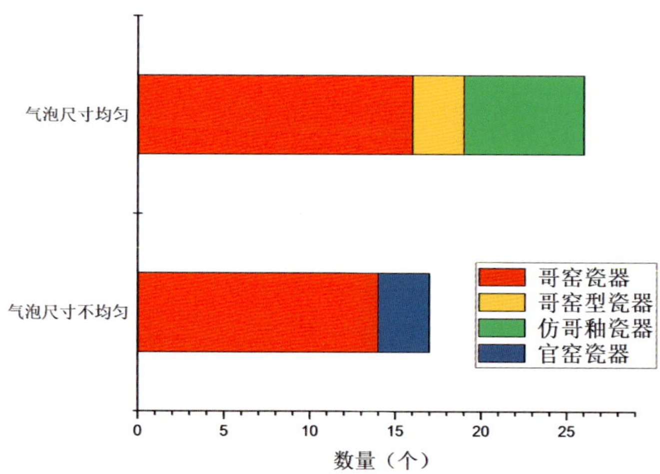

图 22　气泡尺寸均匀性分布图

（六）釉面质感统计信息

陶瓷釉面质感是釉中气泡、晶体、保存环境等的综合反映。根据光学显微镜拍摄的器物釉面照片，可以将 43 件器物的釉面质感分为 5 个类型——11 件器物釉面通透（其中 8 件为哥窑瓷器、1 件为明清仿哥釉瓷器、2 件为官窑瓷器），12 件器物釉面较为通透（其中 10 件为哥窑瓷器、1 件为明清仿哥釉瓷器、1 件为官窑瓷器），13 件器物釉面呈乳浊状（其中 12 件为哥窑瓷器、1 件为明清仿哥釉瓷器），6 件器物釉失透（其中 2 件为哥窑型瓷器、4 件为明清仿哥釉瓷器），1 件器物釉面较为腐蚀（为哥窑型瓷器）。如（图 23 ～图 27）所示。

图 23 釉面通透（序号 43，100 倍）

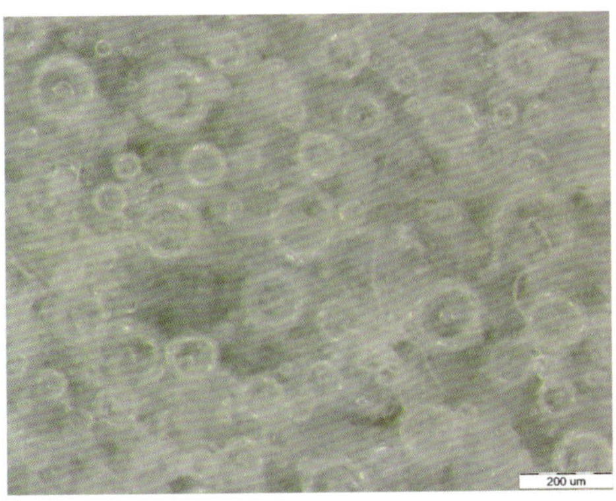

图 24 釉面较为通透（序号 3，100 倍）

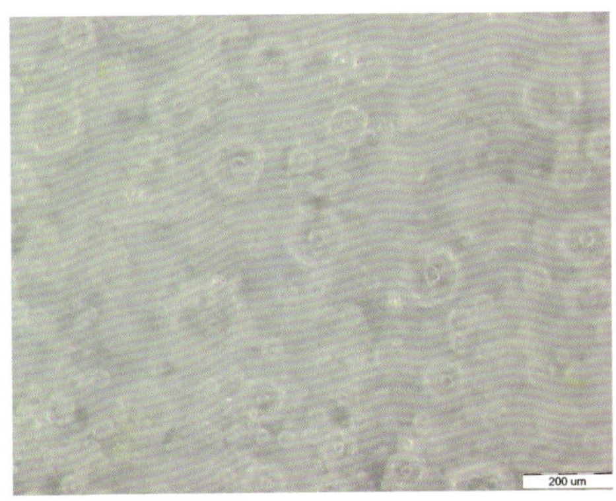

图 25 釉面呈乳浊状（序号 20，100 倍）

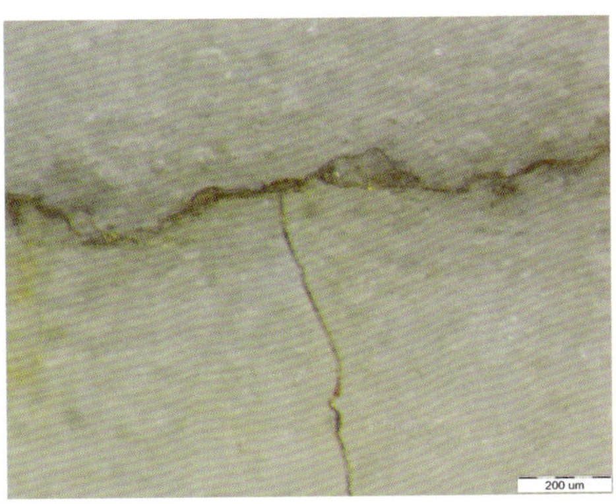

图 26 釉面呈失透状（序号 36，100 倍）

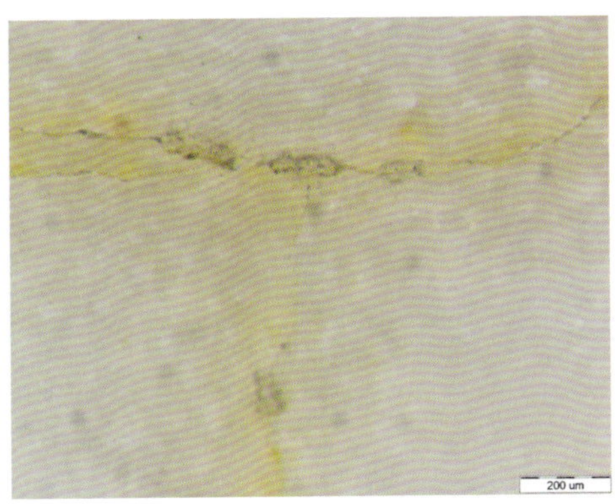

图 27 釉面较为腐蚀（序号 35，100 倍）

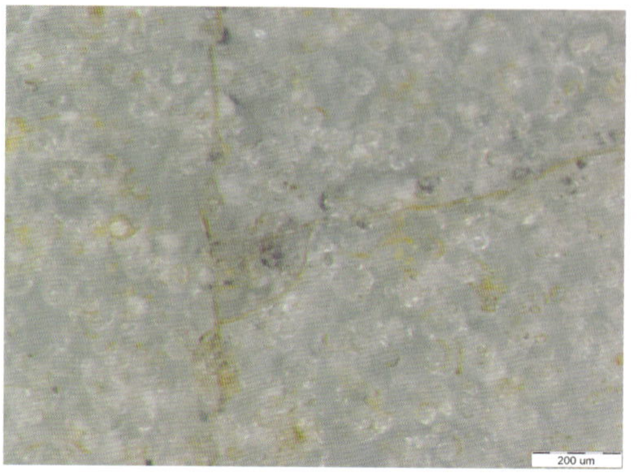

除 1 件哥窑型瓷器表面较为腐蚀外，将其他样品的乳浊度画入（图 28）中。可以发现，（1）哥窑瓷器釉面未有釉失透的现象出现，而更多的属于较通透和乳浊。（2）所有哥窑型瓷器釉面均呈现釉失透情况。（3）7 件明清仿哥釉瓷器中的 4 件出现釉失透情况，其中又以明代仿哥釉瓷器居多。（4）此次所观测的 3 件官窑瓷器釉面均呈现通透或较通透情况。

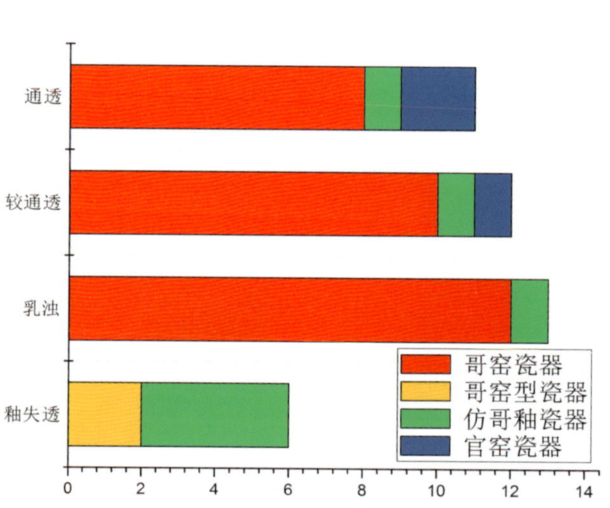

图 28　乳浊度分布图

六　结论

本研究采用无损的方式，利用实体显微镜对43件故宫博物院院藏传世哥窑、哥窑型瓷器、明清仿哥釉瓷器、宋代官窑瓷器进行了显微结构观察和拍摄，利用图像软件测量并系统总结了不同器物的裂纹类型、裂纹浸色宽度、气泡数量、气泡均匀性和釉面质感等，归纳不同类型瓷器显微结构特征如下。

（1）大多数传世哥窑瓷器表面可观察到“金丝”和“铁线”两种裂纹，且裂纹最大浸色宽度小于100μm。大多数传世哥窑瓷器可观察到的釉内最大气泡直径在50—100μm之间。釉面较乳浊。

（2）大多数明清仿哥釉瓷器表面可观察到浸色裂纹。最大气泡直径小于100μm，且气泡尺寸均匀。釉面更多呈现失透状。

（3）观测的3件官窑瓷器表面均观察不到深色“铁线”裂纹，且浸色宽度小于50μm。气泡尺寸均匀、直径较小。釉面较为通透。

（4）哥窑型瓷器特征较为多样、复杂，有待日后进一步研究。

此次对故宫博物院收藏的传世哥窑瓷器的初步观测研究，为日后研究哥窑瓷器的产地、年代、工艺等问题提供了显微结构数据支持。

故宫博物院院藏传世哥窑、明清仿哥釉瓷及相关窑址出土瓷片的关联研究*

段鸿莺 丁银忠 雷勇 史宁昌 故宫博物院科技部
韩倩 吕成龙 故宫博物院器物部

内容提要：哥窑虽被列为宋代五大名窑之一，却不见宋人记载，亦未获得确切窑址信息。传世哥窑瓷器的产地和年代问题是备受学界关注和争议的焦点，也是中国陶瓷史上悬而未决的问题。本研究利用便携 X 射线荧光能谱仪对故宫博物院藏传世哥窑、明清仿哥釉瓷器的釉进行无损测试分析，积累了传世哥窑瓷器的相关分析数据；总结了传世哥窑及明清仿哥釉瓷器釉的元素组成特征，对传世哥窑瓷器的类群关系进行了研究。结合对浙江、河南、江西等地相关窑址出土瓷片釉的元素分析结果，对传世哥窑的产地进行了初步判别。

关键词：故宫藏传世哥窑　明清仿哥　相关窑址出土瓷片　关联研究产地

一　前言

哥窑虽与汝窑、官窑同被列入宋代五大名窑，却不见宋人记载，亦未获得确切窑址信息。有关哥窑的记载都为元、明时期的文献，最早的当属元代的《静斋至正直记》，随后明代《格古要论》《宣德鼎彝谱》《春风堂随笔》《浙江通志》《七修类稿续稿》《燕闲清赏笺》《广志绎》《天工开物》等文献中均有关于哥窑的记载。文献中出现不同的称呼，如“哥哥洞窑”“哥哥窑”“旧哥哥窑”“哥窑”“龙泉哥窑”等。然“哥哥洞窑”是否等同于“哥

* 本文得到国家自然科学基金（No. 51102051）和故宫博物院科研课题（KT 2011-12）的资助。

哥窑"，又是否等同于"哥窑"，"旧哥哥窑"与"元末新烧"之间的关系如何，不同的学者对这些文献以及文献中的称呼有不同的理解，对哥窑持有不同的观点[1]。《中国陶瓷史》载："哥窑瓷器的窑址迄今未发现，也难以陶瓷考古所得材料与传世哥窑器印证。因此，哥窑问题至今仍是我国陶瓷史上一大悬案。"[2]

近几十年来，考古工作取得重大进展，浙江杭州老虎洞窑[3]、浙江龙泉窑、上海青浦元代任氏墓、南京汪兴祖墓、元大都、江苏镇江溧水、浙江长兴明墓[4]、安徽安庆、新安海底沉船等多处窑址、遗址出土了一些类似传世哥窑的器物。通过对比器形、釉色、纹片，以及对出土瓷片进行科技分析，研究者们对哥窑的观点也逐渐发生变化，其中备受大家关注和争议的焦点是传世哥窑的窑址与年代问题，所持主要观点如下[5]：①传世哥窑就是浙江杭州老虎洞窑元代地层的产品，目前持此观点的学者最多，包括考古学、博物馆学以及科技研究界的学者；②传世哥窑是宋代的御用官窑，修内司官窑就是传世哥窑；③传世哥窑瓷器分为两类，有学者认为年代上分宋、元两部分，产地上不止一处窑址，有学者认为部分瓷器为杭州老虎洞窑元代时期生产，还有部分产品的产地目前尚不清楚；④传世哥窑的产地有河南、江西景德镇、浙江龙泉等观点。也有学者认为其窑址仍是个谜，有待于今后的考古发现；⑤传世哥窑瓷器年代有宋、元、明代或更晚等观点。由此可见，传世哥窑瓷器研究中存在难解之谜，且观点纷杂，莫衷一是。

1　孙瀛洲：《谈哥汝二窑》，《故宫博物院院刊》1958 年第 1 期；冯先铭：《"哥窑"问题质疑》，《故宫博物院院刊》1981 年第 3 期；耿宝昌：《宋代哥窑辨析——兼议历代仿哥窑》，《故宫博物院院刊》1995 年第 1 期；李辉柄：《关于哥窑问题的探讨》，《故宫博物院院刊》1981 年第 3 期；李辉柄：《"哥窑"的正名及其有关问题》，《故宫博物院院刊》1994 年第 1 期。

2　中国硅酸盐学会编著：《中国陶瓷史》第 286 页，文物出版社，2004 年。

3　吕成龙：《关于杭州老虎洞窑几个问题的探讨》，《南宋官窑与哥窑——杭州南宋官窑老虎洞窑址国际学术研讨会论文集》第 118—125 页，浙江大学出版社，2004 年；王光尧：《杭州老虎洞瓷窑遗址对研究官、哥窑的启示》，《故宫博物院院刊》2002 年第 5 期；王光尧：《从考古新材料看章氏与哥窑》，《故宫博物院院刊》2004 年第 5 期。

4　郑建明、林毅：《长兴石泉明墓出土"传世哥窑"型器物及相关问题略论》，《文物》2015 年第 7 期。

5　李知宴：《从龙泉窑的调查和发掘谈哥窑问题》，《中国历史博物馆馆刊》1981 年，第 104—108 页、第 139—140 页；汪庆正：《官、哥两窑若干问题的探讨》，《中国考古学会第三次年会论文集》第 182—188 页，文物出版社，1984 年；陈克伦：《关于哥窑瓷器的讨论》，《文物》1994 年第 3 期；张翔：《论哥窑和弟窑》，《东南文化》1988 年第 1 期；赵宏：《哥窑瓷器时代考》，《景德镇陶瓷》1999 年第 Z1 期；李刚：《内窑、续窑和哥哥洞窑辨析》，《东方博物》2007 年第 2 期；李刚：《内窑、续窑和哥哥洞窑续论》，《东方博物》2010 年第 1 期；牟宝蕾：《哥窑问题的几点思考》，《文物春秋》2015 年第 4 期；周少华：《哥窑散论（四）》，《东方收藏》2010 年第 Z1 期；周少华：《哥窑散论（五）》，《东方收藏》，2010 年第 6 期；秦大树、郭三娟：《宋元名瓷哥窑的探索、研究与新发现》，《博物院》2017 年第 1 期。

科学分析与研究是解决这些难解之谜的有效途径之一，然而有关哥窑的科技分析研究工作十分有限[1]。早在20世纪60年代，上海硅酸盐研究所与故宫博物院曾对哥窑问题进行过研究，周仁、李家治对故宫博物院提供的半个哥窑青釉洗（此青釉洗为北京东四南大街天和斋郭静安先生的挚友孙华锋之物，1942年由孙瀛洲先生收藏，1956年捐献给故宫博物院）及相关窑址出土瓷片进行分析研究，结果表明传世宋哥窑不在龙泉烧造，很可能是宋以后景德镇所烧造，并揭示了哥窑瓷器紫口铁足、金丝铁线等特征形成的原因[2]。这是对哥窑瓷器首次进行科技分析而得出的结论，备受大家关注。随后，陈显求对4件元大都遗址出土的哥窑型黑胎青瓷胎釉原料及显微结构进行分析，揭示了哥窑型瓷釉具有玉质感的主要原因[3]。郭演仪通过对上述半个传世哥窑青釉洗与相关窑区瓷器及典型原料的成分进行对比分析，认为传世哥窑瓷器首先与北宋官窑瓷一起在河南窑区烧造，随后又可能与南宋官窑瓷一起在杭州窑区利用河南引进的部分原料生产制作[4]。李家治陆续对老虎洞宋、元代地层出土瓷片、杭州万松岭采集瓷片、郊坛下官窑瓷片、半个传世哥窑青釉洗、元大都哥窑型瓷片进行分析，认为所谓传世哥窑瓷和元大都出土哥窑型瓷片就是老虎洞窑元代时期烧造的制品[5]。2010年，上海博物馆对两件馆藏传世哥窑葵口盘进行无损元素分析，通过对比部分南方地区瓷片的元素分析结果，推断两件哥窑瓷器的产地在杭州，并认为两件器物有元代烧造的可能性[6]。2011年，笔者对上述哥窑灰青釉洗的另一半、3片北京地区出土、私人收藏的传世哥窑瓷片进行胎釉元素分析（其中1片哥窑青釉盘残片为北京圆明园出土，外底錾刻有乾隆皇帝御制诗），并结合对浙江、河南、江西等相关窑址出土瓷片胎釉测试分析，结果认为传世哥窑瓷器的产地在杭州。同时，采用光学显微镜、分光光度计、

1 李中和、叶宏明、周福根：《南宋官窑与哥窑古瓷的釉层分析》，《硅酸盐通报》1990年第2期；秦大树、杜正贤主编：《南宋官窑与哥窑——杭州南宋官窑老虎洞窑址国际学术研讨会论文集》第183—253页，浙江大学出版社，2004年。

2 周仁、张福康：《关于“传世哥窑”烧造地点的初步研究》，《文物》1964年第6期。

3 陈显求、李家治、黄瑞福：《元大都哥窑型和青瓷残片的显微结构》，《硅酸盐学报》1982年第2期。

4 郭演仪：《哥窑瓷器初探》，《中国陶瓷》1998年第5期。

5 李家治、张志刚、邓泽群、陈士萍、杜正贤、郎旭峰：《杭州凤凰山麓老虎洞窑出土瓷片的工艺研究》，《建筑材料学报》2000年第4期；李家治、吴瑞：《科技研究为官哥等窑的时空定位提供新思路》，《文物保护与考古科学》2006年第4期；李家治主编：《简论官哥二窑——科技研究为官、哥等窑时空定位》第186—192页，科学出版社，2007年；李家治主编：《中国科学技术史·陶瓷卷》第279—285页，科学出版社，1998年。

6 陆明华：《官窑相关问题再议》，吕成龙主编《宋代官窑及官窑制度国际学术研讨会论文集》第81—102页，故宫出版社，2012年。

扫描电镜等分析设备对该传世哥窑洗釉的显微结构、釉色、金丝铁线等进行无损分析研究[1]。在2017年故宫博物院举办的哥窑学术研讨会上，上海博物馆陈克伦研究馆员带来上海博物馆对传世哥窑瓷器的最新研究成果，他们利用便携X射线荧光设备对上海博物馆收藏的10件传世哥窑瓷器的釉进行元素分析，并与7片杭州老虎洞元代地层、6片龙泉溪口瓦窑垟窑址瓷片进行对比，认为传世哥窑的产地是杭州老虎洞地区而非龙泉地区。

传世哥窑存世数量不多，大部分藏于北京故宫博物院和台北故宫博物院。北京故宫博物院藏有60余件传世哥窑瓷器，其中大部分为宫廷旧藏，少数通过社会征集等方式入藏。2010年至2015年，故宫博物院相继举办官窑、定窑、钧窑、汝窑展览，并召开了相关主题的研讨会。2017年故宫博物院举办了传世哥窑专题展览“金丝铁线——故宫博物院哥窑瓷器展”，同期召开哥窑学术研讨会。基于此，故宫博物院器物部联合文保科技部，利用便携X射线荧光能谱仪，对43件故宫博物院藏传世哥窑、南宋官窑和明清仿哥釉瓷器进行无损检测分析。通过此次分析，我们对传世哥窑和明清仿哥釉瓷器釉的元素组成进行总结；对传世哥窑瓷器的类群关系进行研究；通过传世哥窑瓷器与相关窑址出土瓷片的对比分析，对传世哥窑的产地进行了讨论。

二　样品描述和实验方法

2.1 完整器与窑址瓷片

本项工作对31件传世哥窑瓷器进行无损分析检测，所测试瓷器造型有炉、瓶、壶、罐、碗、杯、盘、洗等。传世哥窑瓷器釉质凝厚如堆脂，釉面光泽呈酥油光现象。釉色有粉青、灰青、油灰、月白、灰黄、深浅米黄等多种。此外，我们还对3件南宋官窑和6件明清仿哥釉瓷进行无损测试分析，完整器照片参见《哥瓷雅集——故宫博物院珍藏及出土哥窑瓷器荟萃》。

分析瓷片包括以下窑址及遗址出土瓷片：河南宝丰清凉寺（35片）、汝州张公巷（15片）、浙江杭州老虎洞窑元代地层（22片）、杭州郊坛下（50片）、杭州卷烟厂遗址（32片）、浙江龙泉小梅瓦窑路（20片）、龙泉溪口瓦窑垟（35片）、江西景德镇御器厂宣德仿哥（10

1　段鸿莺、吕成龙、李合、丁银忠、李媛、苗建民：《传世哥窑器物的无损科技分析》，《故宫博物院文保科技部文物保护修复辑》（待刊稿）。

片）。河南两个窑址瓷片来自河南省文物考古研究院，浙江杭州老虎洞元代地层出土瓷片来源于杭州市文物考古研究所，杭州郊坛下窑址和卷烟厂遗址出土瓷片来源于杭州南宋官窑博物馆，浙江龙泉两个窑址出土瓷片来源于浙江省文物考古研究所，景德镇御器厂遗址出土宣德朝仿哥釉瓷片来源于景德镇市陶瓷考古研究所。

2.2 测试设备与数据处理

采用美国布鲁克公司 Tracer3D 便携 X 射线荧光能谱仪对瓷器釉进行无损分析测试，测试条件如下。

（1）采用真空泵，在抽真空情况下，采用 15KV 电压，55uA 电流，测量活时间为 300s，测量面积为 3mm × 4mm，利用仪器自带的陶瓷主次量元素曲线对 Na-Fe 元素进行定量分析；

（2）采用 40KV 电压，10.3uA 电流，测量活时间为 300s，测量面积为 3mm × 4mm，利用仪器自带的陶瓷微量元素曲线对 Fe-U 元素进行定量分析。

在测试过程中，尽量选择器物外壁腹部较为平整或局部略微凸出部位，测试区域小心避开裂纹，（图 1）为实验人员采用便携 X 射线荧光能谱仪对故宫博物院藏完整瓷器进行无损测试分析，[表一] 为 40 件完整瓷器釉的元素分析结果，[表二] 为不同地区不同窑址、遗址出土瓷片的元素分析结果，表中列出的为该窑址或遗址出土瓷片分析结果的平均值和相对标准偏差。

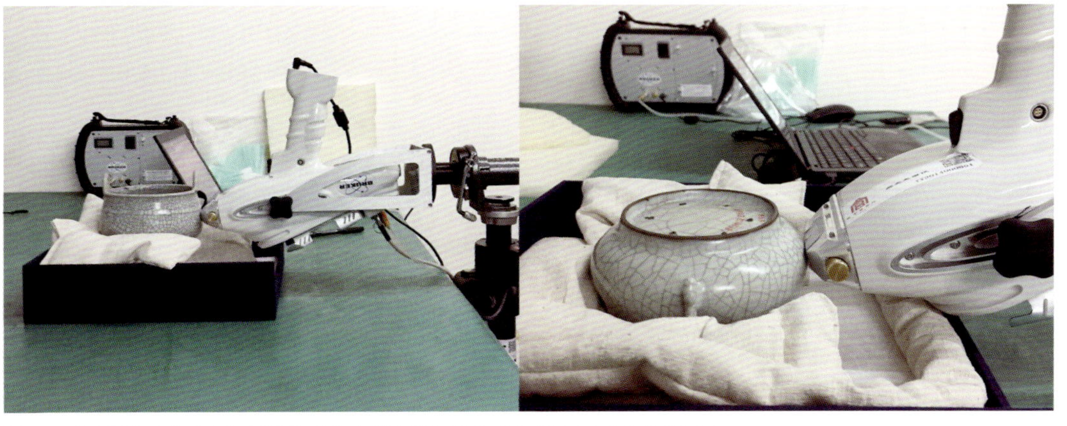

图 1　利用便携 X 射线荧光能谱仪对故宫博物院藏传世哥窑器进行无损测试分析

[表一]故宫博物院藏传世哥窑、南宋官窑瓷器及明清仿哥釉瓷器釉的元素分析结果(wt%)

类别	序号	Na_2O	MgO	Al_2O_3	SiO_2	K_2O	CaO	TiO_2	MnO	Fe_2O_3	Rb	Sr	Y	Zr
传世哥窑瓷器	1	0.63	1.12	12.38	68.91	5.52	9.51	0.04	0.35	0.54	0.0187	0.0276	0.0020	0.0127
	2	0.46	1.57	12.45	68.28	5.83	9.60	0.04	0.27	0.50	0.0203	0.0287	0.0006	0.0098
	3	0.52	1.58	12.95	65.34	5.49	11.83	0.05	0.29	0.95	0.0199	0.0277	0.0014	0.0108
	4	0.33	2.86	12.26	65.23	5.31	11.58	0.05	0.52	0.85	0.0185	0.0384	0.0015	0.0114
	5	0.36	2.23	12.96	68.70	5.50	7.96	0.05	0.39	0.86	0.0228	0.0283	0.0009	0.0091
	6	0.60	1.07	10.90	72.26	5.46	7.94	0.04	0.31	0.42	0.0187	0.0268	0.0019	0.0075
	7	0.51	1.49	10.66	72.19	4.81	8.50	0.04	0.30	0.50	0.0164	0.0261	0.0016	0.0069
	8	0.38	1.95	12.15	71.27	6.21	6.61	0.03	0.30	0.11	0.0206	0.0229	0.0021	0.0115
	9	0.11	3.61	11.01	69.67	5.56	8.20	0.04	0.33	0.47	0.0213	0.0229	0.0014	0.0084
	10	0.43	1.92	12.73	69.50	5.42	8.46	0.03	0.29	0.23	0.0178	0.0273	0.0019	0.0086
	11	0.41	2.03	12.51	68.12	6.05	8.93	0.05	0.27	0.63	0.0199	0.0231	0.0019	0.0102
	12	0.55	1.32	11.15	71.59	5.76	7.39	0.03	0.34	0.88	0.0212	0.0263	0.0014	0.0103
	13	0.60	1.28	13.44	66.28	6.05	10.14	0.04	0.46	0.70	0.0208	0.0289	0.0019	0.0140
	14	0.50	1.69	13.27	66.25	5.65	10.40	0.04	0.26	0.94	0.0205	0.0288	0.0007	0.0088
	15	0.44	2.01	10.76	70.47	5.08	9.24	0.04	0.41	0.56	0.0199	0.0271	0.0016	0.0075
	16	0.44	1.84	11.81	67.73	6.10	9.69	0.03	0.68	0.68	0.0200	0.0380	0.0017	0.0118
	17	0.56	1.28	11.51	68.08	5.60	10.97	0.04	0.34	0.62	0.0191	0.0334	0.0017	0.0125
	18	0.54	1.40	11.77	69.67	5.85	8.42	0.06	0.39	0.90	0.0224	0.0266	0.0007	0.0104
	19	0.50	1.39	11.46	71.59	5.67	7.69	0.04	0.32	0.35	0.0195	0.0251	0.0018	0.0112
	20	0.50	1.63	12.71	67.45	6.21	9.84	0.04	0.26	0.36	0.0216	0.0246	0.0015	0.0118
	21	0.50	1.43	12.81	68.45	5.96	9.19	0.03	0.24	0.38	0.0201	0.0284	0.0017	0.0107
	22	0.51	1.41	11.20	70.90	5.93	8.30	0.04	0.33	0.38	0.0213	0.0264	0.0018	0.0096
	23	0.52	1.43	12.60	68.07	6.83	8.23	0.04	0.45	0.84	0.0230	0.0280	0.0015	0.0107
	24	0.61	0.99	11.84	70.23	5.67	9.03	0.04	0.29	0.29	0.0193	0.0360	0.0017	0.0116
	25	0.62	0.95	12.58	71.88	5.49	6.79	0.03	0.30	0.34	0.0199	0.0250	0.0019	0.0098
	26	0.47	1.73	12.08	69.54	5.31	8.78	0.06	0.34	0.69	0.0199	0.0277	0.0014	0.0107
	27	0.52	1.72	12.08	69.99	5.11	8.60	0.03	0.30	0.65	0.0180	0.0289	0.0021	0.0097
	28	0.49	1.92	12.54	67.11	4.88	10.88	0.04	0.52	0.62	0.0191	0.0372	0.0019	0.0127
	29	0.46	1.84	12.25	68.06	5.13	10.14	0.04	0.27	0.81	0.0206	0.0296	0.0016	0.0091
	30	0.55	1.33	12.58	69.74	5.78	8.59	0.04	0.32	0.07	0.0188	0.0225	0.0017	0.0103
	31	0.58	0.72	11.03	74.71	3.77	6.38	0.08	0.07	1.66	0.0282	0.0081	0.0019	0.0066

续表

类别	序号	Na_2O	MgO	Al_2O_3	SiO_2	K_2O	CaO	TiO_2	MnO	Fe_2O_3	Rb	Sr	Y	Zr
传世官窑	1	0.49	1.41	11.25	71.79	5.68	7.43	0.04	0.30	0.60	0.0215	0.0233	0.0013	0.0082
	2	0.31	2.49	11.41	70.06	5.47	8.51	0.04	0.40	0.33	0.0206	0.0287	0.0017	0.0087
	3	0.51	1.55	12.89	68.90	4.96	9.10	0.03	0.32	0.73	0.0187	0.0271	0.0023	0.0151
明清仿哥釉瓷	1	0.56	0.67	14.70	73.51	3.65	4.10	0.12	0.06	1.62	0.0309	0.0055	0.0019	0.0082
	2	0.59	0.59	14.25	74.15	5.36	3.36	0.03	0.09	0.58	0.0379	0.0074	0.0008	0.0063
	3	0.45	0.85	15.76	73.50	5.34	2.85	0.03	0.14	0.08	0.0393	0.0062	0.0016	0.0096
	4	0.56	0.50	16.69	75.56	3.69	1.32	0.02	0.07	0.60	0.0419	0.0065	0.0011	0.0059
	5	0.61	0.60	16.13	72.90	4.64	2.16	0.12	0.07	1.77	0.0411	0.0039	0.0017	0.0071
	6	0.58	0.71	12.77	73.51	3.29	6.99	0.04	0.06	1.04	0.0303	0.0065	0.0014	0.0068

[表二]不同地区窑址、遗址出土瓷片釉的元素分析结果（wt%）

窑址	结果	Na_2O	MgO	Al_2O_3	SiO_2	K_2O	CaO	TiO_2	MnO	Fe_2O_3	Rb	Sr	Y	Zr
河南宝丰清凉寺	均值	0.62	1.77	14.27	60.82	4.20	14.75	0.15	0.10	2.32	0.0119	0.0261	0.0026	0.0195
	标准偏差	0.11	0.44	1.04	2.60	0.50	1.66	0.03	0.02	0.24	0.0016	0.0023	0.0002	0.0021
河南汝州张公巷	均值	0.56	1.71	12.40	65.59	4.48	11.63	0.19	0.06	2.36	0.0108	0.0299	0.0029	0.0210
	标准偏差	0.15	0.38	0.95	2.04	0.50	1.14	0.02	0.01	0.27	0.0014	0.0020	0.0002	0.0024
浙江杭州老虎洞元代地层	均值	0.62	1.11	12.29	70.16	5.31	8.40	0.06	0.35	0.70	0.0198	0.0270	0.0015	0.0099
	标准偏差	0.08	0.21	1.47	3.08	0.49	1.71	0.04	0.08	0.35	0.0013	0.0044	0.0006	0.0027
浙江杭州郊坛下	均值	0.69	1.34	13.95	63.24	3.23	14.94	0.19	0.22	1.20	0.0140	0.0635	0.0039	0.0171
	标准偏差	0.13	0.49	1.10	1.53	0.44	1.64	0.06	0.09	0.28	0.0016	0.0098	0.0010	0.0035
浙江杭州卷烟厂	均值	0.62	1.16	12.24	66.37	4.55	12.68	0.08	0.14	1.16	0.0186	0.0601	0.0029	0.0132
	标准偏差	0.08	0.22	0.86	2.03	0.70	1.88	0.04	0.12	0.29	0.0036	0.0117	0.0011	0.0035
浙江龙泉溪口瓦窑垟	均值	0.39	2.14	12.60	64.57	4.68	13.26	0.06	0.10	1.20	0.0320	0.0527	0.0018	0.0109
	标准偏差	0.17	0.82	0.98	2.14	0.57	2.47	0.02	0.04	0.39	0.0037	0.0141	0.0013	0.0013

续表

窑址	结果	Na_2O	MgO	Al_2O_3	SiO_2	K_2O	CaO	TiO_2	MnO	Fe_2O_3	Rb	Sr	Y	Zr
浙江龙泉小梅瓦窑路	均值	0.55	1.48	13.04	64.42	4.17	13.73	0.11	0.10	1.39	0.0209	0.0650	0.0023	0.0130
	标准偏差	0.09	0.35	1.21	3.16	0.40	3.08	0.05	0.04	0.49	0.0069	0.0166	0.0008	0.0019
江西景德镇御器厂	均值	0.56	0.81	15.30	72.24	5.64	3.66	0.04	0.10	0.65	0.0322	0.0084	0.0014	0.0125
	标准偏差	0.10	0.22	1.51	1.39	0.43	0.46	0.01	0.02	0.20	0.0033	0.0015	0.0004	0.0026

三　结果与讨论

3.1 可行性探索

对古陶瓷成分分析而言，胎体比釉更具有指示信息，然而在完整器的分析测试中，利用便携设备测试胎体，可操作性低、危险系数较高，所得信息可能含有垫烧具、支烧具信息，因此，此次研究我们放弃对胎体的测试。然而，仅凭对完整器和相关窑址出土瓷片釉的测试与对比分析，能否解决传世哥窑瓷器研究中存在的问题，是本项研究首先需要面对和解决的问题。在本项目开始前两年的时间里，笔者陆续利用此便携X射线荧光能谱仪，对河南、浙江杭州、浙江龙泉、江西景德镇地区出土青瓷标本的釉进行分析测试，对测试数据进行分析处理，验证其可行性。我们对[表二]中不同地区不同窑址、遗址出土瓷片釉的主次量元素 Al_2O_3、SiO_2、K_2O、CaO、TiO_2、MnO、Fe_2O_3 和微量元素 Rb、Sr、Y、Zr 的含量采用因子降维分析，因子分析散点图见（图2）和（图3）。从[表二]和（图2）中可以

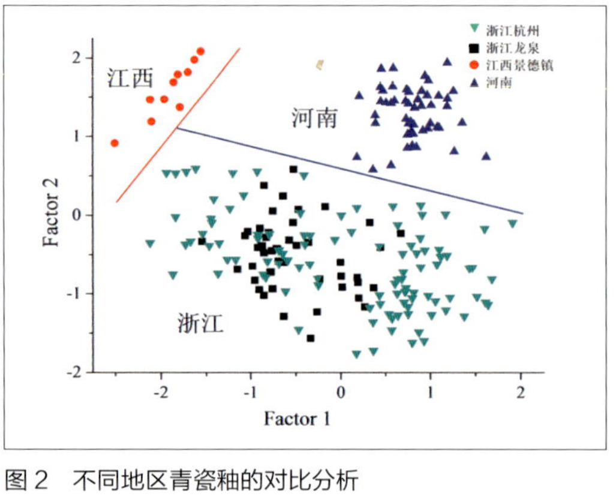

图2　不同地区青瓷釉的对比分析

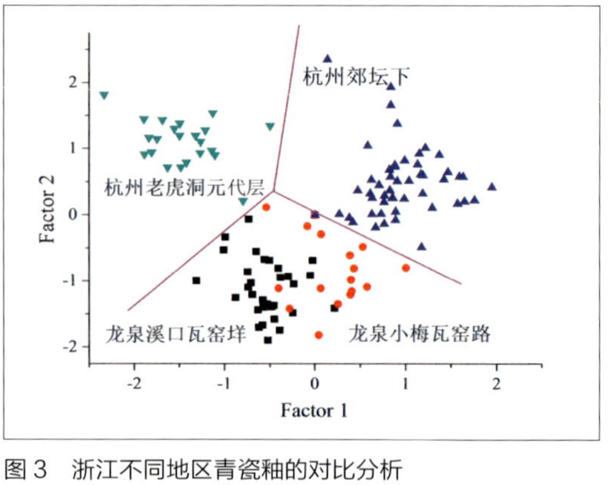

图3　浙江不同地区青瓷釉的对比分析

看出，河南、浙江和江西地区瓷片釉的元素组成不同，样品点在图中位于不同区域，能明显相互区分开来。从（图 3）中可以看出，浙江杭州和龙泉地区的瓷片也能相互区分开来。上述分析显示，使用便携 X 射线荧光能谱仪对青瓷釉的成分进行测试，结合多元统计分析，能实现不同地区青瓷样品的类群关系研究和产地判别。

3.2 传世哥窑瓷器及明清仿哥釉瓷器釉的元素组成特征

对 [表一] 中的数据进行计算处理，得出故宫博物院藏传世哥窑瓷器和明清仿哥釉瓷器的釉元素组成的平均值和相对标准偏差。结果见 [表三]。

[表三] 故宫博物院藏传世哥窑和明清仿哥釉瓷器釉的主次量元素组成（wt%）

器物	结果	Na_2O	MgO	Al_2O_3	SiO_2	K_2O	CaO	TiO_2	MnO	Fe_2O_3
传世哥窑瓷器	均值	0.49	1.64	12.08	69.27	5.58	8.96	0.04	0.34	0.61
	标准偏差	0.10	0.56	0.77	2.18	0.54	1.36	0.01	0.11	0.31
明清仿哥釉瓷器	均值	0.56	0.65	15.05	73.86	4.33	3.46	0.06	0.08	0.95
	标准偏差	0.06	0.12	1.44	0.92	0.91	1.97	0.05	0.03	0.65

由 [表三] 可知，故宫博物院藏传世哥窑瓷器的釉含有 0.49% 的 Na_2O、1.64% 的 MgO、12.08% 的 Al_2O_3、69.27% 的 SiO_2、5.58% 的 K_2O、8.96% 的 CaO、0.04% 的 TiO_2、0.34% 的 MnO 和 0.61% 的 Fe_2O_3。

我们根据釉中助熔剂碱金属和碱土金属的含量对釉进行计算，对传世哥窑釉属于钙釉或钙碱釉进行判断，结果如（图 4）所示。由（图 4）可知，传世哥窑瓷器的釉大体分为钙釉和钙碱釉两大类，即部分釉属于钙釉，大部分釉属于钙碱釉。两者之间没有明显界线。

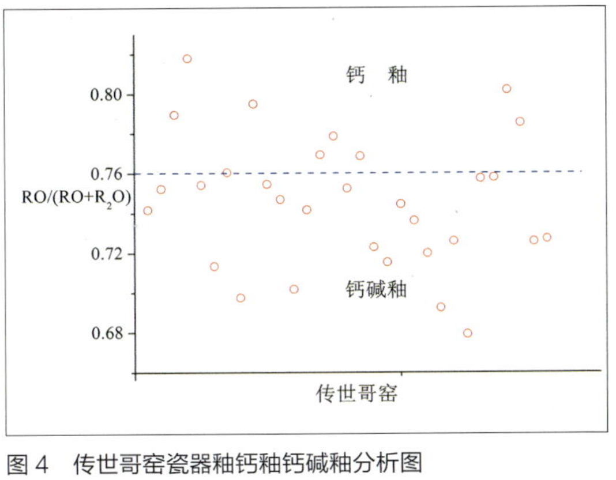

图 4　传世哥窑瓷器釉钙釉钙碱釉分析图

由 [表三] 可知，故宫博物院藏明清仿哥釉瓷器的釉主要由 0.56% 的 Na_2O、0.65% 的 MgO、15.05% 的 Al_2O_3、73.86% 的 SiO_2、4.33% 的 K_2O、3.46% 的 CaO、0.06% 的 TiO_2、0.08% 的 MnO 和 0.95% 的 Fe_2O_3 等组成。

根据［表一］所列出的故宫博物院藏传世哥窑和明清仿哥釉瓷器釉的元素组成，我们对传世哥窑瓷器和明清仿哥釉瓷器进行对比分析。对［表一］中的主次量元素 Al_2O_3、SiO_2、K_2O、CaO、TiO_2、MnO、Fe_2O_3 和微量元素 Rb、Sr、Y、Zr 的含量采用因子分析，结果见（图 5）。

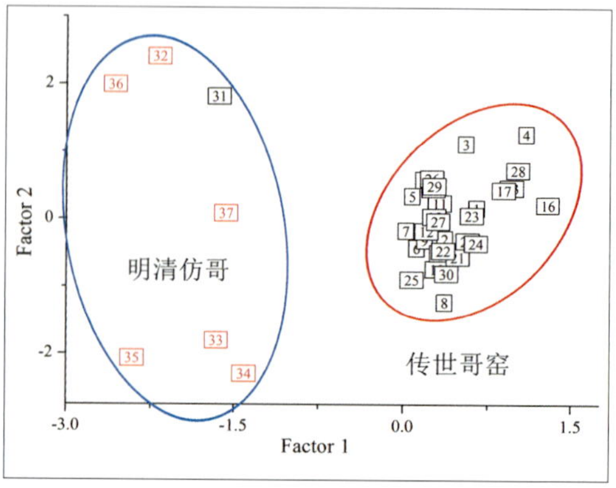

图 5　故宫藏传世哥窑和明清仿哥釉瓷器釉的因子分析图

（图 5）左侧蓝色区域是明清仿哥釉瓷器样品点，右侧是传世哥窑瓷器样品点。由（图 5）可知，故宫博物院藏传世哥窑瓷器和明清仿哥釉瓷器的样品点分布在两个区域，能明显区分开来，这说明传世哥窑瓷器和明清仿哥釉瓷器釉的元素组成不同，二者所采用的釉料不同。由（图 5）我们看到有一件传世哥窑瓷器的数据点（哥窑青釉洗，序号 31）落在了明清仿哥釉区域，推测可能是明清时期仿品，需要对其进行人文与科技方面的综合研究。

3.3 传世哥窑瓷器的类群关系

冯先铭先生曾提出故宫博物院传世哥窑器年代有早晚之分，部分是宋代时期生产，部分可能是元代产品，产地上也可能不止一处窑址[1]。故宫博物院藏传世哥窑瓷器类群关系如何，是否存在年代、产地不一致的产品，这是我们对传世哥窑瓷器进行产地研究之前需弄清的问题。（图 6）和（图 7）分别为已测试 31 件故宫博物院藏传世哥窑瓷器釉中 TiO_2、MnO 及 Rb、Sr 组分含量散点图。从（图 6）和（图 7）可以看出，序号为 31 的传世哥窑瓷器（哥窑青釉洗）与其他 30 件传世哥窑瓷器的样品点在图中均处于不同区域，明显不属于同一类。结合 3.2 章节中（图 5）部分内容的相关分析，再结合传世哥窑瓷器和明清仿哥釉瓷器釉的显微结构观察[2]，经过哥窑分析测试小组人员之间的充分沟通，我们判断此哥窑青釉洗为明清时期仿哥釉产品。器物部组织专家对此件器物重新进行了目鉴与研究，最终确定该件器物为明代仿哥釉产品。

从［表一］可以看出，剩余 30 件（序号从 1 到 30）传世哥窑瓷器釉的元素组成相近，

1　中国硅酸盐学会编著 :《中国陶瓷史》第 286 页，文物出版社，2004 年。

2　哥窑无损测试小组 :《故宫博物院院藏传世哥窑及明清仿哥釉瓷器的显微特征》，故宫博物院编《哥瓷雅集——故宫博物院珍藏及出土哥窑瓷器荟萃》第 382—387 页，故宫出版社，2017 年。

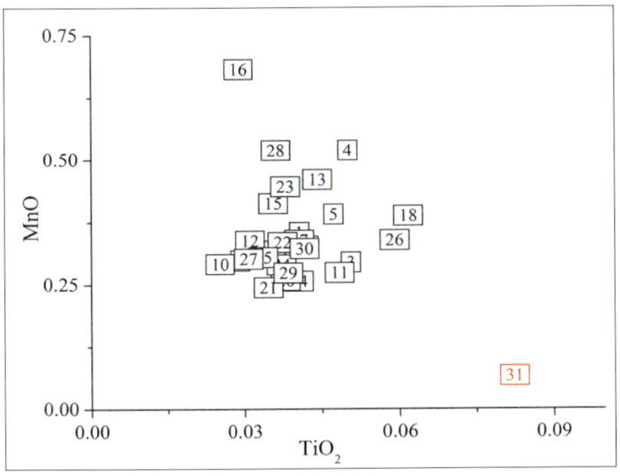

图 6　31 件传世哥窑瓷器釉中 MnO-TiO$_2$ 含量散点图

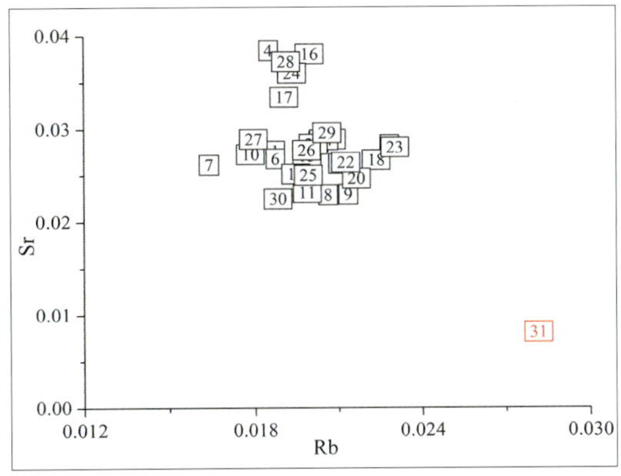

图 7　31 件传世哥窑瓷器釉中 Rb-Sr 含量散点图

样品数据点在（图 6）和（图 7）中也较为聚集，为弄清这 30 件传世哥窑瓷器的细微区别，我们对其进行聚类分析，结果见（图 8）。从（图 8）中可以看出，这 30 件传世哥窑瓷器可以细分为三类：第一类数量最多，有 19 件；第二类有 7 件；第三类有 4 件。为了更直观地显示、对比这三类瓷器的差别，我们将传世哥窑瓷器的图片放在（图 8）的右侧。从器形、釉色、外观上而言，这三类器物没有明显区别。

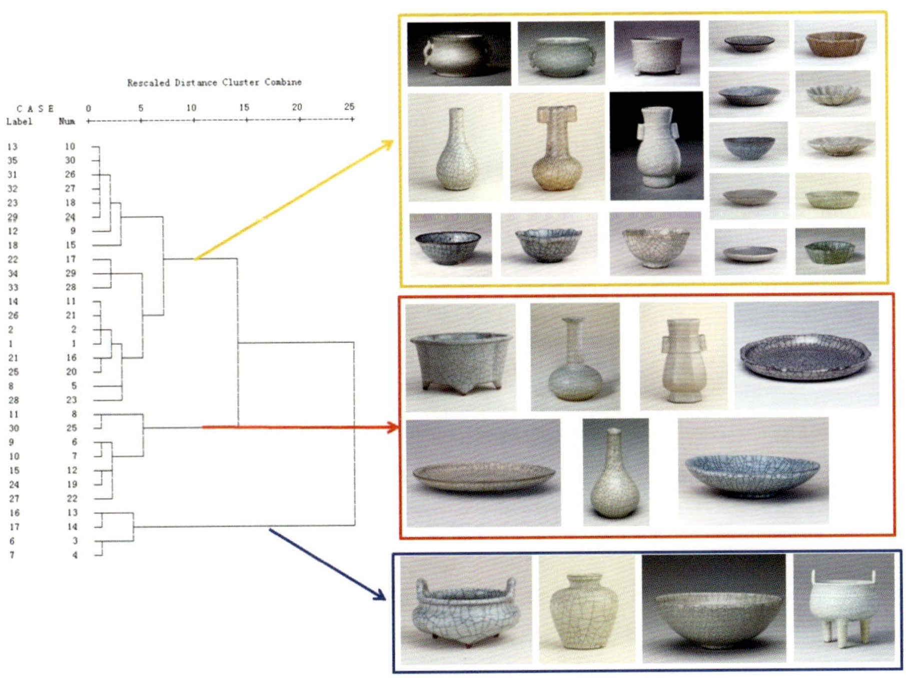

图 8　30 件传世哥窑器物的聚类分析结果

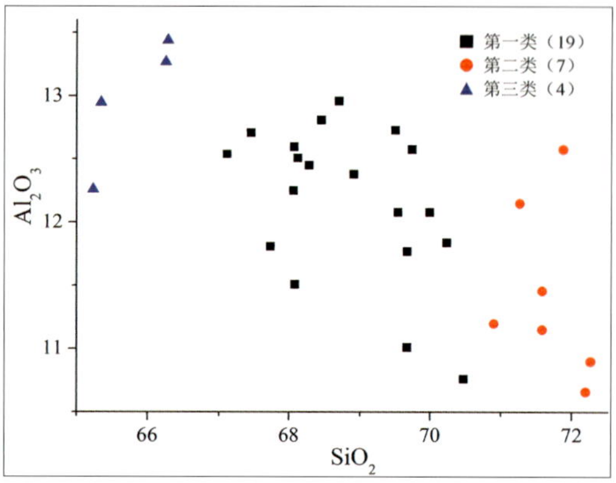

图 9　三类传世哥窑瓷器釉中 Al_2O_3-SiO_2 含量散点图

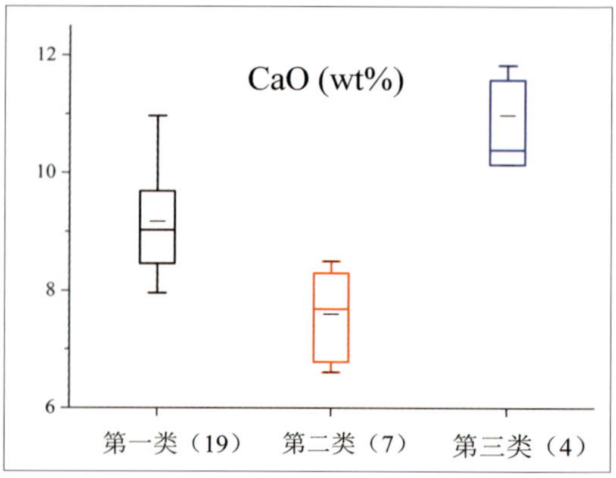

图 10　三类传世哥窑瓷器釉中 CaO 含量箱式图

根据（图 8）的分类结果，结合 [表一] 的数据，我们发现这三类传世哥窑瓷器的釉组分差别主要体现在 Al_2O_3、SiO_2、CaO 和 Fe_2O_3 的含量上。（图 9）和（图 10）为这三类器物釉元素组成的对比分析图，其中（图 9）为釉中 Al_2O_3 和 SiO_2 的含量散点图；（图 10）为 CaO 含量的箱式图。从两图可以看出，第一类传世哥窑瓷器的釉中 Al_2O_3、SiO_2 和 CaO 这 3 个组分的含量介于第二类和第三类之间；相比较而言，第二类传世哥窑瓷器的釉有较高的 SiO_2、较低的 Al_2O_3 和 CaO。

中国南北方青瓷的发展，釉从钙釉发展到钙碱釉再到碱钙釉，其规律是釉中碱土金属 Ca 和 Mg 的含量逐渐降低，碱金属 K 和 Na 的含量逐渐升高。虽然三类传世哥窑瓷器的釉中 CaO 的含量有差别，但 K_2O 的含量基本一致，平均含量分别为 5.65%，5.62% 和 5.63%，故无法判断这三类瓷器生产年代的早晚，第二类和第三类传世哥窑瓷器的釉中 Al_2O_3、SiO_2 和 CaO 这 3 个组分的差别可能是因为釉的原料略有调整。此外，我们还可以看出这三类传世哥窑瓷器的釉中其他元素和微量元素 Rb、Sr、Zr 含量基本一致，推测这 30 件传世哥窑完整器为同一产地的制品。

3.4 传世哥窑的产地——传世哥窑与相关窑址出土瓷片的类群关系

传世哥窑瓷器的产地一直是陶瓷学界关注和研究的焦点，元素分析、尤其是指纹元素的分析，结合多元统计分析进行数据处理，是解决产地问题的有效手段。在本文 3.1 章节的内容中，我们对使用便携 X 射线荧光能谱仪测试青瓷釉进行产地判别的可行性进行了验证。在此，我们需要将故宫博物院藏传世哥窑标准器与相关窑址出土瓷片进行对比分析，对传世哥窑瓷器的窑址所在地进行指向性判断。目前，传世哥窑瓷器的产地有“河南

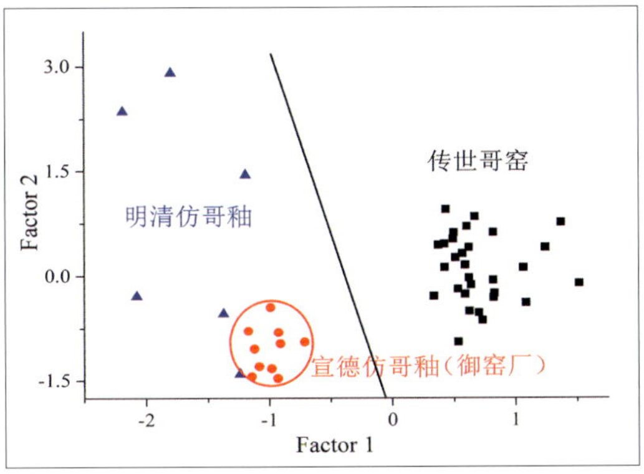

图 11　30 件传世哥窑瓷器和明清仿哥釉瓷器、江西景德镇窑址出土瓷片釉的因子分析散点图

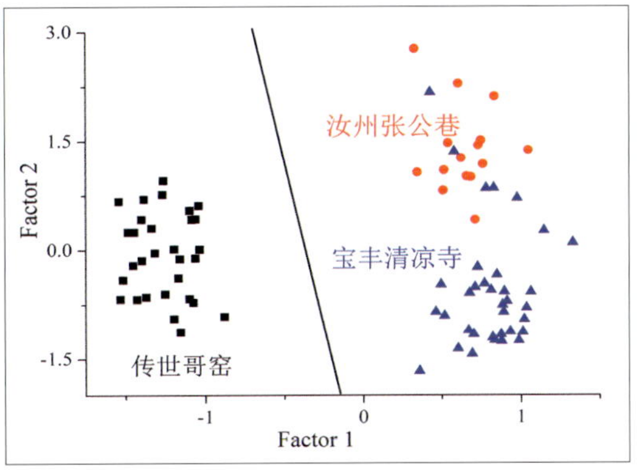

图 12　30 件传世哥窑瓷器和河南地区窑址出土瓷片釉的因子分析散点图

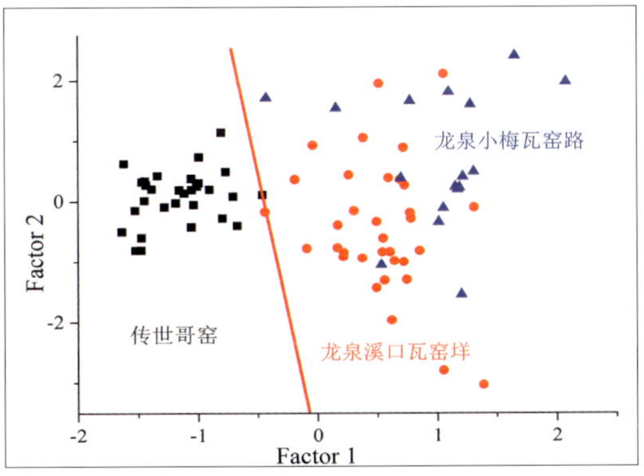

图 13　30 件传世哥窑瓷器和浙江龙泉地区窑址出土瓷片釉的因子分析散点图

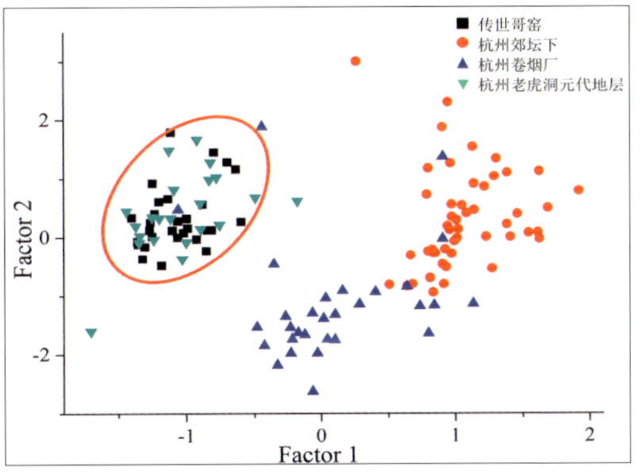

图 14　30 件传世哥窑瓷器和浙江杭州地区窑址遗址出土瓷片釉的因子分析散点图

说”“江西说”“浙江龙泉说”“浙江杭州说”等。我们将所测试的 30 件传世哥窑瓷器与上述地区窑址、遗址出土瓷片釉的元素成分进行对比分析，釉中主次量元素 Al_2O_3、SiO_2、K_2O、CaO、TiO_2、MnO、Fe_2O_3 和微量元素 Rb、Sr、Y、Zr 的因子分析结果见（图 11）、（图 12）、（图 13）和（图 14）。

在（图 11）到（图 13）中，我们可以看出传世哥窑瓷器与江西、河南、浙江龙泉窑址出土瓷片的样品点在图中均位于不同区域，容易相互区分开来，这说明传世哥窑瓷器并非上述这些地区的窑址所生产。在（图 14）与浙江杭州窑址、遗址出土瓷片的对比分析中，传世哥窑瓷器与老虎洞窑址元代地层、卷烟厂遗址出土少数几个瓷片的样品点落在同一区域，而与郊坛下窑址出土瓷片样品点距离较远，传世哥窑瓷器釉的元素组成与老虎洞窑址元代地层出土瓷片非常相近，无法相互区分。

从上述与多地窑址出土瓷片的类比分析可知，已测 30 件传世哥窑瓷器的釉与浙江杭州老虎洞窑址元代地层、卷烟厂遗址出土少数几个瓷片釉接近，即相对于江西景德镇、河南、浙江龙泉，传世哥窑瓷器的窑址更接近杭州，窑址有可能位于凤凰山老虎洞窑址附近。

[表一] 还列出了此次分析的 3 件故宫博物院藏传世宋代官窑完整器釉的元素分析结果，从 [表一] 可以看出，这 3 件故宫博物院藏传世宋代官窑瓷器釉的元素组成与传世哥窑瓷器比较接近，与上述关于传世哥窑瓷器产地可能位于杭州凤凰山老虎洞窑址附近的推论相一致。

上述分析从多元统计角度出发，对传世哥窑瓷器与相关窑址出土瓷片的类群关系进行研究与判别，然而，哪些元素在传世哥窑瓷器与相关窑址出土瓷片的类群关系判别中起到关键性作用，即传世哥窑瓷器釉的特征元素是哪些？含量为多少？结合 [表一]、[表二] 的结果，可看出 K_2O、CaO、TiO_2、Fe_2O_3、MnO、Rb、Sr、Zr 为类群判别关系中的关键元素，传世哥窑瓷器釉的特征元素及含量特征如下。

高 K 低 Ca：相对于河南、浙江龙泉、浙江杭州郊坛下、卷烟厂出土瓷片而言，传世哥窑瓷器釉高 K 低 Ca；而相对于江西景德镇出土瓷片而言，传世哥窑瓷器釉高 K 高 Ca。

低 Fe 低 Ti：传世哥窑瓷器釉中 Fe 和 Ti 低于或远低于河南、浙江龙泉、浙江杭州郊坛下、卷烟厂、江西景德镇瓷片。

高 Mn：传世哥窑瓷器釉中 Mn 略高于浙江杭州郊坛下官窑遗址、卷烟厂出土瓷片，远高于河南、浙江龙泉、江西景德镇出土瓷片。

微量元素 Rb、Sr、Zr：河南、浙江、江西三地出土瓷片的釉中微量元素 Rb、Sr、Zr 含量有差别，相比于浙江地区，传世哥窑瓷器釉中 Sr 低于龙泉、杭州郊坛下、卷烟厂出土瓷片。

3.5 无法确定传世哥窑瓷器的生产时代

传世哥窑瓷器的生产年代也是研究热点和焦点之一，由于传世哥窑瓷器本身尚未发现有带纪年款识者，故仅可从文献记载、与窑址出土瓷片的类型学对比和科技分析来对其生产年代进行推断。对于科技分析而言，绝对测年法如热释光技术，需对传世哥窑完整器进行打孔取样，这种有损分析不会被允许；相对测年法可将窑址不同地层、不同时期瓷片与完整器进行元素组成对比分析，以期找到相匹配的生产年代。然而烧造传世哥窑瓷器的确切窑址尚未找到，故在现阶段，尚无法得到生产年代的具体信息，寄期望于更多的考古工作。

结论

（1）故宫博物院藏传世哥窑瓷器与明清仿哥釉瓷器釉的元素组成不同，在31件已分析的传世哥窑瓷器中，通过人文与科技综合研究，将1件原定为传世哥窑的瓷器（哥窑青釉洗）修定为明代仿哥釉产品。

（2）30件传世哥窑瓷器釉的元素组成整体较为接近，应为同一窑口烧造，生产时间也相近；聚类分析将30件传世哥窑瓷器细分为三类，其中两类釉的原料有一定差别。

（3）传世哥窑瓷器与相关窑址出土瓷片釉的元素对比分析显示，传世哥窑瓷器的产地在浙江杭州，窑址可能在杭州凤凰山附近。

（4）现阶段，尚无法得到传世哥窑瓷器生产年代的具体信息，期待于今后开展更多的考古调查和发掘工作。

致谢：

感谢故宫博物院器物部、文保科技部领导对传世哥窑瓷器进行科学测试的支持；感谢文保科技部康葆强和器物部黄卫文、单莹莹对测试工作的帮助；感谢各地文物考古研究所和博物馆提供宝贵的窑址出土瓷片样品。

“故宫博物院哥窑学术研讨会”综述

故宫博物院陶瓷研究所

2017年11月14日至15日，由故宫博物院陶瓷研究所主办，浙江省文物考古研究所、杭州市文物考古研究所、上海博物馆、龙泉青瓷博物馆、山东博物馆、首都博物馆等协办的“故宫博物院哥窑学术研讨会”在北京红墙酒店隆重召开。

应邀出席本次研讨会的正式代表50人、列席代表30人，分别来自中国北京、浙江、上海、山东、天津、江苏、江西、河南、台湾以及美国、日本、韩国等。大会共收到代表们提交的论文24篇，有21位代表作了学术发言。

14日上午，全体与会代表首先参观了为召开本次学术研讨会而在故宫博物院延禧宫西配殿举办的“金丝铁线——故宫博物院哥窑瓷器展”。接着，与会代表出席了在北京红墙酒店会议厅举行的学术研讨会开幕式。开幕式由故宫博物院器物部主任、陶瓷研究所所长吕成龙主持，故宫博物院娄玮副院长在开幕式上做了热情洋溢的致辞。娄院长在致辞中对我院陶瓷研究所成立后按计划举办“五大名窑”系列展览、召开学术研讨会和本次哥窑展览、学术研讨会的准备工作做了介绍，并对此次慷慨借与哥窑展览展品的兄弟单位表示衷心感谢。娄院长谈到，此次故宫博物院举办哥窑瓷器展并结合展览召开哥窑学术研讨会，堪称古陶瓷研究领域的一项盛事，旨在利用故宫博物院的影响力为大家搭建深入研究哥窑的学术平台，期望各位与会的专家学者借助这个平台把哥窑研究推上新的高度。最后，他预祝本次会议获得圆满成功并取得丰硕成果。随后，故宫博物院研究馆员耿宝昌先生、龙泉青瓷博物馆俞锦辉副馆长分别代表主办单位哥窑研究小组和协办单位在开幕式上作了发言。

14 日下午和 15 日全天，在北京红墙酒店一层多功能厅进行了 6 个场次的大会学术研讨，与会专家、学者共同分享了各自在哥窑研究方面的最新成果。

研讨会上，代表们分别就传世哥窑瓷器及其相关问题、哥窑瓷器相关的考古发现、哥窑瓷器的美学风范及影响、哥窑瓷器的烧造工艺、哥窑瓷器的科技检测等内容展开热烈讨论。

一 传世哥窑瓷器及其相关问题

在对传统所认为的“五大名窑”研究中，“哥窑”研究一直迷雾重重。长期以来，学术界在对哥窑的概念和性质的理解，典型传世哥窑瓷器产于何处、烧造于何时，以及对各地出土类似哥窑器物的看法等，均有不同观点。

故宫博物院研究馆员耿宝昌先生以自己从事古陶瓷研究 80 余年的亲身经历，介绍了 20 世纪三四十年代传世哥窑瓷器在北京、天津、济南等地的收藏和流传情况，并详细分析了传世哥窑瓷器的造型、胎釉、装烧工艺等特征，总结出鉴别传世哥窑瓷器的几大要点。

1. 造型：琢器多仿青铜器造型，给人以古拙、质朴、浑厚之视觉感受。

2. 胎质：胎质坚细，可分为灰、油灰、黑、赭等色，其中胎质粗松者叩之声音沙哑，胎色土黄，似欠火力。

3. 釉质：釉质凝厚如堆脂，釉色有粉青、灰青、油灰、月白、灰黄、深浅米黄等多种。釉中蕴含密集气泡，显微镜下如同“聚沫攒珠”。凝腻的釉面如“粥皮”一般，光泽莹润，润泽如酥。

4. “金丝铁线”：釉面均开裂有不同程度的片纹，色浅黄者如金丝，色黑者宛若铁线，两者相互交错如织，故名“金丝铁线”。

5. “紫口铁足”：口沿多尖锐窄薄，故厚釉在高温熔融状态下难以留存，因垂流变薄而映出黑色胎骨，即所谓“紫口”。垂釉多在口边稍下处形成略为高突的环形带，是为哥窑瓷器之一绝。除宋代“官窑”作品外，后世各窑口作品及历代仿宋哥窑器均无此特殊现象。底足工艺分为满釉裹足支烧和露胎圈足垫烧两种，垫烧器足因无釉呈黑色而被称为“铁足”。

故宫博物院研究馆员吕成龙先生和上海博物馆研究馆员陈克伦先生的发言，分别梳理了历代文献对哥窑的记载。吕成龙先生结合前人研究成果，着重厘清了关于哥窑瓷器的四个概念，即传世哥窑、元末明初文献记载的“哥哥洞窑”“哥哥窑”“哥窑”、哥（官）

耿宝昌研究馆员在学术研讨会开幕式上发言

娄玮副院长在学术研讨会开幕式上致辞

吕成龙研究馆员作会议总结

与会代表参观“故宫博物院哥窑瓷器展”

窑型、龙泉哥窑等。他从胎釉薄厚、胎质和胎色、釉质和釉色、釉面开片、“紫口铁足”等几个方面区分传世哥窑瓷器、哥（官）窑型瓷器和龙泉哥窑瓷器，提出文献记载的“紫口铁足”应为龙泉哥窑瓷器的主要特征，并强调传世哥窑瓷器、哥（官）窑型瓷器、龙泉哥窑瓷器是三种不同的青瓷，不能混为一谈。吕成龙先生还介绍了故宫博物院为配合此次哥窑研究而开展的无损检测工作，并结合检测结果推断传世哥窑瓷器的产地应在今杭州市凤凰山附近。对于传世哥窑瓷器的烧造年代，认为在目前缺乏过硬证据的情况下，应根据器物造型和工艺特点定为南宋。

陈克伦先生梳理了元、明以来关于哥窑的文献记载，并详细列举了历年考古出土的哥（官）窑型瓷器，认为考古发现的元、明窖藏或墓葬出土的哥（官）窑型瓷器与传世哥窑瓷器有显著区别。他将北京故宫博物院、台北故宫博物院、上海博物馆收藏的传世哥窑瓷器与杭州、龙泉地区窑址出土的瓷片标本进行比较，提出杭州老虎洞窑址出土的瓷片标本与传世哥窑瓷器更为接近。此外，陈克伦先生着重介绍了近年上海博物馆对馆藏传世哥窑、杭州老虎洞窑址和龙泉瓦窑垟窑址出土瓷片标本的科技检测情况。初步结论是传世哥窑瓷器与杭州老虎洞窑址元代地层出土的瓷片标本在外观和釉的化学组成上均类似，而与龙泉黑胎瓷器无涉。通过对文献记载、考古资料、传世实物、科学检测等开展综合研究，陈克伦先生也认同传世哥窑瓷器产于杭州的观点。

“官、哥不分”是明、清以来常见的说法，哥窑与官窑的关系一直是学术界关心的问题。故宫博物院研究馆员叶佩兰女士和李辉柄先生均认为传世哥窑瓷器应产于文献记载的南宋修内司官窑，李辉柄先生还特别强调其遗址将来很有可能在今天的杭州市或其附近被发现。浙江省文物考古研究所研究员任世龙先生结合自身丰富的考古工作经验，提出龙泉的“哥窑”和“弟窑”是仿烧南宋修内司官窑的产物。天津文博院研究员刘渤先生介绍了各地博物馆收藏的传世和出土哥窑、官窑瓷器，并分析比对了哥窑和官窑瓷器的异同。台北鸿禧美术馆研究员舒佩琪女士对杭州老虎洞窑、龙泉溪口窑址出土的瓷片标本和该馆收藏的黑胎青瓷完整器等进行显微观察，展示了其断面结构、釉面气泡、开片等特征，为进一步认识老虎洞窑瓷器与龙泉黑胎青瓷提供了佐证。美国纽约大都会艺术博物馆基辛格专席研究员陆鹏亮先生介绍了该馆收藏的数件官窑、哥窑瓷器在欧美藏家之间的递藏经过，详细叙述了欧美学者关于官窑、哥窑器物研究的学术背景，为讨论官、哥问题提供了新的资料。

二　与哥窑瓷器相关的考古发现

由于烧造传世哥窑瓷器的窑址尚未被最终确认，致使自明代以来人们对哥窑瓷器产地的认识始终未统一。哥窑产于龙泉、系章生一所烧的说法自明代嘉靖年间开始出现。今天，浙江龙泉、杭州地区的考古发掘成果为解答这个问题提供了新的资料。

从20世纪二三十年代陈万里先生对龙泉地区窑址进行实地调查，再到20世纪60年代浙江省文物管理委员会在龙泉地区开展考古调查，在龙泉大窑、溪口等地窑址中均发现过黑胎青瓷残片。2010 年以来，浙江省文物考古研究所在对溪口、小梅等地窑址的考古发掘中，又集中出土了几批黑胎青瓷标本。这些黑胎青瓷以陈设器为主，基本特点是薄胎厚釉、釉层开片，且具有“紫口铁足”特征，其造型、釉色、制作工艺等与南宋官窑青瓷相似。

此次研讨会上，来自考古工作第一线的沈岳明先生和郑建明先生先后对这些丰硕的考古成果做了详细介绍和解读。沈岳明先生梳理了龙泉窑黑胎青瓷被发现并展开考古发掘的历程,为全面认识龙泉黑胎青瓷提供了丰富材料。他通过对考古资料进行分析和排比，提出龙泉黑胎青瓷在南宋早期就已开始烧造，至少在元代仍有生产。沈岳明先生对考古出土的龙泉黑胎青瓷的分布范围、年代、性质及其与文献记载的哥窑和传世哥窑的关系等做了讨论,提出文献所记载哥窑瓷器的基本特征如“紫口铁足”“百圾碎”“浅白断纹”等，在龙泉大窑、瓦窑垟窑、瓦窑路窑等产品中均能得到印证。他认为龙泉黑胎青瓷就是文献记载的哥窑，而杭州老虎洞窑应是“元末新烧”仿宋代哥窑产品的瓷窑。

郑建明先生对浙江地区考古发掘出土的黑胎青瓷做了系统而全面的介绍，包括越窑、南宋官窑、龙泉窑等。认为龙泉窑遗址出土的黑胎青瓷面貌尤其复杂,除溪口地区烧造外，在大窑、石隆甚至龙泉东区均发现类似的窑址。他认为黑胎青瓷是在龙泉地区起源并发展起来，大窑地区不仅是白胎青瓷的烧造中心，也是黑胎青瓷的烧造中心，至迟在南宋中期以前已开始烧造黑胎青瓷。

北京大学考古文博学院秦大树教授重点关注杭州老虎洞窑元代地层和龙泉瓦窑路窑的考古发掘资料。提出老虎洞窑元代地层出土瓷片很庞杂，类似哥窑瓷器的器物只是其中很少一类，元代的老虎洞窑应不具备官作性质；而龙泉瓦窑路窑生产时间较短，产品单一，质量精湛，窑址的位置特殊，具有官作性质，是寻找哥窑遗址的重要线索。

南京博物院研究馆员霍华女士向大家介绍了在对江苏地区墓葬、窖藏进行的考古收掘中发现的几件与哥窑瓷器相关的器物。

三　哥窑瓷器的美学风范及影响

传世哥窑瓷器釉层肥腴，釉面开有交织如网的裂纹，统称“百圾碎”。裂纹大小不同、颜色深浅亦不一。小纹路呈浅黄色，大纹路呈灰黑色，俗称“金丝铁线”。瓷釉开片系因胎、釉膨胀系数不同而在焙烧后冷却时所形成，在瓷器流传过程中如遇冷热变化仍会继续开裂。它本属于釉的一种缺陷，但却被聪明的陶工巧妙利用，控制在一定范围内，形成错落有致、别具一格的釉面装饰，并逐渐变成历代文人特别是明代以后文人赏鉴哥窑瓷器的重点。杭州博物馆研究馆员沈芯屿女士从“有意味的形式”的角度讨论了哥窑瓷器冰裂纹的审美特征。日本大阪市立东洋陶瓷美术馆学艺员郑银珍女士则将以“金丝铁线”为典型特征的“哥窑瓷器”或者说是“哥窑形象”置于中韩交流的大背景下，对朝鲜时代（即15世纪左右）文献中关于哥窑的记载进行了梳理，并对“册巨里”和“册架图”（即我们所说的“博古图”或“多宝阁图”）中描绘的哥窑瓷器中的形象器物进行了分析，为研究哥窑或哥窑类型器物的传播提供了新的材料和视角。

哥窑瓷器以其独特的艺术魅力对后世瓷器烧造产生深远影响。明、清两代至今，一直被视作名瓷而被仿制。从传世和考古发掘所获得的实物资料看，景德镇御器（窑）厂在明代宣德年间已成功仿烧哥釉瓷器，清代雍正、乾隆时期达到兴盛。景德镇市陶瓷考古研究所所长江建新先生介绍了近年该所在配合景德镇及其周边地区基础建设和对重要窑址（如丽阳窑、珠山御窑等）开展的考古发掘中，发现的一些类似哥窑瓷器的残片标本。通过梳理考古材料，指出景德镇地区在明代宣德年间，无论官窑还是民窑都在烧造仿哥釉瓷器，产品虽在造型上与传世哥窑或哥（官）窑型瓷器大相径庭，但在胎釉特征上却是模仿哥窑的灰胎和釉面开片，或许这就是明代人概念中的哥窑瓷器。

台北故宫博物院研究员蔡玫芬女士通过对相关文献、图像和出土器物进行分析，对明代早期文人所认知的哥窑瓷器进行了探讨。她还将明人绘画和版画插图中描绘的釉面有开片纹的瓷器形象与传世哥窑瓷器相比较，认为明人认知中的“哥窑”是一种釉色灰青、釉面有黑色细碎开片纹的青瓷，而这个概念与现今我们所说的“传世哥窑”究竟有何种联系，还需作进一步研究。

四　哥窑瓷器的烧造工艺

传世哥窑瓷器因在胎、釉、造型等方面颇具特色，且釉面开片纹路具有“金丝铁线”特征，致使其烧造工艺一直为学术界所瞩目。毗邻龙泉市的云和县叶氏哥窑的叶克伟先生凭借家族两代人仿烧传世哥窑瓷器的实践经验，从工艺学角度诠释了哥窑瓷器的开片机理和胎釉色泽、质地的形成规律。详细介绍了传世哥窑瓷器釉面“酥光”质感形成的主要因素，包括釉的原料、烧成温度、烧成气氛等，认为长期使用的环境也会对“酥光”

的形成起到微妙的影响。叶克伟先生提到传世哥窑瓷器之所以会呈现灰青、米黄等不同釉色和釉质，主要是因为烧成时窑炉内气氛的微妙区别。此外，针对传世哥窑瓷器独有的“金丝铁线”片纹特征，他认为是胎釉原料、成型工艺、烧成气氛、出窑条件、使用环境等综合作用产生的结果。叶克伟先生推论若由已知传世哥窑标准器的工艺特征逆向还原，反推其工艺流程及原料采集的可能区域，或许可为探寻烧造传世哥窑瓷器的窑址提供新的途径。

龙泉青瓷博物馆副馆长俞锦辉先生着重探讨了宋代龙泉窑铁胎青瓷的多层釉工艺。他将氧化铁含量较高的青瓷胎体称作“铁胎”，并展示了 20 件龙泉窑出土的铁胎青瓷标本。他谈到宋代龙泉窑铁胎青瓷，除瓶、罐、炉等较大器物外，多数具有薄胎厚釉特征，且常发现有多层施釉的现象。通过仔细观察标本断面釉层及多次进行试烧，认为龙泉窑铁胎青瓷多层釉的施釉工艺需经过多次低温焙烧、施釉，即每次上釉后均需入窑在适当温度下进行焙烧，第一次施釉后烧成温度约 800 ℃，之后烧成温度约 950 ℃，每一次施釉厚薄要适当，不能过厚，否则易造成剥釉。

五　哥窑瓷器的科技检测

随着科学技术的发展，科技检测为从微观上研究古陶瓷提供了便利，为解决古陶瓷研究领域一些悬而未解的问题提供了新的手段。为配合此次哥窑研究工作的开展，故宫博物院陶瓷研究所组成无损检测小组，利用实体光学显微镜、便携式 X 射线荧光能谱仪两种仪器，对 43 件院藏传世哥窑、官窑及仿哥釉瓷器进行了科学检测。故宫博物院文保科技部的侯佳钰女士和段鸿莺女士，代表哥窑无损检测小组对检测情况和初步研究成果作了介绍。侯佳钰女士集中演示了所检测 43 件瓷器的釉面放大照片，并测量统计它们的釉面裂纹、气泡、质感等微观结果、特征，为研究传世哥窑瓷器的产地、年代、工艺等问题提供了数据支持。

段鸿莺女士首先介绍了测试原位元素使用的实验仪器和基本方法，即采用美国布鲁克公司 Tracer 3D 便携式 X 射线荧光能谱仪，选择器物外壁腹部较为平整或局部微凸部位进行釉的主量和微量元素组成检测。通过对 43 件藏品测试结果进行分析，辅以利用此台设备所测试过的河南、江西和浙江杭州、龙泉等地相关窑址出土的瓷片标本数据，可大致判断此次测试的传世哥窑瓷器在釉的化学组成上与杭州老虎洞窑址元代地层和杭州卷烟厂遗址出土的少数瓷片更接近，而与龙泉窑、景德镇窑产品有差异。通过类比分析，她认为相对于河南、江西、浙江龙泉等地，传世哥窑瓷器产地应更接近于杭州地区，很可能位于凤凰山老虎洞窑址附近。就烧造年代而言，由于元素组成在年代断定上仅为相对分析，因此，仅依据本次检测的传世哥窑瓷器所得数据，尚无法确定所烧造的时代究竟是南宋还是元代。

研讨会上，陈克伦先生、舒佩琪女士还分别介绍了上海博物馆和台北鸿禧美术馆开展的与哥窑相关的科学检测工作，并期待通过科学检测数据的不断积累，为明确或越来越趋于明确传世哥窑瓷器产地问题奠定基础。

最后，故宫博物院陶瓷研究所所长吕成龙先生对本次研讨会作了学术总结。他谈到，通过两天的热烈讨论，本次学术研讨会取得新的学术成果，可归纳如下。

1. 首次批量测试样品。故宫博物院陶瓷研究所对院藏43件传世哥窑及相关瓷器利用实体光学显微镜和便携式X射线荧光能谱仪进行无损测试，这在世界范围内尚属首次。

2. 首次对烧造传世哥窑瓷器的窑址作出较令人信服的推测。烧造传世哥窑瓷器的窑址至今未被发现，这是古陶瓷研究者一直非常关心的一个重大学术问题。以往研究者对烧造传世哥窑瓷器的窑址曾有过在江西省景德镇市、浙江省龙泉市以及河南省等几种推测。此次故宫博物院陶瓷研究所通过将社会科学手段和自然科学技术手段相结合进行综合研究，认为烧造传世哥窑瓷器的窑址可能在杭州市凤凰山附近，这为将来寻找烧造传世哥窑瓷器的窑址提供了明确而具体的指向。

3. 首次明确划分不同类型的哥窑（釉）瓷器。以往人们研究传世哥窑瓷器往往将其与元代哥（官）窑型瓷器、南宋龙泉哥窑瓷器等混为一谈，致使问题变得愈来愈复杂。此次故宫博物院陶瓷研究所通过综合研究，将这三种釉面均带开片的青瓷与明清景德镇窑、宜兴窑、石湾窑、漳州窑等仿哥釉瓷器作出较为清晰的划分，而且通过所举办的展览直观反映出来，受到与会专家学者的一致好评。

吕成龙先生最后指出，故宫博物院陶瓷研究所为举办此次哥窑学术研究活动进行了为期两年的充分准备，旨在为大家搭建一个交流学习的平台，在哥窑研究方面给出一个助推力。相信随着考古调查和发掘工作的不断深入开展以及多学科综合研究力量的逐步加强，哥窑研究中的一个个谜团终将被逐步揭开。

（执笔：蒋艺、韩倩，审校：吕成龙）

图书在版编目（CIP）数据

故宫博物院九十二华诞哥窑学术研讨会论文集 / 故宫博物院陶瓷研究所编 . -- 北京：故宫出版社，2020.11

ISBN 978-7-5134-1353-4

Ⅰ. ①故… Ⅱ. ①故… Ⅲ. ①哥窑—瓷器（考古）—中国—文集 Ⅳ. ① K87634-53

中国版本图书馆 CIP 数据核字 (2020) 第 196111 号

故宫博物院九十二华诞哥窑学术研讨会论文集

故宫博物院陶瓷研究所　编

顾　　问：耿宝昌
主　　编：吕成龙
副 主 编：徐　巍　蒋　艺
编　　委：冀洛源　单莹莹　张　涵　唐雪梅　王照宇
责任编辑：方　妍
装帧设计：王　梓　李秀梅
责任印制：常晓辉　顾从辉
出版发行：故宫出版社
　　　　　地址：北京市东城区景山前街4号　邮编：100009
　　　　　电话：010-85007800　010-85007817
　　　　　邮箱：ggcb@culturefc.cn
印　　刷：北京雅昌艺术印刷有限公司
开　　本：787毫米×1092毫米　1/16
印　　张：20.125
版　　次：2020年11月第1版
　　　　　2020年11月第1次印刷
书　　号：ISBN 978-7-5134-1353-4
定　　价：120.00元